Ralf Biermann

Der mediale Habitus von Lehramtsstudierenden

Ralf Biermann

Der mediale Habitus von Lehramts- studierenden

Eine quantitative Studie zum Medienhandeln angehender Lehrpersonen

VS VERLAG FÜR SOZIALWISSENSCHAFTEN

Bibliografische Information der Deutschen Nationalbibliothek
Die Deutsche Nationalbibliothek verzeichnet diese Publikation in der
Deutschen Nationalbibliografie; detaillierte bibliografische Daten sind im Internet über
<http://dnb.d-nb.de> abrufbar.

Zugl. Dissertation Universität Siegen, 2008
Diese Arbeit wurde durch das Ministerium für Wissenschaft, Forschung und Kunst
Baden-Württemberg gefördert.

1. Auflage 2009

Alle Rechte vorbehalten
© VS Verlag für Sozialwissenschaften | GWV Fachverlage GmbH, Wiesbaden 2009

Lektorat: Katrin Emmerich / Sabine Schöller

VS Verlag für Sozialwissenschaften ist Teil der Fachverlagsgruppe
Springer Science+Business Media.
www.vs-verlag.de

Umschlaggestaltung: KünkelLopka Medienentwicklung, Heidelberg
Druck und buchbinderische Verarbeitung: Krips b.v., Meppel
Gedruckt auf säurefreiem und chlorfrei gebleichtem Papier
Printed in the Netherlands

ISBN 978-3-531-16520-2

Inhaltsverzeichnis

Die Anhänge (Fragebogen und Protokoll für den Summenindex) und weitere
Abbildungen finden Sie online unter: http://www.vs-verlag.de

Abbildungsverzeichnis

Tabellenverzeichnis

1 Einleitung

Mit der zunehmenden ökonomischen, sozialen und politischen Bedeutung von Computer und Internet startete 1996 die Initiative „Schulen ans Netz". Beteiligt daran waren und sind das Bundesministerium für Bildung und Forschung und die Deutsche Telekom AG.[1] Ziel war es, Bildungseinrichtungen zunächst mit Computern auszustatten und ans Internet anzuschließen, um den neuen Herausforderungen der Bildung gerecht zu werden. Jedoch zeigte sich, dass eine vorhandene Ausstattung (vgl. Bundesministerium für Bildung und Forschung 2005) allein nicht zu einer Veränderung des Unterrichts führt. Überall war von dem Schlagwort „Medienkompetenz" die Rede, und nicht nur Medienpädagogen schwärmten von den fantastischen Möglichkeiten der neuen digitalen Welt. Verändertes Lernen, Demokratisierung, Partizipation waren nur einige Schlagworte, die in diesem Zusammenhang verstärkt auftraten (vgl. Kutscher/Otto 2004, S. 8).

Neben den Veränderungen und den damit einhergehenden neuen Anforderungen der Berufswelt durch die Neuen Medien (vgl. Hafner 1990) sah man die Notwendigkeit, die Heranwachsenden durch die Förderung grundlegender Kompetenzen auf ihren Alltag vorzubereiten. Zudem werden Medien zunehmend zu einem integrativen Bestandteil des Alltags. Dieser Prozess der Mediatisierung ist noch nicht abgeschlossen. Die Entwicklung schreitet rasant voran, und neue Technologien halten in immer mehr Bereiche des alltäglichen Lebens Einzug. In vielen Fällen bedarf es einer Förderung vielfältiger Kompetenzen, um mit der Komplexität der Medien umgehen und sie im Sinne einer demokratischen und gesellschaftlichen Partizipation nutzen zu können. Hier nehmen etablierte Bildungsinstitutionen eine wichtige Rolle ein. Zusätzlich zu der Möglichkeit, Medien zur Ausbildung von Medienkompetenz in der Schule einzusetzen, können sie zur Wissensvermittlung genutzt werden. Die Vorteile des Einsatzes von Medien in Lernprozessen wurden in den letzten Jahren immer wieder von verschiedenen Autoren angeführt und dargestellt. Diese Vielfalt findet sich zusammengefasst bei Schulz-Zander, Koch und Neckel:

---

1 Vgl. http://www.schulen-ans-netz.de/ueberuns/derverein/geschichtedesvereins/entwicklung.php, zuletzt besucht am 10.11.2007.

- Veränderung der Lernkultur durch die Neuen Medien (Schulz-Zander 1997, S. 10)
- Bereitstellung von Informationen (dies. 1999, S. 39)
- Recherche in Datenbeständen (dies., S. 39)
- Kommunikation (dies., S. 39)
- Gemeinsame und individuelle Konstruktion von Wissen (dies., S. 39)
- Aktualität und Vielfalt (Koch/Neckel 2001, S. 32–35)
- Authentizität und Wirklichkeitsnähe (dies., S. 35–36)
- Motivation (dies., S. 37–39)
- Schülergerechte Lernformen, Handlungsorientierung (dies., S. 40–41)
- Sozialkompetenz, Teamfähigkeit, Selbständigkeit (dies., S. 41–42)
- Relevanz für Leben und Beruf (dies., S. 42–43)
- Ausgleich von Standortnachteilen (dies., S. 44–45)

Diesen Vorteilen stehen einige implementationsfördernde und -hemmende Faktoren gegenüber. Unter anderem wären hier Personal-, Organisations-, Unterrichts- und Technologieentwicklung zu nennen (vgl. Hunneshagen 2005, S. 204–206). Insbesondere für die Arbeit der Lehrer ergeben sich mögliche Probleme beim Einsatz Neuer Medien im Unterricht (vgl. Koch/Neckel 2001, S. 45–47), die u. a. auf eine unzureichende Ausbildung der Lehrer zurückgeführt werden können (s. u.).

Betrachtet man die oben genannten Erwartungen und angepriesenen Vorteile einer didaktischen Nutzung von Neuen Medien, so ist die Euphorie in den Jahren um die Jahrtausendwende verständlich, die mit dem medienunterstützten Lernen verknüpft wurde. Zu dieser Erwartungshaltung im Rahmen des schulischen Einsatzes bemerkt Schulz-Zander kritisch:

„Aufgrund von Erfahrungen und empirischen Befunden ist eine skeptische Haltung dem Einsatz Neuer Medien gegenüber heutzutage durchaus angebracht, wenn damit Erwartungen an die Leistungssteigerung und an Rationalisierungseffekte […] verknüpft sind." (Schulz-Zander 1999, S. 44)

So lässt sich vermuten, dass der Einsatz der Neuen Medien zwar in einigen Fällen eine gesteigerte Effektivität mit sich bringt, dass dies aber nicht als vorrangiges Ziel angesehen werden darf. Vielmehr sollte eine gezielte Ausbildung von Medien- (vgl. Baacke 1997 und 1999) und Sozialkompetenz (vgl. Koch/Neckel 2001, S. 42) im Vordergrund stehen, die zu einem selbstbestimmten und kreativen Umgang mit Medien befähigen soll. Diesbezüglich ist Medienkompetenz eine Schlüsselqualifikation für eine mediatisierte Welt (vgl. Hunneshagen 2005, S. 22) und mitunter über den Medieneinsatz in der Schule mitzuvermitteln. Jedoch blieben medienpädagogische Inhalte bislang meist nur unverbindlicher

Bestandteil der Lehrpläne, was sich in wenigen Aktivitäten zur Förderung von Medienkompetenz in den Schulen ausdrückt (Tulodziecki 2005, Onlinedokument S. 2).

Wie wenig die Neuen Medien in den Unterricht integriert sind, machen die Erfahrungen der Studierenden des Lehramts erkennbar (vgl. Kommer 2006). Sie gehören zu der Gruppe, die am wenigsten mit Neuen Medien im Studium arbeitet (vgl. Middendorf 2002, S. 41). Auch im Rahmen der Lehramtsausbildung existieren Hindernisse, die Spanhel (1999, S. 305–306) insbesondere in den Strukturen des Studiums wie z. B. die Festlegung und die Verbindlichkeit der Inhalte durch die Gesetzgebung am Beispiel von Bayern begründet sieht. Lehrer scheinen somit eine besondere Berufsgruppe zu bilden, bei denen Medien im Rahmen von Lehr- und Lernsettings eine eher untergeordnete Rolle spielen.

Der mit dem Aufkommen der digitalen Medien und deren Vernetzung verbundene Wunsch, dass sich individuelle Chancen und die Ausgangslagen für alle Menschen angleichen könnten, hat sich zudem nicht erfüllt. Trotz vielfältiger Neuerungen und einiger gesellschaftlicher Aufsteiger durch die New Economy blieb es größtenteils bei den bisherigen gesellschaftlichen Strukturen. Dies macht sich in vielfältiger Weise bemerkbar. Mit den PISA-Studien kehrte eine Ernüchterung ein, da diese aufzeigten, wie sehr der schulische Erfolg in Deutschland noch immer von der sozialen Herkunft abhängt (vgl. Deutsches PISA-Konsortium 2005). Auch im Rahmen von Diskussionen auf Tagungen[2] und in neueren Forschungsarbeiten (vgl. Treumann et al. 2007) wird die zunehmende Bedeutung des Herkunftsmilieus für die Ausbildung von Handlungsmustern ersichtlich. Das Habitus-Konzept von Bourdieu findet in diesem Rahmen eine besondere Berücksichtigung und nimmt auch für diese Arbeit eine zentrale Bedeutung ein.

Der Habitus als generatives Prinzip von Handlungen, Wahrnehmungen und Beurteilungen besteht auf Grund unterschiedlicher Existenzbedingungen aus differenzierten Schemata. Diese werden größtenteils unbewusst wirkmächtig, d. h. vieles wird routiniert und ohne Reflexion über das eigene Handeln ausgeführt. Durch hierarchische Segmentierung der Gesellschaft kommt der Distinktion – der Abgrenzung von „unteren Schichten" und anderen Gruppen – eine besondere Bedeutung zu. Distinktion bedeutet zugleich auch die Zugehörigkeit zu einem bestimmten Milieu beziehungsweise der Wunsch einer solchen Zugehörigkeit. Damit bekommen distinktive Handlungen und Bewertungen (Einstellungen) auf Basis eines inkorporierten Habitus eine besondere Relevanz, die zunehmend in der medienpädagogischen Forschung beachtet wird (vgl. Kommer 2006, Treumann et al. 2007, Mikos 2007). Dies hat weitreichende Auswirkungen auf das

---

2 Beispielsweise sei hier die Herbsttagung der Sektion Medienpädagogik der Deutschen Gesellschaft für Erziehungswissenschaft genannt, die vom 9.–11.11.07 an der Universität Paderborn stattfand.

berufliche Handeln der Lehrer. So konnte in dem von 2003 bis 2007 an der Pädagogischen Hochschule Freiburg durchgeführten Forschungsprojekt „Medienbiografien mit Kompetenzgewinn" (vgl. Biermann/Kommer 2004 und Kommer 2006) herausgearbeitet werden, dass habituelle Muster ein einflussreicher Faktor für den Einsatz von Medien im Unterricht sind. In diesem Projekt wurden umfangreiche Daten von 31 angehenden Lehrern erhoben und ausgewertet. In einer Triangulation aus Interviews, Videoanalysen und multimedialen Produkten wurde ein Spannungsfeld zwischen Bildungsideal und Hedonismus als Einstellung zu Medien herausgearbeitet. Die Zuschreibungen der Lehramtsstudierenden bewegen sich zwischen pädagogisch-qualitätsorientierter und hedonistisch-unterhaltungsorientierter Mediennutzung, die so eine Wertigkeit außerhalb jeglicher wissenschaftlicher Erkenntnis zum Medieneinsatz meist in stereotyper Form inkorporiert haben. Das familiale Bildungsmilieu konnte im Kontrast zu den ebenfalls befragten Haupt- und Realschülern als zentrale Bedingung für die Genese dieser Dispositionen ausgemacht werden. Dabei konnten die Medienbiografie, die aktuellen Mediendispositionen und eine Erwartungshaltung im Sinne eines „Doing Teacher" als relevante Einflussgrößen herausgearbeitet werden.

Die vorliegende Arbeit greift die Erkenntnisse über Lehrer und deren Medienhandeln wie die des Freiburger Projekts unter Berücksichtigung des Habitus-Konzepts von Bourdieu auf und überprüft die zentralen Aussagen der qualitativen Untersuchung unter Verwendung eines standardisierten Fragebogens. Hierzu wurden an vier deutschen Hochschulen Lehramtsstudierende zu ihren Medienbiografien, ihren aktuellen Mediennutzungsformen und -einstellungen sowie zu Aspekten des Einsatzes von Medien im Unterricht befragt.

Am Anfang dieser Arbeit zeichne ich – auf Grund der Relevanz für das Verständnis der Genese historisch bedingter habitueller Muster – die mediale Entwicklung des Fernsehens, des Computers und des Internets seit 1980 nach. Diese steht in enger Beziehung zu den medienbiografischen Daten der befragten Personen, sodass ein Überblick der Medienangebote und ihrer Veränderungen für die weitergehende Analyse als notwendig angesehen werden muss. Diese historisch bedingten Existenzbedingungen und Erfahrungsräume bilden eine Grundlage für die Ausbildung von habituellen Mustern.

Anschließend wird der aktuelle Forschungsstand zum Themengebiet Lehrer und Medien dargestellt. Im Zentrum des Interesses stehen hier Aspekte, wie mediale Angebote von angehenden und im Beruf stehenden Lehrern genutzt werden und welche Einstellungen sie hierzu haben. Anhand der Berufswahlmotive, der Bedeutung der Medien während des Studiums, der strukturellen Bedingungen in den Schulen und insbesondere der Dispositionen – und somit des medialen Habitus – der Lehrpersonen wird der aktuelle Stand der Forschung dargestellt. Damit werden die zentralen Gesichtspunkte abgebildet, die Einfluss auf den medialen Habitus der angehenden Lehrpersonen haben könnten.

Der Begriff des „medialen Habitus" geht auf die Arbeiten von Pierre Bourdieu und das von ihm ausgearbeitete Habitus-Konzept zurück. Die grundlegenden Aussagen und wichtigsten Begriffe zur Theorie Bourdieus werden im anschließenden Kapitel erläutert. Diese bilden den theoretischen Bezugsrahmen mit dem Fokus auf mediale Dispositionen, also Mustern von Schemata, die in Verbindung mit dem Medienhandeln stehen. Wesentlich ist dabei die Annahme, dass Veränderungen der individuellen Schemata nur über reflexive Prozesse möglich sind.

Nach diesen theoretischen Ausführungen wird die bereits erwähnte qualitative Freiburger Studie „Medienbiografien mit Kompetenzgewinn" mit den wichtigsten Ergebnissen vorgestellt.[3] Die im Rahmen des Projekts gewonnenen zentralen Thesen werden dargestellt und bilden einen wichtigen Bezugspunkt für diese Arbeit. Inwiefern sich die habituellen Ausformungen aus den Thesen der qualitativen Studie in einer größeren Stichprobe finden, wird anhand der quantitativ gewonnenen Daten im Verlauf der Arbeit überprüft und ausgearbeitet.

Die sich daran anschließende Beschreibung und Analyse der im Sommersemester 2006 erhobenen Daten gliedert sich in drei Kapitel: Das erste behandelt die deskriptive Statistik zusätzlich mit bivariaten Analysen zu den drei Fragekomplexen Medienbiografie, Mediennutzung und -einstellungen sowie dem Einsatz von Medien in Studium und Beruf. Anschließend wird ein besonderes, Index-basiertes Verfahren (Summenindex) klären, wo sich der mediale Habitus der Studierenden auf einer Skala zwischen pädagogisch-qualitätsorientierter und hedonistisch-unterhaltungsorientierter Mediennutzung positioniert.

In den folgenden Ausführungen werden die Thesen der qualitativen Studie überprüft und abschließend die Ergebnisse zusammengefasst und diskutiert.

---

3 Das Projekt wurde von März 2003 bis März 2007 an der Pädagogischen Hochschule Freiburg im Rahmen des Hochschulartenübergreifenden Kompetenzzentrum für Genderforschung und Bildungsfragen in der Informationsgesellschaft durchgeführt. Gefördert wurde das Projekt vom Ministerium für Wissenschaft, Forschung und Kunst Baden-Württemberg.

2 Übersicht zur Entwicklung der Medien

Die Entwicklung der Medien ist immer wieder als Thema aufgegriffen worden (vgl. exemplarisch Hickethier 2003, Schanze 2001, Faulstich 2006). Abgesehen von der Schwierigkeit, den Begriff „Medien" mit einer Definition zu greifen (vgl. Hickethier 2003, S. 18–35), beschränke ich mich hier auf grundlegende Aspekte der Medienentwicklung, die eine besondere Relevanz für die Analyse der erhobenen Daten mit sich bringen. Im Folgenden sollen deshalb die wichtigsten Eckpunkte der Entwicklung des Fernsehen und der Neuen Medien – insbesondere des Computers und des Internets – ab 1980 nachgezeichnet werden. Diese zeitliche Einschränkung wird deshalb vorgenommen, weil die befragten Personen auf Grund ihres Alters den Zeitraum von 1980 bis heute in seiner Medienentwicklung miterlebt haben. Bedingt durch die Erhebung medienbiografischer Daten – insbesondere beim Fernsehen und bei den Neuen Medien – ist es notwendig, die Entwicklung exemplarisch nachzuzeichnen, damit ein tieferes Verständnis für die medienbiografischen Hintergründe entwickelt werden kann.

Da der Fokus dieser Arbeit auf dem Fernsehen, dem Computer und dem Internet liegt, werden diese vorrangig dargestellt, da sie auch – wie sich später noch klären wird – die zentralen Elemente für den herausgearbeiteten medialen Habitus bilden. Eine erweiterte Sichtweise dieser Entwicklungen in Verbindung mit gesellschaftlichen Wandlungsprozessen wird hier nicht angestrebt. Dieses Kapitel dient dem Zweck, die medienbiografischen Daten vor dem Hintergrund der Fernsehentwicklung und der Digitalisierung besser einordnen und verstehen zu können.

2.1 Der Medienbegriff

Unter dem Medienbegriff lassen sich viele Definitionen zusammentragen. Bereits weiter oben wurde die Problematik einer Definition angesprochen. Die Uneinheitlichkeit des Medienbegriffs führt zu Irritationen, die sich zunächst auf die Reichweite des Begriffs zurückführen lassen (vgl. Kübler 2001, S. 41). Faulstich (2004, S. 13f) sieht für den Medienbegriff drei Verwendungszusammenhänge:

Die erste Verwendung findet im allgemeinen Sprachgebrauch statt und entspricht sinngemäß der Bedeutung der Begriffe „Mittel" oder „Vermittelndes". Darunter fallen z. B. auch grammatikalische oder parapsychologische Bedeutungen. Als Fachbegriff in verschiedenen Disziplinen wird zum Beispiel in der Pädagogik der Terminus „Unterrichtsmedien" gebraucht. Dem Medienbegriff lässt man dabei keine zentrale Rolle zukommen. Durch den Gebrauchscharakter dieses Begriffs kann nahezu alles ein Medium sein. Eine gebrauchstheoretische Sichtweise vertritt dabei z. B. Sandbothe (2003).

Die dritte Verwendung ist fachspezifisch zu betrachten: „Einige Disziplinen widmen sich zentral dem ‚Medium', und hier kann man nicht mehr lediglich von Begriffen oder gar nur Worten sprechen, sondern hier wurden [...] komplexere theoretische Bedeutungen von ‚Medium' als spezifischem Phänomen entwickelt." (Faulstich 2004, S. 13) Es zeichnet sich der Fokus der entsprechenden Auffassung ab. Die Begrifflichkeit als Kommunikationsmedien liegt besonders nahe, da im Kontext dieser Arbeit davon ausgegangen wird, dass (Lern-) Inhalte über Medien vermittelt werden. Die Medientechnik bildet dabei die Grundlage für die Erweiterung der Handlungs- und Kommunikationsmöglichkeiten. In ähnlicher Weise findet sich eine Definition bei Kübler (2001, S. 41):

„Medien werden als technische, professionelle und organisatorische Kommunikationsmittel für öffentliche und gesellschaftliche Kommunikation verstanden, wie sie sich insbesondere seit der Erfindung des Drucks durch Johannes Gutenberg zum Ende des 15. Jahrhunderts allmählich entwickelten. Mit ihrer weiteren Technisierung vor allem im Laufe des 19. und 20. Jahrhunderts, der Ausweitung ihrer Reproduktionspotentiale auf das statische Bild (Fotografie) und das bewegte Bild (Film), auf Ton (Radio, Schallplatte, Tonband/Kassette, CD) und schließlich auf Ton und Bild gemeinsam (Tonfilm, Fernsehen, Video), sowie mit den gesellschaftlichen Entwicklungen insgesamt, die traditionelle Strukturen und Bindungen der Menschen zu informellen, ›massenhaften‹ Beziehungen wandelten, wurden die Medien als Massenmedien bezeichnet. Deren Dominanz wird durch jüngste Entwicklungen von Mikroelektronik, Digitalisierung, elektronischer Vernetzung und medialer Konvergenz bis hin zu Internet und Multimedia allmählich verändert bzw. aufgehoben, so dass sich neue Kombinationen von privater, direkter und medialer, indirekter, öffentlicher Kommunikation bilden."

Eine Differenzierung nach primären, sekundären und tertiären Medien (vgl. hierzu Faulstich 2004, S. 13 sowie Hickethier 2003, S. 22) wird auf Grund der geringen Relevanz für diese Arbeit nicht weiter betrachtet.

Welche Besonderheiten lassen sich bei den Neuen Medien ausmachen? Witte schrieb 1981 in seinem Artikel „Die Entscheidung zu neuen Medien" über die Entscheidungsfindung zur Einführung und Verbreitung von neuen Medien.

Dies betraf das Telefon, die elektronische Post (Telex), den Textabruf bzw. Bildschirmtext und das Kabelfernsehen. Allesamt keine wirklich neuen Medien in der heutigen Zeit, eher sind sie als alltäglich oder sogar als veraltet zu bezeichnen. Auch bei Ratzke (1982, S. 11–18) dreht sich der Begriff Neue Medien um Kabelfernsehen, Satelliten, „neuartige Schallplatten", Bildplatten (damit meinte der Autor wohl die Laserdisc als Vorläufer der DVD) und weitere technische Innovationen. Seine euphorischen Prognosen können mit denen der Entwicklung von 1995 bis zum Börsencrash im neuen Jahrtausend verglichen werden. Dabei sieht er den Computer bereits auf dem Vormarsch und widmet sich auch thematisch diesem Bereich. So zieht Ratzke trotz der gegebenen Unschärfen den Schluss, was unter Neuen Medien verstanden werden soll: „Dennoch ist er der einzig tragfähige Oberbegriff für alle die Verfahren und Mittel (Medien), die mit Hilfe neuer oder erneuerter Technologien neuartige, also in dieser Art bisher nicht gebräuchliche Formen von Informationserfassung und Informationsbearbeitung, Informationsspeicherung, Informationsübermittlung und Informationsabruf ermöglichen [...]" (Ratzke 1982, S. 14)

Mit der Digitalisierung kam ein weiteres Merkmal zur Unterscheidung hinzu. Inwiefern die Neuen Medien neu bleiben, wird die weitere Entwicklung zeigen. Bezieht man den Begriff wie Ratzke auf die Neuartigkeit von Nutzungs- und Gestaltungsmöglichkeiten, so werden Computer und Internet noch einige Zeit als Neue Medien gelten können, da hiermit lediglich Basistechnologien beschrieben werden, die zu unterschiedlichen Zwecken verwendet werden können. Worin genau die Innovation zu sehen ist, dürfte auch vom Standpunkt des Betrachters abhängig sein.

2.2 Fernsehen in Deutschland ab 1980

Die Betrachtung der Geschichte eines Mediums kann aus verschiedenen Blickwinkeln vorgenommen werden: als Institutionsgeschichte, als Technikgeschichte, Programm- und Produktgeschichte oder auch als Rezeptionsgeschichte (vgl. Hickethier 2003, S. 353–355). Der mögliche Umfang einer Darstellung der Entwicklungsgeschichte ginge über die Intention dieses Kapitels weit hinaus. Bearbeitet werden die Bereiche, die für die Nutzer als wahrnehmbar klassifiziert werden können. Dazu gehört in einer Überblicksform die Programmgeschichte und in Teilen gerade für das Fernsehen in den 80er Jahren die Institutionsgeschichte durch die Entstehung des dualen Rundfunks.

Bereits vor dem Sendestart der privaten Sender 1984 wurden die rechtlichen Rahmenbedingungen für deren Start geschaffen. Schon 1978 – in dem Jahr, als die Ministerpräsidenten der Länder beschlossen, Kabelprojekte für das duale

Rundfunksystem einzurichten – verstärkten die öffentlich-rechtlichen Sender
ihren Unterhaltungsanteil (vgl. Schanze 2001, S. 505). 1984 wurde das duale
Rundfunksystem offiziell eingeführt: „Neben die öffentliche Aufgabe der integ-
rierenden Funktion für das Staatsganze tritt mit der offiziellen Einführung des
dualen Rundfunksystems 1984 die Funktion der Befriedigung individueller Un-
terhaltungsinteressen der Zuschauer, die das privatwirtschaftlich organisierte
Fernsehen unternahm." (Schanze 2001, S. 505) Bereits hier wird die inhaltliche
Ausrichtung sichtbar, die auch später in Verbindung mit den Einstellungen der
Probanden von Bedeutung sein wird. Die Assoziation des Privatfernsehens mit
Unterhaltung, Quote und Oberflächlichkeit ist besonders in der Anfangszeit
verwurzelt.

In den ersten Jahren waren die Privatsender bemüht, die Zuschaueranteile
auszubauen. „Die Orientierung an den Einschaltquoten setzte sich als neues (und
oft einziges) Bewertungskriterium durch, ›Marktdurchdringung‹ und ›Marktanteil‹ wurden zu neuen Kategorien im Fernsehen." (Hickethier/Hoff 1998, S. 415)
Im Jahre 1993 konnte „RTL zum ersten Mal im Jahresdurchschnitt mehr Zuschauer bei sich versammeln [...] als ARD und ZDF" (Hickethier/Hoff 1998, S.
414). Die kommerziellen Anbieter waren vor allem mit dem Aufbau ihrer eigenen Institution und ihrer Durchsetzung als Programmanbieter beschäftigt. Diese
Phase wurde durch die Medienkonzentration am Beispiel Kirch und Bertelsmann
abgelöst. Mit dem Ausbau des Kabelnetzes und später der Möglichkeit des Emp-
fangs über Satellit stieg auch die Reichweite.

Tabelle 1: Versorgungsgrad mit Kabelanschlüssen und Satellitenempfang 1992
inkl. neuer Bundesländer (Hickethier/Hoff 1998, S. 419–420)

Jahr	Verkabelung		Satellit
	In Millionen	In % der Haushalte	In Millionen Haushalte
1982	0,400	1,6	-
1983	0,800	3,1	-
1984	1,000	3,8	-
1985	1,535	6,0	-
1986	2,312	9,0	-
1987	3,211	12,5	-
1988	4,622	18,0	-
1989	5,850	22,8	0,135
1990	8,140	28,9	0,985
1991	9,349	39,3	1,810
1992	11,280	33,8	2,710
1993	13,116	39,3	-
1994	14,447	43,3	-
1995	15,491	43,4	-
1996	16,379	43,8	-

Die ersten zehn Jahre unterteilt Hickethier (1998, S. 423–424) in drei Phasen der Durchsetzung kommerzieller Programme:

1. Phase von 1983 bis 1987: Entstehung von lokalen und regionalen Anbietern und der beiden bundesweit ausgestrahlten Sender RTL und SAT.1. Die Medienkonzerne bestimmen dabei die Entwicklung des kommerziellen Programms.
2. Phase von 1987 bis 1993: Programmveränderungen durch die Gründung neuer Sender und Zusammenschluss von Sendeanstalten.
3. Phase ab 1995: Weitere Programme etablieren sich als Spartenkanäle (z. B. der Musikkanal Viva).

Während sich die neuen Sender anfangs durchaus an den tradierten Programmstrukturen der öffentlich-rechtlichen Anbieter orientierten, begann kurz nach dem Start des privatrechtlichen Rundfunks die Nischensuche und das Ausreizen der Programmformen, was zunächst das Brechen von Tabugrenzen bedeutete. Action, Gewalt und Erotik sowie Emotionalisierung und Dramatisierung können als Versuche der Programmprofilierung ausgemacht werden (vgl. Hickethier/Hoff 1998, S. 435–448). Dies dürfte die Ausgangslage für eine deutlich schlechtere Bewertung der Privatsender z. B. in Bezug auf die Glaubwürdigkeit und Seriosität durch die Nutzer sein (vgl. Reitze/Ridder 2006, S. 229). Die Nutzungsdauer des Fernsehens stieg während der Jahre fortlaufend an (vgl. Faulstich 2006, S. 160), was immer wieder zu Diskussionen über Nutzungsdauer, aber auch Sendeinhalte wie z. B. Gewalt führte (vgl. hierzu exemplarisch Ledermann/ Skambraks 1988 und Czaja 1997). Und noch immer unterschieden sich insbesondere die Privaten von den öffentlich-rechtlichen Sendern erheblich durch das Programmangebot: „Die Schwerpunkte der privatrechtlichen Vollprogramme von RTL und SAT.1 liegen auf der Unterhaltung." (Hickethier 2003, S. 275) Ohne weiteres lassen sich auch die anderen Sender wie Pro7, kabel eins etc. dazurechnen. „Gezeigt werden vor allem Gameshows, Serien und Kinospielfilme, aber auch Talkshows, politische Diskussionen, Magazine und Nachrichtensendungen. In den 1990er Jahren hat sich die Blockbildung bei den Nachmittags-Talkshows durchgesetzt, die heute von einer Blockbildung mit Gerichtsshows abgelöst wird. [...] Im Kinospielfilmangebot dominieren amerikanische Filme sowie deutsche Unterhaltungsfilme. In den journalistischen Formen haben sich in den Nachrichtensendungen moderate Versionen des ›Infotainments‹ durchgesetzt. [...] Die Programme sind in ihrer Gesamtheit von Werbung durchsetzt." (Hickethier 2003, S. 275)

Die öffentlich-rechtlichen Programme dagegen sind durch die Rundfunkge-
setze inhaltlich stärker gebunden. So heißt es z. B. im Bayerischen Rundfunkge-
setz von 1948: „Die Sendungen des bayerischen Rundfunks dienen der Bildung,
Unterrichtung und Unterhaltung. Sie sollen von demokratischer Gesinnung, von
kulturellem Verantwortungsbewusstsein, von Menschlichkeit und Objektivität
getragen sein und der Eigenart Bayerns gerecht werden." (Zitiert nach Hickethier
2003, S. 272) Demgegenüber unterliegen die Privatsender weit weniger Inhalts-
vorgaben bzw. Rahmenbedingungen (vgl. Hickethier 2003, S. 273).

Unter diesen Aspekten unterscheiden sich die Programminhalte der öffent-
lich-rechtlichen von denen der privatrechtlichen Sender. „Die Kompetenz der
beiden öffentlich-rechtlichen Hauptprogramme liegt sowohl in der politischen
Information als auch in kulturell anspruchsvollen Sendungen, besonders im
Fernsehspiel und im fiktionalen Fernsehfilm. Zwar haben die privatrechtlichen
Programme mit der Eigenproduktion von fiktionalen Fernsehfilmen (TV-
Movies) nachgezogen, doch dominiert immer noch der öffentlich-rechtliche
Fernsehfilm." (Hickethier 2003, S. 274)

Nachdem in den letzten Jahren nahezu alle Sender Programme mit der
Konnotation „Bildung" ausstrahlen, stellt sich die Frage, wie sich das Fernsehen
inhaltlich und technisch weiterentwickeln wird. Schlagworte wie „DigitalTV"
und „HDTV" prägen zurzeit die Zukunftsvisionen oder auch bereits das Markt-
geschehen. Die Entwicklung steht jedoch noch am Anfang und erst die nächsten
Jahre werden zeigen, wie sich diese auf die technischen wie inhaltlichen Angebote auswirken wird.

Die Marktanteile[4] des Jahres 2006 zeigen, dass sich das Privatfernsehen bis
heute sehr stark in der Fernsehlandschaft positioniert und behauptet hat:

Tabelle 2: Marktanteile der Sender 2006

Sender	Marktanteil des Senders in Prozent
ARD	14,2
ZDF	13,6
ARD-Dritte	13,5
RTL	12,8
Sat1	9,8
Pro7	6,6
VOX	4,8
Kabel 1	3,6
Super RTL	2,6

---

4 Die Markanteile wurden von der Arbeitsgemeinschaft Fernsehforschung ermittelt. Die Daten zum
   sind Online einzusehen unter http://www.agf.de/daten/zuschauermarkt/marktanteile/, zuletzt besucht am 27.6.2007.

Die Privatsender haben ihre Marktanteile ausgebaut. Insbesondere RTL und Sat.1 können einen hohen Zuschaueranteil vorweisen, was sie zu einer bedeutungsvollen Konkurrenz hat werden lassen.

2.3 Neue Medien in Deutschland ab 1980

Die Beschreibung dieser Zeitspanne, die sich durch eine zunehmende Verwendung der Neuen Medien durch die Gesellschaft auszeichnet, folgt technischen und nutzerorientierten Eckpunkten.[5] Der Computer wird auch erst zu Beginn des hier fokussierten Zeitraums für die breite Bevölkerung interessant: „Ende der 1980er, Anfang der 1990er Jahre war die Technik soweit fortgeschritten, dass so genannte Personalcomputer auf den Markt kamen [...]. Mit dem IBM PC (ab 1981), seinen Nachfolgern XT, AT und deren Nachbauten wurde der Computer allgegenwärtig. Die Steigerungsraten nahmen beeindruckend zu. Dabei schwanken die Schätzungen der weltweiten Computerverbreitung stark." (Stöber 2003, S. 163)

Anhand der Statistiken kann die Entwicklung der der Computerbestände in Deutschland – selbst wenn die Zahlen auf Schätzungen beruhen – die Entwicklung abgelesen werden (vgl. Stöber 2003, S. 164):

Tabelle 3: Computerbestand in Deutschland von 1988 bis 1997

Jahr	Anzahl Computer in Deutschland (in Tausend)
1988	4.300
1989	5.200
1990	6.550
1991	7.600
1992	8.900
1993	10.200
1994	11.750
1995	13.500
1996	19.100
1997	21.000

Mit der geschichtlichen Entwicklung gehen eine Steigerung der Rechnerleistung und ein Preisverfall einher (vgl. hierzu Stöber 2003, S. 171–180). Als besonders bedeutsam kann die Phase ab den frühen 90er Jahren ausgemacht werden, als die Verbreitung der Computertechnik stark zunahm. Die Rechenleistung der Geräte

---

5 Im Fokus stehen hier Computer und Internet. Für eine Klärung der Begriffe Computer und Internet sowie eine Darstellung der Geschichte vor 1980 siehe Stöber 2003, S. 151ff und Schanze 2001, S. 519–554.

stieg dabei ebenfalls stetig, sodass immer komplexere Programme und Inhalte
entwickelt werden konnten.

Die rasante Entwicklung des Internet lässt sich anhand der Hosts nachvoll-
ziehen, auch wenn die Kriterien zur Messung nicht transparent sind (vgl. Stöber
2003, S. 167).

Abbildung 1: Entwicklung der Hostanzahl im Internet (Quelle:
http://www.isc.org/ops/ds/hosts.png vom 27.06.2007)

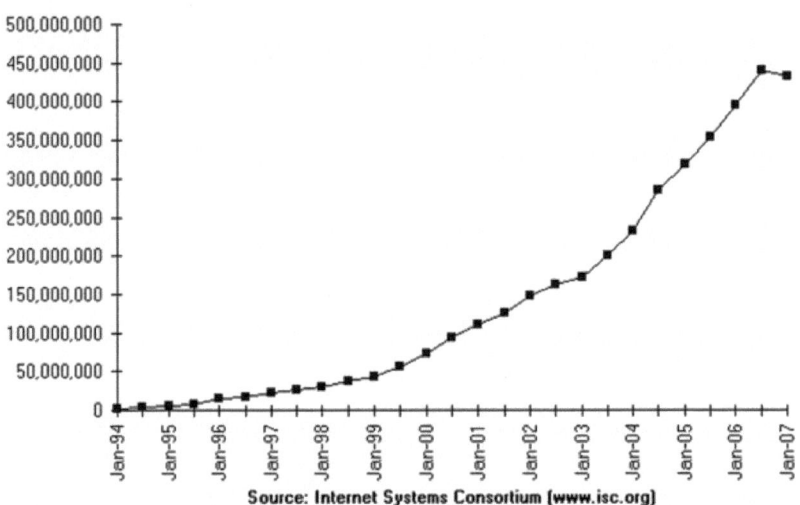

Die Entwicklung der Hostanzahl (umgangssprachlich wird ein Host auch als
Server bezeichnet) zeigt das rasante Wachstum des Internets. Waren es bei der
Zählung 1994 noch 2,2 Millionen Server, so stieg die Zahl auf 433 Millionen im
Jahr 1997 an[6].

Entsprechend sind auch die Anzahl der Nutzer und die Zeiten der Internetnutzung stark angestiegen (vgl. van Eimeren/Frees 2006, S. 404):

---

6 Die genauen Zahlen sind unter http://www.isc.org/ in der Host Count History aufgeführt, zuletzt
besucht am 27.6.2007.

Tabelle 4: Internetnutzer in Deutschland, Angaben in Mio.

Jahr	1997	1998	1999	2000	2001	2002	2003	2004	2005	2006
Nutzer	6,5	10,4	17,7	28,6	38,8	44,1	53,5	55,3	57,9	59,5

Da weitere Daten für die Zeit vor 1997 fehlen, können diese durch die Anzahl der Internet-Direktanschlüsse in Deutschland ergänzt werden (vgl. Wilke 1999, S. 798), auch wenn diese nicht den genauen Nutzerzahlen entsprechen:

Tabelle 5: Internet-Direktanschlüsse in Deutschland, Angaben in Tausend

Monat/Jahr	Juli 1992	Juli 1993	Juli 1994	Juli 1995	Juli 1996	Juli 1997	Juli 1998
Anzahl	38	90	149	291	548	934	1.288

Besonders deutlich wird der Anstieg um 1995, gerade zu einer Zeit, in der die meisten PCs mit dem Betriebssystem „Windows 95" von Microsoft ausgestattet wurden. Insbesondere lassen sich die Jahre 1996 bis 2003 als Wachstumsjahre ausmachen.

Mit dieser Steigerung der Nutzer durch den Preisverfall und der Leistungs-steigerung bei der Hardware geht die Phase der Kommerzialisierung des Inter-nets in den 90er-Jahren einher (vgl. Stöber 2003, S.169). Der rasante Anstieg der Nutzung des Internets ist vor allem dem Dienst World Wide Web (WWW) zu verdanken, dessen Geschichte 1990 in Genf begann (vgl. hierzu Faulstich 2006, S. 172). Weitere wichtige – und meist ältere – Dienste wie E-Mail und Chat trugen ebenfalls ihren Teil dazu bei. Von da an war der Siegeszug des Internets nicht mehr zu bremsen. Immer neue Angebote kamen hinzu, die Nutzerzahlen stiegen unaufhaltsam an. Letztendlich waren Politik und Wirtschaft gezwungen, auf die Entwicklung zu reagieren. Der Staat forcierte mit „Schulen ans Netz" die Ausstattung der Schulen mit Hardware, bot Weiterbildungskurse für die Lehrer an, die meist jedoch auf die Entwicklung von Bedienwissen abzielten. Schluss-endlich kam es im Jahr 2000 zum Platzen der Dotcom-Blase. Börsenkurse pur-zelten nach unten. Für weitere Schlagzeilen sorgten unter anderem die Nutzung von Filesharing-Programmen (Napster[7]) zum Tauschen von Musik und die Reak-tionen der Musikindustrie mit weltweiten Klagen gegen Nutzer dieser Tausch-börsen. Auch Computerspiele im Internet sorgten immer wieder für Diskussio-nen sowohl im Fernsehen als auch im Netz selbst. Die Gewaltakte von Erfurt und Emsdetten belegen die vor allem bewahrpädagogischen Tendenzen der Be-

---

7 Vgl. Röttgers 2002, online unter http://www.heise.de/tp/r4/artikel/12/12541/1.html, zuletzt besucht am 28.6.2007.

richterstattung[8]. Das Internet fungiert in diesen Berichten als Mittel zu kriminel-
len Handlungen, was von Politikern immer wieder aufgegriffen und polemisiert
wird[9].

Mit dem Web 2.0[10] stellt sich eine erneute Aufbruchstimmung ein, die jedoch bei weitem nicht an die erste Euphorie heranreicht. Dieses neue Phänomen
gilt auch als das Ende der kommerziellen Phase des Internet. Allerdings handelt
es sich bei Web 2.0 nicht – auch wenn diese Auffassung umstritten ist – um
etwas wirklich Neues, sondern vielmehr um die durch technische Entwicklung
vereinfachte Möglichkeit, Inhalte zu gestalten und anzubieten:

> „Gegenwärtig tritt eine neue Wortmarke in die öffentliche Diskussion: Web 2.0.
> Was sie bezeichnet wird kontrovers diskutiert. Drei Ansätze lassen sich beispiels-
> weise unterscheiden:
>
> (1) Die Namensgeber Tim O'Reilly und Dale Dougherty betrachteten Web 2.0 ur-
> sprünglich als Sammelbegriff für eine bestimmte Anzahl neuer Anwendungen zur
> Publikation, Kommunikation und zum Community-Building im WWW – gekenn-
> zeichnet durch bestimmte Strukturmerkmale im Design oder im dahinter liegenden
> Geschäftsmodell. Dieser Ansatz geht von der Technik aus und verbindet den Begriff
> letztlich mit marktwirtschaftlichen Überlegungen.
>
> (2) Andere fokussieren den Menschen als User und sehen eine Änderung im Um-
> gang mit dem Internet. Sie argumentieren sozialpsychologisch und beschreiben Web
> 2.0 als ‚eine veränderte Wahrnehmung und Nutzung des WWW'.
>
> (3) Eine dritte Gruppe spricht den Web 2.0-Anwendungen ihren Status als Neuent-
> wicklung ab. Für sie wird hier lange Verfügbares lediglich unter einem neuen Label
> vermarktet und zum Massenphänomen stilisiert. Tim Berners-Lee, ‚Begründer des
> WWW', qualifiziert den Begriff des Web 2.0 inzwischen als bloßen ‚Jargon', von
> dem niemand so richtig wisse, was er eigentlich bedeutete." (Gapski/Gräßer 2007, S.
> 12–13)

Die Online-Enzyklopädie Wikipedia ist ein geeignetes Beispiel für eine Web
2.0-Entwicklung. Hier werden Artikel – im Idealfall – von mehreren Personen
geschrieben. Anhand einer dem Artikel zugeordneten Diskussion soll die Qualität der Inhalte gewährleistet werden.

---

8 Vgl. Berthold/Holling (2007), online unter http://www.heise.de/tp/r4/artikel/25/25486/1.html,
   zuletzt besucht am 28.6.2007. Unter den Stichworten Emsdetten und Erfurt lassen sich bei Telepo-
   lis etliche weitere Artikel hierzu finden.
9 Vgl. Gieselmann (2006), online unter http://www.heise.de/tp/r4/artikel/24/24214/1.html, zuletzt
   besucht am 28.6.2007.
10 Vgl. Holz (o.J.), online unter http://twozero.uni-koeln.de/content/e14/index_ger.html, zuletzt
   besucht am 28.6.2007.

3 Lehrer und Medien

Das Verhältnis der Pädagogik zu neu aufkommenden Medien kann meist nur als ambivalent angesehen werden. Immer wenn in der Vergangenheit Neue Medien das Interesse der breiteren Massen auf sich zogen, waren Pädagogen unter den Ersten, die auf die möglichen Gefahren hinwiesen.[11] „Die Geschichte der Medienpädagogik [ist] eine Geschichte der Reaktionen auf die jeweils ‚Neuen Medien' und die durch sie hervorgerufenen Irritationen, wobei Medien zunächst hauptsächlich als Gegenstand pädagogisch-normierender Regulierung und Zensur, dann aber auch als Mittel pädagogischen und politischen Handelns begriffen wurden." (Hüther/Podehl 1997, S. 116) Die Argumentationen – in der Regel die Prophezeiung negativer Auswirkungen – bei der gesellschaftlichen Integration von Neuen Medien änderten sich über die Zeit hinweg wenig. Die letzten Jahre zeigen jedoch, dass sich durch gesellschaftliche Umbrüche – insbesondere durch die Digitalisierung und den technischen Fortschritt hervorgerufene – Notwendigkeiten ergeben, diese Techniken in der Schule einzusetzen. So verkündete die Kultusministerkonferenz im Oktober 2000, dass „die Zukunftsaufgaben von Bildung und Erziehung vor allem geprägt sein werden durch: – den Wandel zur Wissensgesellschaft und Neuen Medien [...]" (KMK vom 5.10.2000, S. 2). Medien haben mittlerweile eine Omnipräsenz erreicht, die ein Lernen mit und über Medien notwendig macht – sowohl für viele berufliche Karrieren, als auch für das private Leben. Der Weg zur Wissensgesellschaft (vgl. Aufenanger 2000, S. 4) fordert die schulische Vermittlung von Medienkompetenz in Bildungsinstitutionen geradezu ein.

Um zu verstehen, wie Lehramtsstudierende Neue Medien in der Schule möglicherweise erlebt haben und wie sie selbst diese nutzen, soll deren Verhalten im Folgenden mit aktuellen Forschungsarbeiten beleuchtet werden. Da die neueren Medien Computer und Internet erst in den letzten Jahren eine solche Bedeutung eingenommen haben, werden nur Studien der letzten 10 Jahre berücksichtigt, um dieser Entwicklung Rechnung zu tragen.

Zu Beginn werden die Berufswahlmotive behandelt, die für die Entscheidung, Lehrer/in zu werden, eine Rolle spielen. Insbesondere soll beleuchtet werden, inwiefern Medien eine Rolle bei der Berufswahl spielen. Im nächsten

---

11 Vgl. für einen kurzen geschichtlichen Rückblick der letzten 40 Jahre Hagemann 2001.

Schritt gehe ich der Frage nach, welche Bedeutung die Neuen Medien für das Studium angehender Lehrer haben. Nach dem Blick auf die Ausbildungsphase folgt die Betrachtung der Praxis mit dem Einsatz von Medien in der Schule. Dabei wird zunächst in einer Bestandsaufnahme geklärt, über welchen Bestand von Computern und Internetanschlüssen die Schulen verfügen. Dieser dürfte auf die strukturellen Möglichkeiten des medialen Unterrichts erheblichen Einfluss haben. In welchem Umfang ein solcher Unterricht von den Lehrern an deutschen Schulen durchgeführt wird, soll anschließend geklärt werden. Dabei stehen nicht einzelne Schulprojekte im Vordergrund, sondern empirisch erhobene Daten, die eine möglichst breite Datenbasis als Grundlage nutzen. Da die Einstellungen der Lehrer eine große Bedeutung für die praktische Verwendung von Medien im Unterricht haben, werden diese ebenfalls mit aufgeführt. Meist wurden die Dispositionen der Lehrkräfte jedoch überhaupt nicht erhoben. Diese erachte ich für einen medialen Unterricht als besonders wichtig. Ohne eine positive Grundeinstellung der Lehrperson den Medien gegenüber und den Kompetenzen, diese einzusetzen, werden Computer und Internet wohl kaum in den Unterricht integriert. Auch soll überprüft werden, in welchem Umfang Medien überhaupt mit dem Lehrerberuf verknüpft sind. Eine Auseinandersetzung mit Inhalten und Methoden des medial angereicherten Unterrichts ist hier nicht vorgesehen (vgl. hierzu Schaumburg 2003).

3.1 Motive für die Wahl des Lehrerberufs

Die Berufswahlmotive sind eng mit den Vorstellungen über einen Beruf und den damit verbundenen Wünschen und Selbsteinschätzungen einer Person verknüpft. Diese werden dann – manchmal mehr oder weniger erfolgreich – in einem Auswahlprozess mit den eigenen Fähigkeiten und Wünschen in Verbindung gebracht und daraus auf eine Eignung für den Beruf geschlossen. Aus welchem Grund eine Tätigkeit ausgewählt wird, ist somit ein komplexer Entscheidungsprozess. Einige Determinanten für die Berufswahl finden sich bei Ulich (1998, S. 64):

- individuelle Ziele und Interessen, die durch Sozialisationsprozesse (auch in der Schule) beeinflusst sind;
- die subjektive Einschätzung der eigenen Fähigkeiten;
- berufsrelevante Erfahrungen, Vorstellungen und Informationen;
- die Anforderungen und Entwicklungsmöglichkeiten des Berufs;
- Anforderungen, Dauer und Kosten der Ausbildung;
- Arbeitsplatzangebot und -sicherheit.

Betrachtet man den Lehrerberuf, so bietet dieser eine hohe Sicherheit des Arbeitsplatzes durch den Beamtenstatus, bisher – verglichen mit anderen Berufen – wenig Änderungen im Anforderungsprofil und ein dem Schüler bekanntes Tätigkeitsprofil: „Da die Jugendlichen, die sich für den Lehrerberuf entscheiden, über vielfältige und lang andauernde Erfahrungen mit diesem Beruf bzw. mit Berufsvertretern verfügen, sind sie über dieses Berufsfeld, wenn auch aus Schülerperspektive, relativ gut informiert." (Bergmann/Eder 1994, S. 49)

Bei anderen Berufen dürfte dies weit weniger der Fall sein. So konnte Kommer (Unveröffentlichtes Manuskript) zeigen, dass die untersuchten und vor der Berufswahl stehenden Haupt- und Realschüler oft nicht einmal den Beruf der Eltern beschreiben oder dessen Tätigkeiten erklären konnten, manchmal konnten sie ihn nicht einmal benennen. Damit dürfte der Beruf des Lehrers unter den Jugendlichen der wohl am meisten bekannte und vertraute Beruf sein, auch wenn die Schüler der oben genannten Untersuchung auf Grund ihres zu erwartenden Schulabschlusses diesen Beruf nicht ergreifen werden. Dagegen gilt dies für die Schulerfahrungen der ebenfalls von Kommer untersuchten Lehramtsstudierenden nicht. Diese waren ebenfalls seit Jahren fast täglich mit dem Beruf des Lehrers konfrontiert und wurden als Erstsemesterstudenten des Lehramtsstudiums an der Pädagogischen Hochschule befragt. Die Arbeit mit Kindern, das fachliche Interesse und Erfahrungen in der Jugendarbeit waren hier ausschlaggebende Momente für die Studienwahl. Zusätzlich sahen manche Studierende es als Verlegenheitsstudium (wegen eines zuvor abgebrochenen Studiums und einer damit einhergehenden Neuorientierung) oder als Möglichkeit des sozialen und beruflichen Aufstiegs an.

Ulich (1998 und 2004) führte im Rahmen seiner Lehrveranstaltungen eine Befragung der Seminarteilnehmer durch. Die Stichprobe (n=785) enthielt dabei Studierende aller Schulformen (Grund-, Haupt-, Real- und Sonderschule sowie Gymnasium) diverser Ausbildungsstätten in Deutschland und Österreich. Die Probanden wurden angehalten, den Satz „Ich will Lehrer/in werden, weil..." weiterzuführen. Das Hauptmotiv war die Arbeit mit Kindern und Jugendlichen als Erstnennung (64 Prozent). Motive, die sich auf die Tätigkeit und auf eigene Erfahrungen beziehen, folgen etwas abgeschlagen. Diese Motive machen bereits einen Großteil der Angaben aus. Die restlichen (Vereinbarkeit von Familie und Beruf mit hauptsächlich weiblichen Verfassern, Arbeitszeiteinteilung, Beamtenstatus, Ferien, inhaltliche und fachbezogene Interessen) waren weniger gewichtig. Mediale Aspekte tauchten in den Nennungen nicht auf. Gerade die offene Fragestellung bot die Möglichkeit, weitere Motive als in quantitativen Erhebungen zu erheben. Da den Neuen Medien in der Erhebungsphase gerade erst ihre gesellschaftliche Bedeutung zugeschrieben wurde und erste Projekte hierzu anliefen, dürfte die Forderung nach Vermittlung von Medienkompetenz und medialen Unterrichtsformen die damaligen Studierenden noch nicht in ihrer heutigen Relevanz und Bekanntheit erreicht haben. Zumindest waren die Neuen Medien hier kein Motiv für das Ergreifen des Lehrerberufs.

Auch bei Krieger (2000, S. 249–252) finden sich ähnliche Konstellationen bei den Motiven. Der Umgang mit Kindern und Jugendlichen und das fachbezogene Interesse sind die Hauptgründe, ein Lehramtsstudium aufzunehmen. Allen voran sind es wieder die weiblichen Probandinnen, welche die Vereinbarkeit von Familie und Beruf als Motiv auswählen. Besonders die Vergleichbarkeit von zwei Erhebungszeitpunkten (1975 und 1995) bringt eine Veränderung bei den Motiven an den Tag. „Mehr Studentinnen als vor 20 Jahren geben fachliche und pädagogische Interessen und vor allem Erfahrung in der Jugendarbeit als Motiv der Berufswahl an. Bei den männlichen Kommilitonen lassen sich derlei positive Trends zugunsten der aktuellen Generation nicht nachweisen." (Krieger 2000, S. 252) In dieser quantitativen Untersuchung waren Medien nicht unter den Auswahlmöglichkeiten. Auch hier kann keine Aussage gemacht werden, inwiefern Medien eine Rolle in der Berufswahl spielen könnten.

Weitere Studien zur Leistungsmotivation (vgl. Spinath 2005 und Frey 2004) erhärten das Bild, dass Medien für den Lehrerberuf keine Rolle spielen.

Die hier vorgestellten Untersuchungen (Krieger 2000; Ulich 1998 und 2004) sowie andere – hier nicht mehr explizit aufgeführte Arbeiten (Steltmann 1980, Oesterreich 1987) – zeigen vor allem eines auf: Medien spielen bei der Wahl zum Beruf des Lehrers keine Rolle. Weder werden sie von den quantitativen Fragebögen abgefragt, noch tauchen sie in qualitativen offenen Fragen auf. Natürlich ist die Berufswahl – wie bereits erwähnt – ein komplizierter Entscheidungsprozess, der nicht an einem Punkt festgemacht werden kann. Dass die Medien jedoch in allen Untersuchungen sowohl auf der Forscherseite wie auch bei den freien Antworten der Probanden überhaupt keine Rolle spielen, deutet auf die geringe Bedeutung der (neuen) Medien für den Beruf des Lehrers hin. Auch die gestiegene gesellschaftliche Relevanz der Neuen Medien hatte über die Jahre hinweg augenscheinlich keine Auswirkungen auf die Motive der Berufswahl. In der Öffentlichkeit wird auch selten ein Pädagoge als medienaffin dargestellt, vielmehr sind die Beschreibungen bewahrpädagogischen Tendenzen und pseudo-kritischen Abwertungen ausgesetzt (vgl. Kommer unveröffentlichtes Manuskript und Blömeke 2005).

3.2 Die Bedeutung der Neuen Medien während des Lehramtsstudiums

Unbestreitbar dürften die Computertechnik und die damit einhergehende Vernetzung das Studieren in den letzten Jahren deutlich verändert haben. Neben den zusätzlichen Kontaktmöglichkeiten über E-Mail, die Bereitstellung und Nutzung von Unterrichts- und Seminarmaterialen über das Internet und Recherchen in Datenbanken rund um die Uhr erleichtern sie die zeitliche und örtliche Gebundenheit, heben sie teilweise sogar gänzlich auf. Doch für die Nutzung werden Kompetenzen benötigt. Zu Studienbeginn weist gerade die Mehrheit der Lehramtsstudierenden keine oder nur oberflächliche Fertigkeiten im Umgang mit Computern auf (vgl. Lewin/Heublein 1998, S. 35–36).

Eine der wenigen umfangreicheren Untersuchungen zur Bedeutung der Neuen Medien bei Lehramtsstudierenden legten Baacke et al. (o.J.) vor. Die Erhebung aus dem Jahr 1999 stellt die Normalität des Computers im Leben der Studierenden dar. So nutzen über 98 Prozent den Computer und mehr als 70 Prozent besitzen einen eigenen Rechner. Dabei ist die Textverarbeitung die meistgenutzte Software, gefolgt von der Internetnutzung (soziale Kontakte werden durch E-Mails oder Spielen gepflegt, Informationen online gesucht und allgemein wird im Netz gesurft). So scheint es, als sei der Computer bereits ein alltägliches Gebrauchsgerät geworden. Etwa einem Viertel der Studierenden (ca. 23 Prozent) sind die neuen Kommunikationsformen zu unpersönlich und 15,5 Prozent verfügen über keine bzw. nur geringe Informationen über die Neuen Medien (vgl. Baacke et al o.J., S. 5). Zudem macht es einen Unterschied, ob sich die Studierenden im Grund- oder Hauptstudium befinden und wie alt sie sind:

„Vor allem im Grundstudium haben die Studierenden vergleichsweise häufiger Angst vor der Technik und verfügen öfter über keine bzw. nur wenige Informationen zu den Neuen Medien. Ähnliches gilt für in bezug (!sic) auf die unterschiedlichen Altersklassen der Befragten: Neben den 18–21jährigen ist es die Gruppe der 30jährigen und älteren, die im Vergleich häufiger Angst vor der neuen Technik hat als auch nicht hinreichend über die Neuen Medien informiert ist." (ders., S. 5)

Hier macht sich verstärkt eine andere mediale Sozialisation bemerkbar. Die jüngeren Generationen werden immer häufiger und in bereits jüngeren Jahren mit dem Computer und dem Internet konfrontiert, sodass sich hier in Zukunft eine weitere und auch schnellere Verschiebung der Nutzungsformen erwarten lässt. Zumindest geben hier 43 Prozent der Befragten an, für den Einsatz von Neuen Medien im zukünftigen Unterricht motiviert zu sein. Zugleich geben über 76 Prozent an, auf Grund mangelnder praktischer Erfahrung in der Schule nicht optimal vorbereitet zu sein. Etwas mehr als 53 Prozent haben bereits Veranstaltungen besucht, bei denen die Neuen Medien eine Rolle spielten (vgl. ders., S. 5/6). Dennoch erscheint der Bericht als zu optimistisch in Bezug auf die Mediennutzung und den daraus gezogenen Resultaten. Es tauchen vielmehr Standardanwendungsgebiete auf, die als Indikator für eine hohe Relevanz der Medien herhalten (Textverarbeitung, E-Mail, Surfen im Netz, Informationssuche). So

wird auch trotz der sonst positiven Beleuchtung resümiert: „Der Computer wird
vorrangig zum Schreiben benutzt, alle anderen Möglichkeiten werden zwar ebenfalls genutzt, aber in erheblich geringerem Ausmaß. Pointert: Die Computernutzung ersetzt für viele Studierende vor allem erst einmal die Schreibmaschine."
(ders., S.15) Die Veränderung zu einer liberaleren Einstellung gegenüber den
Neuen Medien im Verlauf des Studiums zeigt, dass „die Universität in Hinsicht
auf Computer und Internet-Nutzung ein zentraler Lernort" (ders., S. 15) ist. Die
Studierenden im Grundstudium und der Primarstufe weisen dabei die höchsten
Werte aus, bisher keine Lehrveranstaltung mit der Thematik zu Neuen Medien
besucht zu haben (vgl. ders., S. 6).

Middendorf (2002) erhob in einer ähnlichen Studie Daten von 11.242 Stu-
dierenden und differenziert u. a. nach Studienfach. Gerade bei der Nutzung von
PC und Internet – sowohl zu Hause als auch in den CIP-Pools der Hochschulen –
liegen die Pädagogikstudenten auf den letzten Plätzen (Middendorf 2002, S. 17).
Beim computerbezogenen Zeitaufwand von 11 Stunden pro Woche nutzen die
Studierenden den Computer und das Internet drei Stunden weniger als der
Durchschnitt. Bei der Einschätzung der PC-Kompetenz liegen die angehenden
Pädagogen auf dem letzten Platz. So geben hier die meisten Personen an, kei-
ne/geringe oder nur Basiskompetenzen (E-Mail, Textverarbeitung, Inter-
net/WWW) zu besitzen. Dies führt sich auch in der Einschätzung nach dem Nut-
zen von Programmen für das Studium fort:

> „Vergleichsweise wenig Studierende der Pädagogik sehen in Computeranwendun-
> gen eine umfassende Studienrelevanz, die meisten akzeptieren jedoch eine Nützlich-
> keit von speziellen Anwendungen. Diejenigen unter ihnen, die ein Lehramt anstre-
> ben (51 %), bewerten die Bedeutung von Computeranwendungen noch geringer
> […]." (Middendorf 2002, S. 41)

Auch bei der Einstellung zu computergestützten Lernprogrammen geben sich die
Studierenden der Pädagogik distanzierter. Da verwundert es kaum, dass sie zu 50
Prozent nicht wissen, ob internetgestützte Lehrveranstaltungen angeboten werden. Da diese Daten in einem starken Zusammenhang mit der Kompetenzein-
schätzung und dem erhobenen Online-Zeitaufwand stehen, erscheint es normal,
wenn Nutzer ohne große Kenntnisse und Erfahrungen und geringen Online-
Nutzungszeiten sich nicht oder kaum für diese Lehrangebote interessieren und
sie dementsprechend auch weniger kennen und beachten.

> „In der Rangfolge der Fächergruppen nehmen Studierende der Pädagogik (Erzie-
> hungswissenschaften/Lehramt) bei mehreren der untersuchten Merkmale (PC-
> Kompetenz, Einsicht in die Nützlichkeit von Computeranwendungen für das Studi-
> um, Einstellung zu computergestützten Lernprogrammen) hintere Positionen ein.

Insbesondere für die Studierenden unter ihnen, die später ein Lehramt ausüben werden, stehen diese Befunde im Widerspruch zu ihrer künftigen Rolle als Vermittler/-innen moderner Kulturtechniken bzw. als Moderator/-innen zwischen den Generationen. Unabhängig von der angestrebten Schulstufe bzw. den zu unterrichtenden Fächern sind für angehende Lehrerinnen und Lehrer computerbezogene Fähigkeiten, die über Basisanwendungen kaum hinausgehen, und Vorbehalte gegenüber computergestützten Lernprogrammen nicht akzeptabel." (Middendorf 2002, S. 67)

Kritik an dieser Darstellung von Middendorf übt Kerres (2003, S. 8):

„Diese Interpretation erscheint durch das vorgelegte Datenmaterial nicht gestützt. Tatsächlich bleibt der Befund, dass die Computer- und Mediennutzung in der Pädagogik gering ist und dass damit einhergehend die Kenntnisse und Fertigkeiten der Studierenden geringer ausgeprägt sind als in anderen Fächergruppen. Es ist aber nicht der Fall, dass die Pädagogik-Studierenden überwiegend über *keine* IT-Qualifikationen verfügen und Computer ablehnen würden, auch ihre Einstellung zu mediengestützten Lernanwendungen weicht nur marginal von der anderer Fächer ab. Die Schlussfolgerung und weiterführende Hypothese lautet: Die Computernutzung im Kontext eines Pädagogik-Studium ist geringer als in anderen (auch vergleichbaren) Studiengängen und die Studierenden werden in ihrem Studium selten mit den Möglichkeiten der neuen Technologien konfrontiert. Dies könnte daran liegen, dass Pädagogik-Studierenden kaum Möglichkeiten geboten werden, mit entsprechenden fachbezogenen Anwendungen in Kontakt zu kommen."

Trotz der Kritik von Kerres an der Interpretation der Daten durch Middendorf zeigt sich, dass Studierende der Lehrämter weniger mit Medien vertraut sind und diese auch im höheren Maße ablehnen als Studierende anderer Fächer. Aber dass diese – wie Kerres meint – keine Möglichkeiten haben, sich mit fachbezogenen Anwendungen auseinanderzusetzen, dürfte ebenfalls zu weit gegriffen sein. Auch an der universitären Lehre hat sich viel getan, obwohl hier noch weiter Handlungsbedarf besteht (vgl. Blömeke 2001). Festzuhalten bleibt hier zunächst der Anschein, dass Lehramtsstudierende mit Neuen Medien weniger vertraut sind als andere und bei einer Nutzung die Standardanwendungen wie Textverarbeitung, E-Mail und Informationssuche im Internet favorisieren. Sie entscheiden sich somit für einen pragmatisch-kommunikativen Weg des Mediengebrauchs beim Computer und Internet. Kurz: Der Rechner ist ein Arbeitsgerät und selten mehr.

3.3 Der Computerbestand an den Schulen in Deutschland

Die letzten Jahre waren durch eine Aufrüstung der Schulen mit Hard- und Software und deren Anschluss ans Internet geprägt. Insbesondere durch die Initiative „Schulen ans Netz" sollten von 1996 bis zum Ende des Jahres 2001 alle rund 34000 allgemein- und berufsbildenden Schulen in Deutschland ans Netz[12]. Nach den Statistiken des BMBF konnte dieses Ziel als erreicht betrachtet werden (vgl. BMBF 2005, S. 51). Dies sagt zunächst aber nur aus, dass ein Netzanschluss vorhanden ist. Ob die gesamte Computerausstattung der Schulen und die Möglichkeit, von allen Rechnern aus das Internet zu nutzen, gegeben ist, lässt sich über die seit 2001 jährliche erhobene Datenbasis des BMBF eruieren. So konnte im Jahr 2005 mit ca. 99 Prozent der Schulen fast eine komplette Deckung mit Computern erreicht werden. Die Anzahl der Schüler pro Computer schwankt zwischen 13 Schülern in den Grundschulen und 9 in den berufsbegleitenden Schulen (BMBF 2005, S. 6f). Dabei ist in den letzten Jahren eine weitere Verbesserung des Verhältnisses eingetreten (vgl. BMBF 2005, S. 41):

Tabelle 6: Schüler/innen pro Computer gesamt 2002–2005

	Grundschule	Sek. I und II	ABS	BBS	Gesamt
2002	23	17	18	13	17
2003	17	14	15	11	14
2004	15	13	13	9	12
2005	13	12	12	9	11

Während die berufsbildenden Schulen 2002 bereits fast das Niveau der allgemein bildenden Schulen von 2005 erreicht hatten, gab es bei diesen die meisten Fortschritte zu verzeichnen. Insbesondere die Grundschulen konnten ihre Ausstattung quantitativ stark verbessern. Dabei wird in der Statistik noch zwischen zwei Computertypen unterschieden (BMBF 2005, S. 10f):

Typ 1: nicht multimediafähiger Pentium-PC: 486er PC oder Pentium bis 133 MHz oder gleichwertig

Typ 2: multimediafähiger PC: Pentium-PC, Prozessor 133 MHz, mindestens 32 MB, mit Soundkarte, CD-ROM-Laufwerk oder Zugriff auf einen zentralen Speicher (z. B. Server); oder gleichwertig (z. B. Macintosh 60XXX- oder G3/G4-Prozessor; Thin Client)

---

12 Historie von Schulen ans Netz. Nachlesbar unter: http://www.schulen-ans-netz.de/san/historie/index.php, zuletzt besucht am 29.3.2006.

Allein die Tatsache, dass ein Pentium PC mit 133 MHz bei aktueller Software mit hoher Wahrscheinlichkeit überlastet ist, zeigt die Schwächen dieser Einteilung auf. Für ältere Anwendungen mag dies noch ausreichend sein, jedoch muss hier angemerkt werden, dass diese Rechner aktuellen Anforderungen und neuen Innovationen nicht gerecht werden können. So könnte es gut sein, dass ein Großteil der Computer bereits wieder veraltet ist und für schulische Zwecke kaum noch genutzt werden kann. Sofern Software aktualisiert werden muss, ist stark davon auszugehen, dass weitaus mehr Rechner als der hier beschriebene Typ 1 nicht mehr mit aktueller Software lauffähig sind. Eine Aussage über die qualitative Ausstattung anhand der Daten des BMBF ist hier nur bedingt möglich.

Es zeigt sich aber, dass die Schularten bezüglich des Rechnertyps noch recht unterschiedlich ausgestattet sind (vgl. BMBF 2005, S. 8):

Tabelle 7: Ausstattung nach Rechner- und Schultyp

	Grundschule	Sek. I und II	ABS	BBS	Gesamt
Typ 1 stationär	41.171	60.082	101.253	13.183	114.436
Typ 1 mobil	1.221	1.504	2.725	383	3.108
Typ 1 gesamt	42.392	61.586	103.978	13.566	117.544
Typ 2 stationär	97.327	282.916	380.243	149.052	529.295
Typ 2 mobil	7.130	28.289	35.419	14.071	49.490
Typ 2 gesamt	104.457	311.205	415.662	163.123	578.785
Gesamt					
Stationär	159.011	406.377	481.495	201.796	767.934
mobil	11.981	41.504	53.484	21.832	75.316
Computer gesamt	217.160	526.431	743.591	279.821	1.024.163
Anteil Typ 2 am Gesamtpool	48,1 %	59,1 %	55,9 %	58,3 %	56,5 %

Während die Grundschulen den höchsten Anteil der Typ 1-Rechner am Gesamtpool aufweisen, so hat dieser Typ bei den berufsbildenden Schulen den kleinsten Anteil. Hier lässt sich vermuten, dass die berufsbildenden Schulen verstärkt gezwungen sind, sich den aktuellen Anforderungen der Software und Hardware anzupassen, um eine adäquate und an den außerschulischen/betrieblichen Gegebenheiten orientierte Ausbildung zu garantieren. Gerade die Rechner vom Typ 1 halte ich für technisch so veraltet, dass eine Internetnutzung mit aktuellen Browsern (Firefox, Internet Explorer 6, Opera etc.) kaum möglich erscheint. Vor allem auch, da diese ein neueres Betriebssystem voraussetzen, die meist einen Pentium 2-Rechner oder noch höherwertig voraussetzen. Da Windows das eindeutig vorherrschende Betriebssystem ist (vgl. BMBF 2005, S. 11), wird dies noch weiter erhärtet. Besonders auffällig erscheint auch der hohe Anteil älterer Rechner an den Grundschulen, da diese ja erst später den Rückstand mit Rechnern aufgeholt haben. Es erscheint der Eindruck, als wäre hier ältere Hardware ,entsorgt' worden.

Neben der Hardware werden hier auch Daten über die verwendete Software vom BMBF erhoben. Die meistgenutzte Software in den Grundschulen sind nicht näher spezifizierte Lernsoftware und Nachschlagewerke. Software mit Werkzeugcharakter, Programmiersprachen (die es auch für Kinder gibt) und Programme zum Erstellen multimedialer Anwendungen nehmen erst mit den weiterführenden Schulen zu. Bei den berufsbildenden Schulen verstärkt sich dieser Trend noch einmal. Zusätzlich nimmt hier Branchensoftware für die berufliche Bildung einen hohen Stellenwert ein (vgl. BMBF 2005, S. 12f). Die sehr ungenauen Aussagen lassen nur vage Vermutungen über den Einsatz der Software zu, da nicht bekannt ist, in welchem Kontext diese wie oft verwendet wird. Vielmehr lässt sich nur sagen, dass Software vorhanden ist. Welche Qualität sie hat und welchen Anforderungen sie genügt, kann nicht beantwortet werden.

Neben der Ausstattung mit Rechnern wurde nach vorhandenen Peripheriegeräten gefragt. Deren Bestand nahm seit 2001 ebenfalls stark zu. Scanner, Digitalkameras, Beamer und DVD-Laufwerke wurden vermehrt angeschafft, sind aber nicht an jeder Schule verfügbar. So besitzen die Grundschulen zu 58 Prozent einen Scanner, zu 35 Prozent eine Digitalkamera, zu 26 Prozent einen Beamer und zu 36 Prozent ein DVD-Player/Laufwerk. Weitaus besser sieht es bei Sek. I und II und berufsbildenden Schulen aus: Scanner sind in 87 bzw. 93 Prozent, Digitalkameras sind in 80 bzw. 60 Prozent, Beamer sind in 80 und 77 Prozent und DVD-Player/Laufwerk sind in 76 bzw. 68 Prozent der Schulen vorhanden. Wieder sind die Grundschulen schlechter ausgestattet als die anderen (vgl. BMBF 2005, S. 46f).

Besonders wichtig erscheint eine Vernetzung der Rechner, damit vermehrt ein Lernen mit Medien stattfinden kann. Die Vorteile der Vernetzung liegen in der Möglichkeit, ständig weitergehende Recherchen durchführen und auf andere Daten im Netz zugreifen zu können. Hierfür ist die Integration von Rechnern in ein Intranet und das Internet Voraussetzung. Wieder zeigt sich, dass die berufsbildenden Schulen vorn liegen, gefolgt von der Sekundarstufe I und II sowie der Grundschule als Schlusslicht. Hier ist nicht einmal die Hälfte der Rechner vernetzt. Gerade in Anbetracht der Offenheit und Lernwilligkeit der jungen Schüler sollte vermehrt auch netzbasiert gearbeitet werden. Dass die Grundschule in der Ausstattung hinter den anderen Schularten zurückbleibt, ist unverständlich. Zeigen doch viele Einzelprojekte, wie die digitale Technik hier erfolgreich für das Lernen genutzt werden kann.

In der Sonderstudie zum (N)onliner Atlas 2006 „Lehre oder Leere? Computerausstattung und -nutzung an deutschen Schulen" wurden Schüler (n=1150) zum Bestand und der Nutzung (s. u.) von Computern und Laptops im Unterricht befragt. Hier sind knapp 90 Prozent der Schulen mit Computern bzw. Laptops ausgestattet (vgl. Initiative21/TNS-Infratest 2006, S. 5). Wie erwartet ist der Anteil der Schüler mit einem eigenen Laptop mit 2,5 Prozent am geringsten. Auch die Anzahl derer, die einen eigenen Klassencomputer zur Verfügung haben, ist mit 6,5 Prozent doch recht gering. Die meisten (78,4 Prozent) geben an, dass sie spezielle Computerräume nutzen. Bei der Ausstattung nach Schultyp liegen die Hauptschulen auf dem letzten Rang mit einer Ausstattung von 79,4 Prozent, gefolgt von den Realschulen mit 86,3 Prozent und den Gymnasien mit dem höchsten Ausstattungsgrad von 91,9 Prozent. Je höher also der mögliche Abschluss an einer Schule, desto besser scheint die Ausstattung zu sein.

3.4 Der Einsatz von Medien im Unterricht und im privaten Alltag

„Der PC als Hypermedium, mit dem man kreativ und künstlerisch arbeiten kann, und die Informationstechnologie als sozialkundliches Thema, aber auch das WWW als Wissens- und Datenreservoir, mit dem es kompetent, aber auch kritisch umzugehen gilt, tauchen [...] kaum auf. Mithin scheinen all die medienpädagogischen Zielsetzungen, die man sich von der ausreichenden Ausstattung der Schule erhoffte, allenfalls ansatzweise in einigen Modellprojekten angegangen zu werden." (Kübler 2005, S. 10)

Die Möglichkeiten, Medien im Unterricht einzusetzen, haben sich in den vergangenen zehn Jahren stark verändert. Mit dem technologischen Fortschritt hielt die Computertechnik Einzug in die Schulen. Mittlerweile sind an den Schulen einige Geräte vorhanden, auch wenn aus den oben genannten Daten des BMBF nicht genau hervorgeht, ob sie modernen Anforderungen gerecht werden. Zumindest dürften z. B. Recherchearbeiten im Internet in vielen Fällen möglich sein. Doch was nützt ein solcher Gerätepark, wenn er nur ungenutzt herumsteht (vgl. Scholl/Prasse 2001)? In den letzten Jahren sind viele Projekte begleitet worden, die (Neue) Medien im Unterricht eingesetzt haben. Meist werden die Ergebnisse dieser Modelle nicht weiter verfolgt oder auf andere Schulen übertragen – wohl auch, weil sich dies nicht so einfach durch eine Übernahme in eine andere Struktur realisieren lässt. Scholl und Prasse (2001) kommen in ihrer Evaluation der Initiative ‚Schulen ans Netz' zu folgendem Ergebnis:

„Nicht die technische Ausstattung [...], die Zugangsbedingungen [...] oder die Fortbildungsmaßnahmen [...] sind entscheidend für die Quantität und Qualität der Internet-Nutzung an Schulen, sondern vor allem die Organisationsqualität [...]."

Abgesehen davon, dass hier nur die Internetnutzung fokussiert wurde, wird auch
die Einstellung der Lehrer beachtet. So geben die Autoren an:

„Die Einstellungen der Lehrerinnen und Lehrer zum Einsatz der neuen Technologien im Unterricht sind durchgängig sehr positiv [...]. Dennoch setzt etwa eine
Zweidrittelmehrheit in den Kollegien keine Computer im Unterricht ein. Als Gründe
dafür wurden genannt:
- Furcht, sich zu blamieren oder die Kontrolle über das Geschehen zu
  verlieren,
- Scheu vor dem größeren Aufwand,
- keine Ideen, was man im Unterricht mit der neuen Technik machen
  könnte.
Außerhalb des ITG- und Informatikunterrichts gibt es an allen untersuchten Schulen nur sehr wenige Lehrerinnen und Lehrer, die Computer
und/oder das Internet regelmäßig in den Unterricht integrieren."
(Scholl/Prasse 2001, S. 34)

Die Daten zeigen vor allem, dass es hauptsächlich technikaffine Lehrer sind, die
eine Nutzung von Computer und Internet im Unterricht forcieren. Da aber dies
meist schon Inhalt des entsprechenden Schulfaches war (ITG oder Informatik),
kann man hier nur bedingt auf einen Technikeinsatz als Lehr- und Lernmittel –
im Sinne von Lernen mit Medien – schließen. Die positive Einstellung der Lehrer geht mit einer negativen Praxisausübung im Bereich Medien einher.[13]
   Die Diskussion zur Nutzung von Medien – angefangen von Tafel und Kreide bis hin zu Computer und Internet – tauchen in der pädagogischen Geschichte
immer wieder auf. Der Computer löst dabei – wie auch andere Versuche mit dem
Ziel, das Lernen zu revolutionieren – eine besondere Diskussion aus:

„Der Overheadprojektor konnte jedoch als Erweiterung der traditionellen durch die
Wandtafel gegebenen Möglichkeiten gelten und berührte so weder die Lehrerinnen
und Lehrer in ihrem Rollenverständnis noch die Sichtweisen der Erziehungswissen-
schaftler von Schule und Unterricht entscheidend. Die Diskussion entzündete sich
vielmehr an jenen Medien, die Aspekte der Lehrerrolle, der Bildung und Erziehung
in den bisherigen Formen stärker tangierten, sogar in Frage stellten. Es sind diese in
der zeitlichen Abfolge der programmierte Unterricht, das Schulfernsehen und die
‚Neuen Medien'." (Hagemann 2001, S. 20)

---

13 Vgl. hierzu weiter unten im Text die vorgestellten Ergebnisse von Tulodziecki et al. (2000).

Abgesehen von einer ‚Grundversorgung' der Schulen mit Tafel, Kreide und Tageslichtprojektor finden sich auch andere Medien: Film- und Diaprojektor, Tonkassetten, Fernseher und Videorekorder etc. 1990/91 führte das Staatsinstitut für Schulpädagogik in München eine Befragung von ca. 10.000 Lehrern durch (vgl. Sacher 1994). In Bezug auf Verwendung und deren Häufigkeit zeigt sich, „daß die meisten Lehrer AV-Medien recht sparsam einsetzen" (Sacher 1994, S. 10). Ganz vorne rangieren Folien und Arbeitstransparente, gefolgt von Videokassetten, Dias und Tonkassetten/Tonbändern und weit am Ende erst die Schulfernsehsendungen (ders., S. 11). Der Computer spielt entsprechend der damaligen Zeit (die Kosten waren hoch und die technische Entwicklung noch weit vom heutigen Stand entfernt) noch keine nennenswerte Rolle. Anhand der Clusteranalyse kristallisieren sich vier Typen von Lehrern heraus:

Typ 1:   Die Gegner von AV-Medien setzen keines der erfragten Medien häufiger ein und entsprechen ca. 25 % der gesamten Lehrerschaft.

Typ 2:   Diese 40 % werden von Sacher die „Folienverwender" (ders, S. 14) genannt. Diese setzen sehr häufig Folien ein, aber kaum andere Medien.

Typ 3:   Der visuell orientierte Lehrer (ca. 20 % aller Lehrer) nutzt neben Folien ebenso oft Videos.

Typ 4:   Knapp ein Achtel der Befragten zeigen eine vielfältige Nutzung von Geräten im Unterricht.

Zusätzlich ergaben sich hoch signifikante Unterschiede bei den Fächern. Hier weisen die Fächer Mathematik, Physik, Chemie, Sport und auch Informationstechnische Grundbildung die geringste Nutzung auf, während sie bei Biologie, Geografie, Religion, Geschichte, Agrarwirtschaft, Sozialkunde und Verkehrserziehung die häufigste Verwendung fanden. Ebenso zeigten sich – wenn auch nicht signifikant – Unterschiede bei den Schularten. Beim Geschlecht ergaben sich dabei kaum Differenzen. Außerdem gilt: Je älter der Lehrer, desto weniger setzt er AV-Medien im Unterricht ein (vgl. Sacher 1994, S. 14–20).

Insgesamt lässt sich konstatieren, dass AV-Medien nicht unbedingt als gängiges didaktisches Mittel von Lehrern eingesetzt werden. Es scheinen vor allem technikaffine Lehrer zu sein, die diese regelmäßiger einsetzen und sich aus der Masse hervorheben. So konstatiert Sacher (1994, S. 11–12):

„Bevorzugt werden also offensichtlich AV-Medien, die bequem zur Hand sind, keinen hohen apparativen Aufwand, keine vorangehende Aufzeichnung, keine stundenplanmäßige Abstimmung und nicht das Aufsuchen eines besonderen Fachraumes erfordern und die flexibel eingesetzt (beliebig kombiniert bzw. unterbrochen bzw. vor-

und zurückgespult) werden können. Zugleich waren die am häufigsten eingesetzten AV-Medien solche, welche dem Lehrer kaum die Steuerung des Unterrichts abnehmen, sondern im Sinne des Kontextmodells der Medienverwendung überwiegend von ihm in sein Unterrichtskonzept eingepaßt werden. AV-Medien, die stärker mit dem Verwendungskonzept des ‚direct teaching' verbunden sind, bei dem die Medien den Unterricht tragen (Filme, Medienpakete, Bildungsangebote der Massenmedien), wurden seltener eingesetzt – möglicherweise infolge innerer Widerstände der Lehrer gegen eine Änderung ihrer Rolle, die der Fachwelt seit langem bekannt sind."

Die Nutzungsergebnisse lassen sich kurz auf den Punkt bringen: Der Einsatz von AV-Medien ist wahrscheinlicher, je jünger die Lehrpersonen und je einfacher die Bedienung der Geräte sind. Eine Einübung der Lehrer in die Technik scheint hier nicht gegeben zu sein. Es wirkt, als bestünde eine Scheu, sich mit neuen Techniken auseinanderzusetzen. Dabei ist hier im Gegensatz zur Computertechnik noch von einer überaus einfachen Bedienweise auszugehen, die sich durch das Beherrschen von wenigen Bedienelementen und den zugehörigen Funktionen charakterisiert. Mit den neuen digitalen Medien wandelt sich dieses Bild nun grundlegend. Funktionen und Operationen lassen sich meist auf vielfältige Art und Weise und mit verschiedenen Programmen realisieren. Die Vereinfachung und teilweise auch Automatisierung von Arbeitsvorgängen beschleunigte neben der technischen Entwicklung die Etablierung der Computertechnik.

Vor dem Hintergrund, dass die Neuen Medien immer tiefer in unseren beruflichen wie auch privaten Alltag integriert werden und die Vermittlung von Fähigkeiten zum Umgang damit auch breit eingefordert wird, sehen sich Lehrpersonen mit der Forderung konfrontiert, Medien in ihren Unterricht zu integrieren. Aus allen Bereichen wird eine Medienerziehung in der Schule eingefordert. Dabei gilt es nicht nur, die meist teuer erworbene Gerätschaft auszulasten und sie für den Unterricht zu nutzen, sondern mit ihnen auch – nicht nur auf Bedienwissen ausgelegte – Medienkompetenz (z. B. Baacke 1997) an die Lernenden zu vermitteln. Schüler sollen beispielsweise befähigt werden, selbstständig zu recherchieren und die Inhalte kritisch zu betrachten. Hierfür bedarf es eines Unterrichts, der (Neue) Medien nicht nur als Lehrmittel, sondern auch als Lernmittel einsetzt und nicht nur durch die Integration des Computers eine Verbesserung des schulischen Lernens anstrebt (vgl. Schaumburg 2002). Mit der Gründung von Schulen ans Netz 1996 versuchte man, die Schulen zunächst technisch auszurüsten und ans Internet anzubinden. Neben der Ausstattung fehlte es nun an der Kompetenz der Lehrer, denn „um die Vernetzung mit ihren didaktischen Möglichkeiten zu etablieren, müßten sich demnach fast alle Lehrerinnen und Lehrer grundständig mit dem neuen multimedialen Medium beschäftigen und neue Kenntnisse erwerben." (Meister et al. 1999, S. 275)

So zeichnete sich 1996 ab, dass es vor allem männliche Lehrer aus den naturwissenschaftlichen Fächern sind, die das Projekt „Eigene Schule ans Netz" vorantreiben, und dass nach Einschätzung dieser Personen ca. 14 % des Gesamtkollegiums das Internet zur Unterrichtsvorbereitung und im Unterricht nutzen. Jedoch wurden keine genauen Angaben gemacht, wie oft dies geschieht. Außerdem wurde eine weitere Intensivierung der Lehrerfortbildungsmaßnahmen gefordert (vgl. Treumann et al. 1999).

Eine der wohl umfangreichsten Studien zur Medienerziehung in der Grundschule legten Tulodziecki et al. (2000) vor. Hier wurden sowohl Lehrpersonen und Schulleitungen befragt als auch die Aus- und Fortbildungssituation beleuchtet. Von besonderem Interesse sind die Ergebnisse zum Medieneinsatz in der Schule und die Einstellungen der Lehrerinnen und Lehrer als auch Faktoren, die einen Medieneinsatz hemmen oder fördern können.

So zeigte sich, dass selbst traditionelle Medien kaum eingesetzt werden. Die einzige Ausnahme mit der Nennung ‚häufig' ist der Kassettenrekorder, der weit vor den anderen Nennungen rangiert. Bei den auswählbaren Medien belegte der Computer den drittletzten Rang vor dem Radio und dem Internet. Mittels einer 5-stufigen Skala konnten die Probanden die Häufigkeit (ohne genaue Quantifizierung) des Medieneinsatzes angeben (1=sehr häufig bis 5=nie):

Tabelle 8: Häufigkeit des Medieneinsatzes (vgl. Tulodziecki et al. 2000, S. 175)

	Nutzungshäufigkeit	Mittelwert	Prozent der Personen, die das Medium nie einsetzen
Kassettenrekorder	häufig	2,09	0,4
Videorekorder	gelegentlich	3,43	9,0
Diaprojektor	selten	3,52	19,7
Fotoapparat	selten	3,66	34,1
Fernseher	selten	3,85	28,3
Filmprojektor	selten	3,93	35,2
Computer, ohne Internet	selten	4,19	68,9
Radio	nie	4,59	72,4
Internet	nie	4,97	98,2

Als relevante Einflussfaktoren auf die Mediennutzung im Unterricht lassen sich eine ausreichende Geräteausstattung, ein entsprechendes ‚Medienklima' (Medien werden in Gesprächen thematisiert), die Jahrgangsstufe, die durch die Lehrer vermutete Bildungsschicht der Eltern, die subjektive Sicherheit im Umgang mit Medien, die private Computer- und Internetnutzung, Alter bzw. Berufsjahre, die geschlechtsspezifische Auswahl von Medien und die medienpädagogische Aus-

bildung ausmachen (vgl. ders, S. 174–183). Zum anderen sind hier externe Faktoren genannt, auf die Lehrpersonen nur bedingt Einfluss ausüben können. Jedoch zeigt sich, dass auch einige der anderen Faktoren an den Personen selber
liegen. Dies lässt den Verdacht zu, dass auch weitreichende Anstrengungen, die
Rahmenbedingungen zu verbessern, nicht ausreichend sein könnten. So konnte
festgestellt werden, „dass die Verfügbarkeit einzelner Medien keineswegs bedeutet, dass eben diese von den Lehrerinnen und Lehrern tatsächlich auch eingesetzt
werden; vielmehr wird man anhand der Ergebnisse eines besseren belehrt: Auch
an Schulen, in denen die Geräte vorhanden sind, setzt sie jeweils ein erstaunlich
hoher Prozentsatz der Lehrkräfte dennoch ‚selten' oder ‚nie' ein" (ders., S. 224).
So ziehen die Autoren das Fazit:

> „Insgesamt ist hier besonders im Hinblick auf Schlussfolgerungen das gravierende
> Ergebnis festzuhalten, dass bei einem nicht unerheblichen Teil der Lehrkräfte An-
> spruch und Realität bzw. durchaus positive Kognitionen zur Medienerziehung einer-
> seits und eine nach Auskunft der Befragten geringe Praxisumsetzung andererseits
> eklatant auseinander klaffen." (Tulodziecki et al. 2000, S. 209)

In der Untersuchung „Lehrer/-innen und Medien" des Medienpädagogischen
Forschungsverbundes Südwest (MPFS 2003) sind Lehrer im eigenen Haushalt
im Vergleich zur bundesdeutschen Bevölkerung überdurchschnittlich gut mit
Medien ausgestattet. Die Rangfolge der Nutzung zeigt eine Orientierung an
‚Qualitätsmedien': An erster Stelle steht die Zeitung, gefolgt von Radio und
Fernsehen, bei dem ARD, ZDF, die Dritten Programme und Arte bevorzugt
werden. Besonders anzumerken ist hierbei, dass die Lehrer das Fernsehen sehr
zurückhaltend nutzen. Während sie am Werktag durchschnittlich 73 Minuten
lang schauen, sind es in der Gesamtbevölkerung 206 Minuten. Ganz oben in der
Nutzung rangieren die Nachrichten. Erst mit hohem Abstand folgen andere Sendungen. Danach reihen sich Computer, Tonträger (CDs, MCs), Internet, Zeitschriften und Videos auf. Die Computernutzung ist bei den untersuchten Personen mit 70 Minuten pro Werktag zeitlich recht hoch. Die eigenen Computerkenntnisse schätzen die meisten dabei als gut (43 Prozent) und als weniger gut
(45 Prozent) ein. Die Computerkenntnisse wurden dabei gerade mal bei ca. einem Viertel über eine Schulung erworben. Arbeiten für die Schule/Unterricht (86
Prozent), das Verfassen von Texten (85 Prozent), Nachschlagewerke (24 Prozent) und spezielle Lernprogramme (17 Prozent) sind die Haupttätigkeiten, die
am Computer ausgeführt werden. Auch die Internetnutzung orientiert sich eher
an pragmatisch-kommunikativen Nutzungsformen wie E-Mail und zielgerichte-
ter Informationssuche (vgl. MPFS 2003, S. 22–38).

Der Medieneinsatz im Unterricht wurde ebenfalls erhoben. Hier wurden
nicht wie bei Tulodziecki et al. (2000) nur Grundschullehrerinnen und -lehrer

befragt, sondern alle allgemeinbildenden Schulen. Dabei ergibt sich folgendes Bild (vgl. MPFS 2003, S. 40):

Tabelle 9: Häufiger und gelegentlicher Medieneinsatz im Unterricht nach Medien

	Häufiger Einsatz im Unterricht (Angaben in Prozent)	Gelegentlicher Einsatz im Unterricht (Angaben in Prozent)
Videokassetten	27	45
PC (ohne Internet)	27	22
CD-Rom	18	27
Zeitschriften	13	27
Tageszeitung	12	27
Internet	11	21
Fernsehen	7	26
DVD	6	6

Auch hier sind die Aussagen nicht in Nutzungshäufigkeiten für einen Zeitraum angegeben, sodass man nur spekulieren kann, was sich hinter der Angabe ‚häufig' verbirgt. Dennoch sollten die Zahlen auch hier nicht überbewertet und auf Grund der mangelnden Quantifizierung mit Vorsicht verwendet werden.

Als besonders problematisch für schulisches Medienhandeln ist die folgende Aussage zu werten:

„Die Studie zeigt, dass LehrerInnen dazu neigen, den zeitlichen Umfang der Mediennutzung ihrer SchülerInnen zu überschätzen. Gleichzeitig können sie aber deren inhaltliche Präferenzen recht gut beschreiben. Dabei deckt sich ihr eigener Medienumgang im übrigen kaum mit dem Medienumgang ihrer SchülerInnen. Besonders deutlich wird dies in den wichtigen Bereichen Fernsehen und Computerspiele. Dieser Umstand – der auch für viele Eltern gilt – ist nicht unproblematisch und erschwert das pädagogische Agieren, wenn die gemeinsame Gesprächsgrundlage zwischen Lehrenden und Lernenden fehlt. Hinzu kommt eine altersbedingte grundverschiedene Mediensozialisation von LehrerInnen und SchülerInnen." (MPFS 2003, S. 51)

Dass die Lehrer die Fernsehnutzung der Kinder und Jugendlichen dann auch eher mit negativen Einflussfaktoren verbinden (vgl. ders., S. 9), während sie selbst andere Präferenzen vorweisen, ist wenig verwunderlich. Daraus lässt sich schlussfolgern, dass Lehrer wohl nur in einem geringen Umfang über die Motive und Bedingungen kindlicher und jugendlicher Mediennutzung informiert sind.

„Die hier befragten Lehrerinnen und Lehrer haben Computern gegenüber eine sehr aufgeschlossene und pragmatische Einstellung. Die Nützlichkeit für die Schule und den späteren Beruf der Kinder wird dabei am stärksten betont, die Lehrkräfte stellen auch fest, dass Computer aus dem heutigen Leben nicht mehr wegzudenken sind. Auch stellen sich viele Pädagogen der Aufgabe, Kindern den Umgang mit dem Computer in der Schule beizubringen bzw. wünschen sich, diesen sehr viel stärker als bisher in den Schulalltag zu integrieren." (MPFS 2003, S. 34)[14]

Auch hier macht sich – vergleicht man die Häufigkeiten des Medieneinsatzes im Unterricht oben mit den Wünschen der Lehrer – eine Diskrepanz bemerkbar. Wie schon weiter oben , kann auch an dieser Stelle der Verdacht sozial erwünschter Antworten nicht ausgeräumt werden, wie auch bei den folgenden Forschungsarbeiten.

Eine der aktuelleren Studien zum Einsatz neuer Medien (Rechnerausstattung, Peripherie und digitale Arbeitsgeräte wie Digitalkameras, Internet) in bayrischen Schulen legt Bofinger (2004) vor. Zwar sind die Daten nicht nach Geschlecht oder Alter aufgegliedert, bieten aber auf Grund ihrer hohen Probandenzahl von 5572 Lehrerinnen und Lehrern eine hohe Aussagekraft (vgl. Bofinger 2004, S. 9). Da viele Lehrpersonen ohne Einsatz von Neuen Medien im eigenen Unterricht den Fragebogen nicht ausfüllten, ist eine Verzerrung der Ergebnisse zu berücksichtigen. Die Zahlen zur Verwendung von Computer etc. im Unterricht weisen somit höhere und optimistischere Werte auf (vgl. ders., S 10/11). Die Ergebnisse bestätigen auch hier, dass Neue Medien nur von wenigen Lehrern in der Schule eingesetzt werden:

„Nur 17 % aller Lehrkräfte nutzten im Berichtszeitraum (September 2001 bis Februar 2002) Neue Medien häufiger und regelmäßig in ihrem Fachunterricht, aber 49 %, also fast die Hälfte der Lehrkräfte, hatten Neue Medien im Fachunterricht überhaupt (noch) nicht eingesetzt. Dieses eindeutige Ergebnis wird auch dadurch kaum gemildert, dass immerhin 34 % der Lehrkräfte Neue Medien zumindest gelegentlich – aber eher im Sinne von ‚selten' – einsetzten.

Das Resultat belegt, dass die Verwendung neuer Medien in den Schulen in Bayern in den Jahren 2001 und 2002 noch nicht so selbstverständlich war, wie man das angesichts der Anstrengungen um eine gute Geräteausstattung, eine intensive Lehrerfortbildung und eine kontinuierliche Verbesserung des Unterrichts im Rahmen der Schulentwicklung hätte vermuten dürfen. Wenn man mit Blick auf den Fragebogenrücklauf zudem davon ausgeht, dass diese Zahlen eher eine optimistische Variante darstellen, so zeigt sich, dass der selbstverständliche Einsatz neuer Medien im Fachunterricht noch in den Anfängen steckte." (ders., S. 13)

---

14 Hier sei noch einmal an die Ergebnisse von Tulodziecki, Six u.a. (2000) erinnert, bei denen eine Kluft zwischen positiven Kognitiven (u.a. Einstellung zum Medieneinsatz) und der Praxisumsetzung festgestellt wurde.

In der Grundschule kommen die Neuen Medien dabei am wenigsten zum Einsatz. „Nur 12 % der Grundschullehrer gaben an, dass sie Neue Medien häufig und regelmäßig in ihrem Unterricht einsetzten, aber 64 % hatten im 1. Schulhalbjahr 2001/2002 keine Neuen Medien im Fachunterricht verwendet." (ders., S. 15) Wie auch bei der Untersuchung von Tulodziecki et al. (2000) zeigen sich hier Diskrepanzen zwischen dem Interesse bzw. der Bereitschaft, Neue Medien im Unterricht einzusetzen, und dem tatsächlichen Einsatz im eigenen Unterricht. Am häufigsten wurden Neue Medien von Wirtschaftsschullehrkräften (Angabe: 32 Prozent häufig) und Fach- und Berufsoberschullehrerinnen und -lehrern (Angabe: 24 Prozent häufig) verwendet (vgl. Bofinger 2004, S. 14/15). Die restlichen Schularten (Haupt- und Realschule, Gymnasium und Förderschulen) gaben Werte von 16 und 18 Prozent an.

Auch bei den Fächern existieren starke Unterschiede. Während sie für das Fach Informatik und Textverarbeitung – natürlich auch wegen der Lehrinhalte – einen Wert von 95 Prozent erreichen, fallen diese bei den anderen Fächern dann stark ab. Mit 28 Prozent folgen Wirtschaftsfächer und kaufmännische Fächer, naturwissenschaftliche Fächer mit 16 Prozent, Grundlegender Unterricht mit 15 Prozent, Sozial-, Erdkunde und Geschichte sowie moderne Fremdsprachen mit 13 Prozent, Mathematik und Deutsch mit 12 Prozent. Die restlichen Fächer liegen beim häufigen Einsatz unter 10 Prozent (vgl. ders., S. 16). Somit findet neben dem Informatikunterricht mit dem Computer als Thema ein häufiger Einsatz eher noch in berufsbezogenen Fächern als Vorbereitung für die Berufsausübung statt. Betrachtet man die Angaben der Lehrkräfte, bei denen die Neuen Medien im Unterricht nicht zum Einsatz kamen, so ergibt sich folgendes Bild:

„Im grundlegenden Unterricht (55 % der Lehrkräfte), in den alten Sprachen (65 %), in Religion und Ethik (67 %) sowie – am häufigsten – in den musischen Fächern und im Werken (74 %) wurde auf den Einsatz und die Nutzung neuer Medien häufiger als anderswo überhaupt verzichtet. Auch in den modernen Fremdsprachen waren überraschenderweise Tendenzen zu erkennen, Neue Medien überhaupt nicht im Fachunterricht einzusetzen (51 %)." (ders., S. 17)

Angesichts dieser Zahlen fragt man sich, wieso die Anstrengungen, Schulen mit entsprechender Hardware auszustatten und Lehrerfortbildungen im großen Rahmen anzubieten, nicht zu einer erhöhten Nutzung im Unterricht führt. Die Gründe hierfür erscheinen vielfältig (siehe Tabelle 10).

Tabelle 10: Gründe für den Verzicht auf Neue Medien (vgl. Bofinger 2004, S. 18
     und 78)

Grund	Häufigkeit
Zu geringer erkennbarer „Mehrertrag"	30 %
Ungenügende Geräteausstattung in der Schule	27 %
Fehlende/unpassende pädagogische Software	26 %
Andere Methoden sind für das eigene Fach geeigneter	24 %
Schulische Organisationsprobleme (z. B. Raumbelegung)	22 %
Zu hoher unterrichtlicher Zeitbedarf	15 %
Der unmittelbare Lehrer-Schüler-Kontakt ist wichtiger	13 %
Zu wenig eigene Erfahrung mit der Gerätetechnik	11 %
Zu große Überforderung / Ablenkung der Schüler	11 %

So zweifeln Lehrer an der Effektivität neuer Medien, haben nach ihren Angaben
nur eine ungenügende Ausstattung zur Verfügung und bemängeln das Software-
angebot. Eigene Erfahrungen, Kenntnisse und (medienpädagogische) Kompetenzen werden dabei nur marginal als Gründe angegeben. Die Organisation (vgl.
hierzu Prasse/Scholl 2001 weiter oben) spielt nicht die herausragende Rolle bei
den Begründungen. Dabei zeigen sich auch schultypische Differenzen. Die Lehrer der Grundschulen bemängeln vermehrt die Ausstattung[15] und die Gymnasiallehrer geben einen zu gering erkennbaren Mehrertrag an:

> „Besonders für Gymnasial-, Fach- und Berufoberschullehrkräfte war damit vor einer
> Verwendung neuer Medien in ihrem Fachunterricht die Notwendigkeit einer über-
> zeugenden Begründung wichtig, dass Neue Medien wirklich einen echten Gewinn
> und eine Bereicherung des methodisch-didaktischen Repertoires im Fachunterricht
> darstellen.
> In allen anderen Schularten, von den Förderschulen bis zu den Wirtschaftsschu-
> len, lagen die Gründe dafür, dass Neue Medien bisher nicht zum Einsatz kamen, e-
> her bei den fehlenden oder mangelhaften technischen und organisatorischen Bedin-
> gungen an der Schule insgesamt und für die betroffene Lehrkraft." (ders. 2004, S.
> 22)

Insbesondere scheinen die Gymnasiallehrer „am wenigsten vom unterrichtlichen
Mehrwert neuer Medien überzeugt – und im Vergleich zu den anderen Schularten waren sich darin Vertreter aller Fächer unterschiedslos einig. Damit erhält
das Argument vom fehlenden Mehrwert neuer Medien in dieser Schulart eine
besondere Bedeutung. Die Skepsis gegenüber den besonderen Lernchancen mit
Neuen Medien war daher im Gymnasium das zentrale fächerübergreifende Argument." (ders. 2004, S. 27) Hier stellt sich die Frage – gerade auch weil diese

---

15 Wie bereits weiter oben aus den Daten zur IT-Ausstattung ersichtlich, waren die Grundschulen
   zum Erhebungszeitpunkt wesentlich schlechter ausgestattet als die anderen Schulen.

Lehrer für die schulische Bildung mitunter von Lehramtsstudierenden verantwortlich waren –, inwieweit eine Übernahme von habituellen Mustern durch Schüler stattgefunden haben könnte. Auch bei der Auffassung, ob die Neuen Medien im Fachunterricht besonders gefördert werden sollen, verhalten sich die Gymnasiallehrkräfte am distanziertesten.

Ebenso bei den Fächern und Fächergruppen lassen sich unterschiedliche Gründe für einen Verzicht auf Neue Medien ausmachen:

> „Bei den Lehrkräften des grundlegenden Unterrichts scheiterte der Einsatz neuer Medien im Fachunterricht nach deren Angaben bislang nicht zuerst an inhaltlich-pädagogischen Gründen, sondern an den technischen Voraussetzungen, der Ausstattung der Schulen mit Anwendungen oder dem gänzlichen Fehlen geeigneter Anwendungen für dieses Fach auf dem Anbietermarkt und an der technischen Kompetenz der Lehrkräfte im Umgang mit der Gerätetechnik." (ders., S. 24)

Resümierend lässt sich bisher konstatieren, dass der regelmäßige Medieneinsatz und eine Medienerziehung (vgl. ders., S. 40f) kaum stattfinden, die Lehrer dazu eine eher skeptische und teils ablehnende Haltung meist basierend auf Vorurteilen einnehmen (vgl. ders., S. 53f) und dies nach Schultyp variiert.

Eine weitere Untersuchung im Rahmen des SEMIK-Programms[16] zeigt ebenfalls auf, „dass der Umgang mit Computern für viele Lehrende weit weniger selbstverständlich ist als für viele Lernende" (Ehmke et al. 2004, S. 37). Die gesamte Stichprobe wird in fünf Nutzungstypen aufgeteilt. So untergliedert sich die Gesamterhebung in 19 Prozent ,Enthusiasten' mit einer hohen privaten und auch schulischen Mediennutzung, 16,6 Prozent ,Aufgeschlossene Pragmatiker' mit der höchsten schulischen Nutzung neuer Informations- und Kommunikationstechnologien, aber unterdurchschnittlicher privater Mediennutzung sowie geringer Einschätzung der eigenen Kompetenz im Umgang mit Neuen Medien, 16 Prozent ,Verhinderte Mediennutzer' mit sehr häufiger privater, aber keiner schulischen Nutzung von Neuen Medien, 24 Prozent ,Interessierte Laien' (knapp ¾ sind hier weiblich) mit nur geringen Ausprägungen in privater und auch schulischer Mediennutzung und 24 Prozent ,Innovationsablehner' mit einer völligen Ablehnung schulischer Mediennutzung und nur einer geringen privaten Nutzung auf (vgl. ders., S. 49–51). Als Ergebnis konstatieren die Autoren:

> „Danach setzen zumindest 17 % aller Lehrkräfte (36 ,Enthusiasten' und 20 ,aufgeschlossene Pragmatiker' von insgesamt 397 Lehrkräften) Neue Medien im Unterricht verhältnismäßig häufig ein. Weiterhin zeigen die Gruppen der ,interessierten Laien' (45 Lehrkräfte) und der ,verhinderten Mediennutzer' (27 Lehrkräfte), dass

---

16 Vgl. Schumacher, Friedhelm (Hg.) (2004): Innovativer Unterricht mit Neuen Medien. Ergebnisse wissenschaftlicher Begleitung von SEMIK-Einzelprojekten. Berlin.

zumindest ein Anteil von knapp 20 % der untersuchten Lehrkräfte an der schulischen Computernutzung interessiert ist. Eine Integration in den eigenen Unterricht
wird jedoch aus verschiedenen Gründen nicht realisiert, z. B. fehlende Kompetenz
und/oder ungünstige schulische Rahmenbedingungen." (ders., S. 56)

Auch hier wird die Nutzung nicht exakt quantifiziert und hinterlässt somit einen
großen Interpretationsspielraum.

Tabelle 11: Anteil der Schülerinnen und Schüler, die den Computer in der Schule
            nutzen (Angaben in Prozent, aus Deutsches PISA-Konsortium 2003,
            S. 204)

	Weniger als einmal im Monat	Mindestens einmal im Monat, weniger als einmal die Woche	Mindestens einmal die Woche
Mecklenburg-Vorp.	34,7	44,1	21,2
Bayern	45,9	44,1	25,9
Sachsen	35,7	49,8	14,5
Brandenburg	53,0	26,9	20,1
Schleswig-Holstein	50,6	34,3	15,1
Sachsen-Anhalt	51,5	36,2	12,3
Nordrhein-Westfalen	58,6	23,6	17,8
Deutschland insgesamt	**57,2**	**28,4**	**14,4**
Hessen	61,5	25,4	13,1
Saarland	61,6	26,6	11,8
Niedersachsen	65,0	24,7	10,3
Rheinland-Pfalz	68,4	17,9	13,7
Baden-Württemberg	68,4	17,9	13,7
Bremen	70,8	19,3	9,9
Thüringen	80,2	13,7	6,1

Neben diesen nur auf Deutschland bezogenen Daten wurde auch in den PISA-
Vergleichsstudien die Computernutzung in den Schulen thematisiert. In der ersten Studie im Jahr 2000 zeichnet sich ein überaus negatives Bild ab: „Im internationalen Vergleich der Häufigkeiten der Computernutzung in der Schule landet
die Bundesrepublik Deutschland auf dem vorletzten Platz [...]. Auch die Verfügbarkeit eines Computers in der Schule ist im internationalen Vergleich eher
gering." (Deutsches PISA-Konsortium 2003, S. 203) Die Nutzung wurde hier
quantifiziert abgefragt, sodass sich ein recht gutes Bild abzeichnet. Insgesamt
erleben in Deutschland nur 14,4 % der Schülerinnen und Schüler mindestens
einmal pro Woche die Computernutzung. Bayern ist dabei mit 25,9 % Spitzen-
reiter (ich erinnere hier noch einmal an die o.g. Daten von Bofinger), Thüringen
mit 6,1 % auf dem letzten Platz.

Vor allem zeigen diese Daten eines: Schule war im Jahr 2000 nicht der Ort, an dem Lücken in der Medienkompetenz geschlossen wurden. Vielmehr waren die Schülerinnen und Schüler auf außerschulische Hilfen angewiesen, ihren Wissenstand bei der Computernutzung zu erweitern. Auch die neueren Daten aus der PISA-Vergleichsstudie 2003 zeigen ein ähnliches Bild bei der schulischen Computernutzung:

Tabelle 12: Häufigkeit der schulischen Computernutzung nach Ländern (Daten aus Senkbeil 2005, S. 159)

	Weniger als einmal im Monat	Mindestens einmal im Monat, weniger als einmal die Woche	Mindestens einmal die Woche
Mecklenburg-Vorp.	39	32	29
Bayern	35	31	34
Sachsen	19	52	29
Brandenburg	41	29	31
Schleswig-Holstein	52	28	20
Sachsen-Anhalt	52	34	14
Nordrhein-Westfalen	52	25	23
Deutschland insgesamt	**48**	**30**	**21**
Hessen	54	25	21
Saarland	47	28	25
Niedersachsen	55	28	18
Rheinland-Pfalz	54	29	17
Baden-Württemberg	53	29	19
Bremen	55	25	20
Thüringen	62	26	13

Drei Jahre später sind die Nutzungshäufigkeiten zwar etwas angestiegen, bleiben jedoch weiterhin hinter den Möglichkeiten zurück. Dabei zeigt sich erneut, dass die Länder sehr unterschiedliche Werte aufweisen. Während sich einige auf dem richtigen Weg befinden, hinken andere weiterhin stark hinterher. So resümieren die Autoren:

„Insofern ergibt sich ein ähnliches Bild, wie es bereits in PISA 2000 berichtet wurde […]. Ebenso zeigt sich, wie schon im internationalen Bericht zu PISA 2003 geschildert wurde, nur ein geringer Zuwachs in der Häufigkeit des schulischen Computereinsatzes." (Senkbeil 2005, S. 165)

Neben dem geringen Zuwachs der Nutzungshäufigkeit zeigt sich noch Folgendes: „Die Ergebnisse des internationalen Berichts zu PISA 2003 lassen für Deutschland eine vergleichsweise geringe Wirksamkeit der Schule bei der Vermittlung computerbezogener Kenntnisse vermuten. In keinem anderen OECD-Staat wird der Computer so selten als Lernwerkzeug in der Schule eingesetzt wie in Deutschland (21 Prozent versus 39 Prozent im OECD-Durchschnitt). Ebenso geben nur 10 Prozent der Fünfzehnjährigen in Deutschland die Schule als wichtigste Vermittlungsinstanz von Computerkenntnissen an, im OECD-Durchschnitt sind dies 21 Prozent aller Jugendlichen." (Senkbeil 2005, S. 158)

Auf diese Lage machten bereits Wiggenhorn und Vorndran 2003 aufmerksam: „Deutsche Schulen und Kommunen liegen bei der Integration neuer Medien wie auch in anderen Feldern, z. B. bei der PISA-Studie, im internationalen Vergleich weit hinter den führenden Nationen zurück. Deshalb bedarf es besonderer Anstrengungen, um den Vorsprung einzuholen." (Wiggenhorn/Vorndran 2003, S. 9)

Abbildung 2: Frequenz des Medieneinsatzes in der Schule

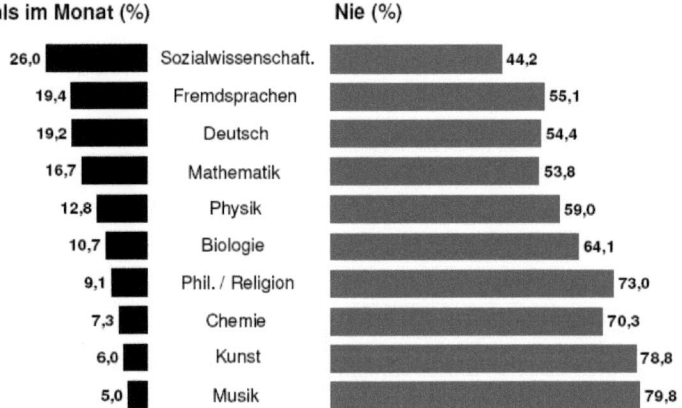

Auch die neuesten vorliegenden Daten zum Medieneinsatz in der Schule (TNS-Infratest und Initiative 21 2006, S. 10f) zeigen ein eher ernüchterndes Bild. Je nach Fach variiert die Nutzung „mindestens mehrmals im Monat" (das beinhaltet die Antwortkategorien „mehrmals die Woche", „1mal in der Woche" und „mehrmals im Monat") von 5 Prozent im Fach Musik bis 26 Prozent in den sozialwissenschaftlichen Fächern. Entsprechend hoch fallen die Angaben eines nicht stattfindenden medial angereicherten Unterrichts aus (vgl. Abbildungs 2 aus Initiative21 / TNS-Infratest 2006, S. 12).

Die Zahlen zeigen überdeutlich, wie ein großer Teil der Befragten angibt, dass Laptops und PCs nicht im Unterricht eingesetzt werden. Angesichts der

Ausstattung (s. o.) ist die Angabe, dass diese nicht ausreichend sei, zunächst einmal nicht schlüssig. Vertiefend besteht hier Bedarf einer genauen Analyse, welche Software überhaupt vorhanden ist bzw. fehlt, ob die vorhandene veraltet ist und ob die Ausstattung den Mindestanforderungen der benötigten Software entspricht. Dies sollte nach Fächern aufgegliedert werden, damit hier eine sinnvolle Aussage gemacht werden kann.

In der aktuellen Studie der EU-Kommission (2006) zeigt sich im internationalen Vergleich, dass Deutschland bei der Ausstattung auf den hinteren Rängen liegt:

„Almost all German schools now use computers for teaching and have internet access. 63% use the internet via a broadband connection. With this figure Germany ranks at number 21 of the 27 countries participating in the survey. There is a large variation between school types: while only 54% of primary schools have a broadband internet connection, the penetration is highest among upper secondary schools, with 82%. There is also some variation with regard to broadband access between urban and rural areas: 70% of schools in densely populated areas have broadband access compared to 56% of schools in thinly populated areas. Also, vocational schools in particular are under-proportionally equipped with broadband access. Here, Germany finds itself only at rank 23." (EU-Kommission 2006a, S. 1)

78 Prozent der befragten Lehrer geben dabei an, dass sie den Computer im Unterricht während der letzten 12 Monate genutzt haben. Damit liegt Deutschland etwas über dem Durchschnitt. Eine Mehrheit dieser Lehrer (56 Prozent) nutzte den Computer in weniger als 10 Prozent ihrer Unterrichtseinheiten. Nur sechs Prozent gaben an, dass sie den Computer in der Hälfte ihrer Veranstaltungen nutzen würden. Die Berufsschulen nutzen dabei wesentlich häufiger den Rechner (30 Prozent der Lehrer in mehr als 25 Prozent der Unterrichtsstunden). Je höher die Schulstufe ist, desto öfter wird der Computer sowohl in der Intensität als auch in der Häufigkeit eingesetzt. Während 16 Prozent der Lehrer in den Primarstufen den Computer in mehr als 25 Prozent ihrer Unterrichtsstunden einsetzen, sind es in der Sekundarstufe und in den Berufsschulen ungefähr 25 Prozent. 22 Prozent der Lehrer nutzen den Computer überhaupt nicht für ihren Unterricht (vgl. EU-Kommission 2006a, S. 2–3).

Die Nicht-Nutzer unter den Lehrern gaben für ihre ‚Nutzungsverweigerung' an, dass nur eine mangelnde Ausstattung vorhanden ist (49 Prozent), dass sie keinen Nutzen darin erkennen können (48 Prozent) und dass sie nicht die notwendigen Kompetenzen für den Einsatz haben (46 Prozent). (vgl. ders., S. 3). So ergibt sich als Vergleich zu den anderen europäischen Staaten:

„The differences compared to the European average are striking. German teachers not using computers in class show figures on 'lack of skills', 'no or unclear benefits in using ICT' and 'lack of interest' which are two to three times higher compared to the European average. It appears that action is urgently required in the area of motivation for, and teacher training in, ICT use in German schools." (ders., S 3–4)

Folgendes Diagramm macht diese Kluft sichtbar (vgl. EU-Kommission 2006, S. 23 und 47):

Abbildung 3: Verhältnis Unterrichtserfahrung und Annahme über unklaren Mehrwert des Medieneinsatzes

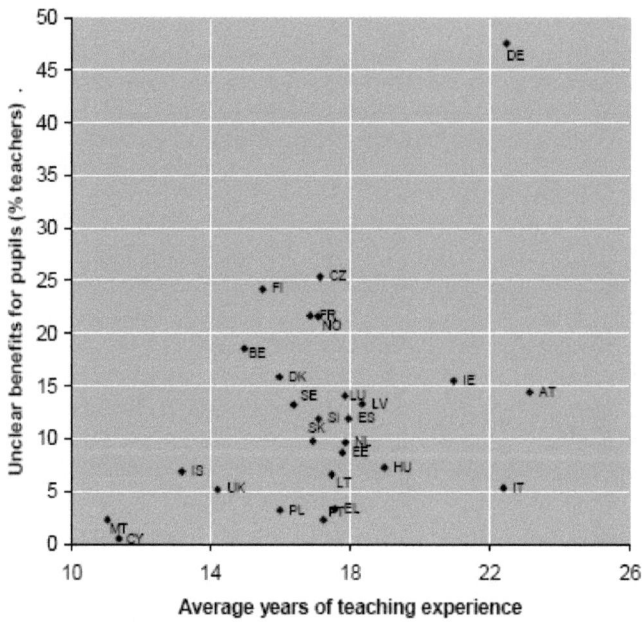

Überdeutlich wird hier die Skepsis (ausgedrückt als unklarer Mehrwert bzw. Gewinn) gerade älterer Lehrer gegenüber den Neuen Medien als schulisches Lerninstrument. Dabei weisen die Einstellungen der Lehrer durchaus positive Züge auf. Ebenso wie bei der Untersuchung von Tulodziecki et al. (2000) kann hier von einer Differenz zwischen Einstellung und Handeln gesprochen werden:

"German teachers have positive attitudes about the different applications of ICT in teaching and achieve high figures (above the European average) on attitudes that

ICT should be used for letting pupils do exercises and practise (87%), letting pupils retrieve information in a self directed manner (97%) and for collaborative and productive work by pupils (80%). There are only small differences across school types. The majority of German teachers (64%) still believe that teaching about office tools should be an integral part of the teaching process. With this figure, the country ranks around the EU25 average figure. This attitude is most prominent among teachers in vocational schools (72%) and least prominent in primary schools (55%)." (EU-Kommission 2006a, S 5)

Unsere eigenen Untersuchungen (siehe Kapitel 6) machen zudem deutlich, wie wenig die Neuen Medien außerhalb des EDV-basierten Unterrichts (EDV und ITG) verwendet werden (vgl. Kommer unveröffentlichtes Manuskript). Die untersuchten Schüler (9. Klasse) und Studierende des Lehramts im 1. Semester wurden zum Medieneinsatz in ihrer Schulzeit befragt. Von wenigen Ausnahmen, die schon als Sonderfälle von überaus engagierten Lehrern bezeichnet werden können, wurden die Neuen Medien im Unterricht so gut wie gar nicht eingesetzt. Doch auch im computerbasierten Unterricht (EDV und ITG) waren die Urteile der Probanden nahezu gleich. Die vermittelten Inhalte waren nicht geeignet, ein Verständnis für den Nutzen der Technik herbeizuführen. So war den befragten Personen größtenteils nicht bewusst, wozu sie diesen Unterricht eigentlich besucht hatten. Der alltagspraktische Bezug schien völlig untergegangen zu sein. Die ausschließliche Fokussierung auf Vermittlung von Bedienwissen – welches dann, wenn überhaupt, erst in der Berufsausbildung wieder benötigt wird – greift eindeutig zu kurz. Sinn und Zweck müssen für die Schüler erkennbar sein. Aber welchen Zweck hat das Programmieren in Turbo Pascal oder Basic in einer von Microsoft dominierten PC-Welt? Für jeden erdenklichen Zweck lassen sich Programme im Internet finden. Es darf bezweifelt werden, dass Schüler sich ein Programm selbst schreiben und das auch noch mit einer veralteten Programmiersprache.

Fazit zur Mediennutzung in der Schule

Betrachtet man die vorliegenden Daten, so scheint sich wenig am Medieneinsatz in der Schule geändert zu haben. Das Potenzial wird kaum ausgeschöpft, wenn nur wenige Lehrer eine Vorreiterrolle spielen. Wie bereits bei den Überlegungen zur IT-Ausstattung vermutet, wird die digitale Ausrüstung von den Lehrkräften oft als mangelhaft eingestuft. Allzu vorschnell wurden die Schulen wohl mit Rechnern ausgestattet, die nun den technischen Anforderungen nicht mehr gerecht werden können. Was die Software betrifft, kann nur spekuliert werden. Hier bedarf es genauerer Daten, um überhaupt entsprechende Aussagen über ein mögliches Defizit zu machen. Aber auch der nicht offensichtliche Mehrwert

eines Einsatzes der neuen Technologien und altbekannte Ängste der Lehrer ver-
hindern einen sinnvollen Einsatz von Computer und Internet im Unterricht. Hinter all den Argumenten gegen die digitale Technik in der Schule, dürfte jedoch
noch weit mehr verborgen sein. Vergleicht man die oben vorgelegten Ergebnissen mit Daten aus dem angelsächsischen Raum (vgl. Moser 2001, Schaumburg
2003, Cuban 2001), so zeigt sich, dass diese bereits mit den gleichen Problemen
zu kämpfen hatten. Und auch hier wurde immer wieder neben anderen Faktoren
die Resistenz der Lehrerinnen und Lehrer gegenüber dem Einsatz Neuer Medien
betont.

Neben der technischen Ausstattung, den Zugangsbedingungen, den Ausbil-
dungs- und Fortbildungsmaßnahmen und schulischen Rahmenbedingen scheint
man noch weitere Faktoren für den Medieneinsatz berücksichtigen zu müssen.
Zusätzlich scheinen es ‚innere Widerstände' der Lehrpersonen zu sein, die einem
Medieneinsatz in den Schulen entgegenstehen.

3.5 Einschätzung der Mediennutzung von Kindern und Jugendlichen durch Lehrer/innen

Die Einschätzung der Lehrer zur Mediennutzung von Kindern und Jugendlichen
ist auch von deren eigenen Einstellung gegenüber den Medien geprägt. So wird
der Fernsehkonsum von den Schülern durch die Lehrer als zu hoch betitelt und
als wichtigste Freizeitbeschäftigung angesehen. Dies geschieht auffällig oft bei
Haupt- und Grundschullehrern, deren Schüler meist aus anderen Milieus als sie
selbst stammen. Die Lehrpersonen glauben, dass Action/Abenteuer, Science-
Fiction, Musik und Sport gegenüber anderen Genres dominieren. Talkshows und
Nachrichten/Infosendungen liegen dabei weit abgeschlagen am Ende der Nennungen. So meinen sie auch, dass sich die Jugendlichen vor allem aus hedonistischen und eskapistischen Gründen wie Langeweile, Unterhaltung, Entspannung
etc. dem Fernsehen zuwenden (vgl. MPFS 1996b, S. 4–8). „Nur 9 Prozent glauben, Schüler sehen häufig fern, um aus den Sendungen etwas zu lernen." (MPFS
1996b, S. 9) Die von den Lehrern unterstellten Fernsehmotive der Schüler sind
fern von einem bildungsorientierten Handeln, ganz im Gegensatz zur Fernsehnutzung der Lehrer (siehe MPFS Lehrerstudie). Hinzu kommen noch Unterstel-
lungen, dass eine Beeinflussung der Schüler durch das Fernsehen ohne ihr Wissen stattfindet und sie aus Gewohnheit heraus zu viel schauen. Überhaupt machen sich hier bewahrpädagogische Argumente wie Passivität, Fantasiehemmung
und Übernahme von sozial unerwünschtem Verhalten durch den Fernsehkonsum
bemerkbar. Weiterhin glauben die Lehrer, dass ihre Schüler wenig Hintergrundwissen zum Fernsehen haben und dass das Fernsehen am Wochenende Auswir-

kungen auf den Montag hat (vgl. MPFS 1996b, S. 9f). In der Gesamtbetrachtung zeigt sich ein eher negatives Bild der Fernsehnutzung durch die Schüler, insbesondere auch nach Schultyp. So kann vermutet werden, dass die Fernsehnutzung und ihre Motive um so negativer angesehen werden, je weiter das Milieu der Lehrer von dem ihrer Schüler entfernt ist. Computer und Fernsehen dienen nach Ansicht der befragten Personen nicht bildungsorientierten Handlungen, sondern vielmehr einem – negativ besetzten – Gegenpol.

Die im gleichen Zeitraum erhobenen Daten zum Fernsehen aus Schülersicht zeigen dabei, dass sich das Fernsehen erst an fünfter Stelle hinter den Freunden, Musik, Sport und Radio positioniert. Das Computerspiel liegt sogar noch hinter dem Lesen von Büchern (vgl. MPFS 1996a, S. 4).

Die aktuelleren Daten der Lehrerstudie des Medienpädagogischen Forschungsverbundes Südwest (2003) wurden bereits weiter oben erwähnt.

3.6 Fazit

Das Feld „Lehrer und Medien" ist bisher trotz vieler vorliegender Untersuchungen nur teilweise erforscht. Viele Fragen bleiben bisher offen. Zunächst einmal bleibt ungeklärt, inwiefern bei der Berufswahl Medien in irgendeiner Form eine Rolle spielen könnten. Sowohl als Arbeitsmittel (z. B. für die Unterrichtsvorbereitung) wie auch als Unterrichtsmittel bzw. -gegenstand sind keine gesicherten Daten zu finden. Pädagogikstudierende – und hier insbesondere die des Lehramts – zeichnen sich während des Studiums durch die geringste Affinität zu den Neuen Medien aus. Insbesondere wird der Werkzeugcharakter als wichtiger Faktor der Mediennutzung von Computer und Internet sichtbar.

Die Schulen selbst haben zwar in der Quantität der Ausstattung dank ‚Schulen ans Netz' zugelegt. Dennoch darf das überaus positiv hervorgehobene 10-jährige Bestehen dieser Initiative im Oktober 2006 nicht darüber hinwegtäuschen, dass noch einige Verbesserungen der Hardwareausstattung notwendig sind. Annette Schawans Aussage „Die Arbeit von Schulen ans Netz hat erheblich dazu beigetragen, digitale Medien zu einem festen Bestandteil des Schulunterrichts in Deutschland zu machen" (Pressemitteilung von Schulen ans Netz e.V. vom 16.10.2006) wird durch die vorliegenden Zahlen mehr als abgeschwächt. Von digitalen Medien als festem Bestandteil des Schulunterrichts zu sprechen, ist hier noch sehr verfrüht. Die dargestellten Untersuchungen und Zahlen sprechen für sich, wenn nur ein geringer Teil der Lehrer Neue Medien im Unterricht einsetzen. Zudem variiert dies nach Alter, Schulstufe und Unterrichtsfach. Nur bei wenigen Studien wurden auch die Einstellungen der Lehrer berücksichtigt und erfragt. Die Notwendigkeit, Neue Medien im Unterricht zu verwenden bzw.

den Umgang damit zu lehren, halten die meisten Lehrer für wichtig. Paradoxerweise steht dies nahezu diametral zu ihren Handlungen. Gründe gegen den Einsatz von Neuen Medien finden sich in ausreichender Zahl. Mangelnde Ausstattung, nicht erkennbarer Nutzen bzw. Gewinn und Kompetenzmängel weisen auf eine Problematik in der Ausbildung hin. Hinzu kommen noch einige Fehleinschätzungen, bei denen die Lehrer das mediale Nutzungsverhalten von Kindern und Jugendlichen sowohl in ihrer Quantität und teilweise auch in ihrer Qualität falsch beurteilen.

Neben der technischen Ausstattung gilt es vor allem, die Kenntnisse über mediale Gewohnheiten von Kindern und Jugendlichen und die eigenen (medienpädagogischen) Kompetenzen der Lehrer zu stärken.

4   Das Habituskonzept von Bourdieu

Die Forschungsarbeiten an der Pädagogischen Hochschule Freiburg, die in einem der folgenden Kapitel noch genauer beschrieben werden, machten die Relevanz des Habituskonzepts von Bourdieu deutlich. Die Möglichkeit, Bourdieus Konzeption der Kapitalsorten und Milieustrukturen theoretisch mit den Ergebnissen erfolgreich zu verbinden, war augenscheinlich, sodass das Habituskonzept auch in dieser Arbeit die theoretische Grundlage bildet. Die quantitative Erhebung basiert auf den Freiburger Ergebnissen. Der Habitus ist in diesem Zusammenhang als generatives Prinzip zu verstehen, mit dem das Individuum seine Handlungen (vor-)strukturiert und sie nicht deterministisch vollzogen werden (vgl. Bauer 2002, S. 136). Das folgende Kapitel gibt einen Einblick in die wichtigsten Begriffe und Zusammenhänge der Arbeiten Bourdieus. Als besonders relevant sind hier der Habitus, die Dispositionen, die Kapitalsorten und die Reproduktionsmechanismen anzusehen. Der Begriff des „Feldes" wird eher nachrangig behandelt. Dies folgt nicht aus der Überlegung, dass dieser wenig bedeutsam sei, vielmehr resultiert diese Vorgehensweise aus der Tatsache, dass der Stichprobe eine gemeinsame berufliche Orientierung zugrunde liegt. Da alle befragten Personen das Lehramts- bzw. Pädagogikstudium für ihre berufliche Zukunft gewählt haben, bedarf es meiner Meinung nach keiner expliziten Abgrenzung zu anderen Gruppen und deren Feldern, die zudem auch nicht befragt wurden. Hier sei auf das Kapitel „Die konservative Schule" (Bourdieu 2006, S. 25–52) verwiesen, das als eine Beschreibung des Feldes „Schule" gelesen werden kann. Zudem wurde das Verhältnis Lehrer – Medien, das einen zentralen Forschungsaspekt im Feld „Schule" darstellt, bereits weiter oben ausführlich erörtert.

Das Verhältnis von den Probanden und Medien wird verstärkt beleuchtet und – dies ist der primäre Zweck dieser Arbeit – auf die Dispositionen (Einstellungen, Meinungen etc.) der Studierenden zurückgeführt. Damit stehen die habituellen Muster und nicht die sozialen Akteure im Rahmen ihrer (sowieso erst in einigen Jahren stattfindenden) Berufsausübung im Fokus. „Letztlich bestimmen also der jeweilige Fokus der Analyse und die Feinheit des analytischen Rasters, welche Aspekte des habituellen Dispositionssystems in den Vordergrund einer sozialwissenschaftlichen Untersuchung treten: die individuellen (positions- oder laufbahnspezifischen) Merkmale oder die gesellschaftlichen, d.h. gruppen- und

klassenspezifischen Bedingungen, die im Habitus ihren Niederschlag finden."
(Schwingel 1995, S. 73) Daher ist eine Analyse des Feldes „Schule" – auch in
Anbetracht der Tatsache, dass die Probanden der Schule bisher ausschließlich als
Lernende beigewohnt haben – in seiner Bedeutung zunächst als geringer einzu-
stufen. Der besonderen Bedeutung des Geschlechts und der Klasse für das Habi-
tuskonzept wird in dieser Arbeit Rechnung getragen (vgl. Krais/Gebauer 2002,
S. 31). Die Klassenzugehörigkeit lässt sich – da die Probanden sich gerade in der
Ausbildung befinden – zunächst über den höchsten erworbenen Bildungsgrad der
Eltern, der als Indikator für die ökonomischen Verhältnisse dienen kann, festma-
chen (vgl. hierzu auch die Aussagen Bourdieus 2006, S. 26–38).

4.1 Die Entstehung des Habitus-Konzepts

Das Konzept des Habitus, wie es hier verwendet wird, geht auf die ersten Arbeiten Bourdieus in Algerien (1956–1961) zurück.[17] Durch die stete Verwendung
empirischer Daten entwickelte er das Konzept immer weiter (vgl. zur Übersicht
Krais/Gebauer 2002, S. 8–17; Fuchs-Heinritz/König 2005, S. 13–112). Zwar
haben bereits andere wie Panofsky den Begriff Habitus verwendet (vgl. zur Geschichte des Habitus-Begriff Rehbein 2006, S. 88–90), jedoch legte erst Bourdieu eine an empirischen Daten ausgearbeitete Konzeption des Habitusbegriffs
vor.
    Er untersuchte das durch vorkapitalistische Strukturen geprägte, auf Tradi-
tionen basierende Leben der kabylischen Bauern. Diesen war es bis zur französi-
schen Besatzung unbekannt, mit Geld Waren zu kaufen. Vielmehr herrschten bei
ihnen Tauschprozesse vor, die durch Strategien der Ehre gekennzeichnet waren
(vgl. Bourdieu 2000, S. 7f). Dienstleistungen und Waren werden mittels eines
Tausches im Sinne von „Gabe und Gegengabe" beglichen, bei der eine direkte
Bezahlung als Beleidigung angesehen wird (vgl. Krais/Gebauer 2002, S. 18–19).
Durch die zwanghafte Einführung kapitalistischer Strukturen seitens der Franzosen als Kolonialmacht kam es zu einem eklatanten Bruch mit den alten und ver-
trauten wirtschaftlichen Strukturen. Diese Neuausrichtung verlangte von den
Kabylen, dass sie sich mit den neuen Anforderungen und Tauschprozessen aus-
einandersetzten. Bourdieu wollte verstehen, wieso die Kabylen in den Augen der
Franzosen unmodern, unfähig und unvernünftig handelten. Dabei kam er zu zwei
grundlegenden Einsichten: Die erste war, dass das moderne Verständnis von
ökonomisch rationalem Handeln keine universell gültige Art des Denkens ist. In
diesem Zusammenhang wurde klar, dass die Handlungsmuster der Menschen

---

17 Für eine Übersicht mit Bebilderung siehe Bourdieu 2003.

von den gesellschaftlichen Strukturen sowie dem wirtschaftlichen und politischen System abhängen. Zweitens zeigten ihm die neuen Verhältnisse in Algerien auf, wie schwer sich die Bevölkerung an die neuen Strukturen gewöhnte und dass sie mit ihren alten Handlungsmustern unangemessen darauf reagierte. Sie waren keineswegs flexibel darin, sich an die neue Situation anzupassen. Dies wurde von Bourdieu als Hysteresis – die Trägheit oder Beharrlichkeit des Habitus – bezeichnet (vgl. Krais/Gebauer 2002, S. 20–21).

4.2 Die zwei Seiten des Habitus

Dieses Verhalten der Kabylen hatte seine Grundlage in den Erfahrungen, die durch die Lebensverhältnisse geprägt waren. „Die Erfahrung dieser Existenzbedingungen hatte sich in bestimmten Wahrnehmungs- und Handlungs-Dispositionen in den Individuen niedergeschlagen, die selbst dann noch wirksam waren, als ihre materiellen Lebensverhältnisse sich tief greifend verändert hatten." (Krais/Gebauer 2002, S. 22) Dies bedeutet zum einen, dass die Lebens- und Existenzbedingungen maßgeblichen Einfluss auf die lebenslange Entwicklung und Ausformung des Habitus haben, zum anderen, dass der Habitus auf Basis der gemachten Erfahrungen Handlungspraxen reproduziert.

Damit eröffneten sich Bourdieu die zwei Seiten des Habitus: „Der Habitus ist nicht nur strukturierende, die Praxis wie deren Wahrnehmung organisierende Struktur, sondern auch strukturierte Struktur: das Prinzip der Teilung in logische Klassen, das der Wahrnehmung der sozialen Welt zugrunde liegt, ist einerseits Produkt der Verinnerlichung der Teilung in soziale Klassen." (Bourdieu 1982, S. 279)

„Als System generativer Schemata von Praxis" (Bourdieu 1982, S. 279) trägt der Habitus als Erzeugungssystem dazu bei, klassifizierbare Praxisformen und Werke hervorzubringen und eine Unterscheidung und Bewertung der Formen und Produkte (Geschmack) zu ermöglichen. Darin repräsentiert sich die soziale Welt, der Raum der Lebensstile (vgl. Bourdieu 1982, S. 277–278). „In den Dispositionen des Habitus ist somit die gesamte Struktur des Systems der Existenzbedingungen angelegt, so wie diese sich in der Erfahrung einer besonderen sozialen Lage mit einer bestimmten Position innerhalb dieser Struktur niederschlägt." (Bourdieu 1982, S. 279)

Der Habitus ist gleichsam generatives Prinzip und die Präsenz der Vergangenheit als inkorporierte Erfahrungen, die bei den Menschen auf unterschiedliche Existenzbedingungen rekurrieren:

„Durch transformierende Verinnerlichung der äußeren (klassenspezifisch verteilten) materiellen und kulturellen Existenzbedingungen entstanden, stellt der Habitus ein dauerhaft wirksames System von (klassenspezifischen) Wahrnehmungs-, Denk- und Handlungsschemata dar, das sowohl den Praxisformen sozialer Akteure als auch den mit dieser Praxis verbundenen alltäglichen Wahrnehmungen konstitutiv zugrunde liegt." (Schwingel 2005, S. 73)

Bourdieu geht in seinen Arbeiten davon aus, dass die Gesellschaft in Klassen unterteilt ist, die unterschiedliche Chancen auf Macht und Kapital haben. Eine Definition bzw. eine genauere Beschreibung der Klassen sucht man bei Bourdieu vergeblich: „An keiner Stelle jedoch gibt Bourdieu eine systematische Darstellung der Struktur dieser Ungleichverteilung. Er spricht vom Kleinbürgertum als einer Klasse, von den Bauern, von den ‚classes populaires‘, von der herrschenden Klasse und der herrschenden Fraktion der herrschenden Klasse, ohne diese vorgängig gegeneinander abzugrenzen; vielmehr greift er auf, was im alltäglichen Sprachgebrauch als Klasse gilt. [...] Doch legen in verschiedenen Artikeln verstreute Äußerungen die Interpretation nahe, daß er Klassenstrukturen im wesentlichen auf *Macht*verhältnisse zurückführt [...]." (Krais 1983, S. 215) Der Ansatz einer Definition findet sich bei Bourdieu in „Die feinen Unterschiede" (Bourdieu 1982, S. 182–193).

Eine Problematik ergibt sich aus den von Bourdieu teilweise unterschiedlich genutzten Begriffen, in denen sich die ständige Weiterentwicklung der Arbeit widerspiegelt. Rehbein sieht darin den Prozesscharakter der Arbeiten Bourdieus bestätigt und eine Bereicherung für die Beschreibung komplexer sozialer Phänomene über die auf wenige Annahmen reduzierte Soziologie hinaus: „Bourdieus Begriffe arbeiten unentwegt, damit ändern sie sich, schillern, lassen sich nicht eindeutig definieren. [...] Man wird abweichende Zitate finden, die nicht weniger »richtig« sein müssen." (Rehbein 2006, S. 11)

4.3 Die Dispositionen des Habitus und ihre Veränderungsmöglichkeit

Der Begriff der Dispositionen wird im weiteren Verlauf der Arbeit häufig verwendet und soll deshalb näher erläutert werden.

„In der Kultur- und Ungleichheitssoziologie Pierre Bourdieus nimmt der Dispositionsbegriff [...] eine große Bedeutung ein. [...] Auf der Grundlage seiner Praxeologie hat Bourdieu einen theoretischen Bezugsrahmen entwickelt, der individuelle Praxisformen mit der Position im sozialen Raum vermittelt. Nach Bourdieu verfügen soziale Akteure über ein an die soziale Herkunft vorangepasstes Dispositionssystem individueller Wahrnehmungs-, Denk- und Handlungsschemata. Diese Dispositionen

verdichten sich [...] in der relativ kohärenten Gestalt eines individuellen Habitus."
(Bauer 2002, S. 134–135)

Dispositionen sind dabei als internalisierte Schemata zu verstehen, die durch
Wiederholungen eingeprägt werden. Die meisten Handlungen beruhen dabei
nicht auf einer Intention, sondern auf einer (unbewussten) Disposition (vgl. Rehbein 2006, S. 91). Alle Dispositionen zusammengefasst ergeben den Habitus,
konstatieren ihn somit. Einzelne Dispositionen sind ein Bereich des Habitus, die
in ähnlichen Situationen wieder zu einer Reproduktion von Handlungen führen.
Dabei ist jedoch Folgendes zu beachten:

> „Der Habitus setzt sich aus Dispositionen zusammen. Die Disposition kommt in ei-
> ner Anzahl ähnlicher Situationen zur Anwendung. In diesen Situationen tendiert
> man zu einer bestimmten Handlungsweise. Aber keine einzelne Situation ist deduk-
> tiv mit einer bestimmten Disposition verknüpft, und keine Disposition legt eine
> Handlungsweise bzw. Handlungskette exakt fest." (Rehbein 2006, S. 92)

Diese Konfiguration versetzt das Individuum oder – um es im Sinne Bourdieus
auszudrücken – den Akteur in die Lage, anhand der gemachten Erfahrungen auch
auf neue Situationen zu reagieren. Gleichzeitig bedeutet dies aber auch, dass im
Falle einer neu auftretenden Situation die vorhandenen Dispositionen des Habitus die Handlungen bzw. die Reaktionen des Individuums anleiten und eingren-
zen:

> „Der Habitus fungiert als ein handlungsermöglichendes System von Grenzen. Be-
> grenzt oder eingegrenzt werden die Dispositionen sozialer Akteure durch die Per-
> spektivität und Selektivität lagespezifischer Erfahrungs-, Aneignungs- und Kompe-
> tenzmuster. [...] Die Dispositionsstruktur bietet Schablonen kognitiver Realitätsver-
> arbeitung an, d. h. praktische Wahrnehmungs- und Beurteilungsschemata, die sich
> mit den Herkunftsbedingungen in einer ‚habituellen Komplizenschaft' befinden."
> (Bauer 2002, S. 136)

Aus dieser Darstellung von Dispositionen leitet sich auch die Regelmäßigkeit
des Handelns ab (vgl. Rehbein 2006, S. 98–104), ebenso die eingrenzende Wirkung der Einstellungen, die unter bestimmten Bedingungen die Grenzen der
möglichen Handlungen aufzeigen können. Damit wird ersichtlich, wie der Habitus in einer ersten Sichtung zunächst als starr und träge einzuschätzen ist und
eine Veränderung der Dispositionen nahezu unmöglich erscheint. Dies wird dem
Konzept jedoch nicht gerecht: „Der Habitus steht nicht – entgegen aller hartnä-
ckigen Missverständnisse in der anfänglichen Bourdieu-Rezeption – für ein de-
terministisches Prinzip der sozialen Reproduktion. [...] Formen der aktiven pro-
duktiven Realitätsverarbeitung, sogar Prozesse der Selbstsozialisation nehmen in

Bourdieus Habitusmodell eine grundlegende Bedeutung ein. Ohne sie ist weder soziale noch individuelle Praxis denkbar." (Bauer 2002, S. 136) Besonders ersichtlich wird eine mögliche Veränderung der Dispositionen, wenn soziale Akteure auf Grund reflexiver Prozesse habituelle Muster hinterfragen, optimieren und an Strukturveränderungen der Handlungsfelder (z. B. durch Wechsel in andere soziale Felder) anpassen. Ebenso erlauben biografische Erfahrungen wie z. B. der Wechsel von der Schule auf eine Hochschule Metamorphosen des Habitus. Allesamt müssen diese als einschneidende und markante Ereignisse erlebt werden. Das Konzept der Selbstsozialisation (vgl. Zinnecker 2000 und Scherr 2004) ist auf Grund der Reproduktionsmechanismen zunächst nur eingeschränkt nutzbar. Indem die Familie – bedingt durch ihr vorhandenes Kapital (s. u.) – ihresgleichen sucht (Freunde, Wohnung etc.) und auf den Nachwuchs entsprechend Einfluss nimmt, selektieren sie damit auch die Auswahl der Freunde[18]. Diese kommen in der Regel aus der gleichen Schulstufe bzw. Schulart, die das Kind selbst besucht oder aus dem Freundeskreis der Eltern. Somit kann in Verbindung mit dem Habitus und den Individuen als *soziale* Akteure nur bedingt von einer Selbstsozialisation gesprochen werden, die Familie und Schule in ihrer Bedeutung herabstufen. Prozesse der Selbstsozialisation dürften unter Berücksichtigung des Habitus als generatives Prinzip (vgl. Krais/Gebauer 2002, S. 31–34) dann zu Tage treten, wenn die Akteure ohne sozialen Kontext – d. h. ohne Interaktion mit anderen Personen – neue Erfahrungen machen und dabei neue Schemata generieren.

4.4 Die Kapitalsorten

Die Ausstattung mit Kapital stellt eine grundlegende Komponente des Habitus dar. Die Differenzierung in unterschiedliche Ausstattungsmerkmale geht über den von Marx verwendeten Begriff des Kapitals, der sich auf den Besitz von Produktionsmitteln bezieht, hinaus, indem er soziale und kulturelle Kenntnisse, Fähigkeiten und Fertigkeiten als gesonderte Kapitalsorten mit einbezieht.

4.4.1 Das ökonomische Kapital

Ganz bewusst steht das ökonomische Kapital an erster Stelle. „Zum *ökonomischen Kapital* zählen alle Formen des materiellen Besitzes, die in Gesellschaften

---

18 In der Zeit wurde ein Artikel veröffentlicht, der ohne einen direkten Bezug zu Bourdieus Arbeiten diese Reproduktion beschreibt. Der Artikel ist online verfügbar unter:
http://www.zeit.de/2007/35/Aufsteiger?page=all, zuletzt besucht am 8.9.2007.

mit einem entwickelten Markt in und mittels Geld getauscht werden können."
(Fuchs-Heinritz/König 2005, S. 161) Aus der Sicht Bourdieus erscheint das ökonomische Kapital als grundlegend (vgl. Baumgart 2000, S. 227 sowie Fuchs-
Heinritz/König 2005, S. 161). Da die anderen Kapitalsorten (s. u.) unter Einbe-
zug eines Transformationsprozesses aus dem Einsatz von ökonomischem Kapital
entstehen können und eine Zurückführung auf das ökonomische niemals ganz
möglich ist, kommt diesem Kapital eine besondere Rolle zu (vgl. Baumgart
2000, S. 226–227). Die Umwandlung von einer Kapitalart in eine andere wird
weiter unten genauer beschrieben.

4.4.2 Das kulturelle Kapital

Das kulturelle Kapital[19] lässt sich in drei Formen auffinden. Als verinnerlichte,
inkorporierte und somit körpergebundene Kultur „auf deutsch Bildung" (Bourdieu 1983, S. 185) besteht „kulturelles Kapital aus den kulturellen Kenntnissen,
Fähigkeiten und Fertigkeiten eines Individuums […]. In dieser Form ist kulturelles Kapital weder durch Geld zu erwerben noch direkt in Geld zu konvertieren.
Erworben wird es durch persönliche (Bildungs-) Bemühungen." (Fuchs-
Heinritz/König 2005, S. 163) Dieser Erwerb kostet Zeit, in der kein ökonomisches Kapital akkumuliert werden kann. Dies zeigt sich z. B. bei dem Erwerb
von Hochschulabschlüssen im Vergleich zu Berufsausbildungen, die einen erworbenen Hauptschulabschluss voraussetzen. Während über das Abitur und das
darauf folgende Studium kulturelles Kapital angehäuft wird, verdient eine Person
mit Berufsausbildung früher Geld (ökonomisches Kapital), fördert damit aber
nicht den Aufbau von kulturellem Kapital. Die Ausformung von kulturellem
Kapital ist daher mit Anstrengungen verbunden und – im Falle des inkorporierten und institutionalisierten Kapitals (s. u.) – an die Person gebunden.
  Die Übertragung des kulturellen Kapitals von den Eltern – bezogen auf die
formale Schulbildung – auf deren Kinder und der Zusammenhang mit den schulischen Leistungen machen die Relevanz des familialen Milieus deutlich (vgl.
Bourdieu 2006, S. 26–31). Die Kinder verinnerlichen das von den Eltern über-
tragene kulturelle Kapital und reproduzieren es somit. Dabei ist die Besonderheit
des inkorporierten Kapitals zu beachten: Die angeeigneten Kenntnisse, Fähigkeiten und Fertigkeiten sind kein Besitztum, das veräußert werden kann, sie werden
„zu einem festen Bestandteil der »Person«, zum Habitus […]; aus »Haben« ist
»Sein« geworden." (Baumgart 2000, S. 220)

---

19 Vgl. hierzu auch Bourdieu 2006, S. 112–120.

Dem inkorporierten steht das objektivierte kulturelle Kapital gegenüber: Es ist durch seine Gegenständlichkeit materiell übertragbar, z. B. Gemälde, Schriftstücke wie Bücher, Instrumente etc. In dieser Eigenschaft unterscheidet es sich fundamental von dem inkorporierten und institutionalisierten Kapital (s. u.). Dabei ist zu beachten, dass lediglich der Besitz übertragen werden kann. So ist es ohne weiteres möglich, ein Gemälde zu erwerben, jedoch nicht die „Verfügung über kulturelle Fähigkeiten, die den Genuß des Gemäldes [...] erst ermöglichen" (Baumgart 2000, S. 222 / Bourdieu 1983, S. 188). Die Transformation in ökonomisches Kapital ist in einfacher Form durch den Verkauf der Objekte möglich, die Übertragung der kulturellen Fähigkeiten zum Genuss dagegen ist auf ein inkorporiertes kulturelles Kapital angewiesen (vgl. Bourdieu 2006, S. 117–118).

Das institutionalisierte Kapital bescheinigt dem Individuum über Zeugnisse, Zertifikate (Bildungstitel) etc., Träger von bestimmten kulturellen Kenntnissen, Fähigkeiten und Fertigkeiten zu sein, die jedoch an die Person gebunden sind. Die schriftlichen Bestätigungen sind nicht auf andere übertragbar bzw. veräußerbar.

> „Inkorporiertes Kulturkapital ist den gleichen biologischen Grenzen unterworfen wie seine jeweiligen Inhaber. Die Objektivierung von inkorporiertem Kulturkapital in Form von *Titeln* ist ein Verfahren, mit dem dieser Mangel ausgeglichen wird: Titel schaffen einen Unterschied zwischen dem kulturellen Kapital des Autodidakten, das ständig unter Beweiszwang steht, und dem kulturellen Kapital, das durch Titel schulisch sanktioniert und rechtlich garantiert ist, die (formell) unabhängig von der Person ihres Trägers gelten. Der schulische Titel ist ein Zeugnis für kulturelle Kompetenz, das seinem Inhaber einen dauerhaften und rechtlich garantierten konventionellen Wert überträgt." (Baumgart 2000, S. 222)

Diese offizielle Bescheinigung dient zur Sicherung und Wahrung von Transformationsprozessen in ökonomisches Kapital. Mit dem „Bildungspatent" (Bourdieu 1982, S. 48) werden dem Inhaber entsprechend den Anforderungen und Prüfungen der Ausbildung Kenntnisse, Fähigkeiten und Fertigkeiten zugeschrieben, ohne dass diese später noch einmal überprüft werden.

> „Im krassen Unterschied zu den Inhabern eines kulturellen Kapitals ohne schulische Beglaubigung, denen man immer abverlangen kann, den Beweis für ihre Fähigkeiten anzutreten, da sie nur sind, was sie tun, schlichte Produkte ihrer kulturellen Leistung, brauchen die Inhaber von Bildungspatenten [...] nur zu sein, was sie sind, da doch der Wert ihrer Handlungen und Taten sich einzig und allein am Wert ihrer selbst, deren Urheber, bemißt." (Bourdieu 1982, S. 48–49)

Dies hat bedeutsame Auswirkungen auf die Berufsausübung: „Die Zulassung zu Berufen und somit die Möglichkeit, das erworbene kulturelle Kapital in ein fi-

nanzielles Einkommen, d. h. in ökonomisches Kapital umzuwandeln, ist zuallererst von der Verfügung über entsprechende Legitimitätsnachweise in Form von Schul-, Berufs- und Bildungsabschlüssen abhängig." (Schwingel 2005, S. 90–91)
  Damit zeigt sich die entscheidende Relevanz der beruflichen Ausbildung für das Individuum und seine Zukunft. „[…] Weil die Schulinstitution zwar mit dem Monopol der Zertifikation ausgerüstet ist […], aber nicht über das Monopol der Produktion des kulturellen Kapitals verfügt" (Bourdieu 1982, S. 143), ist das ‚geerbte' (vgl. Bourdieu 1982, S. 143–150) inkorporierte kulturelle Kapital – gerade auch im Zusammenhang mit dieser Arbeit – von besonderer Bedeutung. Durch die Fortschreibung bzw. Reproduktion elterlicher Bildungsmilieus bei ihren Kindern und der teilweisen Umwandlung von geerbtem in schulisches Kapital durch die Bestätigung der Schule durch Zeugnisse etc. (vgl. Bourdieu 1982, S. 143 und 2006, S. 14–52) kann von einer Weitergabe habitueller Muster gesprochen werden.

4.4.3 Das soziale Kapital

„Das *soziale Kapital* besteht aus Möglichkeiten, andere um Hilfe, Rat oder Information zu bitten, sowie aus den mit Gruppenzugehörigkeiten verbundenen Chancen, sich durchzusetzen." (Fuchs-Heinritz, König 2005, S. 166) Das soziale Netz einer Person ist deren soziales Kapital, auf das sie bei Bedarf zurückgreifen kann. Darunter fallen z. B. Freundschaften, Geschäftsverbindungen und Mitgliedschaften in Verbänden. Die Aufrechterhaltung und Reproduktion dieser Kontakte erfordert eine andauernde Beziehungsarbeit, um diese verfügbar zu halten (vgl. Baumgart 2000, S. 226).

> „Je umfassender ein solches Netz an sozialen Beziehungen, das ein Akteur […] aufrechterhält und das er im Bedarfsfall benutzen kann, gestaltet ist, desto größer sind seine Profitchancen bei der Reproduktion seines ökonomischen und kulturellen Kapitals." (Schwingel 2005, S. 92)

Dabei erhöhen gegenseitige Anerkennung und Wertschätzung innerhalb der Beziehungen die Chance, durch Mitgliedschaften oder Unterstützungshandlungen Beistand bzw. Vorteile zu erzielen (vgl. Fuchs-Heinritz, König 2005, S. 166). Der strategische Ausbau des Beziehungsnetzes wird dabei bewusst oder unbewusst zum Zweck des Erhalts eines späteren Nutzens vollzogen (vgl. Bourdieu 1983, S. 192). Der Nutzen hängt von der Kapitalausstattung der Personen und der Ausdehnung des Netzes ab:

„Der Umfang des Sozialkapitals, das der einzelne besitzt, hängt demnach sowohl von der Ausdehnung des Netzes von Beziehungen ab, die er tatsächlich mobilisieren kann, als auch von dem Umfang des (ökonomischen, kulturellen oder symbolischen) Kapitals, das diejenigen besitzen, mit denen er in Beziehung steht." (Bourdieu 1983, S. 191)

4.4.4 Das symbolische Kapital

„In institutionalisierter Form, etwa als schulischer oder akademischer Titel, stellt das kulturelle Kapital zugleich ein Beispiel für eine besondere Kapitalform dar, die Bourdieu als symbolisches Kapital bezeichnet [...]. Symbolisches Kulturkapital schöpft seine besondere, über die inkorporierten Kompetenzen hinausgehende Wirksamkeit aus seiner Legitimität, aus seiner gesellschaftlichen Anerkennung." (Schwingel 2005, S. 91)

Damit wird deutlich, dass das symbolische Kapital die anderen in sich vereint, auf sie sogar angewiesen ist und durch Anerkennungsakte anderer Akteure angehäuft wird (vgl. Schwingel 2005, S. 94). Diese Anerkennung und Wertschätzung durch die anderen ist Bedingung für das Wachsen des symbolischen Kapitals, während es bei den anderen Kapitalarten nach persönlicher Anstrengung und persönlichem Einsatz verlangt, die zur Vermehrung notwendig sind. „Im Unterschied zur Logik der Knappheit, die für ökonomisches und kulturelles Kapital (in objektiviertem oder inkorporiertem Zustand) kennzeichnend ist, gehorcht das symbolische Kapital einer Logik der Hervorhebung und Anerkennung." (Schwingel 2005, S. 93) Neben ökonomischen und kulturellen Aspekten fließen hier auch Äußerlichkeiten wie die Kleidung mit ein.

Bourdieu selbst beschreibt das symbolische Kapital wie folgt: „Das symbolische Kapital ist eine beliebige Eigenschaft (eine beliebige Kapitalsorte, physisches, ökonomisches, kulturelles, soziales Kapital), wenn sie von sozialen Akteuren wahrgenommen wird, deren Wahrnehmungskategorien so beschaffen sind, dass sie sie zu erkennen (wahrnehmen) und anzuerkennen, ihr Wert beizulegen, imstande sind. [...] Es ist, genauer gesagt, die Form, die jede Kapitalsorte annimmt, wenn sie über Wahrnehmungskategorien erfasst wird, die das Produkt der Inkorporierung, der in die Struktur der Distribution dieser Kapitalsorte eingegangenen Gliederungen oder Gegensatzpaare sind (z. B. stark/schwach [...])." (Bourdieu 1998, S. 108–109)

Zusammengefasst: Auf Grund der Verfügung über die anderen Kapitalsorten mit ihren distinktiven Elementen wie Sprache und körperlichen Ausdrucksformen verleiht das symbolische Kapital durch die gesellschaftliche Anerkennung und Wertschätzung anderer Akteure Prestige und Reputation.

4.4.5   Kapitalumwandlungen

Bei der Umwandlung von einer Kapitalsorte in eine andere zeigt sich die herausragende Bedeutung des ökonomischen Kapitals, das als grundlegend für die
Transformationsprozesse angesehen werden kann: „Die anderen Kapitalarten
können mit Hilfe von ökonomischen Kapital erworben werden, aber nur um den
Preis eines mehr oder weniger großen Aufwandes an Transformationsarbeit, die
notwendig ist, um die in den jeweiligen Bereich wirksame Form der Macht zu
produzieren." (Bourdieu 1983, S. 195) Dabei liegt das ökonomische Kapital
zwar den anderen zu Grunde, jedoch können die Transformationen nie vollständig auf dieses zurückgeführt werden. So kann man davon ausgehen, „daß beispielsweise die Umwandlung von ökonomischem in soziales Kapital eine spezifische Arbeit voraussetzt. Dabei handelt es sich um eine scheinbar kostenlose
Verausgabung von Zeit, Aufmerksamkeit, Sorge und Mühe. Die Austauschbe-
ziehung verliert dadurch ihre reinmonetäre Bedeutung, was sich z. B. an dem
Bemühen um die „persönliche" Gestaltung eines Geschenkes zeigen läßt."
(Bourdieu 1983, S. 196) Mit dem kulturellen Kapital – hier besonders deutlich
an Bildungstiteln ersichtlich – kann ökonomisches Kapital angehäuft bzw. erworben werden. Diese gegenseitige Konvertierbarkeit ist Ausgangspunkt für
Strategien mit dem Ziel, durch möglichst geringe Umwandlungskosten seine
Position (im sozialen Raum) zu verbessern (vgl. Bourdieu 1983, S. 197). Hier
kann davon ausgegangen werden, dass eine entsprechend hohe Bildung – also
eine Akkumulierung von kulturellem Kapital – für die Vermehrung des ökonomischen als hilfreich angesehen werden kann. Letztendlich dürfte aus dieser
Aussage der Schluss gezogen werden, dass insbesondere Personen mit besonderem Streben nach Distinktions- und Kapitalgewinn eine besondere Orientierung
und Neigung haben, das „richtige", auf maximale Gewinnoptimierung ausgelegte Verhalten an den Tag zu legen. Dieses Verhalten ist durch eine Strategie charakterisiert, eine höherwertige Bildung in möglichst allen Aktionen zu inkorporieren (siehe hierzu auch Krais 1983).

4.5 Der mediale Habitus

Der „mediale Habitus" bezieht sich auf die zwei Struktur-Prinzipien des Habitus.
Dies beinhaltet zunächst die Reproduktion inkorporierter habitueller Muster. Als
modus operandi (vgl. Bourdieu 1982, S. 281) werden diese in der Mediennutzung und -gestaltung (vgl. Baacke 1999, S. 31–35) sichtbar und klassifizierbar.
Beobachtbar ist an dieser Stelle nur die Performanz, nicht aber die inneren Prozesse. Hier werden die generativen Schemata wirksam und führen zu einer Re-

produktion der strukturierten Struktur. Diese bilden als opus operatum (Bourdieu 1982, S. 281) die gesammelten Erfahrungen anhand der unterschiedlichen Existenzbedingungen der sozialen Akteure. Die Mediennutzung (hierunter sind in diesem Zusammenhang alle Bereiche der Medienkompetenz zu fassen (vgl. Baacke 1997, S. 98–99)) erfolgt dabei häufig unreflektiert, da inkorporiert:

> „Die Medienrezeption insgesamt ist in den Alltag Jugendlicher integriert in einer Weise, daß von ihrer Habitualisierung gesprochen werden kann. Medienverhalten als Habitus heißt in diesem Zusammenhang: die Jugendlichen gehen selbstverständlich und partiell unbewußt mit den Medien um, die sie zu einem erheblichen Teil selbst besitzen, über die sie zumindest relativ frei und technisch kompetent verfügen. Die unzentrierte Nutzung verdrängt die zentrierte: die Medien fungieren als Hintergrund, der gar nicht mehr bewußt wahrgenommen wird. Überhaupt ist die Perzeption durch eine gewisse Oberflächlichkeit, Sprunghaftigkeit, Hektik, Passivität und Unkonzentriertheit gekennzeichnet. So kann etwa von einer Lesekultur im Sinne des intensiven Lesens kaum noch gesprochen werden. Der früher verbreitete Typ der jugendlichen Leseratte ist seltener geworden. Der häufig beschworene Gegensatz von passivem Konsum audiovisueller Medien und aktiver Rezeption des Buches ist obsolet geworden. Das schließt zumindest kurzfristige intensive Medienerlebnisse (vor allem bei der Musik) keineswegs aus." (Baacke/Günter/Radde 1998, S. 4–5)

Den Habitus und das Medienverhalten von Jugendlichen zu verbinden und dabei die bewusste Ebene nahezu auszuklammern, was der Inkorporation von Erfahrungen ohne reflexive Prozesse entspräche, ist zunächst der erste Schritt zur Verbindung des Habituskonzepts mit der Medienwelt. In diesem wird unterstellt, dass die Medien und die bewussten Auswahlprozesse selbst in den Hintergrund treten. Dies vernachlässigt jedoch zunächst, dass die Medienrezeption unter bestimmten Schemata zu Tage tritt. Entsprechend der strukturierten Struktur (Bourdieu 1982, S. 279) werden durch die Dispositionen Medien(inhalte) nicht einfach nur konsumiert. Sie werden vielmehr anhand von bestimmten Kriterien ausgewählt, die in den sozialen Akteuren inkorporiert sind und zu einer teils unbewussten Auswahl und individuellen Perzeption anhand der Schemata führen. Erst unter Berücksichtigung dieses Aspekts kann von einer habitualisierten – oder, wenn man so will, eingeübten – Mediennutzung gesprochen werden. Daher müssen die Kriterien der Perzeption aus dem Zitat erst über eine Analyse der Nutzung und ihrer zugrunde liegenden Schemata greifbar gemacht werden. Erst dann ist in einem nächsten Schritt eine Aussage über die Dispositionen des Habitus möglich.

Bei der Betrachtung des medialen Habitus geht es also nicht nur um eine Rezeption von Medieninhalten, sondern auch um die Entstehungskontexte der Dispositionen und damit verbunden um die Auswahl- und Wahrnehmungsprozesse und den Geschmack im Sinne Bourdieus. Unter den Entstehungskontexten subsumieren sich die elterlichen Schemata zur Mediennutzung, die zugleich den Kindern als Vorbild dienen. Ganz im Sinne einer familialen bzw. primären Sozialisation werden Dispositionen übernommen und gefestigt. Da Erfahrungen im Kontext von Strukturen und Existenzbedingungen zur Ausbildung des Habitus entscheidend beitragen, muss die Medienbiografie mit generations- und kohortenspezifischen Erfahrungen[20] berücksichtigt werden, und damit verbunden auch die intentionalen Aspekte der Medienerziehung der Eltern und die vorhandene Ausstattung mit Kapital, insbesondere dem Bildungskapital. Der Geschmack und die Abneigungen eines Akteurs resultieren aus diesen Existenzbedingungen und haben entscheidenden Einfluss auf das Medienverhalten.

Ein weiterer Aspekt bei Personen mit einer abgeschlossenen Berufsausbildung und -ausübung sind die im Rahmen des Berufs inkorporierten habituellen Muster. Diese können ebenfalls Einfluss auf das Medienverhalten haben, indem durch den Akteur ein Bezug zwischen der präsenten Situation (z. B. das Hören von Musik) und beruflich bezogenen Schemata (z. B. als Tontechniker) hergestellt werden kann. Der mediale Habitus berücksichtigt also ein weitreichendes Konglomerat von Dispositionen des Habitus, die eine Relevanz für die Nutzung und Gestaltung von Medien haben. Dabei geht der mediale Habitus als Analyseinstrument über die alleinige Verwendung von Inhalts- und Rezeptionsanalysen hinaus, da er in einem hohen Maße das Subjekt und seine Existenzbedingungen zentriert und berücksichtigt. Demnach kann davon ausgegangen werden, dass die Anwendung des Konzepts des medialen Habitus als Hilfsmittel im Rahmen subjektzentrierter Ansätze der Medienbildung wie auch für die praktische Arbeit Erfolg versprechend ist.

Wie auch beim Habitus-Konzept von Bourdieu bildet sich mit dem medialen Habitus eine Beharrlichkeit aus, die manche Menschen daran hindert, sich mit neuen Situationen und Anforderungen kreativ und erfolgreich auseinanderzusetzen bzw. darauf zu reagieren. Die Beharrlichkeit des Habitus und damit eventuell verbunden die unbewusste, in biografischen Kontexten erworbene Ablehnung bzw. Konkurrenz von Schemata und der damit einhergehenden möglichen Distinktionsverluste erschweren dem Akteur das Spiel im sozialen Feld. In Bezug auf den medialen Habitus wird deutlich, dass neben Strukturmaßnahmen, Rahmenbedingungen in den Schulen etc. auch entsprechende Dispositionsschemata für den Einsatz Neuer Medien im Unterricht hinderlich sein können. Wenn die Dispositionen der Lehrer darauf ausgerichtet sind, dass der Erfolg von Bildungsprozessen durch entsprechende Lehr- und Lernmittel wie Computer, Internet und Film in Frage gestellt wird, kann davon ausgegangen werden, dass –

---

20 Zur Problematik des Verhältnisses und Verwendung der Begriffe „Generation" und „Kohorte" vgl. Schäffer (2003, S. 68f)

unter Berücksichtigung der Hysteresis – enorme Anstrengungen nötig sind, daran etwas zu ändern. Dass ein erfolgreicher Medieneinsatz möglich ist, beweisen immer wieder Einzelprojekte an Schulen. Wenn nun der Computer von Lehrern als Arbeitsgerät angesehen wird und der verstärkt spielerische Umgang der Schüler mit dieser digitalen Technologie den Bildungsidealen entgegensteht, kommen zunächst zwei konträre Dispositionsschemata ins Spiel. Durch die Konfrontation einer gewünschten Idealsituation – geprägt durch pädagogische Professionalität –, in der die Lehrperson die Kontrolle über den Lernprozess behält, mit der komplexen neuen Technologie, bei der sich die Schüler im Gegensatz zu dem Lehrer in spielerischer und angstfreier Weise nähern, ergibt sich ein weiteres Problem. Der Pädagoge ist nicht mehr der alleinige Ansprechpartner und Kontrolleur, da auch die Schüler über Kompetenzen verfügen. Das vorhandene kulturelle Kapital – hier ganz im Sinne einer instrumentell-qualifikatorischen Medienkompetenz – ist nicht nur auf der Seite des Lehrers existent. Während nun die Schule eine legitime Art des kulturellen Kapitals fördert und absegnet (vgl. Bourdieu 2006, S. 25–52), stehen die Schüler dem mit ihren unterhaltungsorientierten habituellen Mustern (vgl. Kommer/Biermann 2007) gegenüber. Während nun die klassischen Lehrmethoden mit Tafel, Kreide, Buch und vielleicht auch dem Overheadprojektor der Lehrperson mit zu seinem inkorporierten Kapital verholfen haben, dies in der Regel zunächst am Gymnasium und anschließend an der Hochschule auch in erster Instanz beruflich sozialisiert wurde, sind die neuen Technologien als Helfer für den Lehr- und Lernprozess zunächst aus Gründen der Distinktion nicht zu akzeptieren. Über die Zuordnung als unterhaltungsorientiertes Gerät kann damit kein legitimes kulturelles Kapital akkumuliert werden. Neben den Strukturmaßnahmen und Ausstattungsinitiativen reicht es also nicht aus, lediglich Kurse für Textverarbeitung und Tabellenkalkulation mit den Lehrern durchzuführen, damit diese erkennen können, dass sie bei den Schülern mögliche Kompetenzen fördern und nicht versuchen, ihre eigenen Muster – in Teilen legitimiert durch die Hochschulausbildung – anzuwenden und aufzuoktroyieren. Ganz im pädagogischen Sinne sollten sie die Schüler dort abholen, wo sie stehen, und fördern, was aber auch bedeutet, die Lebenswelt der Schüler zu berücksichtigen und die eigene zu reflektieren. Dies setzt bei den Lehrern einen möglichst variantenreichen Habitus voraus, mit dem sie auf entsprechende Lehr- und Lernsituationen angemessen reagieren können.

Weiter oben wurde bereits anhand von Forschungsergebnissen dargestellt, dass Lehrer den Einsatz von Medien im Unterricht insbesondere wegen der Existenz bestimmter Einstellungen herabsetzen bzw. verweigern. Diese Dispositionen müssen dabei ebenfalls reflektiert werden, soll der Einsatz von Medien im Unterricht zum Erfolg führen.

Das Schaubild zum medialen Habitus[21] verdeutlicht die Komplexität und Ausformungen der medialen Habitus. Der Bezug zur Lehrerausbildung wird durch die Berücksichtigung der medienpädagogischen Kompetenz (vgl. Blömeke 2000 und Tulodziecki/Herzig 2002, S. 190–194) und der Berufswahlmotive (vgl. Kapitel 4) deutlich.

Die Mediennutzung ist in diesem Schaubild bewusst von der Medienkompetenz getrennt worden, da diese hochgradig mit reflexiven Prozessen verbunden ist. Die Nutzung dagegen läuft vielmehr habitualisiert ab. Diese strukturierende Struktur wird dabei als Performanz sichtbar bzw. beobachtbar. Der modus operandi resultiert aus den gemachten Erfahrungen in der Vergangenheit, der strukturierten Struktur. Die Existenzbedingungen wurden dabei durch die Eltern (Mediennutzung, Beruf und Bildung), die Medienbiografie und das Aufwachsen berücksichtigt. Das nicht aufgeführte Umfeld ergibt sich mit hoher Wahrscheinlichkeit aus dem Bildungshintergrund der Eltern, der mit der ökonomischen Situation korreliert. Damit wird der besonderen Bedeutung der Herkunft Rechnung getragen (vgl. z. B. für die Bildungschancen Hradil 1995, S. 304–305). Die medientechnische Entwicklung wird über die Medienbiografie in das System eingegliedert. Damit wird den unterschiedlichen Erfahrungen von Generationen und Kohorten entsprochen (vgl. Sander 2001). Die Schule steuert ebenfalls einen Anteil bei, der jedoch auf Grund der dargestellten Forschungsergebnisse beim Einsatz der Neuen Medien im Unterricht in den Hintergrund zu treten scheint. Durch diese Erfahrungen (Familie, Schule, Umfeld) und den erlebten wie auch von den Eltern sanktionierten bzw. geduldeten Medienerfahrungen ergeben sich die Existenzbedingungen, anhand derer sich der mediale Habitus ausbildet.

In diesem Zusammenhang findet vor allem das Konzept der Medienkompetenz Berücksichtigung, das in ähnlicher Weise wie das Habituskonzept von Bourdieu durch die Ideen Chomskys zum Kompetenzbegriff und der generativen Grammatik beeinflusst wurde. Besonders deutlich muss jedoch die Abgrenzung zur genetischen Basis von Chomskys Aussagen stattfinden: Bourdieu sieht in der generativen Grammatik eine auf Erfahrung basierende Komponente zur Produktion unbegrenzt vieler Handlungen (vgl. Krais/Gebauer 2002, S. 31–32).

Der mediale Habitus macht anhand seiner Entstehungszusammenhänge und aktueller Ausformung sichtbar, dass das Medienverhalten und die Einstellungen auf unterschiedlichen Dispositionen basieren. Von besonderer Bedeutung sind hierbei die Existenzbedingungen, anhand derer sich Chancen und Restriktionen ergeben. Motiv und Zweck der Mediennutzung sind somit unter den Akteuren unterschiedlich und werden auch für die Distinktion verwendet. Diese Abgren-

---

21 Das Schaubild zum medialen Habitus – entstanden im Kontext des Freiburger Forschungsprojekts – steht im Onlineangebot des VS-Verlags (http://www.vs-verlag.de) als PDF-Dokument zum Download bereit.

zung erfolgt gegenüber dem „Leichten" (vgl. Bourdieu 1982, S. 60–81) und orientiert sich an einer Art „legitimem Medienverhaltens". Letztendlich ist der mediale Habitus eine Fortführung des Habituskonzepts unter besonderer Berücksichtigung des Medienverhaltens.

4.6 Die Übertragung und Anwendbarkeit des Habitus-Konzepts

Inwiefern die Klassifizierung gesellschaftlicher Muster von Bourdieu, die sich auf das Frankreich der 60er Jahre bezieht, auch auf deutsche Verhältnisse (und auch die anderer Länder) beziehen lässt, ist von ihm selbst in einem Vortrag ausgeführt worden. Es geht nicht um die Differenzen der Klassen selbst, sondern um die Praxis, wie diese hervorgebracht werden. Dies sieht Bourdieu für alle Gesellschaften als gegeben an (vgl. Bourdieu 1998, S. 13–20).

Trotzdem erscheint es notwendig, unter der Berücksichtigung der von Beck (1991) herausgearbeiteten Individualisierungstendenzen und der Ausdifferenzierung nach den Sinus-Milieus (vgl. Sinus Sociovision GmbH 2006) bzw. den Analysen von Schulze (1995), welche die Ansätze Bourdieus berücksichtigen, eine deutliche Ausdifferenzierung zu erwarten. Trotzdem dürfte gerade den Geschmacksdifferenzen (in Folge von Einstellungen) und Distinktionsmustern eine verstärkte Bedeutung zukommen. Entscheidender als die Beschreibung vielfältiger Milieus erscheinen die Prozesse, durch die Ungleichheiten entstehen und aufrechterhalten werden. Denn aus diesen heraus entstehen die Differenzen, die letztendlich zur Bildung von Milieus führen.

Auf den medialen Habitus und auf die vorliegenden Daten bezogen bedeutet dies, dass auszumachende Differenzen zwischen den Dispositionen von Lehrern und Schülern analysiert werden müssen. Damit können Distinktionsmuster herausgearbeitet werden, die sich sowohl für das Lehren wie auch für das Lernen hinderlich erweisen könnten.

5 Die qualitative (Vor-)Studie an der Pädagogischen Hochschule Freiburg

Ziel des umfangreichen Forschungsprojekts „Medienbiografien mit Kompetenzgewinn"[22] an der Pädagogischen Hochschule Freiburg von 2003 bis 2007 war, mittels qualitativer Methoden Einblick in die Medienbiografien, medialen Habitualisierungen und die auf Neue Medien bezogene Medienkompetenz von Schülerinnen und Schülern (9. Klasse) zu erhalten. Als ‚Kontrastgruppe' und mit Blick auf ihre spätere Lehrerrolle wurden PH-Studierende der ersten Semester mit dem gleichen Setting untersucht. Diese Gruppe der angehenden Lehrer spielt für die Prüfung der aufgestellten Hypothesen (s. u.) in dieser Arbeit eine zentrale Rolle. Im Folgenden werden die wichtigsten Ergebnisse der qualitativen Untersuchung dargestellt. Zum Teil greife ich – auf Grund der eigenen Mitarbeit und Beteiligung ohne zu zitieren – dabei auf gemeinsame Publikationen mit dem Projektleiter Sven Kommer zurück, der die umfangreichen Ergebnisse in seiner Habilitationsschrift veröffentlichen wird. Unveröffentlichte Manuskripte, der Abschlussbericht für das Ministerium für Wissenschaft, Forschung und Kunst in Baden-Württemberg und die gesamten Projektdaten liegen mir vor.

Das Projekt setzte mehrheitlich auf ein qualitatives Design, das im Sinne einer Triangulation (vgl. Biermann/Kommer 2004, S. 199f) mit einem aus drei Materialgruppen bestehenden Korpus arbeitet: So wurden in einer ersten Erhebungsphase mit Schülern der 9. Jahrgangsstufe 37 leitfadengestützte Interviews von ca. 35–45 Minuten Dauer durchgeführt. Diese fokussierten insbesondere Aspekte der aktuellen Mediennutzung, das Selbstbild der eigenen Medienkompetenz und nicht zuletzt retrospektiv der Medienbiografie. Ebenfalls meist längere (60–70 Minuten andauernde) Interviews wurden mit 31 Erstsemesterstudenten der PH Freiburg geführt.

Anders als in anderen Projekten wurde hier die Selbstauskunft der Jugendlichen und Studierenden um videogestützte Beobachtungen von Interaktionen mit dem Computer im Rahmen von Computerkursen (genutzt wurde die Software Mediator 7 der Firma Matchware) ergänzt. Hierzu wurde pro Kurs bei zwei der

---

22 Gefördert wurde das Projekt vom Ministerium für Wissenschaft, Forschung und Kunst Baden-Württemberg.

Befragten deren Agieren vor dem Computer wie auch die Bildschirmanzeige der von ihnen genutzten Rechner parallel auf Video aufgezeichnet.

Die im Rahmen der Computerkurse erstellten multimedialen Präsentationen der eigenen Medienbiografie waren ebenfalls Gegenstand einer Analyse. Damit griff das Projekt die u.a. von Niesyto (2001 und 2003) eingeforderte Idee einer Jugendforschung mit Medien auf.

Im Folgenden werden die zentralen Ergebnisse skizziert.[23] Fokussiert wird dabei der mediale Habitus der Studierenden im ersten Semester an der Pädagogischen Hochschule Freiburg, da diese Daten die Basis für die quantitative Erhebung bilden. Die dargestellten Ergebnisse der Schüleranalysen sollen die besondere Relevanz des Themas und die Kluft zwischen den Schülern und ihren zukünftigen Lehrern verdeutlichen. Dies wird außerdem durch die geringe Ausdifferenzierung der habituellen Muster bei der Gruppe der Studierenden verdeutlicht.

Dabei werden zunächst die unterschiedlichen Lebenslagen der beiden Gruppen dargestellt. Dies illustriert die verschiedenen Erfahrungen und Herkunftsmilieus sowie die unterschiedlichen Strukturen und Existenzbedingungen, die für die Genese des Habitus zentral sind. Anschließend folgen die Befunde zur Medienkompetenz und zum medialen Habitus der Studierenden. Da sich die beiden letztgenannten Bereiche unter dem Aspekt des Habitus nicht eindeutig trennen lassen und ineinander greifen bzw. überschneiden, werden hier keine expliziten Differenzierungen vorgenommen.

In den Interviews wurde zunächst einmal die Heterogenität jugendlicher Lebenslagen augenfällig. Dies gilt in besonderem Maße für die Befragung der Schülerinnen und Schüler: Neben dem Einfluss individueller Faktoren wird erkennbar, dass hier vor allem unterschiedliches Bildungskapital (bzw. Milieuzugehörigkeit), Migrationshintergründe sowie die Kategorie ‚Gender' großen Einfluss auf die jeweiligen Lebenslagen und Medienbiografien haben. So sind große Unterschiede bei den medialen Habitualisierungen zu konstatieren. Die Dimension ‚Gender' tritt dabei stellenweise deutlich hinter die milieuspezifischen Aspekte zurück. Dies gilt insbesondere für die Ausformungen von Medienkompetenz. Die Lebenslagen und Lebenswelten der Studierenden stellen sich im Vergleich hierzu als wesentlich einheitlicher (wenn auch nicht homogen) dar. Als besonders kennzeichnend sind unterschiedliche familiale Interaktionsstrukturen zu nennen. Bei den Studierenden wird innerhalb der Familie deutlich mehr kommuniziert als bei den Schülern, was sich in der besseren Kenntnis der beruf-

---

23 Die Ausführungen stammen aus den im Rahmen des Forschungsprojekts veröffentlichten Beiträgen und unveröffentlichten Manuskripten. Die bereits erschienenen und hier verwendeten Publikationen von Sven Kommer und mir sind in der Literaturliste aufgeführt. Zudem sind einige der Ergebnisse aus dem unter meiner Mitarbeit entstandenen Projektendbericht entnommen.

lichen wie auch der ökonomischen Situation widerspiegelt. Die angehenden Lehrer stellen ihre Eltern zudem als deutlich umsorgender, aber auch kontrollierender dar als die Schüler. Insgesamt können die Studierenden ein eher als „harmonisch" zu bezeichnendes Familienleben vorweisen, während man bei den Schülern von der einen oder anderen – teilweise eklatanten – Problemsituation sprechen kann. Auch die ökonomische Situation kann bei den Studierenden als gesichert bezeichnet werden. Bei einigen Schülerfamilien dürften monetäre Defizite dauerhaft vorhanden sein. Hier haben einige Befragte mit eklatanten sozialen Nachteilen zu kämpfen. Die unterschiedlichen Lebenswelten – bedingt durch unterschiedliche Milieus, in enger Verbindung zur Ausprägung von kulturellem und ökonomischem Kapital – werden hier deutlich sichtbar.

Die vergleichende Untersuchung des ‚medialen Habitus' stellte einen wichtigen Fokus des Projektes dar. Vergleichend bezeichnet dabei zunächst einmal die Kontrastierung der Gruppe der Schülerinnen und Schüler mit der Gruppe der Studierenden. Hier finden sich – bei einer idealtypischen Darstellung der Gruppen – sehr deutliche und bedeutsame Unterschiede. Vergleichend bedeutet aber auch die Herausarbeitung von Segmentierungen innerhalb dieser beiden Hauptgruppen – wobei durchaus die Möglichkeit besteht, dass sich Segmente überschneiden. Ähnlich wie im Fall der bearbeiteten Medienkompetenz (s. u.) deutet sich an, dass der sozioökonomische Status und die Verortung in gesellschaftlichen Milieus hier sehr stark einwirken. In der Folge tritt die Kategorie ‚Gender' dabei zurück: Für die Jugendlichen dominiert eine Form der Mediennutzung, die vielleicht am einfachsten mit dem Begriff ‚Erlebnisorientierung' beschrieben werden kann. Dies gilt nicht nur für den Fernseher, sondern in ganz besonderem Maße für die digitalen Medien. Entsprechend werden Inhalte und Nutzungssituationen ausgewählt. Beinahe als Kontrastprogramm erscheint die Habitualisierung bei vielen der Studierenden: Das Fernsehen kann zwar auch der Entspannung dienen, im Vordergrund steht aber gerade bei der Nutzung von Computer und Internet die Funktion als Werkzeug zur Informationsgewinnung und Informationsbearbeitung, also eine sehr ‚ernsthafte', an den positiv gelabelten gesellschaftlichen Idealen orientierte Nutzung.

Dieser Unterschied bei den präferierten Nutzungsmustern dürfte zu einem guten Teil aus der familialen Mediensozialisation herrühren. Als Beleg für diese These dienen vor allem die Aussagen zur Reglementierung der Mediennutzung durch die Eltern. Die Schülerinnen und Schüler berichten zumeist, dass eine Kontrolle – wenn überhaupt – vor allem über die Begrenzung der Nutzungszeit erfolgt und kaum über die, insbesondere bei Computerspielen, den Eltern wenig bekannten Inhalte. Ein großer Teil der Studierenden dagegen erzählt von stellenweise rigiden Kontrollen durch die Eltern. Diese waren dann auch häufig an den Inhalten orientiert (die „Sendung mit der Maus" ist erlaubt, der abendliche

Krimi dagegen nicht). Die Methoden der elterlichen Medienerziehung reichten dabei bis zum Extrem des Wegschließens des Fernsehgeräts in den elterlichen Kleidungsschrank.

Obwohl die befragten Jugendlichen noch unter die Jugendschutzbestimmungen fallen, scheint es zum Zeitpunkt der Befragung kaum noch eine Kontrolle durch die Eltern zu geben. Dies gilt im besonderen Maße (auch im biografischen Rückblick) für das Medium Computerspiele. Bei diesen haben die Eltern nur sehr selten einen Einblick in die inhaltlichen Nutzungsmuster. Da den Eltern eigene Erfahrungen fehlen, könnte man etwas zugespitzt die These aufstellen, dass die Eltern (vor allem in bestimmten Milieus) an dieser Stelle als Sozialisationsinstanz über weite Strecken nahezu komplett ausfallen. Besonders deutlich wird dieser Aspekt, wenn man die Studierenden als Kontrastfolie nutzt:

> „Wie ähnlich sich der Habitus der Herkunftsfamilien in vielen Fällen ist, wird auch deutlich, wenn sieben der Befragten explizit berichten, dass sie – so die von den Befragten gewählte Formulierung – ‚behütet' aufgewachsen seien. Bereits die oberflächliche Analyse der Interviews zeigt, dass dies letztendlich auf noch wesentlich mehr der angehenden Lehrerinnen und Lehrer zutrifft. Das Verb ‚behütet' steht dabei sowohl für eine entsprechende Wohnsituation (geräumige Wohnung / Haus mit eigenem Garten, fast immer die Möglichkeit, in der nächsten Umgebung ungefährdet zu spielen (Wald/Wiese) etc.) wie für das subjektive Gefühl, von den Eltern in einer als positiv empfundenen Weise umsorgt – aber auch kontrolliert – worden zu sein." (Kommer 2006, S. 171)

Von dieser Art elterlicher Sorge berichten die Schüler nicht. Es deuten sich zwei unterschiedliche Erziehungsstile an, die – so meinen wir – zu einem erheblichen Teil milieuspezifisch konnotiert sind. Entsprechend zeigen sich die Auswirkungen solch einer familialen Sozialisation:„Mit Blick auf die Medien zeigt sich allerdings auch die Ambivalenz einer solchen ‚Behütung': So berichten 18 (von 27 Befragten, die dazu Aussagen machen) von einer starken bis sehr starken Kontrolle der eigenen Mediennutzung (insbesondere des Fernsehens und des Computers) durch die Eltern […]. In der Folge kommt es zu einer stark unterdurchschnittlichen Nutzung." (Kommer 2006, S. 171)

Während für die befragten Jugendlichen eine ‚kritische Distanz' zu den Medien oder ein ‚kritisches Hinterfragen' kaum eine Rolle spielen, findet sich bei den Studierenden fast durchgängig ein ‚kritischer Habitus', der alle (neueren) Medien unter einen Generalverdacht der Manipulation und Verführung stellt. In beiden Gruppen spielt aber die Selbst-Distanzierung von den gängigen Klischees zur gewaltbezogenen Medienwirkung eine große Rolle (es sind immer nur ‚die Anderen', die gefährdet sind). Teilweise wird diese kritische Haltung nicht offen angesprochen, sie muss vielmehr durch eine methodisch angeleitete Interviewsituation an den Tag gebracht werden:

> „Anders als bei einem Teil der Schülerinnen und Schüler üben die Medien und ihre Technik keine Faszination aus. Viel mehr findet sich gerade mit dem Blick auf den Computer eine sehr distanzierte, wenn nicht gar angstbesetzte Haltung. Über weite Strecken wird der Umgang zunächst vermieden, erst dann, wenn sich Handlungsaufgaben stellen (z. B. Hausarbeiten schreiben, recherchieren im Netz), bei denen die Nutzung des Computers eine Erleichterung oder einen Benefit verspricht, wird dieser genutzt. Er bleibt dabei aber zumeist in der Rolle eines Werkzeuges, das nur soweit als unbedingt notwendig angeeignet wird. Möglichkeiten einer kreativen und verändernden Kraft dieses Mediums [...], aber auch Baackes 4. Dimension der Medienkompetenz [...] werden nicht gesehen – zumindest nicht im eigenen Möglichkeitsraum." (Kommer 2006, S. 173)

> „Über weite Strecken findet sich bei dieser Gruppe eine latente Ablehnung der neueren Medien. Diese wird zwar nur in einigen wenigen Extremfällen offen artikuliert, lässt sich aber immer wieder aus den Beschreibungen der eigenen Nutzungsformen und anhand von Passagen, die um die Einstellungen zu den neueren Medien kreisen, herausarbeiten. In unreflektierter Übernahme des längst zum ‚Allgemeinwissen' abgesunkenen Gedankenguts der ‚kritischen Theorie' unterliegt insbesondere das Fernsehen (aber auch die anderen Massenmedien) einem steten Manipulationsverdacht. Neben dem generellen ‚Manipulationsverdacht' (dem aber meist kein auch nur ansatzweise adäquates Wissen über die Strukturen und Prozesse des Mediensystems zugrunde liegt) findet sich eine ebenfalls unreflektierte und auch nicht auf Argumente gestützte kulturpessimistische Denkweise, die die bewahrpädagogischen Denktraditionen als inkorporiertes Motiv aufgreift und fortführt. Mediennutzung – insbesondere, wenn sie unterhaltenden Charakter hat – hat hier nicht selten den Beigeschmack von ‚verlorener Zeit', die besser mit einer ‚sinnvollen' (z. B. ein Buch lesen, Freunde treffen) Beschäftigung verbracht worden wäre.
>   Aufs Engste damit verflochten sind Überreste eines ‚bildungsbürgerlich-kulturkritischen', auf Distinktion ‚von der Masse' zielenden Habitus. Dieser orientiert sich an einem (vermutlich nur noch als Fiktion existierenden) traditionellen Konstrukt von ‚Hochkultur' – interessanterweise, ohne dass an den Ausformungen dieser (Konzerte der E-Musik Szene, Literatur, Theater etc.) allzu häufig partizipiert wird. Wichtig erscheint dabei insbesondere die Abgrenzung gegen ‚Triviales', gegen ‚Trash' aller Art – und natürlich insbesondere gegen die Ausformungen der neuen digitalen Medienwelt, für die geradezu paradigmatisch das gewaltorientierte Computerspiel (im Netz) steht." (Kommer 2006, S. 172)

Trotz dieser ausgearbeiteten Ablehnung und kritischen Haltung sind die Studierenden keineswegs abstinent. Vielmehr zeigen sich gerade in solchen Fällen Ambivalenzen, die durch die Studierenden nicht aufgelöst werden können. Sie stehen zwischen dem inkorporierten Ideal einer Nutzung und der Verführung, der sie auch – oft mit einem schlechten Gewissen – nachgeben.

„In einer Reihe von Fällen kulminiert dann die Ablehnung in der Befürchtung, bei der Nutzung von Fernsehen und Computer auf Grund ihrer Faszinationskraft – die hier geradezu als ein Sog empfunden wird – die Kontrolle über die eigenen Handlungsformen und das eigene Zeit- und Aufmerksamkeitsbudget zu verlieren. Wiederholt fällt der Begriff von der ‚Sucht', der die Chancenlosigkeit gegenüber diesen medialen Verführern noch einmal unterstreicht. Ein solcher, subjektiv als hoch problematisch und bedrohlich empfundener Kontrollverlust wird dann nicht nur bei ‚Anderen', sondern – und das ist vielleicht der zentrale Punkt – auch bei sich selber konstatiert oder zumindest befürchtet. In einigen Fällen findet sich als einziger Ausweg nur noch die ‚Vertreibung des Aggressors' – Der Fernseher wird aus dem eigenen Umfeld verbannt. (Mit der Folge, dass der ‚mediale Absturz' dann bei anderen Gelegenheiten (Besuch bei Freunden / Babysitten etc.) erst recht stattfindet.)
    Diese Problematisierung kann weiterhin auch als ein Marker für die zugeschriebene kulturelle ‚Wertigkeit' der einzelnen Medien gelesen werden. Denn: Lange Lesenächte, der ‚Flow' beim Eintauchen in ein spannendes Buch, werden (obwohl ja strukturell sehr ähnlich) keinesfalls ähnlich negativ konnotiert. " (Kommer 2006, S. 172–173)

Wie auch in anderen Untersuchungen (z. B. Buchen und Straub 2006, S. 93–110) – durch die Videobeobachtung im Handlungsvollzug dokumentiert – wird deutlich, dass die Selbstinszenierung insbesondere männlicher Jugendlicher als ‚Computer-Kenner' oftmals auf sehr tönernen Füßen steht. So ist der Übergang von fundiertem Wissen zu den diversen ‚Mythen des Netzes' oft fließend, hinter der scheinbar kompetenten Nutzung relevanter Fachtermini verbirgt sich nicht selten eine ‚unbewusste Inkompetenz' (vgl. Mrochen 2001, S. 17).
    Nimmt man – zum Zwecke der Veranschaulichung – eine leichte Übergeneralisierung vor, so wird deutlich, dass sich der mediale Habitus der befragten Jugendlichen (Haupt- und Realschule) grundsätzlich von dem der Studierenden unterscheidet (vgl. Kommer/Biermann 2007). So wird der PC von den Schülerinnen und Schülern beinahe ausschließlich als ‚Spielmaschine' und jugendkulturelles Kommunikationsinstrument wahrgenommen, während er für die Studierenden in erster Linie ein ‚ernsthaftes Arbeitsgerät' darstellt.
    Unübersehbar handelt es sich – trotz der ausgearbeiteten Widersprüche und Ambivalenzen – um die erste Multimedia-Generation (dies gilt in besonderem Maße für die Schülerinnen und Schüler). Prägend sind hier zunächst die Mitte der 1980er Jahre aufkommenden TV-Sender mit ihren kommerziellen, Comicorientierten Kinderprogrammen. Diese sind für die befragten Jugendlichen fester Bestandteil ihrer Mediensozialisation. Ausnahmen finden sich nur bei einigen Jugendlichen mit Migrationshintergrund. Für die meisten der Befragten ist in-

zwischen das Vorhandensein von Computern und des Internets fester Bestandteil der Lebenswelt. Die Nutzungsformen der digitalen Medien divergieren allerdings sehr stark. Die qualitative Untersuchung zeigt dabei deutlich, wie beschränkt die Aussagekraft von Daten ist, die sich nur auf den Besitz oder die Nutzungszeit von Medien beziehen.

So lassen die Auswertungen der Interviews erkennen, was in vielen quantitativen Untersuchungen unsichtbar bleibt: Die Medienkompetenz der Befragten bleibt – nimmt man z. B. die von Baacke (1999, S. 34–35) genannten Dimensionen ernst – sehr oberflächlich. Die Videomitschnitte unterstreichen diesen Befund noch einmal (vgl. Kommer/Biermann 2005). Im Gegensatz zu den Schülern neigen die befragten Studierenden dagegen in der Tendenz dazu, ihre Medienkompetenz zu unterschätzen.

Insbesondere mit Blick auf die Vergleichsgruppe der Studierenden wird deutlich, dass die Schere zwischen den ‚information rich' und den ‚information poor' hier noch weiter aufzugehen droht. Die Frage nach der Chance auf ein ‚gelingendes Leben in einer mediatisierten Welt' gewinnt damit zunehmend an Bedeutung.

Die Oberfläche der Interviews vermittelt zunächst einmal den Eindruck, dass es sich bei den befragten Jugendlichen durchaus um eine medienkompetente Generation handelt. Medien, hier insbesondere Fernsehen, Handy, Computer und die diversen Audio-Träger, werden scheinbar zielgerichtet zur Bedürfnisbefriedigung genutzt. Dieser erste Eindruck wird aber im Rahmen weiter gehender Analyseschritte rasch brüchig. Die Videobeobachtungen wie auch die Auswertung der erstellten Präsentationen als ergänzendes Material helfen dann, diese Problemlagen im Bereich der Computernutzung prägnant zu beschreiben: Selbst bei den (häufig männlichen) Jugendlichen, die den Computer intensiv nutzen, liegen nur begrenzte Kenntnisse über die Struktur eines Windows-Computers vor. Unterscheidungen von Betriebssystem und Anwendungsprogramm bleiben oft sehr unscharf. In erster Linie werden die Programme genutzt, die bereits bei der Erst-Installation auf dem Rechner sind, Alternativen wie Mozilla (heute: Firefox) etc. spielen kaum eine Rolle.

Die Analyse der Video-Beobachtungen zeigt dann auch, wie wenig ein erweitertes Bedienwissen habitualisiert ist. So bleibt die Nutzung von Kontextmenüs (rechte Maustaste) oder gar Shortcuts beinahe die Ausnahme. In den allermeisten Fällen wird der (lange) Weg über die Menüstruktur von Windows genutzt.

Neben dem fehlenden Orientierungswissen innerhalb von Windows-Programmen wird spätestens dann, wenn das Programm einmal nicht so reagiert wie gewollt, auch ein mangelndes Strukturwissen wie auch ein Mangel an Fähigkeiten zur strukturierten Problembehebung sichtbar. Insbesondere bei den

Hauptschülerinnen und Hauptschülern kommt es dann rasch zu einem ziellosen ‚Herumklicken', das nur selten zu den gewünschten Ergebnissen führt.

Wenn Probleme oder Fragen im Umgang mit dem Computer auftreten, wird fast ausschließlich auf die Hilfe der Kursleiter (oder im Alltag auf Peer-Netzwerke) zurückgegriffen. Eine eigenständige Suche in ausgedruckten Informationsblättern oder gar die Nutzung der Programm-Hilfefunktion ist kaum zu beobachten. Damit deutet sich aber ein aus unserer Sicht problematischer Aspekt einer ‚digitalen Spaltung' an: Wer im Alltag nicht über die notwendigen Kompetenz-Netzwerke verfügt (wie z. B. einige Jugendliche mit Migrationshintergrund), ist hier deutlich benachteiligt und gerät schnell in eine Rückständigkeitsfalle, d. h. er partizipiert nicht im notwendigen Umfang an der gesellschaftlichen Entwicklung und wird von Ausgrenzung bedroht.

Gerade bei den mit nur wenig kulturellem Kapital ausgestatteten Hauptschülerinnen und Hauptschülern wird bei der Erstellung der Präsentationen eine mangelnde Fähigkeit zum strukturierten Vorgehen sichtbar. So wird meist durch Ausprobieren vorgegangen, ohne eine Vorstellung von der Form des Endproduktes zu haben. Bilder werden eingefügt und wieder gelöscht, verschiedene Layouts erprobt und verworfen, sehr viel Zeit wird auf das Ausprobieren der (einfachen) Effekte verwendet. Natürlich stellt sich die Frage, wie eine solche Vorgehensweise am Ende unter dem Aspekt ‚Medienkompetenz' zu bewerten ist – findet sich hier doch zumindest die Kompetenz zum probierenden und experimentierenden Vorgehen, das u.a. auch den am Freiburger Projekt beteiligten Forschern geholfen hat, den Computer zu entdecken. Auf der anderen Seite ist im Vergleich das stärker zielgerichtete Vorgehen der Realschülerinnen und Realschüler auffällig, die allem Anschein nach wesentlich mehr Strukturwissen akkumuliert haben. So verwundert es wenig, wenn bei diesen häufig umfänglichere und durchdachtere Produkte entstehen. Die Produkte der Studierenden erreichen eine ganz andere Qualitätsstufe. Sie gehen wesentlich strukturierter vor, weisen aber ebenfalls bei auftretenden Problemen und bei Strukturwissen mangelnde Kenntnisse auf.

Obwohl von fast allen Befragten das Internet in der einen oder anderen Form genutzt wird, mangelt es hier fast vollkommen an Hintergrundwissen. So bestehen häufig nur sehr vage Vorstellungen darüber, wie das Netz aufgebaut ist (ganz zu schweigen von der Frage nach ‚Machtstrukturen'). Im Sinne einer Medienkompetenz, die über reines Nutzungswissen hinausgeht, ist hier ein massiver Mangel zu konstatieren.

Besonders problematisch erscheint dabei der Mangel an Strategien für den Umgang mit der immer wieder konstatierten Informationsflut, insbesondere bei der Nutzung von Suchmaschinen. Dass hier Verknüpfungen von Suchbegriffen und andere Formen komplexer Suche möglich sind, scheint den meisten Jugendlichen unbekannt. So werden dann entweder alle Treffer wahllos durchgeklickt, oder es wird nach dem Abarbeiten der ersten Trefferseite frustriert aufgegeben. Beinahe noch problematischer stellt sich das Wissen um die Qualität der Informationen dar. Es fehlt weitgehend die Kompetenz, zwischen Datenschrott, ideologiegesättigten Quellen und validem Material zu unterscheiden.

Wendet man sich der Nutzung der ‚traditionellen' Medien wie dem Fernsehen zu, so wird sichtbar, dass auch hier eine ‚erlebnisorientierte' Nutzung, wie z.B. bei Schulze (1995) beschrieben, bei den Schülern dominiert. Um Informationssendungen im traditionell öffentlich-rechtlichen Stil wird ein großer Bogen gemacht, insbesondere im Feld der Nachrichten. ARD und ZDF spielen nahezu keine Rolle mehr. Die Studierenden weisen eine – wie oben bereits dargestellt – kritische bis ablehnende Haltung auf. Dennoch wird am Nutzungsverhalten und den abgefragten habituellen Mustern deutlich, dass Einstellung und Handlung nicht immer im Einklang stehen.

Nicht zuletzt ist das Handy zu einem kaum mehr wegzudenkenden Bestandteil jugendkulturellen Lebens geworden. Für einige der Befragten (hier sind es fast immer die Jungen aus der Schülerstichprobe) wird der Besitz des ‚richtigen' Modells geradezu zu einem Bestandteil der Selbstinszenierung.

Die Rolle der Schule beim Erwerb der notwendigen Medienkompetenz kann lediglich als marginal bezeichnet werden. Das Bild, das sich aus den bisherigen Interviewauswertungen, aber auch aus den Erfahrungen der Computerkurse zusammensetzt, kann eigentlich nur als hoch problematisch bezeichnet werden. Aus Sicht der Schülerinnen und Schüler wird deutlich, was die Zahlen zur Computer-Ausstattung von Schulen verschweigen: Die Anzahl der vorhandenen Geräte ist absolut kein ausreichender Indikator für deren Nutzung. Vielmehr ist das Vorhandensein pädagogisch-didaktischer Konzepte für die Vermittlung der notwendigen Kompetenzen (die aus unserer Sicht weit über die oftmals auf eine Software(version) fokussierte oberflächliche Bedienkompetenz hinausgehen müssen) der entscheidende Faktor. Nimmt man die Aussagen der Schülerinnen und Schüler (aber auch der Studierenden) ernst, so scheinen entsprechende Konzepte aber größtenteils zu fehlen (vgl. Kommer/Biermann 2005).

So ist auch zu vermuten, dass eine Medienerziehung (vgl. Schorb 1997, S. 215–218) in der Schule durch die angehenden Lehrer nicht forciert bzw. ernsthaft in Erwägung gezogen wird:

„Obwohl die Relevanz der neuen Medien für die eigene wie für die Zukunft der späteren zu unterrichtenden Schüler betont wird, besteht eine große Distanz zu allen Forderungen, die (digitalen) Medien später im eigenen Unterricht zu nutzen (und im Studium Kompetenzen hierfür zu erwerben). Favorisiert wird ein traditioneller Unterricht, der durch bewahrpädagogische Konzepte unterfüttert wird. Ob diese Haltung unter den augenblicklichen Bedingungen im Rahmen des Studiums zu einer unter dem Gesichtspunkt einer Medienbildung adäquateren Einstellung transformiert werden kann, erscheint allerdings mehr als fraglich. Die von Bourdieu immer wieder beschriebene ,Beharrlichkeit' des Habitus mahnt hier pädagogische Skepsis an. Die Hysteresis muss somit über das Studium erstmals aufgebrochen werden, damit es über eine Reflexion zu einer Veränderung der ,strukturierten Struktur' kommen kann [...]." (Kommer 2006, S. 174)

Besondere Relevanz bei der Entstehung eines hier beschriebenen Habitus ist – auch unter dem Aspekt, dass eine berufliche Sozialisation mit der Ausbildung gerade erst begonnen hat – das Elternhaus der befragten Studierenden:

„So beinhalten die medienbiografischen Passagen auffällig oft Hinweise auf eine zum Teil geradezu rigide Kontrolle des Mediennutzungsverhaltens im Kinder- und Jugendalter durch die Eltern. Diese Kontrollorientierung fußt dabei zum einen auf einem deutlich ausgeprägten ,Hochkultur-verehrenden' Habitus, der an einer noch nicht fragwürdig gewordenen legitimen Kultur orientiert ist. Zum anderen scheint in der Generation der Eltern der kultur- und technikkritische Habitus (der aber auch dort nicht hinterfragt wird) noch wesentlich stärker ausgeprägt. Ganz im Sinne von Bourdieus Konzept scheint hier eine Weitergabe (wenn auch mit leichten Transformationen) an die jüngere Generation stattgefunden zu haben.
In den Alltagspraxen der Studierenden wird dieser (zumindest in der Befragungssituation konstruierte) Habitus aber brüchig bzw. scheinbar paradox. So sind die Befragten (anders als oftmals in ihrer Kindheit) heute keineswegs medienabstinent und unterhaltungsabstinent. – Auch für sie spielt das Fernsehen eine wichtige Rolle, Musik wird zur Stimmungskontrolle eingesetzt und natürlich wird über das Handy telefoniert." (Kommer 2006, S. 173–174)

Die Analyse der Interviews bringt die unaufgelösten Spannungen und Paradoxien zu Tage, die die Lehramtsstudierenden mit ihren medialen Dispositionen inkorporiert haben. Zunächst einmal kann die Vielfalt der genutzten Medien und die durchaus individualisierten Nutzungsmuster als die seit Beck (1991) immer wieder aufgeführten Individualisierungstendenzen ausgemacht werden, die einer Reproduktion des Habitus und der damit verbundenen gesellschaftlichen Strukturierung nach Bourdieu zunächst entgegenstehen. Hier wäre zu bedenken, dass mediale Inhalte wie Soaps von weiten Teilen der Bevölkerung rezipiert werden (vgl. für Jugendliche Paus-Haase et al. 2001). Diese Erfahrungen führen zu neuen Dispositionen bzw. Standardisierungen (vgl. Kommer 2006, S. 175), die eine Rückführung auf elterliche Muster zunächst nicht zulassen. Zugleich aber bestätigt sich insbesondere bei den befragten Studierenden das Habituskonzept. Im Gegensatz zu den Schülern scheinen sich die Studierenden nicht ohne Ängste und Vorbehalte den neuen Medien nähern zu können. Diese Muster wurden durch die Medienerziehung der Eltern geprägt und gefördert bzw. durch die

Probanden inkorporiert und reproduziert. Hier kommt es dann zu Paradoxien zwischen Praxis und Einstellung, „wenn die zukünftigen Lehrerinnen und Lehrer in ihren alltäglichen Handlungspraxen selber mediale Angebote nutzen, die nach Bourdieu kaum für einen ‚legitimen' Geschmack stehen. Vielmehr fällt die Rezeption von Popmusik und Daily Soaps nach Kant und Bourdieu unter das Verdikt des ‚barbarischen Geschmacks' oder zumindest einer ‚populären Ästhetik'." (Kommer 2006, S. 175)

Diese ambivalente Haltung hat Auswirkungen gerade auf den Umgang mit den Neuen Medien. Der Werkzeug-Charakter eines Mediums macht dessen Nutzung einfach und wird nahezu nicht problematisiert, da dies als gesellschaftlich ‚sinnvoll' akzeptiert wird und der ‚Spaß' dabei in den Hintergrund tritt. Ähnlich in der Argumentationsstruktur ist die Rezeption, ‚hochwertige' Inhalte wie Nachrichten, mediale Kunstwerke etc. zu verstehen. Hier führt die Kompetenz bzw. die geschmackliche Ausrichtung zu einem Distinktionsgewinn – gerade auch in Anbetracht der befragten Schülerinnen und Schüler. „Problematisch wird es, wenn der Anteil von Unterhaltung zu groß wird: Hier droht der Kontrollverlust – und zugleich die Partizipation an einem kulturellen Milieu, von dem man sich eigentlich abgrenzen will." (Kommer 2006, S. 176) Auf das Habituskonzept bezogen, bedeutet die Inkorporierung und Beharrlichkeit der Dispositionen eine Barriere, Medien in einem anderen als dem inkorporierten „dispositionalen" Kontext zu verwenden. Dies hat augenscheinliche Auswirkungen auf den Einsatz von Medien im eigenen Unterricht: „Medien, die eine derartige Bedrohung darstellen, können nicht sinnvoll im Unterricht eingesetzt werden. – Höchstens nach rigiden ‚Zähmungen', wie sie z. B. die ‚Einführungen in Office' als Bedienerschulung darstellen. Daneben liegt stetig der Vorwurf in der Luft, dass die Unterhaltungsfunktion so dominant sei, dass mit dem jeweiligen Medium eine ‚ernsthafte' pädagogische Arbeit nicht möglich ist." (Kommer 2006, S. 176) Hinzu kommt hier noch eine häufig Klischee-geprägte Einschätzung der Mediennutzung von Jugendlichen. Forderungen, Medien wie Fernsehen, Chat, aber auch Computerspiele (zu kompetenzfördernden Potentialen von Computerspielen vgl. Gebel et al. 2005 und Kraam 2004) im Unterricht einzusetzen, prallen somit – durch den Habitus bedingt – regelrecht an den Lehrern ab. Mit der kanalisierten Wahrnehmung und Einstellung, dass dieser Einsatz keinen Bildungswert hat und auch nie entsprechende positive Erfahrungen damit in der Schule gemacht wurden, muss ein Einsatz als unwahrscheinlich eingestuft werden. „Damit aber wird das pädagogische Handeln dem medialen Habitus zumindest eines großen Teils der Schülerinnen und Schüler keineswegs gerecht (Habitus-Gap). In der Unterrichtssituation droht damit ein gegenseitiges Missverstehen und Nicht-Akzeptieren (schließlich ist davon auszugehen, dass die Lehrpersonen versuchen, ihre Interpretation von ‚legitimer Kultur' mit Macht durchzusetzen), was nicht nur einer sinnvollen Medienbildung abträglich ist." (Kommer 2006, S. 176)

Mit einem derart kritisch-ablehnenden Habitus greifen Ausstattungsinitiativen, Änderungen von Rahmenbedingungen und Schulungen mit dem Fokus von Handhabungswissen zu kurz. Vielmehr wären Reflexionsprozesse in Verbindung mit wissenschaftlichen Daten zur Mediennutzung von Lehrern und Schülern zu fördern, die den individuellen Habitus zu denen der Schüler in Kontrast bringt. Damit müsste es möglich sein, eigene (Vor-)Urteile zu erkennen und die eigenen Muster zu reflektieren. „Anzustreben wäre die Übernahme der Rolle eines ‚Beobachters 2. Ordnung' für das eigene Handeln. Erst wenn eine solche Stufe der Selbstreflexion (auch in Bezug auf genderspezifische Ausformungen) erreicht ist, kann eine pädagogisch sinnvolle Annäherung an die Lebens- und Medienwelten der Schülerinnen und Schüler stattfinden, die grundlegend ist für den Einsatz von (neueren) Medien im Unterricht – schließlich gilt ja noch immer das Ideal, die Lernenden ‚da abzuholen, wo sie stehen'." (Kommer 2006, S. 177)

Die gesammelten Ergebnisse der Studenteninterviews werden in der visuellen Darstellung einer Typisierung (vgl. Bohnsack 2001) deutlich. Die Fälle bzw. Fallgruppen werden dabei auf einer Landkarte der habituellen Muster[24] positioniert.

In diesem Schaubild sind die Fälle zwischen einem hedonistischen und qualitäts- und bildungsorientierten Habitus positioniert. Zusätzlich wird ersichtlich, dass der legitime Geschmack lediglich bei drei Probanden konstatiert werden konnte bzw. sich eine Person sogar bewusst davon distanzierte. Hierbei handelt es sich nicht um eine Orientierung, sondern um Positionierungen, die an „gelebten" Geschmackspräferenzen und Distinktionsverhalten ausgemacht werden. Die Pfeile repräsentieren eine Tendenz bzw. Orientierung zu einer Typisierung. Die Probanden in der rechten Hälfte des Schaubildes charakterisieren sich durch eine ablehnende Haltung gegenüber den Neuen Medien und dem Fernsehen sowie durch eine Mediennutzung, die stark auf eine Akkumulation von kulturellem Kapital ausgelegt ist und eine ausschließlich hedonistische Nutzung ablehnt oder die ambivalent besetzt ist. Dies muss jedoch nicht mit dem tatsächlichen Mediengebrauch übereinstimmen. Die Orientierung am legitimen Geschmack (Bourdieu 1982, S. 36) ist bei dieser Gruppe stark ausgeprägt und bestimmt deren Medienverhalten. Besonders ist hier eine starke elterliche Medienkontrolle, die zeitlich wie inhaltlich vorgenommen wurde, zu konstatieren. Auf der anderen Seite finden sich die Personen wieder, die eine Unterhaltungsorientierung nicht negativ besetzt haben. Als besondere Merkmale zeigen sich hier z. B. Migrationshintergründe und das Studium als Aufstieg in der familialen Berufs- und

---

24 Das Schaubild zur Typisierung steht im Onlineangebot des VS-Verlags (http://www.vs-verlag.de) als PDF-Dokument zum Download bereit.

Bildungssituation. Hinzu kommt eine deutliche Affinität zu Medien. Im Gegensatz zur anderen Gruppe wird der Medieneinsatz in der Schule weder offen noch latent abgelehnt.

Auf Grund der geringen Fallzahl von 31 Lehramtsstudierenden lässt sich eine Selbstselektion nicht ausschließen. Da sich die angehenden Lehrer – in teilweise eklatanter Weise – sowohl in vielen Bereichen des Medienhandelns von den befragten als auch von ihren zukünftigen Schülern unterscheiden, stellt sich die Frage, inwiefern dies die Mehrheit der Studierenden betrifft. Für den Fall, dass dies für einen großen Teil der angehenden Lehrer zutreffen sollte, ist nicht zu erwarten, dass sich an der aktuellen Situation zum Medieneinsatz in der Schule viel ändern wird.

6 Forschungsfragen

Ausgehend vom Forschungsstand des Freiburger Projekts (s. o.), ist die teils repräsentative Erhebung zu ausgewählten Aspekten der Medienbiografie und zum medialen Habitus von Studierenden an der PH Freiburg und der PH Karlsruhe quantitativ angelegt. Zusätzliche Erhebungen an den Universitäten Bielefeld und Siegen erweitern den Datenpool. Zentrale Aspekte stellen dabei die bereits für die qualitative Untersuchung formulierten Forschungsfragen dar, wobei nun auf drei Fragedimensionen fokussiert wird:

1. Ausgewählte Aspekte der Medienbiografie:

- Erster Zugang zu Computer/Internet
- Kontrolle der Mediennutzung durch die Eltern
- In der Vergangenheit präferierte und genutzte Inhalte des Fernsehens

2. Ausgewählte Aspekte der aktuellen Mediennutzung:

- Besitz von Mediengeräten, insbesondere auch Computer/Internet
- Nutzungsformen von Computer und Internet
- Nutzungsroutinen von Fernsehen, Radio und Printmedien
- Nutzungsroutinen der Informations- und Wissensgewinnung

3. Erhebung des medialen Habitus:

- Subjektive Einschätzung der ‚Wertigkeit' von zentralen Medien (Computer/Internet/Fernsehen)
- Subjektive Einschätzung des ‚Bildungswertes' insbesondere der digitalen Medien
- Einschätzung des Stellenwerts der digitalen Medien für das zukünftige, eigene Lehrerhandeln
- Eigene Verortung im Spannungsfeld von asketischer Arbeitsorientierung und spaßorientierter Spielorientierung beim Umgang mit digitalen Medien
- Einschätzungen zu Chancen und Gefahren der neuen Medien.

Weiterhin soll der Frage nachgegangen werden, ob sich der mediale Habitus der Studierenden im Verlauf der ‚Lebensphase Studium' ändert. Es kann auf Grund der Hysteresis davon ausgegangen werden, dass der mediale Habitus so stark inkorpoiert ist, dass seine Auswirkungen auf die Handlungspraxen stärker sind als die Veränderungen, die sich aus den rasch wandelnden Medienwelten bzw. dem Studium ergeben.

7 Methodisches Vorgehen

7.1 Durchführung der Befragung

Die Rekrutierung der Studienanfänger an der Pädagogischen Hochschule Freiburg erfolgte über diverse Kooperationen mit Lehrenden, die Pflichtveranstaltungen (Modul I: „Einführung in die Allg. Pädagogik" und „Einführung in die Schulpädagogik") für diese anboten. Die Dozierenden wurden vor Semesterbeginn (Sommersemester 2006) gefragt, ob der Fragebogen während der Vorlesung verteilt und in der Veranstaltung direkt ausgefüllt werden könne. So war es möglich, nahezu alle Teilnehmer der Einführungsveranstaltungen zu befragen.

Das Vorgehen bei den Prüfungskandidaten hingegen musste aufwändiger organisiert werden. Da man diese nicht alle konzentriert in speziell für sie angebotenen Seminaren ansprechen konnte, wurden zwei Wege verfolgt. Zu jedem Semesterbeginn wird eine Informationsveranstaltung für die Prüfungskandidaten organisiert, in der die Prüfungsmodalitäten durchgesprochen werden. So konnte in Absprache mit dem Prüfungsamt eine entsprechende Anzahl von Studierenden angesprochen werden. Hier wurden den interessierten Personen 176 Fragebögen ausgehändigt, die von den Studierenden über die Hauspost oder an entsprechenden Sammelboxen (z. B. am Mensaaufgang) wieder abgegeben wurden. Der zweite Weg führte zunächst zu einer Recherche im Vorlesungsverzeichnis. Hier wurden Kolloquien und als prüfungsrelevant ausgeschriebene Seminare herausgesucht. Die Bereitschaft der Dozierenden, etwas Zeit des Seminars für das Verteilen und Einsammeln der Fragebögen zu überlassen, war sehr hoch. Das Ausfüllen der Fragebögen während des Seminars wie bei den Einführungsveranstaltungen war leider nicht möglich. Diese wurden somit an interessierte Studenten ausgegeben und in der nächsten Sitzung wieder eingesammelt. Da viele Studierende im höheren Semester nicht bereit waren, überhaupt einen Fragebogen mitzunehmen, sind weniger Bögen als erwartet ausgegeben worden.

Während aller Termine wurden die Studierenden bei der Ausgabe mündlich instruiert, wie sie den Fragebogen auszufüllen hatten. Ebenso verhielt es sich mit den Hinweisen zur Freiwilligkeit und dem Datenschutz. Zur Sicherheit waren diese Informationen auch auf der ersten Seite des Fragebogens vermerkt. Bei den Veranstaltungen, in denen die Fragebögen ausgefüllt wurden, war immer eine Person als Ansprechpartner für Fragen präsent.

In Karlsruhe übernahm in enger Absprache Elke Billes-Gerhart die Organisation der Erhebung. Da an der Pädagogischen Hochschule Karlsruhe Studierende nur zum Wintersemester zugelassen werden und somit keine Veranstaltungen für Erstsemester wie in Freiburg angeboten wurden, musste hier in einer anderen Weise vorgegangen werden.

Die Erhebung an der Universität Siegen wurde über Imbke Behnken vom Siegener Zentrum für Kindheits- und Jugendforschung organisiert. In ihren Veranstaltungen verteilte sie die Fragebögen an die Teilnehmer und sammelte diese eine Woche später wieder ein. Die Informationen über den Datenschutz, das Ausfüllen etc. wurden wie an der PH-Freiburg zunächst mündlich weitergegeben. Die Personen, die sich für das Ausfüllen entschieden, konnten dies ebenfalls auf der ersten Seite des Fragebogens nachlesen.

In Bielefeld ermöglichte eine Kooperation mit Klaus Treumann und Renate Möller die Ausgabe von Fragebögen an Studierende der Universität. Beide Personen bieten regelmäßig Seminare im Rahmen des Lehramtsstudiums an. Die Ausgabe und der Rücklauf erfolgten in gleicher Weise wie in Siegen.

7.2 Gütekriterien der Messung

Wie exakt und genau eine Messung von Werten stattgefunden hat, wird anhand verschiedener Kriterien festgemacht. Dazu gehören Objektivität, Reliabilität und Validität. Jedoch gibt es zu beachten, „dass dieses Ziel (fehlerfreie Messwerte, Anm. R Biermann) in der Forschungspraxis kaum vollständig erreicht wird" (Raithel 2006, S. 42).

7.2.1 Objektivität

Eine Objektivität von Ergebnissen liegt vor, wenn die Befunde und Messwerte bei der Verwendung eines gleichen Messinstruments von zwei Personen übereinstimmen. Gemäß Lienert (1969 zitiert nach Raithel 2006, S. 42–43) können drei Forschungsphasen anhand der Objektivität unterschieden werden:

- Durchführungsobjektivität

- Auswertungsobjektivität

- Interpretationsobjektivität

Um die größtmögliche Objektivität zu gewährleisten, wurden die an der Erhebung beteiligten Personen geschult, ein möglichst gleiches Verhalten bei den Befragungen einzuhalten. Dies wurde über Vorbereitungsphasen erreicht, in denen Informationen zur Erhebung und entsprechendem Verhalten ausgegeben wurden. Als problematisch muss hier angesehen werden, dass nur die Erstsemester im Rahmen von Seminaren befragt wurden. Bei den älteren Studierenden war dies nicht immer möglich. Die betroffenen Probanden nahmen den Fragebogen mit und gaben ihn meist eine Woche später wieder ab.

Um die Auswertungs- und Interpretationsobjektivität auf höchstmöglichem Niveau zu gewährleisten, wurden Arbeitsschritte sowohl im Rahmen des Doktorandenkolloquiums an der Universität Siegen regelmäßig vorgestellt und diskutiert als auch mit Sven Kommer (PH-Freiburg) und Elke Billes-Gerhart (PH-Karlsruhe) besprochen.

7.2.2 Reliabilität

Mit Reliabilität wird die Zuverlässigkeit und Verlässlichkeit beschrieben, mit der bei einer wiederholten Messung die gleichen Ergebnisse erzielt werden. Um dies zu überprüfen, gibt es verschiedene Vorgehensweisen. Bei der ersten (Test-Retest-Methode) werden die Probanden mit zeitlichem Abstand ein zweites Mal befragt, um herauszufinden, ob hier die gleichen Werte angegeben werden. Je mehr sich diese gleichen, desto höher ist die Reliabilität einzustufen. Diese Methode ist nicht unkritisch, da sich die Personen an die erste Erhebung erinnern könnten und daher möglichst gleiche Angaben machen wollen. Durch diesen Lerneffekt kann die Reliabilität nicht gewährleistet werden. Mit der Parallel-Test-Methode werden zum selben Zeitpunkt mit zwei vergleichbaren Messinstrumenten Daten erhoben. Die Korrelation der Daten gibt Auskunft über die Reliabilität (vgl. Raithel 2006, S. 43–44). Diese Methode war allein aus organisatorischen Gründen nicht anwendbar.

Ein weiteres Verfahren zur Bestimmung der Reliabilität ist die Verwendung der Itemkonsistenzanalyse. Stichwortartig beschrieben bedeutet dies: „Die interne Konsistenz eines aus mehreren Items bestehenden Messinstruments, grob gesprochen der Zusammenhang zwischen den einzelnen Items und der Gesamtheit der übrigen Items. Die interne Konsistenz wird im allg. anhand von Cronbachs Alpha bestimmt." (ILMES Internet Lexikon der Methoden der empirischen Sozialforschung, zuletzt besucht am 23.8.2007)

7.2.3 Validität

Die Validität ist das letzte Gütekriterium. Mit der Validität wird beschrieben, inwiefern mit dem Messinstrument tatsächlich das gemessen wird, was gemessen werden soll (vgl. Raithel 2006, S. 45). „Für die Beurteilung der Validität gibt es nicht ein bestimmtes Maß, womit auch nicht von ‚der' Validität eines Instruments zu sprechen ist. Die Validität kann nur in Bezug auf bestimmte andere Messungen beurteilt werden." (Raithel 2006, S. 45)

7.3 Bereinigung und Überprüfung der Daten/Fragebögen

Nach Eingabe aller Daten mussten diese erst noch bereinigt werden. Insgesamt wurden 1.215 Fragebögen ausgefüllt. Zuerst wurden die demographischen Daten bei der Datenbereinigung untersucht. Dabei stellte sich heraus, dass 18 Personen keine Angaben zu Alter, Geschlecht und Fachsemester gemacht hatten. Da in einigen Fällen diese Daten nicht vollständig fehlten, wurden diese Fragebögen in den Auswertungsprozess mit einbezogen. Weiterhin wurden Häufigkeiten und Konsistenzen überprüft (zur Vorgehensweise vgl. Raithel 2006). Am Ende konnten für die Auswertung 1.201 Fragebögen genutzt werden.

8 Stichprobenbeschreibung und demographische Daten[25]

Im Folgenden werden die quantitativen Ergebnisse der Studie dargestellt. Um eine Problemstellung zu untersuchen und Hypothesen zu prüfen, muss klar definiert werden, über welche Personen, Personengruppen oder Institutionen Aussagen getroffen werden sollen. Da im Allgemeinen keine Vollerhebungen von einer Grundgesamtheit möglich sind, muss daher der betreffende Teil der Gruppe, die so genannte Stichprobe[26] (oder Sample) genau definiert werden. Die Population, d. h. die Menge von Merkmalsträgern, für die die Aussage der Untersuchung gelten soll, muss entsprechend beschrieben werden, da mit der Auswahl das Beobachtungsfeld begrenzt oder erweitert wird.

8.1 Zusammensetzung der Gesamtstichprobe

Es gibt mehrere Samplingstrategien, die sich aus der Forschungsfrage und den konkreten Vorgaben ableiten. Die Überlegungen werden von der zentralen Frage geleitet: Welche empirische Einheit soll in die Untersuchung einbezogen werden? In dem hier dargestellten Forschungsprozess ist eine eher abstrakte Strategie und eine Zufallsauswahl zu bevorzugen, da es sich um eine große Population handelt und das Phänomen bisher kaum erforscht wurde. Eine auf den konkreten Inhalt der Untersuchung bezogene Samplingstrategie würde nur einen eng begrenzten Bereich abdecken und der Kontextabhängigkeit nicht gerecht werden. Das Sampling für die quantitative Befragung wurde nach folgenden Kriterien

---

25 Die Stichprobenbeschreibung wurde – wie auch die Entwicklung des Erhebungsinstruments, der Durchführung der Erhebung und der Eingabe in SPSS – in enger Kooperation mit der Projektmitarbeiterin Elke Billes-Gerhart von der Pädagogischen Hochschule Karlsruhe erstellt. Dieses Kapitel wurde in Kooperation verfasst. Individuelle Änderungen wurden im Verlauf der Arbeit vorgenommen.

26 Friedrichs (1980, S. 125) zufolge gilt als Voraussetzung für eine Stichprobe die Beachtung von vier Punkten: „1. Die Stichprobe muss ein verkleinertes Abbild der Grundgesamtheit hinsichtlich der Heterogenität der Elemente und hinsichtlich der Repräsentativität der für die Hypothesenprüfung relevanten Variablen sein. 2. Die Einheiten oder Elemente der Stichprobe müssen definiert sein. 3. Die Grundgesamtheit sollte angebbar und empirisch definierbar sein. 4. Das Auswahlverfahren muss angebbar sein und Forderung (1) erfüllen."

konstruiert und realisiert: Insgesamt wurde darauf geachtet, dass die grundlegende Sampling-Logik die Zufallsstichprobe (at-random-Verfahren) ist, wobei berücksichtigt wurde, dass jedes Element der Grundgesamtheit unabhängig von weiteren vorhandenen Elementen mit der gleichen Wahrscheinlichkeit ausgewählt wurde (vgl. Bortz/Döring 2002, S. 85ff). Insgesamt handelt es sich um eine Klumpenstichprobe (Cluster Samples), da aus der Gesamtheit aller Lehramtsstudierenden der Bundesrepublik vier Hochschulen ausgewählt wurden (vgl. Bortz/Döring 2002, S. 87f).

Tabelle 13: Verteilung der Gesamtstichprobe

Ort	Anzahl Studierende	Anteil an der Umfrage in %	Gesamtzahl Studierende (nur Lehramt)	Stichprobe/ Gesamtzahl in %
PH Freiburg	456	38,0	3666	12,4
PH Karlsruhe	572	47,7	2825	20,2
Uni Siegen	114	4,9	3648	3,13
Uni Bielefeld	59	9,5	–	–
Gesamt	1201	100	–	–

Die Gesamtstichprobe[27] zeigt, dass gerade bei den beiden Pädagogischen Hochschulen eine große Anzahl der Studierenden befragt werden konnte. In Siegen wurde mit etwas über drei Prozent nur eine kleine Zahl Lehramtsstudierender erreicht. Auf Grund der Vermischung der Angebote für Lehramt und Pädagogik befinden sich hier recht viele angehende Sozial- und Diplompädagogen. Insgesamt konnten dort 72 Lehramtsstudierende erreicht werden. Da die Personen aus den verschiedenen Studiengängen sehr viele Veranstaltungen gemeinsam besuchen, werden hier keine Unterscheidungen eingeführt. Durch die kleine Stichprobe sind Aussagen ohnehin nur bedingt auf die Gesamtgruppe übertragbar. In Bielefeld lässt sich durch die Bachelor/Master-Regulierung anhand der Zahlen nicht aussagen, ob die Personen ihr Studium lehramts- oder fachwissenschaftlichbezogen absolvieren, da der Bachelor-Studiengang beide Möglichkeiten bietet.

Aus diesen Ergebnissen lässt sich folgern, dass die Stichproben aus den beiden Pädagogischen Hochschulen repräsentativ sein könnten – was unten detailliert untersucht wird – während die Stichproben an den Universitäten Siegen und Bielefeld nur als Vergleichsstichproben herangezogen werden und damit keinen Anspruch auf Repräsentativität erheben. Um die mögliche Repräsentativität der

---

27 Die hier dargestellte Gesamtstichprobe wurde bereits einer Datenbereinigung unterzogen.

Freiburger und Karlsruher Stichprobe zu untersuchen, werden im Folgenden die Variablen Geschlecht, Studiengang und Fächerkombination näher beleuchtet.

8.2 Zusammensetzung der Stichprobe nach Geschlecht

Die Stichprobe der PH Freiburg spiegelt mit 21,3 % Studenten und 78,7 % Studentinnen nahezu das Geschlechterverhältnis der gesamten Hochschule (21,8 % zu 78,2 %) bei den Lehramtsstudierenden wieder. Die Stichprobe der PH Karlsruhe zeigt eine Verteilung von 17,1 % Studenten und 82,9 % Studentinnen aller Lehramtsstudierenden, was auch hier annähernd der Gesamtverteilung an der Hochschule entspricht (17,3 % zu 82,7 %). Vergleicht man die geschlechtsspezifische Verteilung an den beiden Pädagogischen Hochschulen, so zeigt sich ein deutlicher Überschuss von Studentinnen im Vergleich zum bundesdeutschen Durchschnitt (2005: 51,1 %, Statistisches Bundesamt 2007, S. 29). Der hohe Frauenanteil ist sicherlich eine Folge des eher weiblichen Interesses an Lehrberufen vor allem im Grundschul-, aber auch im Realschullehramt.

Tabelle 14: Zusammensetzung der Gesamtstichprobe nach Geschlecht

Ort	männlich	in %	weiblich	in %
PH Freiburg	97	21,3	359	78,7
PH Karlsruhe	113	19,8	459	80,2
Uni Siegen	21	18,6	92	81,4
Uni Bielefeld	2	3,4	57	96,4
Gesamt	233	19,4	967	80,6

8.3 Zusammensetzung der Stichprobe nach Hochschulsemester

Der Großteil der Gesamtstichprobe besteht aus Studienanfängern (1. und 2. Semester). Da die Studierenden entweder ausschließlich (vgl. PH-Karlsruhe) oder in der Regel mehrheitlich zum Wintersemester zum Studium zugelassen werden, erscheint es sinnvoll, diese Trennung vorzunehmen. Ab dem 6. Semester werden die Studierenden als Prüfungskandidaten eingestuft, während die restlichen Personen vom 3. bis 5. Semester als hochschulerfahren gelten. Mit dieser Gruppierung besteht die Möglichkeit des Vergleichs von Anfängern, Hochschulerfahrenen und Prüfungskandidaten. So können Aussagen zu den jeweils ausgebildeten

Orientierungs- und Bewertungsschemata in Bezug auf Medienkompetenz in Abhängigkeit dieser Gruppierung analysiert werden.

Tabelle 15: Zusammensetzung der Gesamtstichprobe nach Fachsemester

Fach-semester	Häufigkeit	In %	Gruppierung	Häufigkeit	In %
1	202	17,2	Studienanfänger	595	50,6
2	393	33,4			
3	28	2,4	Hochschulerfahrene	243	20,7
4	187	15,9			
5	28	2,4			
6	166	14,1	Prüfungskandidaten	338	28,7
7	56	4,8			
8	97	8,2			
9	17	1,4			
10	1	0,1			
11	1	0,1			
Gesamt	1176	100,0		1176	100,0

Gruppiert man nach den Stichproben an den Hochschulen, so ergibt sich folgendes Bild:

Tabelle 16: Zusammensetzung der Gesamtstichprobe nach Hochschulen und Studiensemestern

	PH Freiburg		PH Karlsruhe		Uni Siegen		Uni Bielefeld	
	Anzahl.	in %	Anzahl.	in %	Anzahl.	in %	Anzahl.	in %
Studienanfänger (1.–2. Semester)	325	72,9	169	30,2	89	78,8	12	50,6
Hochschulerfahrene (3.–5. Semester)	27	6,1	169	30,2	17	15,0	30	20,7
Prüfungskandidaten (ab 6. Semester)	94	21,1	222	39,6	7	6,2	15	28,7
Gesamt	446	100	560	100	113	100	57	100

Die Teilstichprobe der PH-Freiburg weist einen sehr hohen Anteil an Studierenden im ersten Semester aus. Die Hochschulerfahrenen sind im Gegensatz zu den anderen Stichproben unterrepräsentiert, was auf Grund der bewussten Verteilung der Fragebögen zu erwarteten war. In Karlsruhe wurde hingegen ein ausgewogenes Verhältnis zwischen den drei Gruppen erreicht, da die Fragebögen nicht in für Studienanfänger oder Prüfungskandidaten ausgewiesenen Seminaren verteilt werden konnten.

8.4 Zusammensetzung der Stichprobe nach den beteiligten Hochschulen

Die Übersicht über die Stichproben an den jeweiligen Hochschulen zeigt zunächst ein differenziertes Bild: Während in der Karlsruher Stichprobe ein recht ausgewogenes Verhältnis von Studienanfängern, Hochschulerfahrenen und Prüfungskandidaten vorherrscht, sind die Daten aus Freiburg vor allem von Studienanfängern geprägt. Dasselbe gilt für die Stichprobe aus Siegen, während die aus Bielefeld vor allem von Hochschulerfahrenen dominiert wird. Um die beiden großen Stichproben auf ihre Repräsentativität zu untersuchen, sollen sie genauer betrachtet werden.

Der Frauenanteil der Gesamtstichprobe beträgt 80,6 %. Die Zusammensetzung der Geschlechterverhältnisse und Fachsemester an den beiden Hochschulen mit der höchsten Stichprobe kann den Anspruch auf Repräsentativität erheben. So zeigt sich zunächst für die PH Karlsruhe folgendes Bild:

Tabelle 17: Gesamtzahl der Lehramtsstudierenden an der PH Karlsruhe nach Fachsemester und Geschlecht

Semester	Anzahl PH Karlsruhe Gesamt (davon w/m)	Anzahl PH Karlsruhe Umfrage (davon w/m)	in %	Geschlechter-verhältnis[28]
1.+ 2.	699 (550/149)	169 (133/36)	12,90	7:2
3.–5.	758 (636/122)	169 (138/31)	21,95	5:1
ab 6.	1368 (1149/219)	222 (180/42)	17,51	5:1 zu 4:1
Gesamt	2825 (2335/490)	560 (451/109)	16,73	5:1 zu 4:1

Auf die Gesamtzahl der Lehramtsstudierenden der PH Karlsruhe gesehen, wurden 16,73 % der Studierenden befragt. In Karlsruhe wurden in jedem Semesterblock deutlich über 10 % der Lehramtsstudierenden befragt. Das Geschlechterverhältnis der einzelnen Semesterblöcke weicht bei Anfangssemester und Hochschulerfahrenen kaum voneinander ab, während die Stichprobe der Prüfungssemester etwas ‚männerlastig' ist. In Bezug auf die Gesamtzahl sind die Lehramtsstudenten in der Stichprobe etwas überrepräsentiert.

---

28 Das Geschlechterverhältnis ist zunächst für die Gesamtheit der Hochschule angegeben und anschließend für die Stichprobe.

Tabelle 18:Gesamtzahl der Lehramtsstudierenden an der PH Freiburg nach Fachsemester und Geschlecht

Semester	Anzahl PH Freiburg Gesamt (davon w/m)	Anzahl PH Freiburg Umfrage (davon w/m)	in %	Geschlechter-verhältnis
1.+2.	651 (522/129)	325 (248/77)	49,92	4:1 zu 3:1
3.–5.	921 (759/162)	27 (20/7)	2,93	9:2 zu 3:1
ab 6.	2094 (1583/511)	94 (83/11)	6,45	3:1 zu 7:1
Gesamt	3666 (2864/802)	446 (351/95)	12,16	7:1 zu 4:1

Auf die Gesamtzahl der Lehramtsstudierenden der PH Freiburg gesehen wurden
12,16 % der Studierenden befragt. In Freiburg wurden vor allem Studienanfänger und Prüfungskandidaten ab dem 6. Semester befragt. Mit einer Quote von
49,92 % ist die Stichprobe für die Anfangssemester gut vertreten. Das Geschlechterverhältnis der einzelnen Semesterblöcke stimmt – bis auf die Prüfungskandidaten – in etwa überein. Das Gleiche gilt für das gesamte Verhältnis
in Bezug auf das Geschlecht.

Tabelle 19: Zusammensetzung der Gesamtstichprobe nach Hochschule und Alter

Alter in Jahren		Karlsruhe	Freiburg	Siegen	Bielefeld	Gesamt
			Ort			Gesamt
Bis 19	Anzahl	9	13	7	0	29
	% von Ort	1,6	2,9	6,2	0	2,4
20–21	Anzahl	198	202	64	19	483
	% von Ort	34,7	44,5	56,6	32,2	40,4
22–23	Anzahl	218	99	20	24	361
	% von Ort	38,2	21,8	17,7	40,7	30,2
24–25	Anzahl	64	75	14	7	160
	% von Ort	11,2	16,5	12,4	11,9	13,4
26–27	Anzahl	33	27	2	2	64
	% von Ort	5,8	5,9	1,8	3,4	5,3
28–29	Anzahl	11	12	3	0	26
	% von Ort	2,1	2,4	2,7	0	2,2
30 und älter	Anzahl	37	27	3	7	74
	% von Ort	6,5	5,9	2,7	11,9	6,2
Gesamt	Anzahl	571	454	113	59	1197
	% von Ort	100	100	100	100	100

Das durchschnittliche Lebensalter betrug zum Befragungszeitpunkt 23,5 Jahre. Die Angaben variierten von 19 bis 47 Jahre, jedoch sind mehr als vier Fünftel (86,4 %) der Befragten unter 26 Jahre alt. Die Frauen in der Stichprobe sind durchschnittlich knapp 23 Jahre, die Männern gut 24 Jahre alt. Diese Altersunterschiede resultieren vermutlich daraus, dass Männer auf Grund der Ableistung von Zivil- oder Wehrdienst das Studium später aufnehmen.

8.5 Zusammensetzung der Stichprobe nach Studienschwerpunkt

Tabelle 20: Zusammensetzung der Stichprobe nach Hochschulen und Studiengängen

Grundständiger Studiengang		Ort				Gesamt
		Karlsruhe	Freiburg	Siegen	Bielefeld	
Lehramt GHS mit Schwerpunkt GS	Anzahl	255	238	27	21	541
	% von Ort	45,2	52,4	23,7	35,6	45,4
Lehramt GHS mit Schwerpunkt HS	Anzahl	75	60	10	0	145
	% von Ort	13,3	13,2	8,8	0	3,4
Lehramt RS	Anzahl	164	110	11	0	285
	% von Ort	29,1	24,2	9,6	0	23,9
Europalehramt GHS	Anzahl	28	23	0	0	51
	% von Ort	5,0	5,1	0	0	4,3
Europalehramt RS	Anzahl	25	15	0	0	40
	% von Ort	4,4	3,3	0	0	3,4
Lehramt Gymnasium	Anzahl	1	0	23	4	28
	% von Ort	0,2	0	20,2	6,8	2,4
Bachelor/Master	Anzahl	0	1	0	28	29
	% von Ort	0	5,9	2,7	11,9	2,4
Diplom	Anzahl	10	0	22	0	32
	% von Ort	1,8	0	19,3	0	2,7
Lehramt Sonderschule	Anzahl	4	6	0	5	15
	% von Ort	0,7	1,3	0	8,5	1,3
Sonstige	Anzahl	2	1	21	1	25
	% von Ort	0,4	0,2	18,4	1,7	2,1
Gesamt	Anzahl	564	454	114	59	1191
	% von Ort	100	100	100	100	100

Drei Viertel der befragten Lehramtsstudierenden studierten Grund- und Hauptschullehramt (GHS) mit Schwerpunkt Grundschule (45,4 %), gefolgt von gut

einem Fünftel Realschullehramtstudierenden (RS) (23,9 %), etwas mehr als ein
Zehntel Grund- und Hauptschullehramt mit dem Schwerpunkt Hauptschule (12,2
%), Europalehramt an Realschulen (3,4 %), Diplom (2,7 %), Gymnasiallehramt
(2,4 %) und Bachelor/Master (2,4 %). Kaum von Bedeutung ist das Sonderschul-
lehramt (mit einem Anteil von 1,3 %). Differenziert man die Studienrichtung
nach Hochschulen, so zeigt sich eindeutig, dass das Grund- und Hauptschullehramt vorwiegend und Europalehramt vollständig an den beiden Pädagogischen
Hochschulen und das Lehramt an Gymnasien an den Universitäten Siegen und
Bielefeld studiert wird.

8.6 Zusammensetzung der Stichprobe nach Studienfächern

Die Studienfächer wurden hier in der Reihenfolge der Auflistung berücksichtigt.
Ausgewertet wurden die ersten drei genannten Fächer[29], die nicht zwangsläufig
mit der Reihenfolge der im Studium eingetragenen Fächer übereinstimmen muss.
Somit wurden die Zuordnungen zu Studienfächern erhoben und nicht die formale
Studienfächerwahl. Für diese Vorgehensweise war ausschlaggebend, dass bestimmte Regeln bei der Studienwahl an den Hochschulen herrschen, die die Studierenden zu einer Fachwahl zwingen. Allerdings stehen die Studierenden mit
ihren Einstellungen bestimmten Fächern näher oder wählen eines auf Grund der
vorgegebenen Kombinationsmöglichkeiten eher aus der Pflicht heraus. Mit der
formal unabhängigen Studienfachnennung kann somit das Fach zuerst genannt
werden, dass den Studierenden zuerst einfällt und ihnen damit präsenter ist.
    Alle Befragten haben durch die Wahl des Studiengangs Pädagogik als
Hauptfach. Die von den Studierenden genannten Studienfächer wurden den Kategorien   Sprache,   Mathematik/Informatik,   Naturwissenschaften,   Tech-
nik/Haushalt, Kunst/Musik/Sport und Sozialwissenschaften zugeordnet.
    Betrachtet man die Verteilung der Studienfächer in Bezug auf die Hoch-
schulen, so zeigt sich, dass die Studienfachwahl der Befragten an den beiden
Universitäten vor allem auf Mathematik/Informatik fiel. Insbesondere bei der
Stichprobe aus Bielefeld fällt der hohe Anteil auf, wobei allerdings die geringe
Stichprobengröße zu beachten ist. In Siegen wird folgende Reihenfolge genannt:
Mathematik/Informatik (51,4 %), Sozialwissenschaften (32,8 %) und Sprachen
(63,6 %). Bei den beiden Pädagogischen Hochschulen wird eine ähnliche Rei-
henfolge deutlich: Als erstes Studienfach wird der Bereich Sprachen genannt
(KA 46,4 %, FR 44,0 %), gefolgt von Kunst/Sport/Musik (KA 49,3 %, FR 41,8
%) und den Sozialwissenschaften (KA 22,3 %, FR 25,3 %).

---

29 Insgesamt fehlen bei n=107 (8,9%) die Fächerangaben, n=159 (13,2%) haben nur ein Fach angegeben und n=336 (28,0%) gaben nur zwei Fächer an.

Tabelle 21: Zusammensetzung der Gesamtstichprobe nach Hochschulen und Studienfächern (Nennung als 1. bis 3. Fach)

Studienfächer		Karlsruhe 1.	Karlsruhe 2.	Karlsruhe 3.	Freiburg 1.	Freiburg 2.	Freiburg 3.	Siegen 1.	Siegen 2.	Siegen 3.	Bielefeld 1.	Bielefeld 2.	Bielefeld 3.	Gesamt 1.	Gesamt 2.	Gesamt 3.
Sprachen	Anzahl	255	123	112	197	139	106	16	15	21	5	1	1	473	278	240
	% von Ort	46,4	23,5	24,9	44,0	31,2	28,0	21,6	23,4	63,6	22,7	11,1	25,0	43,2	26,7	27,7
Mathematik/ Informatik	Anzahl	94	86	68	85	58	48	38	5	5	9	3	1	226	152	122
	% von Ort	17,1	16,4	15,1	19,0	13,0	12,7	51,4	7,8	15,2	40,9	33,3	25,0	20,7	14,6	14,1
Naturwissen- schaften	Anzahl	57	120	92	42	97	76	6	19	4	1	2	0	106	238	172
	% von Ort	10,4	22,9	20,5	9,4	21,8	20,1	8,1	29,7	12,1	5,4	22,2	0	9,7	22,8	19,9
Technik/Haushalt	Anzahl	10	40	55	8	38	37	0	0	0	0	0	0	18	78	92
	% von Ort	1,8	7,6	12,2	1,8	8,5	9,8	0	0	0	0	0	0	1,6	7,5	10,6
Kunst/Musik/ Sport	Anzahl	107	51	22	88	41	16	3	4	2	2	2	2	200	98	42
	% von Ort	19,5	49,3	4,9	19,6	41,8	4,2	4,1	6,3	6,1	9,1	22,2	50,0	18,3	9,4	4,9
Sozialwissen- schaften	Anzahl	27	104	100	28	72	96	11	21	1	5	1	0	71	198	197
	% von Ort	4,9	19,8	22,3	6,3	16,2	25,3	14,9	32,8	3,0	22,7	11,1	0	6,5	19,0	22,8
Gesamt	Anzahl	550	524	449	448	445	379	74	64	33	22	9	4	1094	1042	865
	% von Ort	100	100	100	100	100	100	100	100	100	100	100	100	100	100	100

An der PH Karlsruhe zeigte sich zum Zeitpunkt der Erhebung folgendes Bild der formal eingetragenen Studienfächer: Sprachen (2631), Naturwissenschaften (1169), Mathematik/Informatik (1005), Sozialwissenschaften (715), Kunst/Musik/Sport (595) und Technik/Haushalt (343). Die Verteilung der formal eingetragenen Studienfächer an der PH Freiburg zum gleichen Zeitpunkt bietet folgendes Bild: Sprachen (3755), Naturwissenschaften (1094), Mathematik/Informatik (1966), Sozialwissenschaften (2737), Kunst/Musik/Sport (653) und Technik/Haushalt (534). Somit ist die Studienfachverteilung nicht formal repräsentativ, was allerdings auch nicht angestrebt wurde. Vielmehr ist für diese Untersuchung zentral, welchem Fach sich die Lehramtsstudierenden am ehesten zugehörig fühlen. Und hier wird deutlich, dass die Sprachen beim erstgenannten Fach dominieren, der musisch-ästhetische und sportliche Bereich beim zweitgenannten und die Sozialwissenschaften beim drittgenannten.

Insgesamt zeigt sich bei der Verteilung der Gesamtstichprobe in Bezug auf die genannten Studienfächer, dass sich ein großer Anteil dem Fachbereich Sprachen zugehörig fühlt, gefolgt von Mathematik/Informatik und Naturwissenschaften zu etwa gleichen Teilen, Sozialwissenschaften und Kunst/Musik/Sport und als kleinster Anteil Technik/Haushalt. Dies zeigt sich in ähnlicher Form auch bei den beiden Pädagogischen Hochschulen, die hier den größten Teil der Gesamtstichprobe bilden.

8.7 Zusammensetzung der Stichprobe nach elterlichem Bildungsniveau

Von besonderer Bedeutung ist bei dieser Erhebung das elterliche Bildungsniveau, das über den höchsten erreichten Schulabschluss ermittelt wird.[30] Besonders die Reproduktion generativer Muster über die Familie kann – wenn auch mit der Möglichkeit von Abweichungen z. B. bei Aufsteigern – auf die Ausstattung mit kulturellem Kapital hinweisen.

An den Abbildungen lässt sich erkennen, dass die Verteilung bei den beiden Stichproben aus Freiburg und Karlsruhe nur geringere Differenzen aufweisen. Deutlich ist auch der Unterschied nach Geschlecht auszumachen. Die Väter haben meist einen höheren formalen Bildungsabschluss. Die Mütter haben zu einem großen Teil die mittlere Reife.

---

30 Zur Bedeutung des Schulabschlusses und dessen Zusammenhang mit der Ausformung von kulturellem Kapital vgl. Bourdieu 2001, S. 25-52 sowie 118-120.

Abbildung 4: Zusammensetzung des höchsten erreichten Bildungsabschlusses der Väter in der Karlsruher und Freiburger Stichprobe

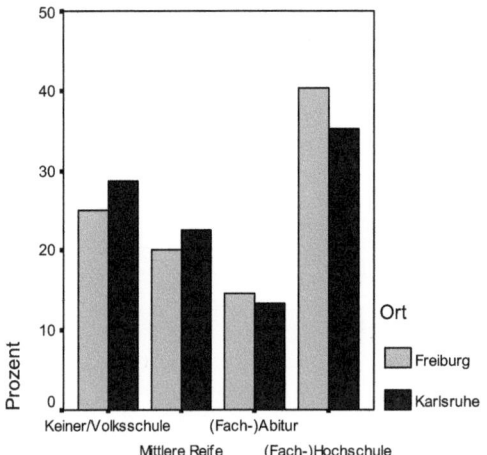

Abbildung 5: Zusammensetzung des höchsten erreichten Bildungsabschlusses der Mütter in der Karlsruher und Freiburger Stichprobe

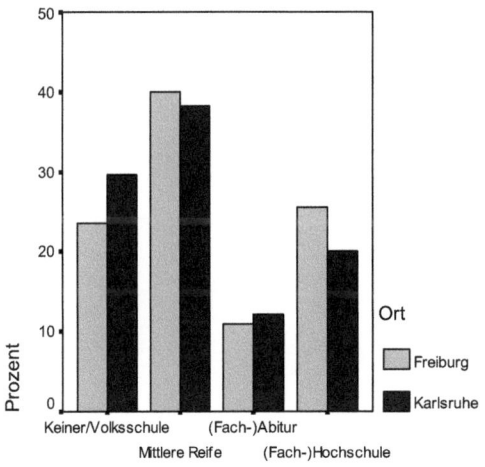

9 Darstellung der Ergebnisse

Die Darstellung der Ergebnisse erfolgt anhand der Struktur des Fragebogens, der in die Bereiche Medienbiografie, aktuelle Nutzung und Einstellungen und Medien in Studium und Beruf gegliedert worden war. Uni- und bivariate Analysen werden inhaltlich nicht getrennt. Dies hat den Vorteil, dass Zusammenhänge direkt bearbeitet werden können und später nicht erst wieder auf einzelne Aspekte verwiesen werden muss.

9.1 Ergebnisse zur Medienbiografie

Die Relevanz medienbiografischer Daten liegen vor allem in der Einsicht, welche Erfahrungen die Probanden mit Medien und dem Umgang mit diesen in der Familie gemacht haben.

9.1.1 Die erste Nutzung eines Mediums (A01)

Als erstes wurde die Mediennutzung in verschiedenen Altersklassen erhoben. Hier wurden die Stufen 0–5, 6–9, 10–13, 14–16, 17–19, ab 20 und noch nie genutzt zur Differenzierung genommen. Bei der Einteilung orientierten wir uns an den Erfahrungen aus dem Forschungsprojekt an der Pädagogischen Hochschule Freiburg. Hier zeigte sich, dass sich die Befragten meist nur sehr unsicher an die ersten Nutzungen erinnerten[31]. Diese Erkenntnis floss bei der Operationalisierung mit ein, sodass bis zu einem Alter von 9 Jahren nur zwei Altersklassen für die Differenzierung zur Verfügung standen. Zudem berücksichtigen die Daten ungefähr die Zeitpunkte der Einschulung und den Wechsel in die weiterführende Schule. Im Freiburger Projekt zeigte sich auch, wie schwierig für manche eine zeitliche Verortung der ersten Nutzung ist. So gibt es auch in diesen Daten immer wieder Ausreißer, bei denen die erste Nutzung in einem Alter erfolgt ist, in

---

31 So werden in vielen Forschungsarbeiten erst Kinder ab ca. 6 Jahren befragt (vgl. MPFS KIM-Studien). Eine weitere Möglichkeit ist, einen Zeitpunkt in der Biografie – z.B. das Alter von 8 Jahren – in den Blickpunkt zu nehmen. Damit nutzt man die gesteigerten kognitiven Fähigkeiten der Kinder für die Forschung (vgl. Barthelmes/Sander 1997, S. 60–78).

dem das entsprechende Medium noch gar nicht auf dem Markt war. Selbst bei einer Durchsicht dieser entsprechenden Fragebögen konnte eine willkürliche Falschangabe nicht ausgemacht werden. Zudem kann teilweise auch vermutet werden, dass eventuell Medien nicht eindeutig zugeordnet werden (z. B. DVD und CD), sodass es hier – ohne Absicht – zu falschen Angaben kam.

Tonträger

Kassetten gehören zu den ersten Tonträgern und Medien, auf die Kinder zurückgreifen können. 57 Prozent der Kinder im Alter von sechs bis dreizehn Jahren besitzen einen eigenen CD-Player und nahezu ebenso viele Kinder einen Kassettenrekorder. Damit sind dies die Geräte, die Kinder am häufigsten selbst besitzen (vgl. MPFS 2007, S. 9). Hier haben sie zum ersten Mal die Möglichkeit, aus ihren eigenen Kassetten das gewünschte ‚Programm' auszuwählen. Bereits 77,3 Prozent der befragten Studierenden nutzten Kassetten in den ersten fünf Lebensjahren, so viele wie bei keinem anderen Medium. Anders sieht es mit der 1981 auf der IFA vorgestellten CD aus. Mit einem Durchschnittsalter von 23 Jahren dürften die meisten Studierenden aus der Umfrage den Siegeszug der CD über das Vinyl nicht bewusst erlebt haben. Der Vergleich der Zahlen von Kassetten und CDs zeigt, dass die CD zwar erst später zur Ausstattung der Jugendlichen gehört, diese aber wohl allmählich die Kassette verdrängt hat. Dies bestätigt sich bei der Betrachtung der weiteren Nutzung anhand der Daten zu dieser Frage. Die Kassettennutzung sinkt ab dem Alter von 10 bis 13 Jahren, was sich im Altersbereich von 14 bis 16 Jahren nochmals verstärkt. Die erneute Zunahme mit einem Alter ab 20 Jahren dürfte eventuell mit dem ersten eigenen Auto und dem dort eingebauten Kassettenradio zusammenhängen.

Tabelle 22: Erste Nutzung von Tonträgern

	Kassette		CDs		MP3/iPod/MiniDisc	
	Anzahl	In %	Anzahl	In %	Anzahl	In %
0 bis 5 Jahre	921	77,3	31	2,6	–	–
6 bis 9 Jahre	211	17,7	116	9,8	2	0,2
10 bis 13 Jahre	41	3,4	623	52,4	10	0,9
14 bis 16 Jahre	5	0,4	317	26,7	46	3,9
17 bis 19 Jahre	1	0,1	65	5,5	248	21,2
Ab 20	3	0,3	32	2,7	529	45,2
Medium noch nie genutzt	9	0,8	4	0,3	335	28,6

Im Gegensatz zur Nutzung von Kassetten steigt die Nutzung von CDs über den Altersverlauf stark an. Gerade im Alter von 10 bis 13 Jahren nimmt sie stark zu.

Fast zwei Drittel nutzten in diesem Alter bereits die CD. Mit 14 bis 16 Jahren sind es bereits 87 Prozent. Der Rückgang bei den ab 20-Jährigen dürfte auf die Verbreitung der MP3-Player zurückzuführen sein, die die CD langsam ablösen.

Abbildung 6: Kassettennutzung in der Medienbiografie

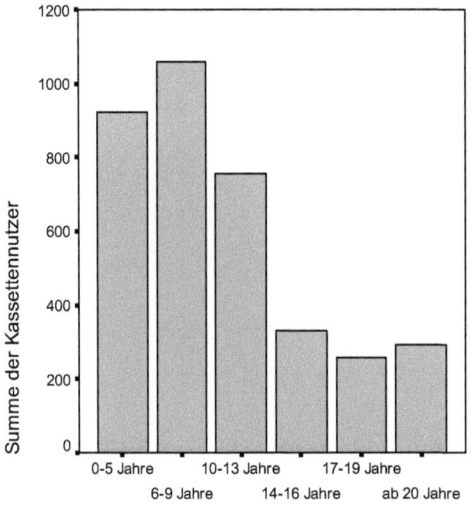

Im Vergleich der drei Tonträger sieht man zunächst den Wandel der Medienwelt von den Kassetten über die CD zu neueren Geräten z. B. mit der Abspielmöglichkeit von MP3-Dateien. Anhand der Daten wird deutlich, dass die Studierenden eine Affinität zu den neuen technologischen Angeboten haben. Zudem dürfte sich die Preisgestaltung der Anbieter hier bemerkbar machen. Gerade neue Technologien werden zunächst nur zu hohen Preisen angeboten. Hier kaufen nur Personen, die eine Affinität und die ökonomischen Ressourcen besitzen. Der enorme Preisverfall und das unüberschaubare Angebot, das sich in den letzten zwei Jahren entwickelt hat, dürften den Absatz weiter ankurbeln.

Abbildung 7: CD-Nutzung in der Medienbiografie

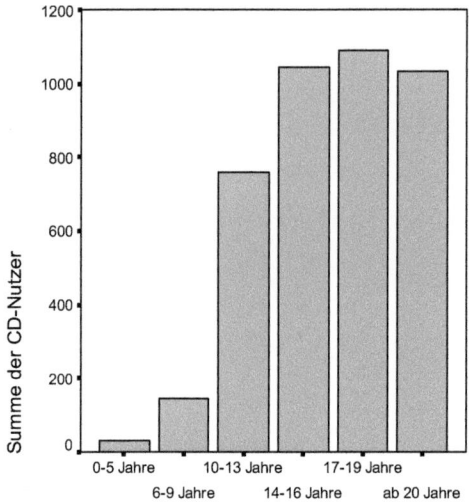

Abbildung 8: MP3-Nutzung in der Medienbiografie

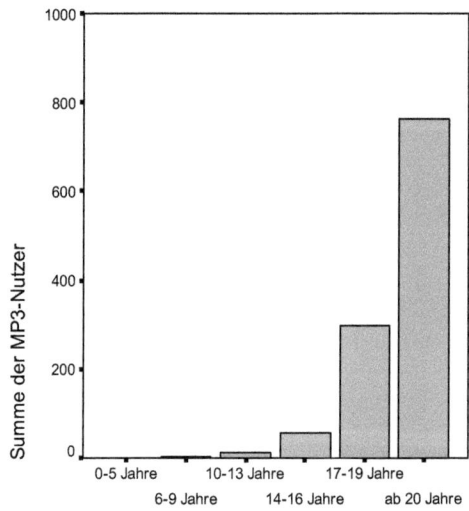

Fernsehen, Video und DVD

Das Fernsehen ist durch die Nutzung der Eltern eines der ersten erlebten Medien bei heutigen Jugendlichen. Mit einer Abdeckung von 98 Prozent der Haushalte in der Bundesrepublik (Reitze und Ridder 2006, S. 203) kann nahezu von einer Vollversorgung gesprochen werden. Das Fernsehen ist somit eines der alltäglichsten Medien. Unsere Probanden weisen zudem eine Besonderheit auf, die andere Kohorten weit weniger betreffen wird: Sie sind zur Verbreitungszeit des Privatfernsehens aufgewachsen. Durch die Unterscheidung von öffentlich-rechtlichem und privatem Fernsehen im Fragebogen können hier Aussagen über deren erste Nutzung gemacht werden.

Tabelle 23: Erste Nutzung von Privatfernsehen und ÖR-Fernsehen

	Öffentl.-rechtl. Fernsehen		Privatfernsehen	
	Anzahl	In %	Anzahl	In %
0 bis 5 Jahre	552	46,5	177	14,9
6 bis 9 Jahre	464	39,1	277	23,4
10 bis 13 Jahre	91	7,7	324	27,4
14 bis 16 Jahre	39	3,3	212	17,9
17 bis 19 Jahre	15	1,3	89	7,5
Ab 20	11	0,9	47	4,0
Medium noch nie genutzt	16	1,3	58	4,9

Auch beim Fernsehen lässt sich – wie bei den Tonträgern – anhand der Zahlen die Entwicklung des Rundfunks ablesen. Geht man vom Durchschnittsalter (23 Jahre) der Teilnehmer aus, so fällt der Zeitpunkt der Geburt ungefähr mit der Einführung des privaten Fernsehens (1984) zusammen. Während die meisten bereits im Alter bis 9 Jahre den öffentlich-rechtlichen Rundfunk zum ersten Mal nutzten, sieht man an den Zahlen des Privatfernsehens, wie sich dessen erste Nutzung teilweise bis in die Altersgruppe von 14 bis 16 Jahren verteilt: Eine spätere Nutzung des privaten Fernsehens gegenüber dem öffentlich-rechtlichen (Abbildung 12) lässt sich mit Ausnahme der Förderung bzw. der Medienkontrolle nicht in Verbindung mit anderen Daten (Bildungshintergrund etc.) bringen. Bei Eltern, die ihre Kinder stärker bei der Nutzung des Privatfernsehens kontrollieren bzw. sogar einschränken, sind die Erstnutzungsjahre im Vergleich zu den anderen Probanden erhöht, ohne jedoch signifikante Werte auszuweisen. So lässt sich diese Verteilung eher auf die Infrastruktur und Ausstattung (vorhandener Kabelanschluss, Satellitenantenne) zurückführen. Über die inhaltliche Bewertung und die Nutzungsgewohnheiten lassen sich anhand dieser Zahlen zunächst keine Aussagen treffen.

Abbildung 9: Erste Nutzung öffentlich-rechtl. Fernsehen und Privatfernsehen

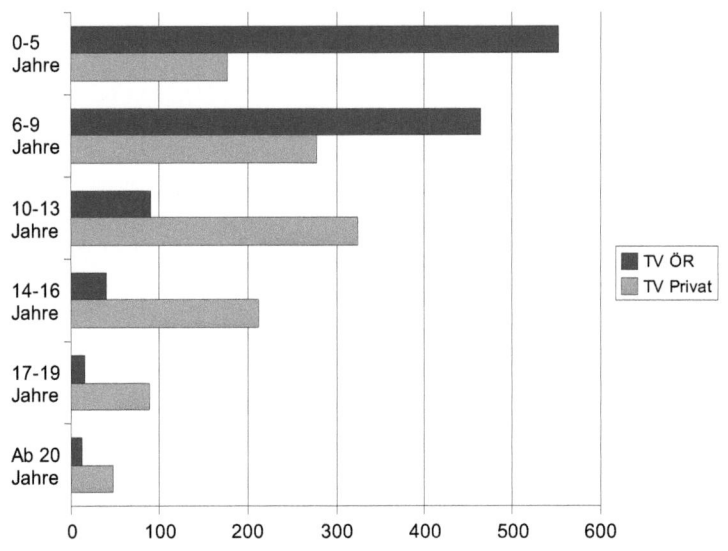

Eine enge Verknüpfung des Fernsehens gibt es mit Video und DVD, da diese Geräte in der Regel ein Fernsehgerät voraussetzen. Das Kino als ebenfalls audiovisuelles Medium wird wegen ähnlicher bzw. gleicher Inhalte mit einbezogen.

Tabelle 24: Erste Nutzung von Video, DVD, Kino

	Video		DVD		Kino	
	Anzahl	In %	Anzahl	In %	Anzahl	In %
0 bis 5 Jahre	163	13,7	–	–	88	7,4
6 bis 9 Jahre	338	28,4	1	0,1	390	32,7
10 bis 13 Jahre	297	25,0	18	1,5	398	33,4
14 bis 16 Jahre	235	19,8	156	13,1	255	21,4
17 bis 19 Jahre	92	7,7	622	52,3	50	4,2
Ab 20	34	2,9	365	30,7	6	0,5
Medium noch nie genutzt	30	2,5	28	2,4	5	0,4

Der Videorekorder war bereits zur Geburt der meisten Teilnehmer ein gängiges Gerät. Durch die technische Entwicklung und Massenproduktionen wurden diese Geräte mit den Jahren immer billiger. Dabei belegen die Daten, dass die erste

Nutzung recht breit über die Altersgruppen gestreut ist. Im Gegensatz zum öffentlich-rechtlichen Fernsehen ist die Verwendung eines Videorekorders in unterschiedlichen Altersbereichen angesiedelt.

Bei der DVD (Markteinführung 1996) sind einige Personen dabei, die den
anfangs recht teuren Einstieg in die DVD-Welt bereits in jüngeren Jahren (10 bis
16 Jahre) miterlebt haben. Mittlerweile haben bis auf 2,4 Prozent bereits die
DVD genutzt. Eine Unterscheidung, ob dies mit einem Stand-Alone-Gerät oder
am Computer geschah, wurde nicht berücksichtigt.

Computer, Internet und Computerspiele

Tabelle 25: Erste Nutzung von Computer, Internet und digitalen Spielen

	Computer		Internet		PC-Spiele		Spielkonsole	
	Anzahl	In %	Anzahl	In %	Anzahl	In %	Anzahl	In %
0 bis 5 Jahre	4	0,3	3	0,3	3	0,3	3	0,3
6 bis 9 Jahre	56	4,7	1	0,1	57	4,9	89	7,8
10 bis 13 Jahre	313	26,3	74	6,2	292	24,9	193	16,9
14 bis 16 Jahre	494	41,5	436	36,7	310	26,5	124	10,8
17 bis 19 Jahre	236	19,8	546	45,9	147	12,6	83	7,3
Ab 20	83	7	126	10,6	54	4,6	35	3,1
Medium noch nie genutzt	4	0,3	3	0,3	308	26,3	616	53,9

Gut zu sehen ist hier, dass mit einer frühen Computernutzung im Alter zwischen
sechs und dreizehn Jahren eine fast ebenso hohe PC-Spiele-Nutzung einhergeht.
Diese Zahlen lassen vermuten, dass dies auch der Zweck der Computeranwendung ist. Dabei sind das Computerspiel oder die Spielkonsole zwar keine ausschließlich männliche Domäne mehr, jedoch weisen – vor allem je älter die Kinder und Jugendlichen sind (vgl. MPFS 2005a und 2005b) – die männlichen Probanden höhere Zahlen im Vergleich zu den weiblichen auf. Dabei wird die Kluft
mit dem Alter größer. Knapp elf Prozent der männlichen und 30 Prozent der
weiblichen Befragten gehören zu denen, die noch nie Computerspiele gespielt
haben.

Im Gegensatz zu dem Computer ist die Konsole ausschließlich für das Spielen gebaut, auch wenn die Geräte der neuesten Generation mehr können. Diese
Zweckgebundenheit spiegelt sich in den Daten wieder. Die Spielkonsole ist in
den entsprechenden Altersklassen von 6 bis 16 Jahren am stärksten präsent. Hier
sind die Werte für die Nichtnutzung am höchsten. Über die Hälfte der Probanden
(53,9 Prozent) hat die Spielkonsole noch nie benutzt (siehe auch „Elterliche

Medienkontrolle") und liegt damit sogar weit hinter den Computerspielen (26,3 Prozent). Da das digitale Spielen mit dem Alter von 17 Jahren stark abfällt, kann davon ausgegangen werden, dass die Erstnutzer ab dieser Altersgruppe den Rechner für andere Zwecke nutzen als Jüngere. Insbesondere steigen die Zahlen für die Internetnutzung ab einem Alter von 14 Jahren stark an. Selbst die Spätnutzer holen so weit auf, dass das Internet schlussendlich die geringste Zahl an Nichtnutzern vorweisen kann.

Buch, Zeitung und Zeitschriften

Tabelle 26:Erste Nutzung von Buch, Zeitung und Zeitschriften

	Buch		Zeitung		Zeitschriften	
	Anzahl	In %	Anzahl	In %	Anzahl	In %
0 bis 5 Jahre	399	33,5	5	0,4	30	2,5
6 bis 9 Jahre	626	52,1	47	4,0	195	16,4
10 bis 13 Jahre	118	9,8	177	14,9	540	45,3
14 bis 16 Jahre	23	1,9	433	36,4	310	26,0
17 bis 19 Jahre	20	1,7	421	35,4	77	6,5
Ab 20	2	0,2	79	6,6	13	1,1
Medium noch nie genutzt	3	0,2	27	2,3	27	2,3

Neben den Kassetten ist das (Bilder-)Buch das Medium, mit dem bereits die meisten Kinder bis 9 Jahren Erfahrungen gemacht haben. Die Zeitschriften werden allgemein etwas früher genutzt als Zeitungen. Es zeigt sich hier, dass Printmedien teilweise recht früh und vor allem von nahezu allen Probanden gelesen werden.

Handy

Anhand der Daten ist gut zu sehen, wie schnell sich das Handy zu einem äußerst weit verbreiteten Medium entwickelt hat. Besonders die Tatsache, dass die Verfügbarkeit zu Massenmarktpreisen gerade mal eine Dekade zurückliegt, macht deutlich, wie effizient sich dieser Markt ausgeweitet hat. Anhand der Daten kann durchaus von einer Vollausstattung der Studierenden mit Mobiltelefonen gesprochen werden. Gerade mal 24 Personen gaben an, dieses Medium noch nie genutzt zu haben, was bei der Stichprobengröße eine zu vernachlässigende Größe darstellt.

Tabelle 27:Erste Nutzung eines Handys

	Handy	
	Anzahl	In %
0 bis 5 Jahre	–	–
6 bis 9 Jahre	3	0,3
10 bis 13 Jahre	19	1,6
14 bis 16 Jahre	394	33,0
17 bis 19 Jahre	558	46,8
Ab 20	195	16,3
Medium noch nie genutzt	24	2,0

9.1.2 Lernorte und Ansprechpartner für den Umgang mit Computer und Internet (A02)

Neben dem Gebrauch eines Mediums stellt sich für den Umgang mit dem Computer und dem Internet die Frage, wo oder von wem die Probanden den Umgang bzw. die Bedienung der Geräte gelernt haben.

Die Probanden konnten bei verschiedenen Auswahlmöglichkeiten angeben, inwiefern hier eine Vermittlung von Fähigkeiten und Kenntnissen im Computerumgang stattfand:

Tabelle 28: Lernorte für den Umgang mit Computer und Internet

		Trifft zu / Trifft eher zu	Teils, teils	Trifft weniger zu / Trifft nicht zu
Im Schulunterricht	Anzahl	300	322	547
	In %	25,7	27,5	46,7
Von den Eltern	Anzahl	359	160	650
	In %	30,7	13,7	55,6
Von den Geschwistern	Anzahl	348	163	652
	In %	29,9	14,0	56,0
Von Freunden	Anzahl	620	287	264
	In %	52,9	24,5	22,5
Selbständiges Ausprobieren	Anzahl	878	205	105
	In %	73,9	17,3	8,8
In Computerkursen	Anzahl	86	58	1020
	In %	7,4	5,0	87,6
Durch Lesen von Handbüchern	Anzahl	42	87	1033
	In %	3,6	7,5	88,9
In einer Ausbildung	Anzahl	77	35	1048
	In %	6,6	3,0	90,3
In einem vorherigen Studium	Anzahl	70	29	1065
	In %	6,0	2,5	91,5

Im Schulunterricht lernten nur etwas mehr als 25 Prozent den Umgang mit Computer und Internet. Dabei erwerben die weiblichen Probanden mit 26,9 Prozent eher Kenntnisse und Fähigkeiten im Unterricht als die männlichen mit 20,6 Prozent (t = −3,589; p<0,001). Auf die einzelnen Stichproben der Hochschulen bezogen, finden sich nur marginale Unterschiede, während sich beim Blick auf die Zahlen anhand des Alters die Bemühungen der letzten Jahre bemerkbar machen, den Computer in die Schule zu bringen. Bei den älteren Probanden nehmen die Angaben, im Unterricht etwas über den Computer und das Internet gelernt zu haben, rapide ab. Hier sind die Angaben nur noch halb so hoch (ca. 25 Prozent zu 12 Prozent). Ebenso steigen dementsprechend die Angaben, kaum etwas bis nichts im Schulunterricht gelernt zu haben, von den jüngsten Teilnehmern (ca. 42 Prozent) zu den ältesten (ca. 70 Prozent) stark an.

Die wenigen Probanden (14 von 1201), die keinen eigenen Rechner besitzen, geben dabei öfter an, den Umgang im Schulunterricht erlernt zu haben (32,1 zu 25,0 Prozent mit eigenem Rechner). Es wird jedoch keine Signifikanz ausgewiesen.

Im Gegensatz zum Schulunterricht geben die Eltern ein extremes Bild ab. Zwar sind sie häufiger Vermittler von Fähigkeiten und Kenntnissen im Umgang mit dem Computer und dem Internet als der Schulunterricht, jedoch weisen sie andererseits auch wesentlich höhere Werte auf, dies nicht zu tun (Varianz im Schulunterricht 1,766, bei den Eltern 2,251). Ein Faktor für dieses Bild ist der Bildungshintergrund der Eltern. Gerade ein höheres Bildungsniveau scheint die Eltern zu veranlassen, ihren Kindern selbst den Umgang mit Computer und Internet nahe zu bringen und sich mit dem Nachwuchs auseinanderzusetzen. Dabei stellt sich der Bildungsabschluss des Vaters als einflussreiche Variable heraus (r = −.213; p<0,001). Dazu kommt, dass die weiblichen Probandinnen die Eltern eher in Anspruch nehmen als die männlichen (t = −4,725; p<0,001).

Neben den Eltern spielen die Geschwister eine erhebliche Rolle. Selbst inklusive der Fälle, bei denen die Probanden ohne Geschwister aufwuchsen, zeigen sich hier bereits ähnliche Werte wie bei den Eltern. Lässt man diese geschwisterlosen Probanden unberücksichtigt (n=114 ohne Geschwister), sinken die Zahlen der letzten Nennungen (Trifft weniger zu / Trifft nicht zu) entsprechend. Der Anteil der Personen, bei denen die Geschwister den Umgang beigebracht haben, steigt von 29,9 auf 32,9 Prozent. Interessant wird dies, wenn man lediglich die Fälle (n = 571) betrachtet, die angeben, ältere Geschwister zu haben. Hier erhöht sich der Anteil der Probanden, die von den Geschwistern den Umgang gelernt haben, beträchtlich:

Tabelle 29: Bedeutung der Geschwister für den Erwerb von Bedienwissen

		Trifft zu/ Trifft eher zu	Teils, teils	Trifft weniger zu/ Trifft nicht zu
Von den älteren Geschwistern	Anzahl	261	102	208
	In %	45,7	17,9	36,4

Zudem sind es auch hier wieder die weiblichen Befragten, die signifikant häufiger die Geschwister als Vermittler von Kenntnissen am Computer angeben und somit auf die Bedeutung der Familie hinweisen (t = −7,881; p<0,001).

Weiterhin spielen die Freunde eine wichtige Rolle bei dem Erwerb von Nutzungskompetenzen am Computer. Über die Hälfte gaben an, ihre Kenntnisse auch über Freunde erworben zu haben.

Die bisherigen Antwortmöglichkeiten basierten auf Personen des nahen Umfelds. Neben diesen ergeben sich non-personale Wege (Handbücher, Ausprobieren) wie z. B. auch Vermittlungen im Rahmen von Ausbildungen. Das selbständige Ausprobieren ist die bei weitem häufigste Methode der Studierenden, sich Wissen und Fertigkeiten mit dem Computer und dem Internet anzueignen. Nahezu drei Viertel versuchen auf eigene Faust, Mittel und Wege der Nutzung zu finden. Das Ausprobieren und Testen von Möglichkeiten in den jeweiligen Programmen steht noch weit vor der Nutzung von Handbüchern – textgebunden oder, wie mittlerweile auch üblich, als digitales Dokument – und dem Besuch von Computerkursen. Ein kleiner Anteil der Studierenden konnte die Fähigkeiten auch in einer Ausbildung und in einem früheren Studium erlernen.

Wie hier deutlich wird, fungieren bei weniger als einem Drittel der Probanden die Schule und Eltern als Vermittler von Nutzungskompetenzen. Vielmehr scheinen die Jugendlichen beim Umgang mit dem Computer hauptsächlich sich selbst überlassen, wenn drei Viertel sich selbständig mit dem Gerät auseinandersetzen und mehr Jugendliche bei Freunden Hilfe suchen und finden als woanders. Die Bedeutung eines Ansprechpartners bei den Gleichaltrigen wird hier deutlich (vgl. hierzu auch Biermann/Kommer 2005). Wer in seinem Freundeskreis kompetente Hilfe erwarten kann, ist anderen voraus. Ein intaktes soziales Netzwerk mit entsprechenden Ansprechpartnern kann als eine wichtige Voraussetzung für den Erwerb von Kenntnissen, Fähigkeiten und auch Einstellungen gewertet werden. Anders ausgedrückt: Soziales Kapital hilft bei der eigenen Kapitalakkumulation.

Zudem zeigen sich noch Signifikanzen in Anbetracht des Geschlechts. Während die weiblichen Probandinnen stärker den Schulunterricht (t = −3,589; p<0,001), die Eltern (t = −4,725; p<0,001) und die Geschwister (t = −7,881; p<0,001) als Vermittler von Fähigkeiten und Wissen im Umgang mit dem Computer und dem Internet angeben, orientieren sich die männlichen Probanden vermehrt am selbständigen Einarbeiten durch Ausprobieren (t = 4,644; p<0,001) und am Lesen von Handbüchern (t = 5,144; p<0,001). So scheint es, als ob sich die männlichen Probanden mehr an die non-personalen Möglichkeiten halten, während die weiblichen mehr die personalen bevorzugen.

9.1.3 Die elterliche Medienkontrolle (A03)

Die Einstellungen zu Medien werden in einem nicht unwesentlichen Maße von den Eltern übernommen. So konnte Kommer (unveröffentlichtes Manuskript) zeigen, dass die elterlichen Einstellungen weitestgehend in einem Alter von ca. 20 Jahren von den untersuchten Studierenden übernommen und reproduziert werden. Dabei zeigte sich, wie stark sich elterliche Kontrolle und Einstellungen über eine Förderung bzw. Hemmung der Mediennutzung auf die spätere Einstellung der Studierenden auswirkte. Eine Förderung kommt dabei einer positiven Bewertung eines Mediums durch die Eltern gleich, eine Ablehnung oder ein Verbot einer negativen. Da nicht nach speziellen Inhalten wie z. B. Horrorfilmen gefragt wurde, kann nicht nachvollzogen werden, inwiefern eine Angabe z. B. auf ein spezifisches Alter des Probanden abzielt. Die Studierenden gaben an, wie stark sie die elterliche Medienkontrolle bei den einzelnen Medien einschätzen:

Tabelle 30: Elterliche Medienkontrolle

		Starke Förderung	Förderung durch die Eltern	Neutrales Verhalten der Eltern	Ablehnung durch die Eltern	Starke Ablehnung/ Verbot
Buch lesen	Anzahl	582	440	165	1	6
	In %	48,7	36,9	13,8	0,1	0,5
Computer	Anzahl	69	444	586	67	7
	In %	5,9	37,9	50	5,8	0,6
Computerspiele	Anzahl	2	27	672	392	64
	In %	0,2	2,3	58,1	33,9	5,5
Spielkonsole	Anzahl	5	24	533	389	166
	In %	0,4	2,1	47,7	34,8	14,9
Internet	Anzahl	71	414	619	55	5
	In %	6,1	35,6	53,2	4,7	0,4
Öffentl.-rechtl. Fernsehen	Anzahl	31	179	800	151	22
	In %	2,6	15,1	67,6	12,8	1,9
Privatfernsehen	Anzahl	11	81	670	339	69
	In %	0,9	6,9	57,3	29,0	5,9
Handy	Anzahl	11	161	700	263	27
	In %	0,9	13,9	60,2	22,6	2,3
Zeitung	Anzahl	258	569	359	3	0
	In %	21,7	47,9	30,2	0,3	0,0
Zeitschriften	Anzahl	57	317	762	50	3
	In %	4,8	26,7	64,1	4,2	0,3

Um die Tabelle zu veranschaulichen, hilft folgendes Balkendiagramm zur elterlichen Medienkontrolle. Hierbei gilt: Je geringer der Mittelwert ausfällt, desto stärker war die Förderung durch die Eltern. Ein Mittelwert von 3 bedeutet dabei eine absolute neutrale Haltung der Eltern, ein höherer Wert (max. 5) Ablehnung bis hin zu einem Verbot und ein niedrigerer (max. 1) eine Förderung durch die Eltern.

Besonders deutlich wird die starke Förderung des Lesens von Büchern. Über 85 Prozent der Eltern fördern diese Tätigkeit. Eine Ablehnung des Lesens findet sich nur in wenigen Fällen und ist mit insgesamt sieben Nennungen zu vernachlässigen.

Abbildung 10: Elterliche Medienkontrolle

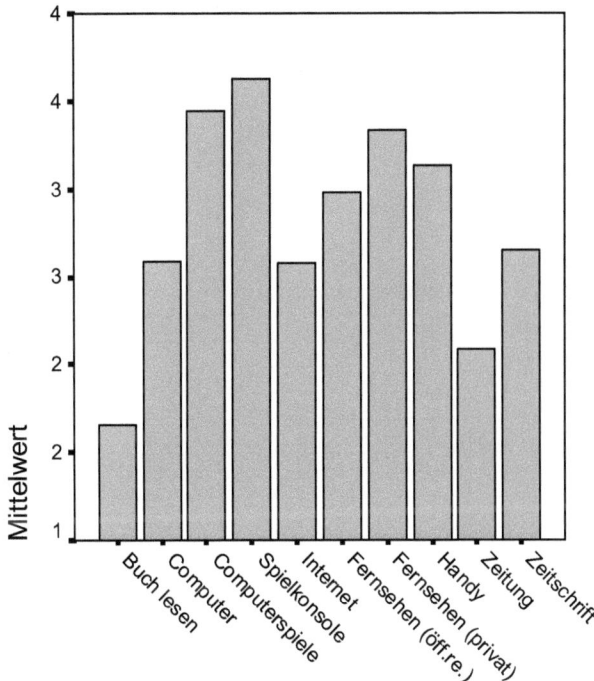

Mit einigem Abstand folgt die Zeitung ebenfalls noch mit einer starken Förderung (69,6 Prozent), während der Computer, das Internet und Zeitschriften nur eine schwache Förderung aufweisen können. Bereits mit dem öffentlich-rechtlichen Fernsehen nehmen die Eltern eher eine neutrale Haltung ein, während das Privatfernsehen schon zu einer Ablehnung tendiert. Das Handy als recht neues Kommunikationsmittel siedelt sich dazwischen an. Die stärkste Ablehnung bei den Medien lässt sich bei den Computer- und insbesondere den Konsolenspielen konstatieren, während eine Förderung nicht erkennbar ist. Bei der Betrachtung der Reihenfolge wird deutlich, dass es vor allem Medien mit ‚Bildungswert' sind, deren Nutzung von den Eltern forciert wird. Sowohl das Buch als auch die Zeitung können als ‚wertvolle' Medien im Sinne einer positiven Bewertung gesehen werden. Die Förderung von Lesekompetenz durch Rezeption von Büchern und die gesellschaftliche Relevanz der Zeitung für den informierten demokratischen Bürger machen den hohen Stellenwert aus. Der kompetente Umgang mit diesen beiden Printmedien wird mit erfolgreicher Teilhabe am gesellschaftlichen Leben gleichgesetzt und mehr noch, sie spiegeln in ihrer subtilen Beherrschung zugleich die Zugehörigkeit zu einem bestimmten Milieu wieder, was über die Distinktion handlungswirksam wird (vgl. hierzu die Aussagen Bourdieus zu den Arten, sich von anderen Klassen, aber auch innerhalb derer zu unterscheiden. Bourdieu 1982, S. 298f).

Zwischen den Umfrageorten gibt es kaum Unterschiede. Beim Fernsehen weisen die Siegener allerdings eine geringere Ablehnung und eine höhere Akzeptanz bzw. Förderung auf. Das gilt sowohl für das öffentlich-rechtliche als auch für das Privatfernsehen:

Tabelle 31:Medienkontrolle nach Erhebungsorten (Angaben in Prozent)

	Öffentl.-rechtl. Fernsehen		Privatfernsehen	
	Ablehnung	Förderung	Ablehnung	Förderung
Freiburg	16,1	18,8	40,4	9,0
Karlsruhe	14,8	15,4	33,1	6,4
Siegen	8,8	20,4	23,2	10,7
Bielefeld	12,3	28,1	32,1	7,1
Durchschnitt	14,6	17,8	34,9	7,9

Hier kann von einem leichten Nord-Süd-Gefälle gesprochen werden. Auch beim Handy weisen die nördlichen Standorte etwas höhere Förderungswerte aus. Nur bei Zeitung und Zeitschriften sind die Werte von Bielefeld in der Akzeptanz um etwa sieben Prozentpunkte hinter den anderen zurück. Ansonsten fallen die örtlichen Unterschiede nur marginal aus.

Weibliche Probandinnen unterscheiden sich in markanter Weise in nur wenigen Punkten von den männlichen. So haben sie um eine 6 Prozent erhöhte Förderung beim Lesen von Büchern (86,9 zu 80,2 Prozent; $t = -4,617$; $p<0,001$) erfahren, werden im Umgang mit dem Internet stärker unterstützt (44,1 zu 31,7; $t = -3,400$; $p<0,001$) und haben auch beim Handy eine sechs Prozent erhöhte

Angabe bei der Förderung (15,9 zu 9,8 Prozent, keine Signifikanz beim t-Test), allerdings auch eine um knapp 4 Prozent höhere bei der Ablehnung (25,7 zu 21,8 Prozent). Hier kann vielleicht der Sicherheitsgedanke der Eltern die erhöhte Nennung begründen. In den qualitativen Interviews des Forschungsprojekts an der Pädagogischen Hochschule Freiburg (vgl. hierzu Kapitel 6) wurde gerade bei den weiblichen Befragten das Handy als Sicherheitsaspekt der Eltern gesehen. Der Grund für die Anschaffung lag in der Möglichkeit, in Notfällen Hilfe holen zu können.

Mit der Verwendung des t-Tests werden die Differenzen deutlich: Unterschiede in der Förderung bzw. Ablehnung der Mediennutzung können vor allem mit Blick auf den Bildungshintergrund der Eltern gefunden werden. Gerade beim Lesen steigt die Angabe zur Förderung vom niedrigen Bildungsniveau (kein / Volksschulabschluss) bis zum Hochschulabschluss stark an[32]:

Tabelle 32: Förderung des Lesens von Büchern in Abhängigkeit der elterlichen Bildung (Angaben in Prozent)

Lesen	Kein Abschluss/ Volksschule	Mittlere Reife	(Fach-)Abitur	(Fach-) Hochschulabschluss
Vater	77,5	86,3	85,2	91,8
Mutter	75,8	86,6	91,0	94,3

Tabelle 33: Förderung des Lesens von Zeitungen in Abhängigkeit der elterlichen Bildung (Angaben in Prozent)

Zeitungen	Kein Abschluss / Volksschule	Mittlere Reife	(Fach-)Abitur	(Fach-) Hochschulabschluss
Vater	62,0	68,1	71,6	75,4
Mutter	60,7	71,1	67,9	79,2

Die erwarteten Häufigkeiten liegen beim niedrigsten Bildungsniveau des Vaters deutlich über den gemachten Angaben (277,7 erwartet zu 251), während es sich beim höchsten umgekehrt verhält (365,9 erwartet zu 392). Dies trifft ebenso auf die Aussage zum Bildungsniveau der Mutter zu. Das Lesen wird bei einem höheren Bildungsniveau also wesentlich stärker gefördert als bei einem niedrigeren. Ebenso – nur auf einem niedrigerem Niveau – verhält es sich mit dem Lesen von Zeitungen (siehe Tabelle).

---

32 Auf Grund der erwarteten Häufigkeiten <5 in über 30 % der Fälle kann X^2 nicht zur Aussage verwendet werden. Dies liegt daran, dass das Lesen nahezu überhaupt nicht abgelehnt wird. Dies trifft ebenso auf die anderen Chi-Quadrat-Tests zu. Die Tendenzen sind jedoch gut aus den Tabellen zu entnehmen.

Umgekehrt verhält es sich mit den Computer- und insbesondere den Konsolenspielen. Hier steigt die Ablehnung mit der Höhe des Bildungsniveaus an. Eine Förderung von Computerspielen gibt es nur marginal bei wenigen Probanden und kann somit vernachlässigt werden. In Verbindung mit dem Computerspiel scheinen manche Eltern noch die Hoffnung zu haben, dass ihre Kinder mit der Nutzung des Spiels noch etwas über den Computer lernen. Das Spielen an der Konsole – die auf Grund der baulichen und technischen Konstruktion meist keine andere Tätigkeit mit dem Gerät erlaubt – hat für die Akkumulation von Bildungskapital keine positiven ‚Nebenwirkungen', die man dem Computerspiel durch besondere Tätigkeiten (Installation von Software, Rechnerbedienung) gleichsetzen kann. Zudem gibt es wesentlich mehr Lernspiele für den Computer als für die Konsolen. Die Zunahme der Ablehnung mit dem Bildungsgrad ist eklatant:

Tabelle 34: Förderung von digitalen Spielen in Abhängigkeit der elterlichen Bildung (Angaben in Prozent)

	Kein Abschluss / Volksschule	Mittlere Reife	(Fach-)Abitur	(Fach-) Hochschulabschluss
Vater (PC-Spiele)	31,6	36,4	44,8	45,5
Mutter (PC-Spiele)	34,6	38,2	40,5	47,9
Vater (Konsole)	44,3	46,5	55,5	54,3
Mutter (Konsole)	45,2	50,0	49,6	55,4

Tabelle 35: Förderung des Fernsehens in Abhängigkeit der elterlichen Bildung (Angaben in Prozent)

	Kein Abschluss/ Volksschule	Mittlere Reife	(Fach-)Abitur	(Fach-) Hochschulabschluss
Vater (öffentl.-rechtl. Fernsehen)	13,2	12,6	17,0	16,9
Mutter (öffentl.-rechtl. Fernsehen)	11,9	14,3	14,3	18,9
Vater (Privatfernsehen)	26,0	27,6	37,7	45,0
Mutter (Privatfernsehen)	23,1	34,1	39,6	48,3

Beim öffentlich-rechtlichen Fernsehen steigt die Ablehnung nur um wenige Prozentpunkte mit höherem Bildungsgrad, die Förderung bleibt bei allen nahezu unverändert. Mit dem Blick auf das Privatfernsehen ändert sich dies jedoch. Neben dem bereits niedrigen Niveau der Förderung in allen Bildungsschichten nimmt die Ablehnung mit dem Bildungsgrad stark zu.

Der Unterschied in der Medienkontrolle zwischen dem öffentlich-rechtlichen und dem Privatfernsehen anhand der elterlichen Formalbildung ist überaus markant. Hinter dieser Ablehnung dürfte eine Bewertung der Sendeinhalte verborgen sein. „Der Unterschied zwischen öffentlich-rechtlichem und privatem Fernsehen ist evident und bestätigt sich auch bei der Analyse nach Milieus durchgehend. Die öffentlich-rechtlichen Programme stehen für Information, Verantwortung, Kompetenz und Vertrauen, die privaten Programme werden mit Spaß und Unterhaltung assoziiert." (Engel und Windgasse 2005, S. 464) Nahezu die Hälfte der Eltern mit einem Hochschulabschluss nehmen eine ablehnende und distanzierte Haltung gegenüber dem Privatfernsehen ein, während die Ablehnung mit einem niedrigeren Bildungsabschluss sinkt.

Da die Anforderungen des Chi-Quadrat-Tests bei den erwarteten Häufigkeiten nicht erfüllt wurden, bestand eine Alternative in der Reduzierung der Skala auf die Bereiche „Starke Förderung / Förderung durch die Eltern", „Neutrales Verhalten der Eltern" und „Ablehnung bzw. starke Ablehnung / Verbot durch die Eltern". Nach der Umkodierung konnte eine erneute Prüfung auf signifikante Korrelationen durchgeführt werden. Bei einigen Medien (z. B. Buch) wurden die Anforderungen weiterhin nicht erfüllt. Für das Fernsehen und die neuen Medien liegen nach der Umkodierung die Korrelationsstärken vor:

Tabelle 36: Korrelationen Mediennutzung zur elterlichen Bildung

	Bildungsabschluss Vater		Bildungsabschluss Mutter	
	r	p	r	p
Computer	–	–	–	–
Computerspiele	.113	<0,001	.086	<0,01
Spielkonsole	.101	<0,001	.065	<0,05
Internet	–.073	<0,05	–.072	<0,05
Öff.-rechtl. Fernsehen	–	–	–	–
Privatfernsehen	.163	<0,001	.176	0,001

Kaum Differenzen zwischen den Bildungsmilieus gibt es beim Computer, hier steigen nur die Werte der Ablehnung im geringen Umfang zur Bildung an. Dies reicht jedoch nicht für einen signifikanten Unterschied aus. Computerspiele und Spielkonsolen erfahren eine stärkere Ablehnung durch Eltern mit höherem Schulabschluss. Beim Fernsehen ist dieser Effekt noch stärker und kommt deutlich zum Tragen. Hier ist eine eindeutige Kluft zwischen den Bildungsmilieus erkennbar.

Das Internet hingegen wird signifikant häufiger von Eltern mit einer höheren formellen Bildung gefördert.

Die meisten Werte zur Medienförderung bzw. -kontrolle zeigen eindrücklich, wie sehr hier unterschiedliche Schwerpunkte in den Bildungsmilieus existieren. Im weiteren Verlauf gilt es zu klären, inwiefern sich die elterliche Bildung gekoppelt mit der Medienkontrolle auf die Nutzungsformen der Probanden zurückführen lässt, d.h. wie sich die elterliche Medienerziehung auf die habituellen Muster der Probanden auswirken.

9.1.4 Die ersten Nutzungsformen von Computer und Internet (A04)

Die erste Nutzung des Computers und des Internets entspricht den ersten Schritte in die digitale Welt. Um hier genauere Daten zu erfragen, wurden verschiedene Bereiche abgedeckt. Hierzu zählen die arbeitsorientierte (Textverarbeitung, Präsentationen), kommunikationsorientierte (E-Mail, Chatten), hedonistische (Computerspiele, Filme und Musik), kreativ-darstellerische (Zeichnen, Bildbearbeitung, eigene Homepage) und informationsorientierte Nutzung (Nachrichten, Informationssuche). Anhand dieser Einteilung kann eine Nutzungs-Orientierung herausgearbeitet werden, die auf einer Klassifizierung des Computers und des Internets als Multi-Anwendungsgerät basiert. Die vielfältigen möglichen Nutzungsformen bieten somit für nahezu jeden medialen Habitus ein Angebot. Hier können – um Bourdieus Worte zu nutzen – ‚legitime' und ‚populäre' Anwendungsformen mit einer Technik ausgeübt werden. So führen sich dann habituelle Muster in praktischer Weise fort. Die untersuchten Studierenden präferieren zumeist eine arbeits-, informations- und kommunikationsorientierte – kurz: bildungsorientierte – Verwendung des Computers und des Internets (siehe Tabelle 37).

Textverarbeitung (76,2 Prozent), E-Mail (60,2 Prozent) und das Suchen nach Informationen (63,6 Prozent) sind die wichtigsten Nutzungsformen beim ersten Umgang mit Computer und Internet. Mit einigem Abstand folgen Präsentationen (33,6 Prozent), Zeichnen/Bildbearbeitung (31,8 Prozent), Computerspiele (31,0 Prozent) und Chatten (23,8 Prozent). Eine bildungsorientierte Verwendung des Computers und des Internets spielt mit der Textverarbeitung und der Informationssuche die wichtigste Rolle, wenn es um die Motive zur ersten Rechnernutzung geht. Das Schreiben von E-Mails lässt sich hier nicht eindeutig zuordnen, da dies sowohl arbeitsorientiert als auch zur reinen Kommunikation mit Freunden dienen kann.

Die Bildung der Eltern wie auch eine Differenzierung nach den Orten der Umfrage ergeben keine nennenswerten Unterschiede bzw. Signifikanzen. Anders beim Blick auf das Geschlecht: Hier zeigen sich eine Reihe von Unterschieden in der ersten Nutzung.

Tabelle 37:Erste Nutzungsformen von Computer und Internet

		Trifft zu	Trifft eher zu	Teils, teils	Trifft weniger zu	Trifft nicht zu
Textverarbeitung	Anzahl	666	235	119	81	82
	In %	56,3	19,9	10,1	6,8	6,9
Chatten	Anzahl	161	111	137	183	567
	In %	13,9	9,6	11,8	15,8	48,9
E-Mail	Anzahl	470	235	153	111	202
	In %	40,1	20,1	13,1	9,5	17,3
Computerspiele	Anzahl	189	171	175	201	427
	In %	16,3	14,7	15,0	17,3	36,7
Filme/Musik	Anzahl	55	75	98	190	744
	In %	4,7	6,5	8,4	16,4	64,0
Zeichnen/Bildbearbeitung	Anzahl	166	205	199	218	380
	In %	14,2	17,6	17,0	18,7	32,5
Nachrichten/News	Anzahl	65	107	184	259	544
	In %	5,6	9,2	15,9	22,3	46,9
Informationen suchen	Anzahl	518	271	133	72	172
	In %	44,4	23,2	11,4	6,2	14,8
Präsentationen	Anzahl	171	219	188	175	408
	In %	14,7	18,9	16,2	15,1	35,1
Eigene Homepage	Anzahl	23	21	19	47	1051
	In %	2,0	1,8	1,6	4,0	90,5

Wie bereits oben erläutert, haben die Computerspiele sowohl bei der MPFS-Studie als auch in dieser Stichprobe einen Gender-Bias. Dieser Unterschied ist hoch signifikant (t = 0,342; p<0,001). Ebenso ist das Schauen von Filmen und das Hören von Musik am Computer eher eine männliche Tätigkeit (t = 6,819; p<0,001), wie das Erstellen einer Homepage (t = 3,721; p<0,001) und das Lesen/Sehen Nachrichten im Netz (t = 3,779; p<0,001). Umgekehrt sind die Textverarbeitung (t = −5,734; p<0,001), das Schreiben von E-Mails (t = −4,481; p<0,001) wie das Suchen nach Informationen (t = −4,691; p<0,001) und das Erstellen von Präsentationen (t = −3,904; p<0,001), aber auch das Chatten (t = −3,320; p<0,001) vermehrt weibliche Nutzungsvorlieben. Vergleicht man diese Daten, scheinen die weiblichen Befragten eine stärkere Bildungsorientierung mit der Computer- und Internetnutzung zu verbinden als die männlichen.

9.1.5   Musikgeschmack als Jugendlicher (A05)

Die Bedeutung der Musik für das Jugendalter und damit auch für die Pädagogik
wurde bereits umfangreich von anderen Autoren dargestellt (z. B. Hill und
Josties 2007; Baacke 2004).
Um den Teilnehmern eine möglichst große Freiheit beim Ausfüllen zu lassen, wurde hier eine offene Frage eingefügt, in der sie ihre Lieblingsband bzw.
ihre Lieblingsmusikstücke angeben konnten. Problematisch an dieser Frage ist,
dass keine genaue Zeitangabe vorgenommen wurde. Dafür mussten die Teilnehmer sich hier nach einer intensiveren Auseinandersetzung als bei einer vorge-
fertigten Auswahl für eine Angabe entscheiden, was zu aussagekräftigen Daten
geführt hat. Eine Einteilung der Nennungen wurde anhand von Internetdaten-
banken vorgenommen[33], die sich in 14 Kategorien aufteilen.
Auffällig ist vor allem, dass hier über 300 Teilnehmer keine Angaben gemacht haben. Inwiefern die offene Fragstellung damit in Verbindung steht, kann
nachträglich nicht geklärt werden.

Tabelle 38: Musikgeschmack

Genre	Häufigkeit	Prozent
Pop	413	46,0
Rock	184	20,5
Dance und Elektronik	25	2,8
Black Music	30	3,3
HipHop	76	8,5
Alternative	49	5,5
Metal	25	2,8
Klassik	18	2,0
Volksmusik	1	0,1
World	3	0,3
Schlager	2	0,2
Jazz	1	0,1
Sonstiges	71	7,9
Gesamt	898	100,0

---

33 Exemplarisch: http://www.musicline.de/de/genre/lexikon/, zuletzt besucht am 26.10.2006.

Die häufigsten Nennungen entsprechen der Mainstream-Musik, die den Charts entspricht. Nur ein kleiner Teil beschäftigt sich mit Klassik, Jazz, Schlagern oder Volksmusik. Es ist zu vermuten, dass sich durch den kurzen Zeitraum von ca. 4–7 Jahren zwischen dem abgefragten Zeitpunkt und dem der Erhebung nur geringe Unterschiede finden lassen. Die Geschmacksvorlieben dürften sich nicht im groben Maße verändert haben. Da jedoch viele Probanden keine Angaben gemacht haben, sind die Daten hier wenig brauchbar für bivariate und multivariate Analysen.

9.1.6 Bedeutende TV-Genres im Jugendalter (A06)

Für das Fernsehen wurde abgefragt, welche Genres in welchen Altersklassen am wichtigsten waren. Die Probandinnen und Probanden konnten angeben, in welcher Altersspanne das entsprechende Genre am wichtigsten für sie gewesen ist. Zu erwarten war hier, dass es typische Sendungen für Kinder gibt (z. B. Zeichentrickfilme), die in den entsprechenden Altersklassen verstärkt die Zuweisung als bedeutungsvoll erhalten. Die höchsten Werte sind fett markiert. Zusätzlich hierzu wurden die Häufigkeiten der Antwortmöglichkeit „Noch nie genutzt" angegeben.

Tabelle 39: Bedeutung von TV-Genre in der Medienbiografie

		Bis 5 Jahre	6–9 Jahre	10–13 Jahre	14–16 Jahre	17–19 Jahre	Ab 20 Jahre	Nie	Summe
Soaps und Serien	Anzahl	–	4	77	**369**	209	40	290	989
	In %	–	0,4	7,8	**37,3**	21,1	4,0	29,3	100
Nachrichten	Anzahl	–	–	11	30	250	**572**	71	934
	In %	–	–	1,2	3,2	26,8	**61,2**	7,6	100
Spielfilme	Anzahl	2	12	51	180	**403**	171	34	853
	In %	0,2	1,4	6,0	21,1	**47,2**	20	4,0	100
Dokumentationen	Anzahl	1	15	51	81	179	**461**	182	970
	In %	0,1	1,5	5,3	8,4	18,5	**47,5**	18,8	100
Tierfilme	Anzahl	16	153	**219**	87	72	130	340	1017
	In %	1,6	15,0	**21,5**	8,6	7,1	12,8	**33,4**	100
Politmagazine	Anzahl	–	1	1	11	108	**481**	501	1103
	In %	–	0,1	0,1	1,0	9,8	**43,6**	45,4	100
Talkshows	Anzahl	1	2	63	**337**	118	37	**523**	1081
	In %	0,1	0,2	5,8	**31,2**	10,9	3,4	**48,4**	100
Zeichentrick	Anzahl	67	**456**	192	25	13	10	140	903
	In %	7,4	**50,5**	21,3	2,8	1,4	1,1	15,5	100
Musiksendungen	Anzahl	–	1	48	**282**	267	52	334	984
	In %	–	0,1	4,9	**28,7**	27,1	5,3	**33,9**	100
Sportsendungen	Anzahl	–	11	38	94	**155**	120	609	1027
	In %	–	1,1	3,7	9,2	**15,1**	11,7	**59,3**	100
Infosendungen	Anzahl	–	2	16	47	181	**480**	251	977
	In %	–	0,2	1,6	4,8	18,5	**49,1**	25,7	100

Betrachtet man lediglich die fettgedruckten Zahlen, so erweisen sich Tierfilme und Zeichentricksendungen als besonders bedeutsam in der Kindheit, während Soaps und Serien, Talkshows und Musiksendungen im frühen Jugendalter die höchste Relevanz hatten. Musiksendungen halten ihre Relevanz über zwei Altersstufen hinweg. Spielfilme und Sportsendungen werden am häufigsten zwischen 17 und 19 Jahren als wichtig angesehen. Ab 20 dominieren hauptsächlich Sendungen, die nicht direkt mit der Auswahl im Kindes- und Jugendalter in Verbindung gebracht werden können. Wie man an den Zahlen sehen kann, werden Nachrichten, Dokumentationen, Politmagazine und Infosendungen erst im jungen Erwachsenenalter als wichtig eingestuft. Legt man diese Zahlen als Indikator aus und vernachlässigt, dass die Sendungen auch in einem anderen Alter weiterhin von Bedeutung sein können, ergibt sich ein Wandel von unterhaltungsorientierter Nutzung im Kindes- und Jugendalter hin zu einer Informationsorientierung, die sich auf gesellschaftlich relevante Themen sowie Aneignung von Wissen bezieht.

Interessant ist auch, dass bei Tierfilmen, Politmagazinen, Talkshows, Musiksendungen und Sportsendungen jeweils ein hoher Anteil der Befragten angibt, das Genre nie zu nutzen. Besonders gering fällt dies bei Nachrichten und Spielfilmen aus.

Während Sportsendungen (t = 8,823; p<0,001) und Politmagazine (t = 6,443; p<0,001) signifikant eher von männlichen Jugendlichen als wichtig angegeben werden, sind Soaps und Serien (t = −10,2676; p<0,001) sowie Talkshows (t = −8,078; p<0,001) eher eine weibliche Domäne. Besonders markant sind auch die Angaben, dieses Genre nie genutzt zu haben.

Tabelle 40: Nicht-Nutzer von TV-Genre differenziert nach Geschlecht

Angabe „Nie genutzt"	Männlich	Weiblich
Sportsendungen	27,2	66,1
Politmagazine	28,3	49,2
Soaps und Serien	67,3	18,7
Talkshows	43,9	67,5

Die Präferenzen nach Geschlecht werden hier besonders deutlich. Bei den anderen Genres sind die Unterschiede eher als unauffällig bis gering zu bezeichnen.

In Bezug auf den höchsten Bildungsabschluss der Eltern und die Umfrageorte ergeben sich keine nennenswerten Unterschiede.

9.1.7 Mediennutzung der Eltern (A07)

Die Eltern leben Kindern und Jugendlichen mit ihrer Mediennutzung ein Verhalten vor, das in kurzer Form abgefragt wurde. Wichtig war es hier, die Mediennutzung der Eltern in ihrer Qualität und Quantität beschreiben zu können und zu sehen, in welcher Intensität Medien genutzt werden, bei denen eine Zuschreibung über den Bildungshintergrund zu vermuten ist. So wurden die beiden Sendearten des Fernsehens, Zeitungen und Zeitschriften inkl. Beispielen (bei den Zeitungen/Zeitschriften z. B. Die Zeit und Spiegel), Computer, Radio (inkl. Beispielen) und Bücher als Kategorien gewählt.

Tabelle 41: Mediennutzung der Eltern

		Sehr häufig	Häufig	Teils, teils	Wenig	Gar nicht	Gesamt
ÖR Fernsehen	Anzahl	397	470	211	87	25	1190
	In %	33,4	39,5	17,7	7,3	2,1	100
Privatfernsehen	Anzahl	156	341	296	276	117	1186
	In %	13,2	28,8	25	23,3	9,9	100
Lokalzeitung	Anzahl	719	234	88	95	51	1187
	In %	60,6	19,7	7,4	8,0	4,3	100
Zeitung/Zeitschriften	Anzahl	244	237	298	269	141	1189
	In %	20,5	19,9	25,1	22,6	11,9	100
Bild/Blitzillu etc.	Anzahl	25	27	52	162	922	1188
	In %	2,1	2,3	4,4	13,6	77,6	100
Computer in der Freizeit	Anzahl	88	184	278	340	295	1185
	In %	7,4	15,5	23,5	28,7	24,9	100
Radio mit längeren Wortbeiträgen (DLF)	Anzahl	89	174	230	340	354	1187
	In %	7,5	14,7	19,4	28,6	29,8	100
Bücher	Anzahl	496	329	226	107	31	1189
	In %	41,7	27,7	19,0	9,0	2,6	100

Beträchtlich ist der Unterschied in der Nutzung des öffentlich-rechtlichen Fernsehens und der privaten Sender. Dieser Unterschied ist wesentlich höher als bei den Studierenden selbst (s. u.). Auch die Nutzung von Zeitschriften und Zeitungen ist etwas höher. Die Nutzung des Computers fällt dagegen eher gering aus. Relativ hoch sind die Zahlen beim Radio mit längeren Wortbeiträgen. Hier wurde extra das Beispiel DLF (Deutschlandfunk) gewählt, um klar zu machen, welche Art Radiosender gemeint ist. Diese hohen Zahlen entsprechen jedoch nicht dem wirklichen Marktanteil dieser Sender. Deutschlandfunk und Deutschlandradio Kultur haben nur etwas weniger als 500.000 bzw. 150.000 Hörer (Tagesreichweite)[34] und liegen damit weit hinter den anderen. Auch die Nutzung von Büchern weist recht hohe Zahlen auf.

Betrachtet man die Daten dieser Frage im Kontext des elterlichen Bildungshintergrunds, so zeigt sich die Verwobenheit von Mediennutzung und Bildungsabschluss.

Tabelle 42: Bildungsabschluss der Eltern und deren Mediennutzung

	Höchster Bildungsabschluss Vater		Höchster Bildungsabschluss Mutter	
	r	p	r	p
ÖR Fernsehen	–	–	–	–
Privatfernsehen	.281	<0,001	.207	<0,001
Lokalzeitung	–.139	<0,001	–.072	0,003
Zeitung/Zeitschriften	–.322	<0,001	–.224	<0,001
Bild/Blitzillu etc.	.218	<0,001	.163	<0,001
Computer in der Freizeit	–.135	<0,001	–.069	0,013
Radio mit längeren Wortbeiträgen (DLF)	–.179	<0,001	–.146	<0,001
Bücher	–.340	<0,001	–.362	<0,001

Abgesehen vom öffentlich-rechtlichen Fernsehen ergeben sich hier in der Mehrzahl hohe signifikante Werte und recht hohe Ausprägungen beim Korrelationskoeffizienten.

Wie deutlich zu sehen ist, sind die Werte der Stärke des Zusammenhangs beim Vater meist ausgeprägter als bei der Mutter. Lediglich beim Lesen von Büchern ist dies umgekehrt. Besonders stark korreliert das Lesen von überregionalen Zeitungen und Zeitschriften sowie von Büchern mit dem Bildungsgrad. Bild-Zeitung und Zeitschriften wie Blitzillu gehen eher mit einem geringeren Bildungsgrad einher. Die Nutzung des Radios mit langen Wortbeiträgen, der Lokalzeitungen und die Freizeitnutzung des Computers korrelieren ebenfalls mit einer höheren Bildung, jedoch mit einer geringeren Stärke des Zusammenhangs.

Während also das öffentlich-rechtliche Fernsehen keine Besonderheiten bezüglich der Bildung aufweist, stehen das Privatfernsehen sowie die Bild-Zeitung und Zeitschriften wie Blitzillu bei niedriger gebildeten Personen insbesondere der Nutzung von Büchern, überregionalen Zeitungen und Zeitschriften mit politischen und gesellschaftlichen Themen und dem Hören von Radiosendern im Kulturbereich bei höher gebildeten gegenüber. Mediennutzung zeigt sich hier als

---

34 Die Zahlen zur Media Analyse 2006 Radio wurden unter http://www.reichweiten.de/trw.php eingesehen und hier genutzt. Zuletzt besucht am 9.7.2007.

Distinktionsmerkmal bei den Eltern, deren Habitus sich anhand des höchsten erreichten Bildungsabschlusses in der Mediennutzung signifikant unterscheidet. Erwartungsgemäß zeigt sich bei der Nutzung des Computers in der Freizeit die Neuheit des Mediums. Ältere Probanden gaben hier signifikant weniger an, dass ihre Eltern den Computer in der Freizeit genutzt haben ($r = .179$; $p<0,001$).

9.1.8 Bedeutung der Medien im Jugendalter (A08)

Bereits oben wurde die Bedeutung der TV-Genres behandelt. Zusätzlich wurde danach gefragt, wie wichtig die aufgeführten Medien im Jugendalter waren.

Tabelle 43: Bedeutung der Medien im Jugendalter

		Sehr wichtig	Wichtig	Teils, teils	Kaum	Gar nicht	Summe
Fernsehen	Anzahl	410	505	205	65	12	1197
	In %	34,3	42,2	17,1	5,4	1,0	100
Video/DVD	Anzahl	131	304	442	233	78	1188
	In %	11,0	25,6	37,2	19,6	6,6	100
Computer	Anzahl	189	303	396	202	102	1192
	In %	15,9	25,4	33,2	16,9	8,6	100
Internet	Anzahl	214	325	316	193	142	1190
	In %	18,0	27,3	26,6	16,2	11,9	100
Radio	Anzahl	245	464	288	151	46	1194
	In %	20,5	38,9	24,1	12,6	3,9	100
Tonträger	Anzahl	313	429	264	125	56	1187
	In %	26,4	36,1	22,2	10,5	4,7	100
Spielkonsole	Anzahl	26	68	152	221	711	1178
	In %	2,2	5,8	12,9	18,8	60,4	100
Zeitschriften/ Zeitung	Anzahl	114	448	414	164	51	1191
	In %	9,6	37,6	34,8	13,8	4,3	100
Buch	Anzahl	448	391	247	91	21	1198
	In %	37,4	32,6	20,6	7,6	1,8	100

In Anbetracht der Mittelwerte (berechnet anhand der Antwortmöglichkeiten einer Skala von 1 (sehr wichtig) bis 5 (gar nicht wichtig)) ergibt sich eine Rangfolge: Fernsehen (1,97), Bücher (2,04), Tonträger (2,31), Radio (2,40), Zeitung und Zeitschriften (2,66), Computer und Internet (je 2,77), Video und DVD (2,85) und weit abgeschlagen die Spielkonsole (4,29). Bereits oben wurde anhand der Daten aus JIM-Studien der Wandel in der Nutzung von Medien im Verlauf der Kindheit bzw. Jugend hingewiesen. Im Gegensatz zu den Studien des MPFS (2006) wurden hier nur die Bedeutungen der Medien für das gesamte Jugendalter ohne nähere Spezifikation erfragt. Wichtig sind diese Daten für den Blick auf die

Bedeutung der Medien für den Jugendlichen, in einer Zeit, in der Berührungs-
ängste zu den Medien eher als gering ausgeprägt gelten können.

Geschlechtsspezifische Unterschiede lassen sich bei der Bedeutung von Vi-
deo/DVD
(t = 3,146; p<0,01), Computer (t = 8,285; p<0,001) und Spielkonsole (t = 8,897;
p<0,001) finden, die für die männlichen Probanden einen höheren Stellenwert
eingenommen haben. Umgekehrt sind für die Umfrageteilnehmerinnen das Radio (t = –7,549; p<0,001) und das Buch (t = –9,231; p<0,001) wichtiger. Hier
werden die Ergebnisse der JIM-Studien bestätigt (vgl. Medienpädagogischer
Forschungsverbund Südwest 2002, S. 16).

In Bezug auf den Bildungshintergrund der Eltern zeigt sich (jedoch nur
schwach signifikant mit geringen Stärken), dass dieser positiv mit der Bedeutung
des Buchs und negativ mit der Bedeutung der Spielkonsole korreliert.

Die Bewertung mancher Medien erfolgt je nach Semesterzahl anders. So
bewerten die Studienanfänger (erstes und zweites Semester) Video und DVD (r
= .076; p<=0,05), den Computer (r = .109; p<0,001) und das Internet (r = .149;
p<0,001) als bedeutender für ihre Jugendzeit als die höheren Semester. Umgekehrt verhält es sich – wenn auch nur schwach – mit der Bedeutung von Tonträgern (r = –.069; p<0,05).

Ein gleiches Bild erhält man, wenn man anstatt der Semesterzahl das Alter
der Probanden heranzieht. Besonders gut ersichtlich wird der Zusammenhang
beim Computer (r = .308; p<0,001) und dem Internet (r = .498; p<0,001).

Bei der Bedeutung des Computers und des Internets im Jugendalter zeigt
sich deutlich die Entwicklung der letzten Jahre. Immer mehr entwickeln sich
diese Medien zu alltäglichen Gebrauchsgegenständen, mit denen kommuniziert,
gespielt, gestaltet und gearbeitet werden kann. Aber auch hier wird bereits sichtbar, wie sehr in Zeiten rasanter technologischer Entwicklungen die Erfahrungen
junger Menschen divergieren, und dies bei einer Altersspanne von wenigen Jahren. Es ist anzunehmen, dass sich dies mit der zunehmenden Digitalisierung
(siehe Kapitel 3) weiter fortsetzt.

9.1.9 Die erste Internetnutzung (zeitlich) (A09)

Um mehr über die erste Nutzung des Internets zu erfahren, wurden die Proban-
den gebeten, das Jahr anzugeben, in dem sie zum ersten Mal im Netz waren.
Dabei zeigt sich, dass dies bei den meisten Studierenden bereits mehrere Jahre
her ist. Einige wenige weisen sogar recht frühe Erfahrungen auf. An dem
Histogramm ist abzulesen, dass die erste Nutzung ab 1995 mit dem ersten großen
Nutzerzuwachs und in den Jahren des Hypes ab 1998 stark zunimmt.

Die männlichen Probanden sind signifikant (t = 4,285; p<0,001) früher im Netz als die weiblichen. Das Alter spielt natürlich ebenso eine Rolle. Ältere Probanden haben früher das Netz genutzt (r = −.202; p<0,001) als die jüngeren.

Abbildung 11: Jahr der ersten Internetnutzung

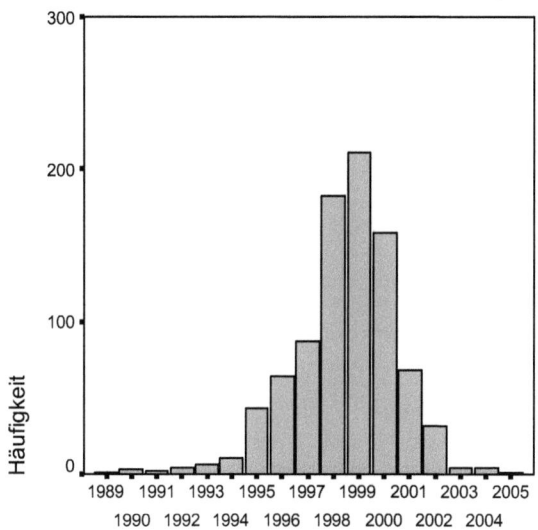

9.1.10 Soziale Aspekte der Fernsehnutzung als Kind (A10)

Um die Fernsehnutzung noch einmal genauer spezifizieren zu können, wurde gefragt, mit wem man als Kind vor dem TV-Gerät saß. In der qualitativen Studie zu den Medienbiografien an der Pädagogischen Hochschule Freiburg konnte ein äußerst bemerkenswerter Unterschied über das Milieu herausgearbeitet werden. So wurde das Fernsehen bei höher gebildeten Familien stark reglementiert und oft als gemeinsames Ereignis bzw. Erlebnis deklariert. Im Jugendalter nahmen zwar konkrete Verbote ab, dennoch wurde das gewählte Programm von den Eltern mit positiven oder negativen Aussagen kommentiert. Im Gegensatz hierzu waren die Eltern bei Milieus mit geringer formaler Bildung wenig über das Fernsehverhalten – sowohl Qualität wie auch Quantität betreffend – ihrer jugendlichen Kinder informiert. Wir vermuten hier eine bewusste Förderung von Kulturtechniken bei Milieus mit höherer formaler Bildung, die sich in einer gemeinsa-

men Nutzung im Sinne einer Übermittlung von Handlungsmustern verfestigt
(kurz: eine Reproduktion des Habitus). Ebenso wurde die gemeinsame Nutzung
mit den Geschwistern, anderen Verwandten (Großeltern) und Freunden abgefragt. Aber auch die Möglichkeit anzugeben, ob man alleine Zeit vor dem Fernseher verbracht hat, wurde aufgenommen.

Tabelle 44: Kindliche Fernsehnutzung mit anderen Personen

		Häufig	Ab und zu	Teils, teils	Selten	Gar nicht	Summe
Eltern	Anzahl	476	491	126	77	25	1195
	In %	39,8	41,1	10,5	6,4	2,1	100
Geschwister	Anzahl	635	278	70	58	147	1188
	In %	53,5	23,4	5,9	4,9	12,4	100
Freunde	Anzahl	169	410	231	288	92	1190
	In %	14,2	34,5	19,4	24,2	7,7	100
Verwandte	Anzahl	72	218	196	424	280	1190
	In %	6,1	18,3	16,5	35,6	23,5	100
Alleine	Anzahl	222	309	174	322	164	1191
	In %	18,6	25,9	14,6	27,0	13,8	100

Über 80 Prozent der Probanden geben an, häufig oder zumindest ab und zu mit
den Eltern das Fernsehen genutzt zu haben. Auch die Zahlen bei den Geschwistern weisen hohe Werte auf, während sie bei den Freunden einbrechen. Verwandte wie Großeltern spielen eher eine untergeordnete Rolle. Nicht einmal ein
Fünftel gab an, häufig allein vor dem Fernseher gesessen zu haben. Etwas mehr
als ein Viertel nutzte den Rundfunk ab und zu allein. Und immerhin fast 40 Prozent war dabei selten oder gar nicht allein. Die Zahlen zeigen im Verhältnis zum
Bildungshintergrund der Eltern verschiedene Signifikanzen:

Tabelle 45: Korrelation Fernsehnutzung und elterliche Bildung

	Vater		Mutter	
	r	p	r	p
Fernsehnutzung mit Eltern	.085	<0,01	.082	<0,01
Fernsehnutzung alleine	.107	<0,001	.081	<0,01

Eltern mit höherem Bildungsabschluss nutzen das Fernsehen weniger oft gemeinsam mit ihren Kindern, dennoch lassen sie ihren Nachwuchs weniger oft
alleine vor dem Fernseher. Hier zeigt sich, dass die Geschwister bei höherem
Bildungsabschluss der Mutter häufiger mit vor dem TV-Gerät sitzen (r = −.079;
p<0,01). Hier liegt die Vermutung nahe, dass anstatt der Eltern andere Famili-

enmitglieder diese Funktion übernehmen. Jungen nutzen das Fernsehen dabei häufiger allein als die Mädchen (t = 5,279; p<0,001). Die Zusammenhänge sind dabei als signifikant zu bewerten.

9.1.11 Gründe für die Anschaffung eines Computers oder Internetzugangs (A11 und A12)

Abbildung 12: Gründe für die Anschaffung von Computer und Internetanschluss

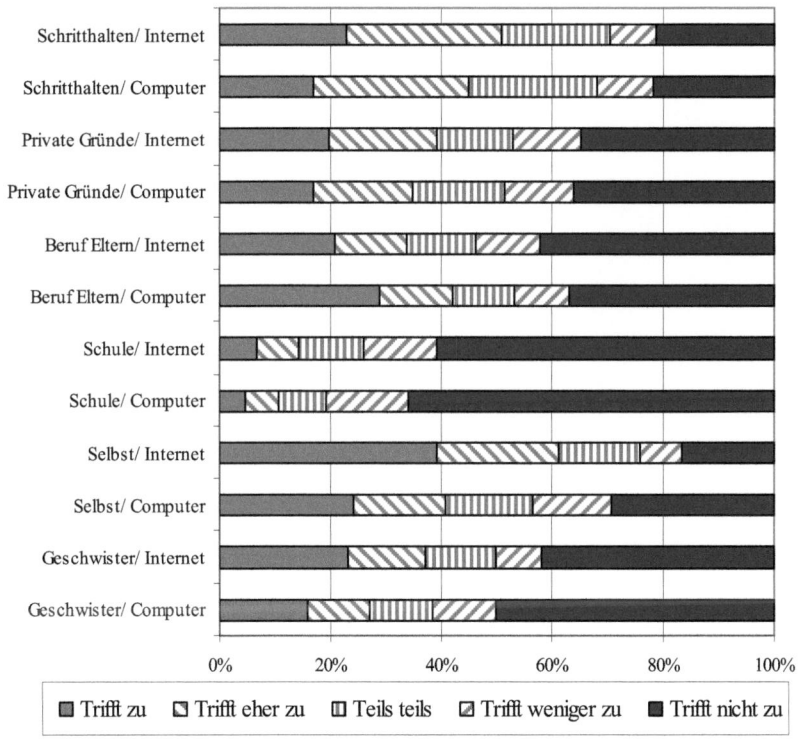

Die Anschaffung eines Mediums geht mit dem Bedarf oder einer Notwendigkeit (z. B. auf Grund des Berufs) einher. Da der Computer und das Internet recht vielfältig genutzt werden können, stellt sich die Frage, aus welchem Grund eine Anschaffung vorgenommen wurde. Die Probanden konnten hier Schwerpunkte setzen, welche Gründe dafür maßgeblich waren. Damit wird der Tatsache Rechnung getragen, dass eine Anschaffung nicht nur auf einem Grund basieren muss. Zur Auswahl standen verschiedene Personen (Geschwister, Eltern, die befragte Person), die eine Anschaffung einforderten. Aber auch Empfehlungen der Schule wie berufliche und private Gründe der Eltern wurden berücksichtigt. Das Schritthalten mit der technischen Entwicklung wurde abgefragt, um zu erfahren, ob die gesellschaftliche Entwicklung hin zur Informationsgesellschaft und das Gefühl, „den Anschluss zu behalten", ein wichtiger Faktor sein könnte.

Tabelle 46:Gründe für die Anschaffung von Computer und Internetanschluss

		Trifft zu	Trifft eher zu	Teils, teils	Trifft weniger zu	Trifft nicht zu	Gesamt
Geschwister/ Computer	Anzahl	185	131	133	135	587	1171
	In %	15,8	11,2	11,4	11,5	50,1	100
Geschwister/ Internet	Anzahl	268	163	148	96	485	1160
	In %	23,1	14,1	12,8	8,3	41,8	100
Selbst/ Computer	Anzahl	283	196	184	167	343	1173
	In %	24,1	16,7	15,7	14,2	29,2	100
Selbst/Internet	Anzahl	460	257	171	88	196	1172
	In %	39,2	21,9	14,6	7,5	16,7	100
Schule/ Computer	Anzahl	55	70	98	174	768	1165
	In %	4,7	6,0	8,4	14,9	65,9	100
Schule/Internet	Anzahl	79	87	134	152	704	1156
	In %	6,8	7,5	11,6	13,1	60,9	100
Beruf Eltern/ Computer	Anzahl	340	157	129	117	435	1178
	In %	28,9	13,3	11,0	9,9	36,9	100
Beruf Eltern/ Internet	Anzahl	242	153	146	136	491	1168
	In %	20,7	13,1	12,5	11,6	42,0	100
Private Gründe Eltern/Computer	Anzahl	198	210	194	146	424	1172
	In %	16,9	17,9	16,6	12,5	36,2	100
Private Gründe Eltern/ Internet	Anzahl	230	229	159	143	407	1168
	In %	19,7	19,6	13,6	12,2	34,8	100
Schritthalten/ Computer	Anzahl	198	331	270	120	256	1175
	In %	16,9	28,2	23,0	10,2	21,8	100
Schritthalten/ Internet	Anzahl	267	327	228	99	248	1169
	In %	22,8	28,0	19,5	8,5	21,2	100

Wie aus den Daten ersichtlich wird, werden von den Schulen kaum Empfehlungen zur Anschaffung von Computer und Internet ausgesprochen. Dies deutet darauf hin, dass dort entweder davon ausgegangen wird, dass den Schülern diese bereits zur Verfügung stehen, oder dass diese Medien nicht als notwendiges Equipment zu einer schulischen Lernkultur gehören. Die beruflichen und privaten Gründe der Eltern wie auch das Schritthalten mit der Technik sind wichtige Einflussfaktoren auf die Entscheidung einer Anschaffung von Computer und

Internet. Die Probanden selbst forcieren stärker einen Internetzugang. Aber auch Geschwister spielen häufig eine Rolle bei der Anschaffung.

Eine spätere Faktorenanalyse soll mehr Klarheit darüber schaffen, inwiefern bestimmte Variablen als Bündel zur Begründung des Kaufs eines Computers bzw. Internetzugangs fungieren.

Die Daten werden vor allem interessant, wenn man die formale Bildung der Eltern zur bivariaten Analyse nutzt. Hier wird sehr deutlich, wie eine höhere Bildung – insbesondere beim Vater – in Relation zu den Anschaffungsgründen steht. Gerade berufliche Gründe sind verstärkt ein Motiv für die Anschaffung eines Computers (Vater: r = –.348; p<0,001 Mutter: r = –.205; p<0,001) oder eines Internetzugangs (Vater: r = –.347; p<0,001 Mutter: r = –.233; p<0,001). Private Gründe der Eltern (z. B. Technikinteresse) erscheinen ebenfalls in signifikanter Weise zutreffend. Dies betrifft sowohl den Computer (Vater: r = –.192; p<0,001 Mutter: r = –.088; p<0,01) als auch das Internet (Vater: r = –.212; p<0,001 Mutter: r = –.125; p<0,001). Umgekehrt kann man bei Probanden mit weniger formal gebildeten Eltern feststellen, dass diese signifikant häufiger ihre eigene Person als zutreffend für die Forcierung einer Anschaffung angeben (Vater: r = .187; p<0,001 Mutter: r = .180; p<0,001). Auch scheint die Empfehlung der Schule bei Eltern mit niedrigerem Bildungsniveau bedeutender zu sein (Vater: r = .151; p<0,001 Mutter: r = .094; p<0,001). Es wird also deutlich, dass die Anschaffungsgründe je nach formalem Bildungshintergrund der Eltern unterschiedlich ausfallen.

Tabelle 47: Korrelationen Alter der Probanden und Anschaffungsgründe für Computer und Internet

	Computer		Internet	
	r	p	r	p
Geschwister wollten Anschaffung	.174	<0,001	.258	<0,001
Empfehlung der Schule	.159	<0,001	.227	<0,001
Berufliche Gründe der Eltern	.173	<0,001	.186	<0,001
Private Gründe der Eltern	.166	<0,001	.145	<0,001
Schritthalten mit der techn. Entwicklung	.126	<0,001	.125	<0,001

Neben dem Bildungshintergrund zeigt sich auch das Alter als eine signifikante Bezugsgröße. Durch die technische und die gesellschaftliche Entwicklung der letzten Jahre verstärkte sich die Notwendigkeit, einen Rechner eventuell mit Internetzugang zu besitzen. Die zunehmend stärkere Einbindung der digitalen

Technik in die Alltagswelt macht sich hier besonders bemerkbar. Die Forderungen – und somit auch der Druck, diese Technik zu beherrschen – haben sich in den letzten Jahren deutlich erhöht. Eine personenbezogene Medienaffinität kann bei den befragten Personen unter Berücksichtigung des Alters nicht bestätigt werden. Bis auf die Variablen „Ich selbst wollte einen Computer haben / das Internet nutzen" finden sich zum Teil sehr starke Ausprägungen der Zusammenhangsmaße (siehe Tabelle 47).

Die Daten weisen auf einen Kohorteneffekt hin. Die Auswirkungen der digitalen Technik und ihre Einbindung in gesellschaftliche Prozesse und Strukturen manifestieren sich in den Köpfen der Menschen. Es lässt sich ablesen, dass die Schule die Bedeutung der (Neuen) Medien erkannt hat und sich entsprechend auf diese Entwicklung einstellt. Deutlich öfter wurden bei jüngeren Probanden Empfehlungen zur Anschaffung von der Schule ausgesprochen. Jedoch scheint der gesamte Prozess in den Schulen nur sehr langsam voranzuschreiten, wie in Kapitel 4 beschrieben. Deutlich wird auch, dass bereits in wenigen Jahren die Bedeutung von Computer und Internet bei den Menschen angekommen ist bzw. wahrgenommen wird und hier gravierende Änderungen in den Einstellungen und Nutzungsformen zu erwarten sind.

9.1.12 Zusammenfassung

Die Daten zur Medienbiografie belegen, dass Kinder aus den 80er Jahren bereits früh mit verschiedenen Medien in Kontakt gekommen sind. Die mediale Sozialisation ist demnach kein Effekt, der mit den neuen digitalen Medien aufgetreten ist. Die Zahlen machen auch deutlich, dass sich verschiedene Medien nicht gegenseitig ausschließen müssen, sondern dass sie sich ergänzen. Neuerungen und technischer Fortschritt, wie er sich z. B. bei Video und DVD sowie Schallplatte, CD und MP3-Player feststellen lässt, sind ein Fortschreitungsprozess, der die zunehmende Digitalisierung und das Überlagern der diversen Medienarten bereits andeutet. Bei den Probanden zeichnet sich besonders deutlich die Verbreitung des privaten Fernsehens ab. Das anfänglich oft als Unterhaltungskitsch bezeichnete Programm der Privaten spiegelt sich in der Medienkontrolle der Eltern wieder. Computerspiele und Spielkonsolen haben – ganz gegen den Wunsch einiger Bewahrpädagogen – ihren festen Platz in den kindlichen und jugendlichen Lebenswelten eingenommen. Auch der Computer – und dies ist ein Beleg für die zunehmende Digitalisierung – hat bei den untersuchten Personen seine Verbreitung gefunden. Ausgehend vom Geburtszeitpunkt der Probanden begann demnach ab ca. 1990 die Verbreitung der Computer und mit etwas Verzögerung das Internet. Ebenso können die Daten für die Verbreitung des Handys

interpretiert werden. In dieser Generation wird der Umbruch der Medienlandschaft besonders deutlich. Diese Studierenden haben die ersten großen Schritte in
die Digitalisierung und weitere Ausdehnung der Medienlandschaft während ihres
Aufwachsens miterlebt.

Der Umgang mit dem Computer und dem Internet ist wesentlich komplexer
als z. B. die Nutzung des Fernsehens. Dazu kommt, dass diese Techniken immer
mehr in unseren Alltag integriert werden, sodass Medienkompetenz (vgl. Baacke
1997, S. 98–99; Groeben 2002, S. 160–165) durch Vermischung der Medienarten und Erhöhung der Komplexitäten verstärkt benötigt wird. Es zeigt sich, dass
die Definitionen von Medienkompetenz je nach Autor recht unterschiedliche
Kenntnisse und Fähigkeiten beschreiben (vgl. Gapski 2001, S. 255–293). Ebenso
differenziert wie die Medienlandschaft zeigt sich auch das Bild der Ansprechpartner. Von besonderer Bedeutung sind ältere Geschwister und Freunde. Die
Schule nimmt nur einen hinteren Rang ein. Die geschlechtsspezifischen Unterschiede treten dabei deutlich hervor. Die weiblichen Nutzerinnen orientieren sich
eher an personalen Kontakten, während sich die männlichen Probanden durch
Ausprobieren und Lesen von Handbüchern vom weiblichen Geschlecht absetzen.

Besonders Väter mit höherem Bildungsabschluss scheinen dabei als Ansprechpartner zu fungieren. Töchter geben die Eltern signifikant häufiger als
zutreffenden Ansprechpartner an.

Ein wesentlicher Punkt in der Medienbiografie der untersuchten Personen
ist die elterliche Medienkontrolle. Textorientierte Medien wie das Buch und die
Zeitung stehen in der Förderung unangefochten an der Spitze. Computer und
Internet weisen eine hohe neutrale Haltung auf, wurden aber bei vielen Probanden bereits gefördert. Hier dürften Zukunftsszenarien mit an Computer gekop-
pelten Arbeitsplätzen eine wesentliche Rolle gespielt haben. Während das öffentlich-rechtliche Fernsehen noch eine neutrale Haltung der Eltern für sich bean-
spruchen kann, erfährt das Privatfernsehen eher eine Ablehnung der Eltern. E-
benso und besonders stark von dieser Ablehnung sind Computerspiele und die
Spielkonsolen betroffen.

Bezogen auf das Geschlecht, ergeben sich nur wenige Unterschiede. Gerade
beim Lesen geben weibliche Probandinnen häufiger an, gefördert worden zu
sein. Am signifikantesten fallen die Werte jedoch im Verhältnis zum Bildungshintergrund der Eltern aus. Beim Lesen von Büchern und Zeitungen macht sich
ein höherer formaler Bildungsabschluss der Eltern als fördernder Faktor bemerkbar. Umgekehrt verhält es sich bei Computerspielen und Spielkonsolen. Hier
zeigen die formal höher gebildeten Eltern eine wesentlich stärkere Ablehnung.
Auch beim Privatfernsehen ist dieser Effekt deutlich zu beobachten, weniger
ausgeprägt ist er hingegen beim öffentlich-rechtlichen Fernsehen.

Neben der elterlichen Kontrolle ist auch das Mediennutzungsverhalten der Eltern in Anbetracht des Bildungshintergrunds sehr unterschiedlich. Gerade bei Büchern, Zeitungen und Zeitschriften (auch Bild/Blitzillu etc.) ist eine höhere Akzeptanz festzustellen. Das Privatfernsehen läuft dem entgegen, hier weisen Eltern mit niedrigerem Bildungsniveau eine häufigere Nutzung auf.

Medienkontrolle und Mediennutzung zeigen sich dementsprechend stark abhängig vom formalen Bildungshintergrund der Eltern. Eltern leben ihren Kindern nicht nur das Mediennutzungsverhalten vor, sie versuchen, mit steigendem Bildungsgrad bewusster in die Entwicklung ihrer Kinder mit Erziehungsmaßnahmen einzugreifen. Gerade die Ablehnung von Computerspielen durch höher gebildete Eltern macht deutlich, dass die Computernutzung differenziert betrachtet wird. Je nach Computeranwendung steigt oder sinkt die Akzeptanz der kindlichen und jugendlichen Mediennutzung durch die Eltern. Dies ist ein wesentlicher Punkt, der eine differenzierte Bewertung von Medien und ihren Inhalten bestätigt. Es reicht nicht aus, lediglich auf die Medien selbst zu rekurrieren, auch Inhalte müssen stärker berücksichtigt werden.

Die erste Nutzung von Computer und Internet durch die Probanden zeigt sich deutlich arbeits- und kommunikationsorientiert. Textverarbeitung, E-Mail und Informationssuche sind die mit Abstand häufigsten Nutzungsformen. Gerade bei der ersten Nutzung lässt sich bei den weiblichen Befragten eine stärkere Orientierung an den Arbeitscharakter von Computer und Internet ablesen. Dies belegt und stützt die Ergebnisse der qualitativen Vorstudie an der Pädagogischen Hochschule Freiburg.

Besonders deutlich wird aber auch der Einfluss der technischen Entwicklung von Computer und Internet auf die Wahrnehmung der Menschen. Gerade bei den jüngeren Probanden wird ersichtlich, welche Bedeutung den Neuen Medien durch die Anschaffungsgründe für PC und Internet offenkundig zuteilwird. Innerhalb einer kleinen Altersspanne steigen die Angaben derart an, dass sehr ausgeprägte Zusammenhangsmaße einen starken Kohorteneffekt bestätigen. Die zukünftige Entwicklung bedarf hier besonderer Aufmerksamkeit durch die Forschung, um das Phänomen der Digitalisierung der Gesellschaft zu beobachten und zu verstehen.

Beim Blick auf das Fernsehen als weiterer Schwerpunkt der Medienbiografie wurde ersichtlich, dass Kinder bereits früh Erfahrungen damit sammeln. Im Verlauf des Aufwachsens ändern sich die Geschmackspräferenzen deutlich. In jüngeren Jahren werden noch Zeichentrick- und Tierfilme bevorzugt. Mit der Adoleszenz stehen mehr Soaps und Serien, Spielfilme und Musiksendungen im Vordergrund. Politmagazine, Infosendungen und Nachrichten werden erst mit ca. 20 Jahren bedeutsamer. Das Bild der Fernsehnutzung wird ausdifferenzierter. Fügt man hier noch die Zunahme der Nutzungszeiten vom Kinder- zum Jugendalter hinzu (vgl. Reitze/Ridder 2006), wird deutlich, dass das Fernsehen erst mit den Jahren des Aufwachsens zu einem bedeutenden Medium für die Probanden geworden ist. Auch hier ergeben sich wieder markante geschlechtsspezifische Unterschiede. Sportsendungen und Politmagazine werden verstärkt durch männliche Studierende genutzt, Soaps und Serien sind klar eine Domäne der weiblichen Befragten. Die Unterschiede zwischen den Geschlechtern zeigen sich erst deutlich mit der Adoleszenz. In der Kindheit sind sie marginal und zu vernachlässigen.

Auch die Angabe, dass Fernsehen als Kind oft nicht allein genutzt wurde, hat keine größere Bedeutung. Dies bestätigt noch einmal den elterlichen Einfluss bei der Medienerziehung. Dass Kinder dauerhaft alleine vor dem Fernseher abgesetzt werden, kann für diese Stichprobe nicht bestätigt werden.

Die zuvor in Kapitel 3 gemachten Ausführungen zu Veränderungen und Entwicklungen in der Medienlandschaft werden hier bestätigt. Die Einführung und Verbreitung des Privatfernsehens lässt sich anhand der Zahlen verfolgen. Auch die anfängliche Bezeichnung der Privaten als „Unterschichtenfernsehen"[35] sickert in der Bewertung durch die Probanden und deren Eltern weiter durch. Trotz der Entwicklung der privaten Sender erfahren diese weiterhin eine eher negative Beurteilung durch die Probanden. Bei den Tonträgern ist eine weitere Entwicklung abzulesen: Die Schallplatten und Kassetten wurden zunächst von der CD nahezu verdrängt. Aktuell steigen die Verkaufszahlen von MP3-Playern stark an und die Verkäufe von CDs stagnieren bzw. gehen zurück. Diese Entwicklung kann als Indiz für die Vernetzung von Medien angesehen werden, da die Musikstücke in der Regel mithilfe eines Computers auf dem MP3-Player gespeichert werden.

9.2 Aktuelle Mediennutzung und Einstellungen

Die aktuelle Nutzung und die Einstellungen der Studierenden sind wichtige Bestandteile des medialen Habitus. Mit der hier vorliegenden Momentaufnahme werden die Dispositionen der Studierenden dargestellt und für eine Analyse vorbereitet. Die Mediennutzung fokussiert mehrheitlich Computer, Internet und Fernsehen. Die Motive und Geschmackspräferenzen der Probanden werden ebenfalls in umfangreicher Weise berücksichtigt. Einen wichtigen Aspekt bilden

---

35 Vgl. hierzu den Artikel bei Wikipedia mit weiterführenden Links und Literaturangaben: http://de.wikipedia.org/wiki/Unterschichtenfernsehen, zuletzt besucht am 9.7.2007, sowie Mikos 2007, S. 55. Mikos greift zur Illustration der Bewertung von öffentlich-rechtlichem und privatrechtlichem Rundfunk auf Distinktionsmerkmale zurück, die er anhand der sozialen Felder Fankulturen und Fernseh- und Filmkritik aufzeigt.

die Einstellungen und Einschätzungen der Studierenden in Bezug auf die Neuen Medien/Fernsehen und die Medienerziehung. Damit werden verschiedene Bereiche abgedeckt, die einen medialen Habitus für die geplante Analyse ausreichend erfassen. Zudem geht die Erhebung über übliche Fokussierungen quantitativer Erhebungen (z. B. die regelmäßigen Studien des MPFS KIM und JIM) hinaus, indem nicht die volle Breite des Medienensembles mit Nutzungszeiten und Inhaltsvorlieben erfragt, sondern dezidiert diejenigen Bereiche in den Blick genommen werden, die sich in der qualitativen Studie als relevant für die private und schulische bzw. universitäre Nutzung von Medien herausgestellt haben. Dabei wird mit den Einstellungen, Selbsteinschätzungen und Nutzungsmotiven ein wesentlich breiteres Bild der einzelnen Medien aufgenommen, als es mit einer Untersuchung zum allgemeinen Medienumgang möglich wäre.

9.2.1 Selbsteinschätzung (B01)

Das Gefühl, mit einem Medium kompetent umgehen zu können, setzt in der Regel eine umfassende Auseinandersetzung mit diesem voraus. Gerade Studierende mit hohen Nutzungszeiten schätzen sich deutlich kompetenter ein als diejenigen mit geringeren Nutzungszeiten.[36] Gerade die neuen Medien – besonders im Hinblick auf das künftige Handeln als Lehrer – verlangen nach umfangreichen Kompetenzen. Für die Einschätzungen der Studierenden standen drei alltägliche Medien zur Beurteilung ihrer Kompetenzen zur Verfügung.. Bei den Printmedien, Zeitungen, Zeitschriften und Büchern schätzen 79,3 Prozent ihre Kenntnisse und Fähigkeiten als ‚hoch' oder ‚sehr hoch' ein. Nur 2,3 Prozent geben hier ‚eher niedrig' oder ‚niedrig' an, während sich 18,4 Prozent in das Mittelfeld (‚geht so') einordnen. Damit liegt die Einschätzung der eigenen Fähigkeiten bei den Printmedien deutlich höher als bei Computer und Internet. Hier geben nur noch 54,1 Prozent an, dass ihre Kompetenzen als ‚hoch' oder ‚sehr hoch' einzustufen sind. 38,2 Prozent ordnen sich mit der Antwort ‚geht so' in der Mitte ein. Auch hier zeigt sich, dass sich mit 7,6 Prozent nur ein geringer Teil mit ‚eher niedrig' oder ‚niedrig' selbst weniger kompetent sieht. Die Werte beim Fernsehen driften etwas stärker auseinander. Mit 61,1 Prozent erhöht sich die Anzahl der Personen, die ihre Kenntnisse und Fähigkeiten als ‚hoch' oder ‚sehr

---

36 Hierfür habe ich die Nutzungszeiten (Frage B03) und die Selbsteinschätzung (Frage B01) mittels einer Kreuztabelle auf Zusammenhänge überprüft. Die erwartete Häufigkeit lag jedoch in den meisten Fällen unter fünf, ebenso lag die minimal erwartete Häufigkeit unter 1, sodass die Aussagekraft durch die teilweise hoch signifikanten Werte stark eingeschränkt ist. Selbst eine Reduzierung bzw. Komprimierung der 5er Skala auf drei Auswahlmöglichkeiten erbringt keine gesicherte Aussage.

hoch' einstufen, wieder etwas. Jedoch finden sich hier mit 11,0 Prozent die meisten Personen, die ihre Kompetenzen als ‚eher niedrig' oder ‚niedrig' angeben. Unter Berücksichtigung dieser Zahlen und dem Anteil von 27,8 Prozent beim Mittelwert zeigt sich, dass beim Fernsehen die Angaben am stärksten variieren. Insgesamt schätzen die Studierenden ihre Kenntnisse und Fähigkeiten bei den Printmedien am höchsten ein. Das Fernsehen folgt mit deutlichem Abstand. Mit dem Computer und dem Internet scheinen die Studierenden am wenigsten vertraut. Die Einschätzungen fallen bei dieser Stichprobe dennoch etwas positiver aus als bei Middendorf (2002, S. 35). Gerade der Computer nimmt auf Grund seiner Interaktivität und der damit verbundenen Notwendigkeit von Eingaben über Tastatur und Maus eine Sonderrolle ein. Abgesehen vom Einschalten benötigt man für die Nutzung Kenntnisse über die Strukturen der digitalen Technik.

Tabelle 48: Selbsteinschätzung der Kompetenzen bei Printmedien, Computer/Internet und Fernsehen

		Sehr hoch	Hoch	Geht so	Eher niedrig	Niedrig	Gesamt
Zeitungen/ Zeitschriften/ Bücher	Anzahl	373	575	220	27	1	1196
	In %	31,2	48,1	18,4	2,3	0,1	100
Computer und Internet	Anzahl	165	481	456	75	16	1193
	In %	13,8	40,3	38,2	6,3	1,3	100
Fernsehen	Anzahl	197	532	332	96	36	1193
	In %	16,5	44,6	27,8	8,0	3,0	100

Die Einschätzung von Printmedien, Computer und Internet ist bei den Geschlechtern signifikant unterschiedlich. Insbesondere bei Computer und Internet schätzen sich die weiblichen Probandinnen als weniger kompetent ein (t = 6,345; p<0,001). Bei der Nutzung des Fernsehens lässt sich dies – wenn auch schwächer – ebenfalls konstatieren (t = 2,624; p<0,01). Im Bereich der Printmedien schätzen die männlichen Studierenden ihre Kenntnisse und Fähigkeiten als schwächer ein (t = –3,704; p<0,001). Damit geht die Einschätzung der Probanden größtenteils mit den geschlechtsspezifischen Nutzungszeiten anderer Studien (vgl. MPFS 2006, S. 21 und 32; Reitze/Ridder 2006, S. 214) einher.

Unter dem Aspekt des Studiengangs unterscheiden sich die Studierenden bei der Einschätzung. Vergleicht man hier Grund- und Hauptschule mit dem Lehramt für Realschulen, schätzen sich die Studierenden für die Grund- und Hauptschule weniger kompetent ein (t = 3,004; p<0,01).

In Verbindung mit dem Bildungsabschluss der Eltern zeigen sich wenige schwache Korrelationen. Die positive Selbsteinschätzung der Studierenden bei Computer und Internet sinkt mit einem höheren Bildungsgrad des Vaters (r =

.095; p<0,01). Die Stärke des Zusammenhangs mit r = .095 ist jedoch nur sehr schwach ausgeprägt.

Beim Fernsehen kann ebenfalls ein schwacher Zusammenhang mit der elterlichen Bildung ausgemacht werden. Sowohl der höchste Bildungsabschluss des Vaters (r = .095; p<0,01) wie auch der Mutter (r = .081; p<0,01) korrelieren mit einer schwächeren Einschätzung bei den Kenntnissen und Fähigkeiten beim Fernsehen. Hier kann – in Anlehnung der Ergebnisse an das Freiburger Forschungsprojekt zu den Medienbiografien angehender Lehrer – vermutet werden, dass die höhere Kontrolle des Fernsehkonsums durch Eltern mit höherer Bildung Auswirkungen auf die Selbsteinschätzung haben. Eine Restriktion – ganz im Sinne einer nicht stattfindenden Förderung – des Nutzungsverhaltens führt so eventuell zu einer geringeren Nutzung bzw. einer eher negativ ausgelegten Bewertung des Mediums, sodass man eher geneigt ist, sich geringere Kompetenzen bei einem weniger vorteilhaften und kulturell weniger wertvoll assoziierten Medium einzugestehen. Auch wenn die Stärke des Zusammenhangs hier ebenso nur als gering bezeichnet werden kann, muss später noch überprüft werden, ob Einflüsse auf ein Gesamtbild auszumachen sind.

Bei den Studierenden in den höheren Semestern finden sich gegenüber Zeitungen, Zeitschriften und Büchern (r = –.079; p<0,01) sowie bei Computer und Internet (r = –.086; p<0,01) signifikant positivere Einschätzungen zu den erworbenen Kenntnissen und Fähigkeiten. Das Studium scheint sich hier als Einflussfaktor positiv bemerkbar zu machen. Zieht man das Alter als unabhängige Variable heran, so ergibt sich bei den Printmedien ein etwas höherer Wert des Zusammenhangs (r = –.103; p<0,001), jedoch nicht mehr bei Computer und Internet. Dies unterstreicht, dass gerade auch beim Computer und dem Internet durch das Studium eine höhere Selbsteinschätzung zustande kommt. Dennoch bleibt die Stärke des Zusammenhangs eher gering.

9.2.2   Privater Internetzugang (B02)

Die Möglichkeit, das Internet zu nutzen, ist bei den Studierenden in hohem Maße vorhanden. Gerade für Studenten ergeben sich vielfältige Nutzungsmöglichkeiten in Verbindung mit dem Studium.

Erfragt wurde, mit welchem privaten Zugang die Studierenden das Internet nutzen. Die Frage wurde so gestellt, dass die Angaben als Rangfolge genutzt werden konnten. So beginnt die Antwortmöglichkeit mit der Angabe, keinen privaten Internetzugang zu haben. Danach folgen – entsprechend der maximal möglichen Übertragungskapazitäten – Modem, ISDN, DSL/Kabel und LAN oder, dem gleichgestellt, W-LAN. Entsprechend dieser Reihenfolge kann von einer Zunahme der Qualität des Zugangs gesprochen werden (vgl. Abb. 13).

Wie sich herausstellt, verfügen 50,4 Prozent der Studierenden über einen Breitbandanschluss (DSL). 11,8 Prozent nutzen das Internet sogar über ein lokales Netz oder ein Funknetzwerk (W-LAN). Teilweise kann davon ausgegangen werden, dass es sich hierbei auch um DSL-Zugänge handelt, da der Anschluss über die Technik des LAN bzw. W-LAN stattfindet. Hier können technische Verwechslungen nicht ausgeschlossen werden. Über ein Viertel der Studierenden stellen mit ISDN (13 Prozent) und Modem (14,9 Prozent) eine Verbindung mit dem Internet her. Gerade in ländlichen Gebieten sind diese Zugänge oft die einzige Möglichkeit, das Internet zu nutzen, da dort ein Ausbau von DSL aus Kostengründen nicht forciert wird. 9,9 Prozent haben keinen eigenen privaten Internetzugang. Sie haben jedoch zu 63,2 Prozent Zugang über die Familie, 55,6 Prozent davon können auf die Möglichkeit, bei Freunden ‚in das Netz zu gehen', zurückgreifen, 83,8 Prozent haben einen Zugang über die Universität und vier Personen (3,4 Prozent) der Befragten ohne eigenen Internetzugang geben an, dass sie das Internet nie nutzen. Auf die gesamte Stichprobe bezogen, stellt dies jedoch eine zu vernachlässigende Größe dar.

Abbildung 13: Privat vorhandener Internetzugang

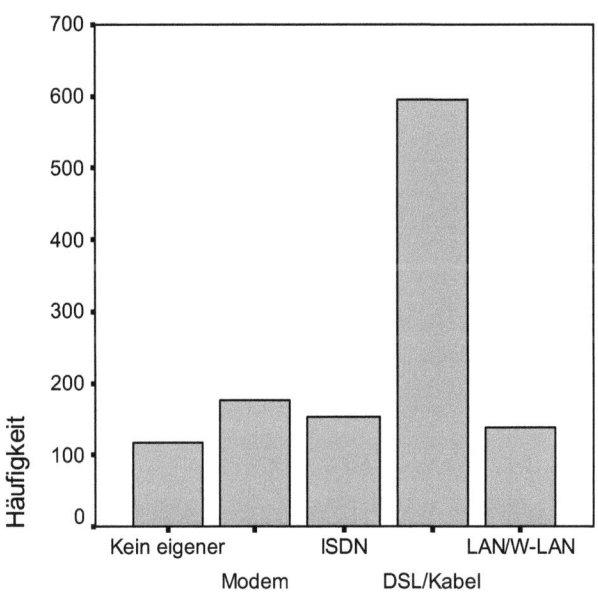

Obwohl die Versorgungssituation in den ländlichen Gebieten mit DSL/Kabel auf Grund der Ausbaustruktur schlechter ausfällt als in städtischen Regionen, konnte hier kein bedeutsamer Unterschied zwischen der Frage nach dem Gebiet des Aufwachsens (Frage D08) und dem Internetzugang gefunden werden. Die Daten verteilen sich in der Kreuztabelle nahezu wie die erwarteten Werte, sodass hier keine nennenswerten Unterschiede feststellbar sind.

Beim Geschlecht finden sich allerdings Differenzen: Die männlichen Studierenden haben signifikant häufiger einen hochwertigeren Anschluss zur Verfügung (t = –3,607; p<0,001). Wie auch beim Besitz von Computern (69 zu 51 Prozent) und Internetzugängen (43 zu 32 Prozent) bei Jugendlichen im Alter von 12 bis 19 Jahren (vgl. MPFS 2006, S. 10) liegen die männlichen Probanden der Stichprobe sowohl im Besitz wie auch in der Qualität des Zugangs vor den weiblichen. Zwar sind die Unterschiede hier nicht mehr so ausgeprägt (vgl. Tabelle), aber sie existieren weiterhin.

Tabelle 49: Privater Internetzugang nach Geschlecht

		Privater Internetzugang vorhanden?					Gesamt
		nein	Modem	ISDN	DSL/ Kabel	LAN/ W-LAN	
weiblich	Anzahl	98	160	130	443	116	947
	Erwartete Anzahl	93,9	141,2	122,8	477,5	111,6	947,0
	% von Geschlecht	10,3	16,9	13,7	46,8	12,2	100,0
	% der Gesamtzahl	8,3	13,6	11,0	37,5	9,8	80,3
männlich	Anzahl	19	16	23	152	23	233
	Erwartete Anzahl	23,1	34,8	30,2	117,5	27,4	233,0
	% von Geschlecht	8,2	6,9	9,9	65,2	9,9	100,0
	% der Gesamtzahl	1,6	1,4	1,9	12,9	1,9	19,7
Gesamt	Anzahl	117	176	153	595	139	1180
	Erwartete Anzahl	117,0	176,0	153,0	595,0	139,0	1180,0
	% von Geschlecht	9,9	14,9	13,0	50,4	11,8	100,0
	% der Gesamtzahl	9,9	14,9	13,0	50,4	11,8	100,0

Im folgenden Diagramm zeigt sich noch einmal, dass die männlichen Teilnehmer der Stichprobe, was die Qualität des Internetanschlusses betrifft, deutlich besser ausgestattet sind.

Leichte Unterschiede ergeben sich ebenso bei den Studiengängen. Hier haben die Studierenden für das Lehramt an Realschulen einen qualitativ besseren Zugang als Personen für das Lehramt an Grund- und Hauptschulen (t = –2,227; p<0,05).

In Bezug auf die Bildung der Eltern, die Semesterzahl oder das Alter finden sich keine weiteren erwähnenswerten Unterschiede.

Abbildung 14: Privater Internetzugang nach Geschlecht

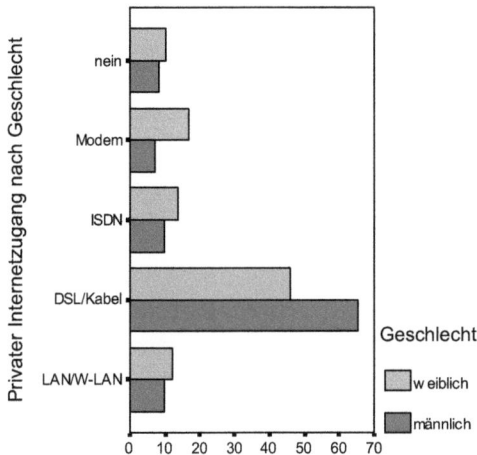

9.2.3 Mediennutzung in der Freizeit und für das Studium (B03)

Die Studierenden wurden über ihre gesamte wöchentliche Nutzungszeit von Computer, Internet und Büchern befragt. Um diese Zahlen differenzierter betrachten zu können, wurde zudem erhoben, wie viel von dieser Zeit für das Studium aufgewendet wird. Für eine Vereinfachung der Darstellung wurden die Daten in der Tabelle gruppiert.

Den höchsten Mittelwert der Gesamtnutzung weist die Büchernutzung mit 7,1 Stunden pro Woche aus. Internet und Computer folgen mit 6,9 bzw. 6,3 Stunden pro Woche. Mit einer Restnutzungszeit von 3 Stunden pro Woche in der Freizeit alleine mit Büchern und ohne Zeitschriften und Zeitungen liegen die Studierenden bei etwa 26 Minuten pro Tag. Das entspricht ziemlich genau dem bundesdeutschen Durchschnitt von täglich 25 Minuten (vgl. Ridder/Engel 2005, S. 424).

Addiert man nun die einzelnen Gesamtnutzungszeiten für Computer, Internet und Bücher bei jedem einzelnen Fall, so zeigt sich, wie different die absoluten Zeiten bei den befragten Personen ausfallen (siehe Abbildung 15).

Tabelle 50: Wöchentliche Nutzungszeiten von Computer, Internet und Büchern

		0–2,5 Stunden		2,6–5 Stunden		5,1–7,5 Stunden		7,6–10 Stunden		Über 10 Stunden	
		n	%	n	%	n	%	n	%	n	%
Computer	Gesamt-nutzung	396	33,8	334	28,5	121	10,3	161	13,7	161	13,7
	davon fürs Studium	564	48,9	337	29,2	79	638	119	10,3	55	4,8
Internet	Gesamt-nutzung	290	24,6	400	34,0	132	11,2	179	15,2	177	15,0
	davon fürs Studium	689	59,2	319	27,4	57	4,9	70	6,0	29	2,5
Bücher	Gesamt-nutzung	200	17,1	384	32,8	164	14,0	249	21,3	173	14,4
	davon fürs Studium	529	46,2	354	30,9	99	8,6	102	8,9	61	5,3

Nutzungszeiten bis 5 Stunden weisen nur sehr wenige Personen auf. Die Mehrheit befindet sich im Bereich von 5 bis 25 Stunden pro Woche. Mit 16,3 Prozent sind auch einige Personen dabei, die Medien intensiv und ausgiebig nutzen. Die Daten weisen aber noch weitere Besonderheiten auf: Während sich bei den Nutzungszeiten der Medien für das Studium keine signifikanten Unterschiede bezüglich des Geschlechts finden lassen, sind diese bei allen drei Medien in der Gesamtnutzungszeit ersichtlich. So weisen die männlichen Studierenden höhere Gesamtnutzungszeiten bei Computern (t = −5,885; p<0,001) und Internet (t = −3,518; p<0,001) auf. Umgekehrt lesen die weiblichen Probandinnen durchschnittlich länger Bücher (t = 3,457; p<0,001). Hier spiegeln sich die sonst bereits gemachten Erkenntnisse zur geschlechtsspezifischen Mediennutzung wieder (vgl. MPFS 2006, S. 21 und 32; Reitze/Ridder 2006, S. 214).

Auch beim Studiengang finden sich signifikante Unterschiede. So lassen sich bei allen drei Medien bei den Studierenden für das Lehramt an Realschulen höhere Mittelwerte in den Nutzungszeiten finden als bei denen für das Lehramt an Grund- und Hauptschulen. Nicht bei allen sind diese jedoch bedeutsam. Bei der Angabe zur Nutzung des Computers bei der Gesamtzeit (t = −3,527; p<0,001) und der Nutzung für das Studium (t = −3,960; p<0,001) sind diese am deutlichsten.

Abbildung 15: Wöchentliche Gesamtnutzungszeit der Studierenden in Stunden

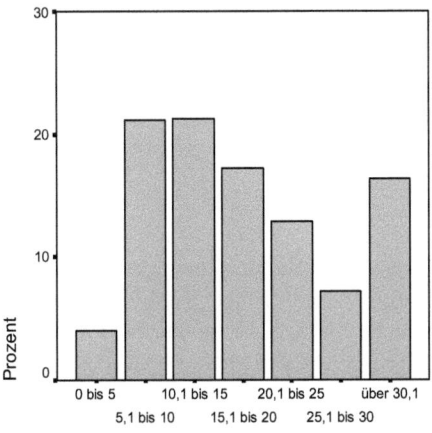

Kumulierte Nutzungszeit

Personen mit Eltern, die eine höhere Bildung vorweisen, nutzen den Computer (Vater: $r = -.097$; p<0,01; Mutter: $r = -.073$; p<0,05) und Bücher (Vater: $r = -.079$; p<0,01; Mutter: $r = -.080$; p<0,01) in geringerem Umfang für das Studium. Zwar sind die Stärken nicht sehr ausgeprägt, lassen aber einen Trend erkennen. Inwiefern sich hier bereits durch die Familie übertragenes kulturelles Kapital bemerkbar macht und somit ein geringerer Arbeitsaufwand mit entsprechendem Bildungsniveau notwendig erscheint, kann anhand der Daten nicht beantwortet werden.

Ausgeprägter sind die Stärken unter Beachtung der Semesterzahl. Bei der gesamten Nutzungszeit von Computer und Büchern und bei den Zeiten für das Studium finden sich signifikante Unterschiede (siehe Tabelle 51).

Tabelle 51: Nutzungszeiten unter Berücksichtigung der Semesterzahl und des Alters

	Semesterzahl		Alter	
	r	p	r	p
Computer Gesamt	.181	<0,001	.148	<0,001
Computer Studium	.248	<0,001	.145	<0,001
Bücher Gesamt	.074	<0,05	.124	<0,05
Bücher Studium	.162	<0,001	.192	<0,001

Die Nutzungszeiten – insbesondere für das Studium – nehmen mit höherer Semesterzahl signifikant zu (siehe Tabelle). Daran dürften die zunehmenden Anforderungen durch Prüfungsleistungen einen bedeutenden Anteil haben. Vorbe-
reitungen auf Prüfungen und das Schreiben von Hausarbeiten lassen die Nutzungszeiten mit höherer Semesterzahl anwachsen. Entsprechend finden sich
Korrelationen zwischen dem Alter und den Nutzungszeiten.

9.2.4 Medienbesitz und Zugangsmöglichkeiten (B04)

Der private Medienbesitz gibt zwar Auskunft über den uneingeschränkten Zugang bei eigenen Geräten, zieht aber die weiteren Zugangsmöglichkeiten z. B.
über die Familie oder Freunde nicht in Betracht. So konnten die Studierenden
nicht nur den eigenen Medienbesitz angeben, sondern auch, ob sie Zugangsmöglichkeiten über die Familie, über Freunde oder andere (z. B. Uni) haben. Außerdem konnten die Probanden die Option ankreuzen, ein Medium nicht zu nutzen.

Abbildung 16: Medienbesitz der Studierenden

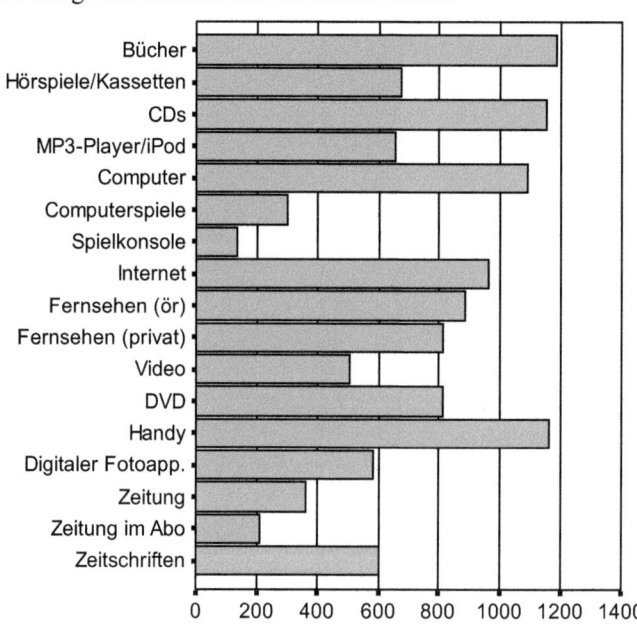

Das Diagramm zeigt, dass die Studierenden sehr gut mit Medien ausgestattet sind. Bücher, CDs und das Handy rangieren auf den ersten Plätzen. Computer und Internet behaupten sich noch vor dem Fernsehen. Bemerkenswert weit vorne positioniert sich die DVD, die das Video bereits nahezu abgelöst hat. Deutlich wird hier, dass die Studierenden nicht in dem Maße mit Fernsehgeräten ausgestattet sind, wie man zunächst vermuten könnte. Dies könnte u. a. darauf zurückzuführen sein, dass viele Studierende Medien nach der Dringlichkeit anschaffen. Das Fernsehen als Unterhaltungsgerät würde somit einen niedrigeren Stellenwert als der Computer als Arbeitsgerät einnehmen.

Männliche Probanden geben – was auf Grund der bisherigen Daten auch wenig verwundert – insbesondere bei Computerspielen und Spielkonsolen wesentlich häufiger an, diese zu besitzen. Während hier 60 bzw. 27,9 Prozent der männlichen Befragten Computerspiele bzw. Spielkonsolen ihr Eigen nennen, sind es bei den weiblichen nur 16,8 bzw. 7,3 Prozent. Auch bei Computer (94,8 zu 89,9 Prozent) und Internet (84,1 zu 79,1 Prozent) haben die männlichen Studierenden einen leichten Vorsprung. Eklatanter fällt der Unterschied vor allem bei den neueren MP3-Playern (67,4 zu 51,5 Prozent) und bei der DVD (81,11 zu 64,3 Prozent) aus. Hier weisen deutlich weniger weibliche Probandinnen einen Gerätebesitz aus als die männlichen. Auch bei Zeitungen (35,6 zu 28,9 Prozent) und Zeitschriften (54,1 zu 49,3 Prozent) liegen die männlichen Studierenden im Besitz vorne. Die weiblichen Befragten liegen lediglich beim Fernsehen mit 4,7 (öffentlich-rechtl.) bzw. 2,1 (privat) Prozentpunkten und beim Handy mit 3,1 Prozent knapp vor den männlichen Kommilitonen. Im Gesamten lässt sich konstatieren, dass die männlichen Befragten im Durchschnitt deutlich besser mit Medien ausgestattet sind.

Tabelle 52: Medienbesitz der Studierenden unter dem Aspekt der elterlichen Bildung

Angaben in Prozent		Kein Abschluss / Volksschule	Mittlere Reife	(Fach-) Abitur	(Fach-) Hochschulstudium
Computerspiele	Vater	28,3	25,3	28,2	22,1
	Mutter	28,0	23,7	26,1	23,1
Fernsehen (öffentl-rechtl.)	Vater	74,5	75,9	78,8	70,0
	Mutter	76,4	74,7	67,9	70,9
Fernsehen (privat)	Vater	67,1	71,6	71,2	64,4
	Mutter	68,6	69,5	63,4	64,9
DVD	Vater	71,1	73,2	66,7	61,9
	Mutter	70,8	68,0	68,7	63,1

Betrachtet man den Medienbesitz in Abhängigkeit der elterlichen Bildung, zeigt sich wie bei der Medienbiografie zur Medienkontrolle der Eltern bei den Computerspielen, dass eine höhere Bildung der Eltern nicht nur mit stärkerer Ablehnung, sondern auch mit geringerem Medienbesitz einhergeht. Das Gleiche lässt sich – wenn auch in geringerem Umfang – beim Fernsehen feststellen. Weitaus deutlicher wird es bei der DVD (siehe Tabelle). Da die DVD bereits seit 10 Jahren auf dem Markt ist und sich bereits gegen das VHS-Videosystem durchgesetzt hat, kann hier nicht mehr von einem neu eingeführten Medium gesprochen werden.

Eine Besonderheit wird unter dem Aspekt des Alters bemerkbar. Bei Zeitungen und Zeitungsabonnements steigt die Häufigkeit der Personen mit eigenem Zugang / Besitz mit dem Alter an (siehe Tabelle 52).

Tabelle 53: Zusammenhang von Alter und Zeitung lesen bzw. Zeitungsabonnement

	Alter						
	Bis 19 Jahre	20 und 21 Jahre	22 und 23 Jahre	24 und 25 Jahre	26 und 27 Jahre	28 und 29 Jahre	30 Jahre und älter
Anzahl	6	118	104	56	22	16	38
Anteil mit Zeitung in %	20,7	24,4	28,8	35,0	34,4	61,5	51,4
Anzahl	2	56	63	33	16	10	27
Anteil mit Zeitungsabo in %	6,9	11,6	17,5	20,6	25,0	38,5	36,5

Vergleicht man die vier Befragungsstandorte, finden sich Unterschiede beim Fernsehen, beim Video, bei der DVD, beim Computer und bei den neuen MP3-Playern. Bei allen besteht ein Nord-Süd-Gefälle, wie es auch bei der Medienkontrolle festgestellt worden ist. Je nördlicher sich die befragte Hochschule befindet, desto eher befinden sich die o. g. Medien im eigenen Besitz der Studierenden. Das öffentlich-rechtliche Fernsehen beginnt in Freiburg mit einem Anteil von 65,1 Prozent und steigert sich bis 84,7 Prozent in Bielefeld. Bei den Privatsendern ist der Unterschied noch ausgeprägter. Geographisch betrachtet, steigt der Anteil vom Süden (Freiburg) mit 56,6 Prozent auf 81,4 Prozent im Norden (Bielefeld). Weniger ausgeprägt sind die Zahlen bei Video (35,3 bis 50,8 Prozent), DVD (66,9 bis 76,3 Prozent) und MP3-Playern (52,0 bis 61,0 Prozent). Bei der Computerausstattung schwanken die Angaben deutlich. Bielefeld führt mit 98,3 Prozent das Feld an, während Siegen mit 85,1 Prozent das Schlusslicht bildet.

Dabei sind die Zahlen, ob die Probanden in einem städtischen oder ländlichen Umfeld aufgewachsen sind, nicht von Bedeutung, da anhand des Befragungsstandorts nur geringe Differenzen zu erkennen sind. Wie bei Pfeiffer und seinen Mitarbeitern (2006, S. 6) ist dieser Nord-Süd-Unterschied mit dem Bildungsstand der Eltern verknüpft. Die Eltern der Studierenden im Süden können einen höheren formalen Bildungsabschluss vorweisen als im Norden. Da leider keine Abiturnoten der Befragten abgefragt wurden, können diese hier nicht als Indikator für eine Überprüfung eines möglichen Gefälles wie in der PISA-Studie (Prenzel und Carstensen 2005, S. 375) herangezogen werden.

Abbildung 17: Zugang zu Medien über die Familie

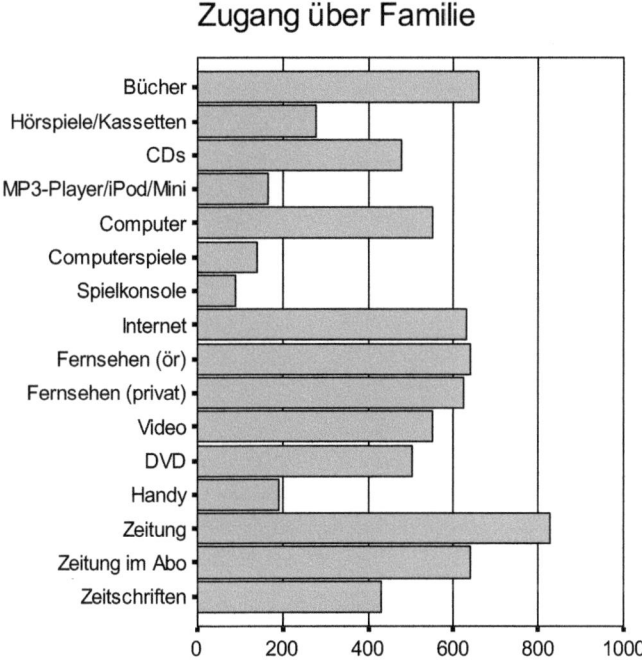

Ein nicht unerwartetes Ergebnis findet man bei den Zugangsmöglichkeiten zu Medien über die Familie. Insbesondere steigen die Zahlen für Zeitung und Zeitungsabonnement stark an. Im Vergleich zum eigenen Medienbesitz bedeutet dies, dass die Studierenden über die Familie vielfältige Zugangsmöglichkeiten haben, die sich teilweise auch ergänzen dürften. Dennoch haben die Studierenden im Vergleich zu den berufstätigen Lehrern der Befragung des MPFS (MPFS

2003, S. 22) verständlicherweise kein Einkommen und entsprechend geringer ist die Ausstattung mit Medien.

Abbildung 18: Medienausstattung in Haushalten (MPFS 2003, S. 22)

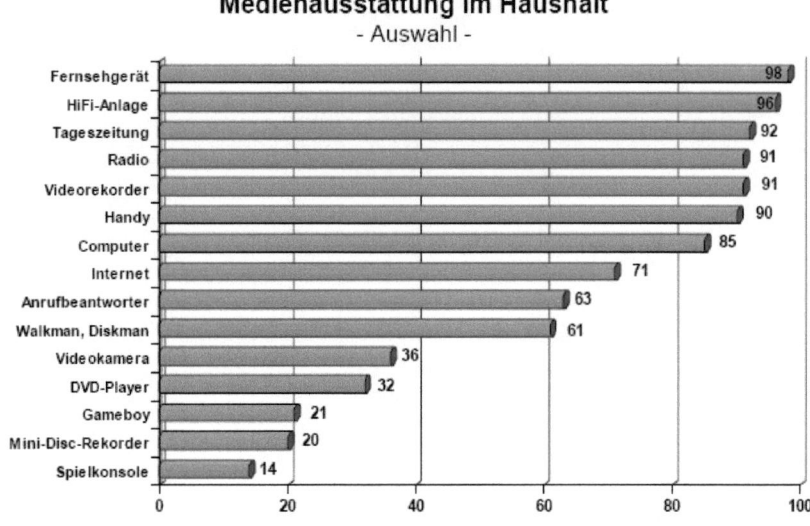

Medienausstattung im Haushalt
- Auswahl -

Quelle: LehrerInnen und Medien 2003   Basis: Gesamt, n=2.002

Die Zahlen zum Medienzugang über Freunde machen eines deutlich: Der Austausch von Inhalten bzw. die gemeinsame Nutzung stehen im Vordergrund. Bücher, CDs und DVDs – ganz im Sinne des Begriffs Trägermedien – belegen die ersten Ränge. Überhaupt bieten Freunde wichtige Zugangsmöglichkeiten zu Medien. Wenig relevant hierfür sind Handys auf Grund ihres Zwecks, da sie durch die Rufnummer und die gespeicherten Kontakte ein ausgesprochen persönliches, wenn nicht sogar intimes Medium sind (siehe Abbildung 19).

Die Universität bietet Studierenden vielerlei Zugänge zu Medien. Die wichtigsten sind Computer, Internet und Bücher – genau die Medien, die Studierende als die drei wichtigsten Medien für das Studium angeben (s. u. in diesem Kapitel). Mit weitem Abstand folgen Zeitungen und Zeitschriften. Ton- und Bildträger spielen eine eher marginale Rolle, während der Rest als unbedeutend bezeichnet werden kann. Das Diagramm macht deutlich, wie wichtig Computer- und Internetzugänge über die Hochschule für die Studierenden sind. Trotz deren hohen privaten Ausstattungsgrades ist das Bewusstsein, an der Hochschule diese Medien nutzen zu können, klar vorhanden.

Abbildung 19: Zugang zu Medien über Freunde (n=1201)

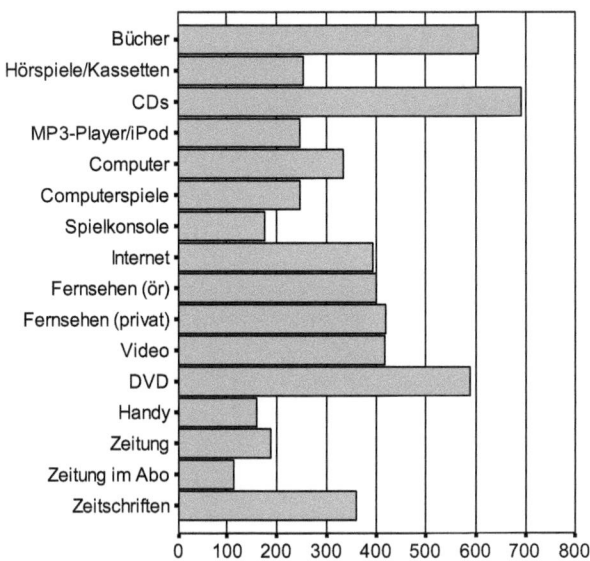

Abbildung 20: Zugang zu Medien über andere (z. B. Uni) (n=1201)

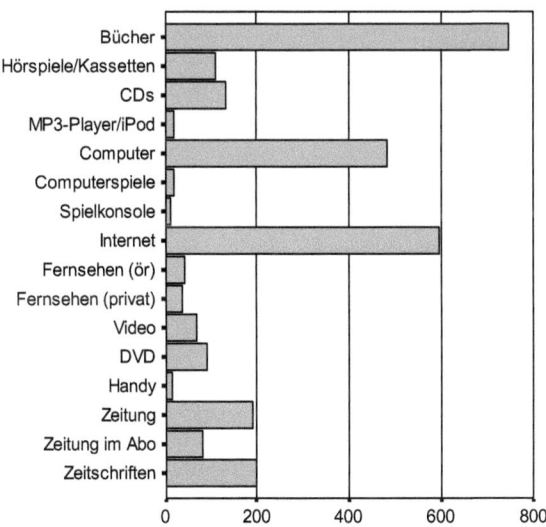

9.2.5   Bisher genutzte Internetangebote (B05)

Um festzustellen, welche Nutzungsangebote die Probanden bisher im Internet wahrgenommen haben, wurden diese bei der Datenerhebung nach ihren Online-/ Usergewohnheiten befragt.

Abbildung 21:Bisher genutzte Internetangebote (n=1201)

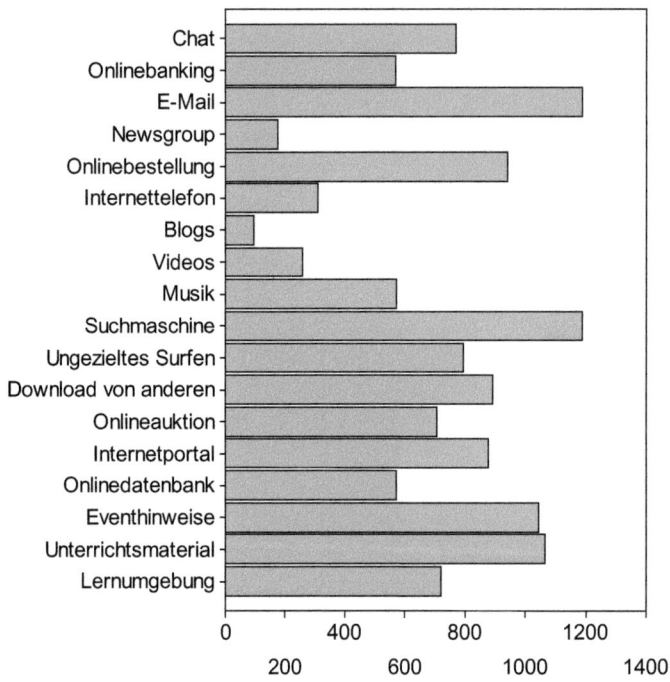

Anhand des Diagramms lässt sich erkennen, dass die Befragten bereits recht viele Erfahrungen im Internet gesammelt haben. Klare Favoriten sind die Suchmaschinen und das Schreiben von E-Mails. Nutzungsweisen, die in erster Linie der Unterhaltung (Videos, Musik) und dem öffentlichen Austausch von Meinungen und Informationen (Blogs, Newsgroups) dienen, rangieren auf den hinteren Rängen. Die verschiedenen Variablen weisen allerdings hohe geschlechtsspezifische Unterschiede auf:

Tabelle 54: Bereits genutzte Internetangebote unter geschlechtsspezifischer Perspektive

Angaben in Prozent	Gesamt	Weiblich	Männlich	Phi	Signifikanz
Chat	64,4	64,7	61,8	–	–
Onlinebanking	47,2	44,4	58,8	.114	<0,001
E-Mail	99,2	99,0	98,7	–	–
Newsgroup	14,4	11,2	27,9	.188	<0,001
Onlinebestellung	78,5	76,3	86,3	.095	<0,001
Internettelefonie	25,9	22,6	38,6	.145	<0,001
Blogs	7,9	5,9	16,3	.153	<0,001
Videos	21,5	13,2	55,4	.406	<0,001
Musik	47,7	41,4	73,0	.250	<0,001
Suchmaschine	99,0	98,7	99,1	–	–
Ungezieltes Surfen	66,4	61,9	83,7	.182	<0,001
Download anderer Dateien	74,4	70,9	87,6	.150	<0,001
Onlineauktion	59,0	55,0	75,1	.162	<0,001
Internetportal	73,4	71,6	79,8	.074	<0,05
Onlinedatenbank	47,7	46,1	54,1	.063	<0,05
Veranstaltungshinweise	87,1	86,5	88,8	–	–
Download von Unterrichtsmaterialien	89,0	88,4	90,1	–	–
Lernumgebung	60,2	59,6	62,2	–	–

Männliche Probanden haben deutlich mehr Erfahrungen im Internet gesammelt als ihre weiblichen Mitstudierenden. Bei allen signifikanten Unterschieden weisen sie höhere Werte aus. Bei den für das Studium relevanten Nutzungsformen nivellieren sich die Unterschiede. Abgesehen von der Nutzung von Chats – hier geben weibliche Nutzer in der Regel höhere Werte an (vgl. als Beispiel MPFS 2006, S.43) – sind dies E-Mail, Suchmaschinen, Download von Unterrichtsmaterialien und bedingt auch Veranstaltungshinweise, sofern diese Bezüge zum Studium aufweisen. Dies macht ersichtlich, wie sehr weibliche Nutzer sich an einer studienbezogenen Internetnutzung orientieren und das Medium weniger in den Alltag integrieren als ihre männlichen Kommilitonen.

9.2.6 Bisher genutzte Computeranwendungen (B06)

Um nicht nur die Nutzung des Internets im Blick zu haben, wurden auf gleiche Weise die bisher genutzten Computeranwendungen abgefragt. Spezielle Programme wurden nicht in den Fokus genommen, sondern Programmarten wie z. B. Textverarbeitung und generelle Tätigkeiten. Dies umgeht die Fehlerquelle, die

Nutzungsroutinen auf ein bestimmtes Programm hin einzuengen und die anderen damit auszublenden. Durch die Abfrage der Programmarten und generellen Tätigkeiten wie das Gestalten von Web-Sites kann ein breites Spektrum mit gleichzeitiger Berücksichtigung des Zwecks erhoben werden.

Abbildung 22: Bisher genutzte Computeranwendungen (n=1201)

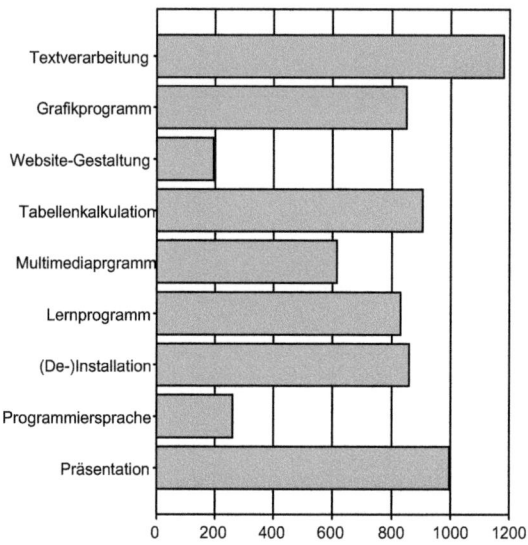

Wie bei der Nutzung des Internets zeigt sich, dass die Studierenden bereits einige Erfahrungen gesammelt haben. Programmiersprachen und Werkzeuge zur Gestaltung von Web-Seiten werden von den Studierenden am wenigsten verwendet. Auch hier dominieren die Programme wie Textverarbeitung, das Erstellen von Präsentationen, Lernprogramme und die Tabellenkalkulation, was für eine arbeitsorientierte Nutzung spricht. Multimediaprogramme, die mit dem Beispiel Computerspiele versehen waren, machen mit etwas über 50 Prozent ebenfalls einen hohen Anteil aus. Wie ausgeprägt die arbeitsorientierte Haltung am Computer ist, muss über die Auswertung der Einstellungen zu diesem Thema erarbeitet werden.

Bei den für das Studium relevanten Programmen liegen die weiblichen Probandinnen in der Nutzung gleichauf, während sie bei den anderen Bereichen nicht mit den gleichen Erfahrungen wie ihre männlichen Kommilitonen aufwarten können. Die Unterschiede sind hier ebenfalls teilweise so ausgeprägt, dass von einer enormen Kluft gesprochen werden kann. Das Item „Multimediapro-gramme" mit dem im Fragebogen beigefügten Beispiel Computerspiele macht den Unterschied zwischen den Geschlechtern, wie er bereits oben festgestellt wurde, noch einmal sehr deutlich.

Tabelle 55: Bereits genutzte Computerprogramme unter geschlechtsspezifischer Perspektive

Angaben in Prozent	Gesamt	Weiblich	Männlich	Phi	Signifikanz
Textverarbeitung	98,6	98,4	97,9	–	–
Grafikprogramme	71,0	68,8	79,0	,089	<0,01
Website-Gestaltung	16,1	11,9	33,5	,232	<0,001
Tabellenkalkulation	75,6	73,1	85,0	,109	<0,001
Multimediaprogramme	51,3	43,2	83,7	,320	<0,001
Lernprogramme	69,3	68,4	72,5	–	–
(De-)Installation von Software	71,7	66,0	94,4	,249	<0,001
Programmiersprachen	21,5	16,3	42,9	,256	<0,001
Präsentationen/ Power-point	83,2	82,6	85,0	–	–

9.2.7 Mediennutzungsfrequenz (B07)

Berücksichtigt man die kontinuierliche Zunahme der Mediennutzung in den letzten Jahren in der Bundesrepublik (vgl. Reitze/Ridder 2006, S. 50/51), so lässt sich dieses Ergebnis ohne große Probleme an den hier vorliegenden Zahlen able-sen. Der Tagesablauf ist auch bei den untersuchten Studierenden von einer inten-siven Mediennutzung geprägt. Etabliert haben sich vor allem Computer und Internet als täglich genutzte Medien. Nur das Handy wird noch öfter frequentiert. Das Lesen nimmt wie erwartet einen hohen Stellenwert ein. Bei der JIM-Studie 2005 ist die Nutzungsfrequenz bei den Studierenden wesentlich höher. Im Ver-gleich zu den angehenden Lehrern geben 50 Prozent der Mädchen und 31 Pro-zent der Jungen an, dass sie täglich oder mehrmals pro Woche Bücher lesen (vgl. MPFS 2005a, S. 11). Es ist zu vermuten, dass das Studium zu einer Erhöhung dieser Werte führt. Jedoch kann – auch im Hinblick auf die Schulbildung als Indikator für eine höhere Lesemotivation – daran gezweifelt werden, dass dies alleiniger Grund dafür ist. Aber auch das Fernsehen – ohne große Unterschiede zwischen öffentlich-rechtlich und privat – nimmt einen festen Platz ein. Es lässt sich eine kleine Gruppe von Probanden ausmachen, die es allerdings nur selten nutzt. Auditive Medien wie die CDs, an deren Nutzungswerte die neuere Tech-nik der MP3-Player noch nicht heranreicht, besitzen eine hohe, an der Frequenz gemessene Relevanz. Eine überaus regelmäßige Nutzung findet sich noch bei den Zeitungen. Video und DVD können nach den Daten als Gelegenheitsmedien bezeichnet werden. Abgeschlagen – und das auf Grund der bereits in diesem Zusammenhang dargestellten Ergebnisse nicht unerwartet – sind Computerspiele und Spielkonsolen.

Tabelle 56: Mediennutzungsfrequenz bei unterschiedlichen Medien

		Täglich	Mehrmals pro Woche	Einmal pro Woche	Selten	Nie	Gesamt
Bücher	Anzahl	582	476	76	51	4	1189
	In %	48,9	40,0	6,4	4,3	0,3	100
Hörspiel/ Kassetten	Anzahl	27	69	88	628	379	1191
	In %	2,3	5,8	7,4	52,7	31,8	100
CDs	Anzahl	398	510	114	160	9	1191
	In %	33,4	42,8	9,6	13,4	0,8	100
Computer	Anzahl	763	394	23	12	1	1193
	In %	64,0	33,0	1,9	1,0	0,1	100
MP3-Player/ iPod/Mini-Disc	Anzahl	183	303	79	220	400	1185
	In %	15,4	25,6	6,7	18,6	33,8	100
Computerspiele	Anzahl	17	64	70	323	715	1189
	In %	1,4	5,4	5,9	27,2	60,1	100
Spielkonsole	Anzahl	2	16	26	208	928	1180
	In %	0,2	1,4	2,2	17,6	78,6	100
Internet	Anzahl	702	456	30	4	–	1192
	In %	58,9	38,3	2,5	0,3	–	100
Fernsehen (öff.-rechtlich)	Anzahl	430	462	92	163	48	1195
	In %	36,0	38,7	7,7	13,6	4,0	100
Fernsehen (privat)	Anzahl	435	437	72	162	87	1193
	In %	36,5	36,6	6,0	13,6	7,3	100
Video	Anzahl	9	33	120	791	239	1192
	In %	0,8	2,8	10,1	66,4	20,1	100
DVD	Anzahl	12	95	311	728	50	1196
	In %	1,0	7,9	26,0	60,9	4,2	100
Handy	Anzahl	965	148	21	28	34	1196
	In %	80,7	12,4	1,8	2,3	2,8	100
Zeitung	Anzahl	296	443	229	193	28	1189
	In %	24,9	37,3	19,9	16,2	2,4	100
Zeitschriften	Anzahl	51	239	355	476	70	1191
	In %	4,3	20,1	29,8	40,0	5,9	100

Ausgehend von den geschlechtsspezifischen Unterschieden beim Medienbesitz lassen sich entsprechende Differenzen bei der Nutzung ausmachen. Untersucht man die Daten mittels des t-Tests für unabhängige Stichproben nach signifikanten geschlechtsspezifischen Unterschieden, wird Folgendes in den Mittelwerten sichtbar: Weibliche Probandinnen lesen häufiger Bücher (t = –5,204; p<0,001) und nutzen Handys intensiver (t = –3,197; p<0,001). Umgekehrt weisen die männlichen Studierenden deutlich höhere Nutzungsfrequenzen bei MP3-Playern (t = 5,259; p<0,001), Computerspielen (t = 10,422; p<0,001), Spielkonsolen (t = 6,596; p<0,001) und DVDs (t = 5,388; p<0,001) aus. Dies ist wenig verwunderlich, da die männlichen Probanden bei diesen Medien wesentlich öfter angeben, diese selbst zu besitzen (s. o.). Bei Zeitungen und Zeitschriften dagegen fallen die Unterschiede im Besitz geringer aus, sodass auch hier die Nutzungsfrequenz (Zeitung: T = 2,246; p<0,05 und Zeitschriften: T = 6,437; p<0,001) zum Teil weniger deutlich als bei den anderen Medien auseinanderdriftet. Ebenso finden Computer (t = 3,323; p<0,001) und Internet (t = 2,554; p<0,05) bei den männlichen Nutzern öfter Verwendung.

Die Nutzung des Computers variiert in Anbetracht des Studiengangs. Im Vergleich zum Lehramt für Grund- und Hauptschulen nutzen die Studierenden des Lehramts für Realschulen den Computer signifikant häufiger (t = 4,495; p<0,001). Abgesehen von schwachen Korrelationen bei der Nutzung des Internets (t = 2,434; p<0,05), der MP3-Player (t = 2,074; p<0,05) und der Handys (t = –1,898; p<0,05) lassen sich keine weiteren ausgeprägten Unterschiede feststellen.

Gerade mit Blick auf den medialen Habitus ist hier festzuhalten, dass die elterliche Bildung mit keinem der Items wenig korreliert. Allein die Frequenz, ohne eine Aussage zur Qualität der Mediennutzung, ist somit in Verbindung mit dem Bildungskapital wenig aussagekräftig.

Anders sieht dies bei der Semesterzahl und dem Alter aus. Hier ergeben sich einige Unterschiede in der Nutzungsfrequenz:

Tabelle 57: Unterschiede der Mediennutzungsfrequenz in Abhängigkeit des Semesters und des Alters

	Semester		Alter	
	r	p	r	p
Bücher	–.065	<0,05	–.097	<0,001
Hörspiel/Kassetten	–	–	–.125	<0,001
CDs	.091	<0,01	.070	<0,05
MP3-Player/iPod/MiniDisc	–	–	.135	<0,001
Computer	–.124	<0,001	–	–
Computerspiele	.072	<0,05	–	–
Internet	–.080	<0,01	.069	<0,05
Fernsehen (ör)	–.094	<0,01	–	–
Fernsehen (privat)	–.072	<0,05	.090	<0,01
Handy	–	–	.206	<0,001
Zeitschriften	–	–	–.069	<0,05

Auffällig auch hier, dass die Nutzungsfrequenz bei den höheren Semestern steigt. Dies dürfte besonders bei Büchern, Computer und dem Internet in den zunehmenden Anforderungen des Studiums – insbesondere durch Haus- und Zulassungsarbeiten – begründet sein. Ebenso steigt auch die Nutzungsfrequenz beim Fernsehen mit der Semesterzahl an. Umgekehrt werden neuere Medien wie Handy und MP3-Player öfter von den jüngeren Studierenden genutzt.

9.2.8 Motive der Mediennutzung (B08 und B09)

Der Medienbesitz und die Nutzungsfrequenz für sich alleine betrachtet geben noch keine Auskunft über die Motive und die Inhalte der Mediennutzung. Diese sind zum einen von den dargebotenen Inhalten, zum anderen auch von den Interessen der Probanden abhängig und geben somit einen Einblick in qualitative Aspekte der Mediennutzung. Die Studierenden hatten in der Frage zu den Motiven der Mediennutzung die Möglichkeit, anzugeben, welches Medium für einen bestimmten Bereich (z. B. Wissensaneignung) für sie das wichtigste ist.

Abbildung 23: Motive der Mediennutzung

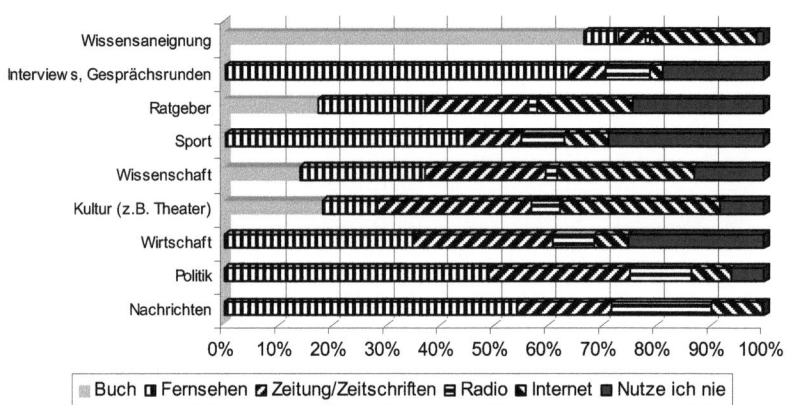

Wie das Diagramm sichtbar macht, werden die Medien für unterschiedliche Interessen genutzt. Aktuelle Nachrichten und Informationen aus der Politik stammen aus dem Fernsehen, der Zeitung, dem Radio oder dem Internet. Die Wissensaneignung erfolgt zum größten Teil über das Buch und das Internet. Interessant ist vor allem, dass die Studierenden Inhalte zur Wissenschaft (als Beispiel wurde im Fragebogen „Information aus der Forschung" angegeben) nur zu einem geringen Teil aus Büchern haben und hier verstärkt auf Fernsehen und Zeitung setzen. In diesem Zusammenhang stellt sich die Frage, welches Verständnis von Wissenschaft die Studierenden haben, wenn sie Erkenntnisse aus wissenschaftlicher Arbeit eher aus Zeitungen und Fernsehsendungen erlangen als aus Büchern, die in der Regel der Verbreitung von Forschungsergebnissen dienen.

Geschlechtsspezifische Unterschiede in der Motivation der Mediennutzung finden sich in ausgeprägter Form beim Radio, bei der Zeitung, beim Buch und dem Internet. Weibliche Probandinnen bevorzugen das Radio stärker als die männlichen für den Bereich Nachrichten (w: 20,9 Prozent; m: 8,9 Prozent), während sich das Verhältnis beim Internet umkehrt (w: 7,2 Prozent; m: 18,8 Prozent). Ebenso verhält es sich bei den Informationen zur Politik. Weibliche Studierende haben auch hier eine größere Affinität zum Radio (w: 12,8 Prozent; m: 4,6 Prozent) und weniger zum Internet (w: 6,1 Prozent; m: 12,7 Prozent). Das Fernsehen wird von den männlichen Kommilitonen eher für kulturelle Inhalte als von den weiblichen genutzt (w: 8,4 %; m:16,5 %), diese nutzen zu diesem Zweck verstärkt die Zeitung (w: 30,5 Prozent; m: 20,9 Prozent). Sport ist für die weiblichen Probandinnen halb so oft ein Thema wie für die männlichen (w: 31,6 Prozent; m: 16,5 Prozent). Entsprechend geringer fallen die Angaben beim Fernsehen, Zeitungen und Zeitschriften wie auch dem Internet aus. Jedoch zeigt sich das Radio für 9,3 Prozent der weiblichen Sportfans als wichtigste Informationsquelle (w: 9,3 Prozent; m: 2,0 Prozent). Auch wenn es um die Nutzung von Ratgebern geht, schätzen die Geschlechter unterschiedliche Medien als das wichtigste ein. Bücher (w: 19,6 Prozent; m: 8,5 Prozent), Zeitungen und Zeitschriften (w: 21,0 Prozent; m: 12,8 Prozent) werden von weiblichen Befragten öfter als Ratgeber verwendet, während die männlichen Kommilitonen in diesem Bereich eher das Internet favorisieren (w: 23,0 Prozent; m: 29,4 Prozent). Auch bei der Wissensaneignung bevorzugen die männlichen Studierenden zu einem größeren Teil das Internet (w: 16,5 Prozent; m: 33,7 Prozent), beim Buch verhält es sich wieder umgekehrt (w: 69,8 Prozent; 54,4 Prozent).

Unterschiede unter dem Aspekt der elterlichen Bildung (hier der Vater) finden sich lediglich bei den Nachrichten und den Informationen aus der Wissenschaft. Hierbei unterscheiden sich vor allem die Probanden mit Eltern, die keinen Schulabschluss, einen Volksschul- bzw. Hauptschul- oder einen Hochschulabschluss erworben haben, von denen, deren Eltern einen Realschulabschluss oder Abitur haben. Das Buch wird bei der ersten Gruppe (19,7 Prozent und 14,8 Prozent) öfter für die Rezeption von Informationen aus der Wissenschaft genutzt als von der zweiten Gruppe (8,2 Prozent und 9,9 Prozent):

Tabelle 58: Motive der Mediennutzung unter dem Aspekt der elterlichen
Bildung 1 (Angaben in Prozent)

Infos aus der Wissenschaft	Kein Schulab-schluss / Volks-schule	Mittlere Reife	(Fach)Abitur	(Fach)Hochschulstudi-um
Buch	19,7	8,2	9,9	14,8
Fernsehen	17,6	29,0	22,0	24,6

Interessant sind auch die Daten zum Fernsehen, das gerade die Befragten mit
Eltern, die das geringste Bildungsniveau vorweisen, am wenigsten dafür nutzen.
Bei der Informationssuche nach wissenschaftlichen Themen scheinen Fernsehen
und Bücher in Konkurrenz zu stehen.

Ein ähnliches Bild ergibt sich bei der Auswahl der Medien, wenn es um die
Rezeption von Nachrichten geht. Unterschiede finden sich bei der Nutzung des
Fernsehens, von Zeitungen/Zeitschriften, des Radios sowie des Internets. Auch
hier kann nicht von einer linearen Entwicklung gesprochen werden, eher von
einer Glocken- bzw. Trichterform:

Tabelle 59: Motive der Mediennutzung unter dem Aspekt der elterlichen
Bildung 2 (Angaben in Prozent)

Nachrichten	Kein Schulab-schluss / Volks-schule	Mittlere Reife	(Fach)Abitur	(Fach)Hochschulstudium
Fernsehen	48,0	54,5	64	54,9
Zeitung/Zeitschrift	16,0	20,1	20,6	15,7
Radio	23,8	16,7	11,8	18,3
Internet	11,0	8,1	3,7	10,9

Tabelle 60: Motive der Mediennutzung unter dem Aspekt der elterlichen
Bildung 3 (Angaben in Prozent)

Ratgeber	Kein Schulab-schluss / Volks-schule	Mittlere Reife	(Fach)Abitur	(Fach)Hochschulstudium
Zeitung/Zeitschrift	19,6	23,2	13,8	15,0
Internet	22,8	15,2	18,7	16,3
Fernsehen	16,0	22,5	20,3	17,9

Betrachtet man die Daten in Abhängigkeit des Bildungsgrades der Mutter, finden
sich die deutlichsten Differenzen bei der Nutzung von Ratgebern. Es lässt sich
jedoch kein Muster anhand des Bildungsniveaus konstatieren, vielmehr lassen
sich hier unterschiedliche Schwerpunkte feststellen.

Tabelle 61:Motive der Mediennutzung

Motive der Medien-nutzung		Entspannung	Unterhaltung	Lernen	Arbeit	Information	Freunde	Nebenbei	Nutze ich nie	Gesamt
Zeitschrift	Anzahl	175	549	23	1	224	11	104	52	1139
	In %	15,4	48,2	2,0	0,1	19,7	1,0	9,1	4,6	100
Zeitung	Anzahl	16	39	34	3	992	1	52	26	1163
	In %	1,4	3,4	2,9	0,3	85,3	0,1	4,5	2,2	100
Buch	Anzahl	464	225	338	29	43	0	12	4	1115
	In %	41,6	20,2	30,3	2,6	3,9	0	1,1	0,4	100
Radio	Anzahl	209	508	2	4	77	5	289	33	1127
	In %	18,5	45,1	0,2	0,4	6,8	0,4	25,6	2,9	100
Tonträger	Anzahl	429	427	3	4	0	34	202	34	113
	In %	37,9	37,7	0,3	0,4	0	3,0	17,8	3,0	100
Fernsehen/Video/Film/DVD	Anzahl	305	647	1	0	30	105	26	7	1121
	In %	27,2	57,7	0,1	0	2,7	9,4	2,3	0,6	100
Kino	Anzahl	116	591	0	0	1	390	14	21	1133
	In %	10,2	52,2	0	0	0,1	34,4	1,2	1,9	100
Computer	Anzahl	21	101	338	469	150	15	16	0	1110
	In %	1,9	9,1	30,5	42,3	13,5	1,4	1,4	0	100
Multi-media-produkte	Anzahl	17	86	266	364	41	6	77	245	1102
	In %	1,5	7,8	24,1	33,0	3,7	0,5	7,0	22,2	100
Internet	Anzahl	18	183	214	218	429	33	10	2	1107
	In %	1,6	16,5	19,3	19,7	38,8	3,0	0,9	0,2	100

Welche Motivation bei welchem Medium schätzen die Studierenden für sich selbst am wichtigsten ein? Während bei der vorigen Frage das Medium einem Inhaltsbereich zugeordnet wurde, konnten die Studierenden hier die Motivation wählen, die sie bei der Nutzung des Mediums am treffendsten für ihre Person ansehen (siehe Tabelle 61).

Es zeigt sich, dass das Lesen von Büchern für 41,6 Prozent zur Entspannung und für 20,2 Prozent der Unterhaltung dient. Bei 30,3 Prozent sind Bücher für das Lernen am wichtigsten. Das Fernsehen dient dagegen ausschließlich der Unterhaltung und der Entspannung. Darauf folgen die Tonträger, die aber gleichzeitig einen Anteil von 17,9 Prozent der Befragten aufweisen, die das Medium neben anderen Tätigkeiten nutzen. In etwa gleich verhält es sich mit dem Radio. Der Computer wird in erster Linie – was die Ergebnisse der qualitativen Freiburger Studie bestätigt – als Arbeits- und Lerninstrument angesehen. Dass das Internet ein vielseitiges Medium mit differenten Inhalten ist, zeigt sich auch in der Einschätzung, was dort für die Studierenden am wichtigsten ist. Die Information ist mit fast 40 Prozent wichtigstes Motiv, gefolgt von Arbeiten und Lernen sowie Unterhaltung. Eine große Mehrheit mit über 85 Prozent sieht in der Zeitung ein Informationsmedium.

Wieder sind geschlechtsspezifische Unterschiede zu konstatieren. Während die weiblichen Befragten Zeitschriften wesentlich deutlicher zur Entspannung (w: 16,6 Prozent; m: 10,0 Prozent) und zur Unterhaltung (w: 50,8 Prozent; m: 37,0 Prozent) nutzen, steht bei den männlichen Probanden vornehmlich der Informationscharakter im Vordergrund (w: 15,6; m:37,0 Prozent). Das Buch verwenden 64,3 Prozent der weiblichen Probandinnen zur Unterhaltung bzw. Entspannung, während der Anteil bei den männlichen Befragten mit 51,4 Prozent darunter liegt. 34,3 Prozent der männlichen Studierenden geben an, das Buch sei für das Lernen am wichtigsten, während dies nur 29,4 Prozent der weiblichen Probandinnen so sehen. Deutliche Unterschiede finden sich beim Computer. Diesen nutzen 20,6 Prozent der männlichen Befragten zur Unterhaltung, während dies nur 6,3 Prozent der weiblichen angeben. Dafür sind bei diesen die Nennungen höher, wenn es um das Lernen (w: 32,9 Prozent; m: 20,4 Prozent) und um die Arbeit (w: 43,5 Prozent; m: 37,0 Prozent) geht. Weniger eklatant ist der Unterschied bei den Motiven der Internetnutzung. Wieder ist bei 22,4 Prozent der männlichen Studierenden die Unterhaltung am wichtigsten (w: 15,1 Prozent). Dafür sind die Werte beim Lernen (w: 20,1 Prozent; m: 15,9 Prozent) und beim Arbeiten (w: 20,6 Prozent; m: 15,1 Prozent) geringer als bei den weiblichen Befragten.

In Abhängigkeit der elterlichen Bildung finden sich keine markanten Unterschiede. Deutlicher fallen die Unterschiede bei der Semesterzahl aus. Besonders bei der Frage, welches Medium das wichtigste für Informationen aus der Wissenschaft ist, steigert sich das Buch deutlich mit der Semesterzahl (8,9 Prozent bei den Studienanfängern, 18,2 Prozent bei den studienerfahrenen Probanden und 20,9 Prozent bei den Prüfungskandidaten). Umgekehrt verhält es sich beim

Fernsehen (27,5 Prozent bei den Studienanfängern, 20,6 Prozent bei den studien-erfahrenen Studierenden und 16,9 Prozent bei den Prüfungskandidaten).

9.2.9 Beliebte TV-Sendungen (B10) und Genres (B15)

Um den Geschmack der Studierenden im Bereich des Fernsehens besser erfassen zu können, sind bestimmte TV-Sendungen zur Auswahl aufgeführt. Da z. B. bei Krimis sehr große Unterschiede in der Handlung und Umsetzung existieren, ist es sinnvoll, teilweise gegensätzliche Sendungen aufzugreifen. So steht der *Tatort* der Serie *Alarm für Cobra 11* gegenüber. Diese stehen für zwei unterschiedliche Konzepte zwischen Action und Spannung, zwischen „realitätsfern" und „gespiel-ter Authentizität". Bei der Auswahl der Sendungen soll sowohl ein Mix der Sen-der als auch der angebotenen Inhalte gewährleistet sein. Einige Genres werden im Falle von differenten Inhaltsdarbietungen anhand verschiedener Sendungen zweimal abgefragt. Dies dient dazu, die geschmacklichen Präferenzen in Bezug auf die öffentlich-rechtlichen und die privaten Sender zu verdeutlichen. Die Auswahl der Sendungen wurde unter den Aspekten der Bekanntheit, der Sende-zeit und der Verteilung auf Genre und Sender vorgenommen. Auf einer Skala können die Sendungen von „gefällt mir sehr gut" bis „gefällt mit gar nicht" und „kenne ich nicht" von den Probanden bewertet werden (Tabelle 61).

Bei einigen Sendungen, z. B. *Tatort* (ARD) und *Die Harald Schmidt Show* (ARD), gehen die Meinungen der Studierenden teilweise stark auseinander. Dagegen treten starke Abneigungen wie bei der Seifenoper *Gute Zeiten, schlech-te Zeiten (GZSZ)* (RTL) und *Alarm für Cobra 11* (RTL) seltener auf. Große Zu-stimmung erhalten von den Studierenden die *Tagesthemen* (ARD), *Wer wird Millionär* (RTL) und *Galileo* (Pro 7). Diese können als die drei beliebtesten Sendungen ausgemacht werden. Viele der Studierenden kennen Sendungen wie *Berlin Mitte* (ZDF), *Politbarometer* (ZDF) und *Polylux* (ARD) überhaupt nicht. Gerade die Sendungen des ZDF, die sich mit politischen und somit gesellschaft-lich relevanten Themen auseinandersetzen, sind den Probanden teilweise unbe-kannt.

Betrachtet man die Fernsehnutzung unter dem Aspekt der Unterhaltung, wird deutlich, dass gerade solche Sendungen ohne einen deutlichen Qualitäts-bzw. Bildungscharakter (z. B. die Seifenopfer *GZSZ* oder das actionlastige *Alarm für Cobra 11*) am wenigsten von den Studierenden gesehen werden. Ebenso verhält es sich mit Sendungen, die ausschließlich politische Themen fokussieren wie z. B. *Politbarometer.* Quiz- und Wissensendungen (z. B. *Wer wird Millionär* oder die Sendungen *Galileo* und *Clever!*) werden hingegen von den Studieren-den bevorzugt.

Tabelle 62: Präferenzen bei TV-Sendungen

		Gefällt mir sehr gut	Gefällt mir gut	Neutral	Gefällt mir weniger	Gefällt mir gar nicht	Kenne ich nicht	Gesamt
Tatort	Anzahl	148	283	362	169	124	101	1187
	In %	12,5	23,8	30,5	14,2	10,4	8,5	100
GZSZ	Anzahl	42	120	187	177	532	131	1189
	In %	3,5	10,1	15,7	14,9	44,7	11,0	100
Alarm für Cobra 11	Anzahl	10	75	174	200	409	318	1186
	In %	0,8	6,3	14,7	16,9	34,5	26,8	100
Galileo	Anzahl	182	500	316	96	27	65	1186
	In %	15,3	42,2	26,6	8,1	2,3	5,5	100
Brisant	Anzahl	19	192	419	195	134	224	1183
	In %	1,6	16,2	35,4	16,5	11,3	18,9	100
Verliebt in Berlin	Anzahl	77	163	188	170	360	231	1189
	In %	6,5	13,7	15,8	14,3	30,3	19,4	100
Tagesthemen	Anzahl	231	513	379	37	14	14	1188
	In %	19,4	43,2	31,9	3,1	1,2	1,2	100
Johannes B. Kerner	Anzahl	79	279	376	166	138	147	1185
	In %	6,7	23,5	31,7	14,0	11,6	12,4	100
Arte Kultur/ Reportage	Anzahl	126	275	302	113	61	307	1184
	In %	10,6	23,2	25,5	9,5	5,2	25,9	100
Polylux	Anzahl	62	98	146	33	37	800	1176
	In %	5,3	8,3	12,4	2,8	3,1	68,0	100
Harald Schmidt Show	Anzahl	180	281	249	172	231	72	1185
	In %	15,2	23,7	21,0	14,5	19,5	6,1	100
TV-Total	Anzahl	96	273	307	252	205	54	1187
	In %	8,1	23,0	25,9	21,2	17,3	4,5	100
Clever!	Anzahl	107	250	300	132	93	300	1182
	In %	9,1	21,2	25,4	11,2	7,9	25,4	100
Wer wird Millionär	Anzahl	237	508	287	95	39	19	1185
	In %	20,0	42,9	24,2	8,0	3,3	1,6	100
Politbarometer	Anzahl	22	103	328	112	75	542	1182
	In %	1,9	8,7	27,7	9,5	6,3	45,9	100
Berlin Mitte	Anzahl	24	122	357	139	100	441	1183
	In %	2,0	10,3	30,2	11,7	8,5	37,3	100

Inwiefern die Aufmachung eine Rolle spielt, kann hier nicht ermittelt werden. Ausstrahlungen wie *Schau dich schlau* bei RTL2 implizieren die Vermittlung von Bildungsinhalten und lassen den reinen Unterhaltungscharakter einer Sendung in den Hintergrund treten. In den letzten Jahren wurden immer mehr Sendungen in dieser Art konzipiert und ausgestrahlt. Hiermit versuchen die Sender, ihr Image gerade bei höher gebildeten Zielgruppen zu verbessern. Betrachtet man das Image des Fernsehens allgemein, so lassen sich bei den Attributen „anspruchsvoll", „informativ", „glaubwürdig", „kompetent" und „sachlich" deutliche Bewertungsunterschiede in Abhängigkeit der formalen Bildung feststellen (vgl. Reitze/Ridder 2006, S. 229). Das öffentlich-rechtliche Fernsehen kann dabei mit positiveren Werten in einen Vergleich gehen als das Privatfernsehen. „ARD und ZDF erzielten einen großen Vorsprung bei allen Vorgaben, die für den kognitiven Anspruch an das Fernsehen stehen. Die Stärken der Privatsender lagen in den eher emotionalen und eskapistischen Eigenschaftszuschreibungen." (Reitze/Ridder 2006, S. 80)

Abbildung 24: Präferenzen spezifischer TV-Sendungen

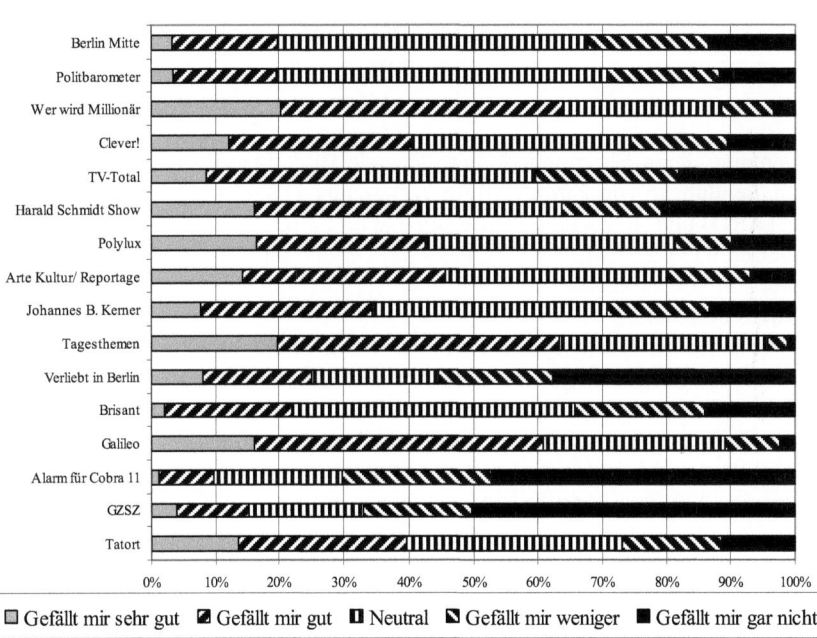

Die weiblichen Studentinnen haben dabei deutlich weniger Interesse an den politischen Sendungen wie *Politbarometer* (t = 7.175; p<0,001) und *Berlin Mitte* (t = 6,085; p<0,001). Auch *Polylux* (t = 7,756; p<0,001) und *Die Harald Schmidt Show* (t = 9,441; p<0,001) werden von den männlichen Befragten signifikant positiver bewertet. Die Serien *GZSZ* (t = –9,414; p<0,001) und *Verliebt in Berlin* (t = –12,752; p<0,001) werden von Frauen bevorzugt.

Unter Berücksichtigung der formalen elterlichen Bildung werden die Nutzungspräferenzen unter dem Blickpunkt Qualität und Differenzierung von öffentlich-rechtlichem Rundfunk und Privatfernsehen deutlich:

Tabelle 63: Korrelationen von elterlicher Bildung und der Präferenzen bei TV-Sendungen

	Bildung Vater		Bildung Mutter	
	r	P	r	p
Tatort	−.111	<0,001	−.077	<0,01
GZSZ	.087	<0,01	−	−
Alarm für Cobra 11	.079	<0,01	.105	<0,001
Galileo	.081	<0,01	.095	<0,01
Tagesthemen	−.069	<0,05	−	−
ARTE Kultur/Reportage	−	−	−.059	<0,05
Harald Schmidt Show	−.079	<0,01	−	−
Clever!	−	−	.094	<0,01

Studierende, deren Eltern eine höhere formale Bildung aufweisen, geben häufiger an, Sendungen wie *Tatort* (ARD), *Tagesthemen* (ARD), *Die Harald Schmidt Show* (ARD) und *Arte Kultur/Reportage* (Arte) zu bevorzugen. Umgekehrt werden Serien wie *GZSZ, Alarm für Cobra 11, Galileo* und *Clever!* – allesamt Ausstrahlungen von Privatsendern – von Studierenden mit formal geringer gebildeten Eltern gesehen.

Die einzelnen Sendungen können das Aussagebild verzerren, sodass neben spezifischen Ausstrahlungen die Genres abgefragt wurden. Dies macht die Geschmackspräferenzen in einem allgemeineren Sinn für das Fernsehen sichtbar (Tabelle 63).

An Soaps und Serien finden nur ca. ein Viertel der Studierenden Gefallen. Im Vergleich zu den spezifischen genannten Sendungen fällt auf, dass die Seifenoper *Gute Zeiten, schlechte Zeiten* weit weniger Zustimmung erfährt (13,6 Prozent) als das Genre im Allgemeinen. *Verliebt in Berlin* dagegen nähert sich dem Genre-Wert mit 20,2 Prozent an. Talkshows werden in der Regel abgelehnt; nur ein kleiner Teil der Studierenden mit 4,8 Prozent gibt an, dass er solche Sendungen mag. Bei der Sendung *Johannes B. Kerner* ist die Zahl der Befragten, denen diese Ausstrahlung gefällt, mit 30,2 Prozent wesentlich höher. Hier wird deutlich, dass sowohl eine Abfrage der Genres als auch einzelner Sendungen nur ein sehr grobes Bild der differenzierten Auswahl und Präferenzen bei den Studierenden wiedergeben kann. Teilweise stimmen die Daten auch nahezu überein. So z. B. bei den Tagesthemen und dem Genre Nachrichten, den Sendungen Politbarometer sowie Berlin Mitte und dem Genre Politmagazine.

Tabelle 64: Präferenzen TV-Genres

		Gefällt mir sehr gut	Gefällt mir gut	Neutral	Gefällt mir weniger	Gefällt mir gar nicht	Gesamt
Soaps und Serien	Anzahl	119	156	205	172	525	1177
	In %	10,1	13,3	17,4	14,6	44,6	100,0
Nachrichten (Tagesschau etc.)	Anzahl	296	406	352	92	36	1182
	In %	25,0	34,3	29,8	7,8	3,0	100,0
Spielfilme	Anzahl	364	471	233	80	36	1184
	In %	30,7	39,8	19,7	6,8	3,0	100,0
Dokumentationen	Anzahl	164	375	320	217	103	1179
	In %	13,9	31,8	27,1	18,4	8,7	100,0
Tierfilme	Anzahl	56	119	193	356	457	1181
	In %	4,7	10,1	16,3	30,1	38,7	100,0
Politmagazine	Anzahl	41	137	275	341	382	1176
	In %	3,5	11,6	23,4	29,0	32,5	100,0
Talkshows	Anzahl	12	45	113	240	770	1180
	In %	1,0	3,8	9,6	20,3	65,3	100,0
Zeichentrick	Anzahl	21	53	148	245	710	1177
	In %	1,8	4,5	12,6	20,8	60,3	100,0
Musiksendungen	Anzahl	42	164	233	256	487	1182
	In %	3,6	13,9	19,7	21,7	41,2	100,0
Sportsendungen	Anzahl	142	162	183	184	509	1180
	In %	12,0	13,7	15,5	15,6	43,1	100,0
Infosendungen	Anzahl	99	371	428	152	128	1178
	In %	8,4	31,5	36,3	12,9	10,9	100,00

Ersichtlich wird durch die Zahlen vor allem, dass das Fernsehen deutlich der Unterhaltung und der Informationsgewinnung dient, was jedoch unter Berücksichtigung der ausgearbeiteten Differenzen zwischen Genres und einzelnen Sendungen nur bedingt als gesicherte Aussage gelten kann. Die Geschmackspräferenzen bei Ausstrahlungen des Rundfunks müssen unter der Berücksichtigung weiterer Aspekte verfolgt werden, wollen hiermit aussagekräftige Ergebnisse gewonnen werden.

Geschlechtsspezifische Unterschiede werden bei den Präferenzen sehr deutlich. Während Soaps und Serien deutlich von den weiblichen Befragten bevorzugt werden ($t = -13,409$; $p<0,001$), sind es bei den männlichen Probanden Sportsendungen ($t = 13,017$; $p<0,001$), Politmagazine ($t = 8,129$; $p<0,001$) und in schwächerer Form Dokumentationen ($t = 2,537$; $p<0,05$) und Nachrichten ($t = 2,299$; $p<0,05$). Hier zeigt ein Vergleich der Präferenzen einzelner Sendungen und der Genres ein einheitliches Bild: Die Geschlechter bevorzugen in starkem Maße tendenziell recht unterschiedliche Sendungen und Sparten. Dieser Unterschied ist wesentlich deutlicher zu erkennen als eine Wechselwirkung zwischen den Präferenzen und dem Bildungsgrad der Eltern.

Dieser korreliert mit der Präferenz für Nachrichten (Vater: r = −.085; p<0,01 Mutter: r = −.088; p<0,01). Bei Studierenden mit Eltern, die einen höheren Bildungsabschluss haben, steigen die Werte an. Umgekehrt − wenn auch in schwächerer Form − kann dies für Tierfilme (Mutter: r = .068; p<0,05), Talkshows (Mutter: r = .067; p<0,05) und Zeichentrickfilme ausgemacht werden (Vater und Mutter: r = .077; p<0,01). Damit zeigt sich das Geschlecht als deutlich einflussreichere Größe bei der Auswahl von Fernsehsendungen und -genres.

Betrachtet man die Werte unter dem Aspekt des Alters, fällt auf, dass die zustimmenden Werte bei Nachrichten, Dokumentationen, Infosendungen und Politmagazinen mit dem Alter zunehmen. Umgekehrt verhält es sich bei Soaps und Serien sowie Musiksendungen. Die (teilweise sehr deutlichen) Angaben zu den Zusammenhängen des Chi-Quadrat-Tests können auf Grund zu geringer Werte bei den erwarteten Häufigkeiten nicht zur Verdeutlichung der Ergebnisse herangezogen werden.

9.2.10 Einstellungen der Studierenden zu Medien (B12, B18, B19, B20 und B21)

Nach den Geschmackspräferenzen und Nutzungsmotiven der Studierenden sollen im Folgenden deren Einstellungen genauer beleuchtet werden, die in mehreren Fragen erhoben wurden. Deren Bedeutung für das Auswahlverhalten und die Bewertung von Medien kann als entscheidender Faktor angesehen werden (vgl. Doll/Hasebrink 1989, S. 45–49). Begonnen wird mit dem Schwerpunkt Computer und Internet. Hier werden zunächst die persönlichen Einstellungen und Dispositionen in Bezug auf die eigene Person dargestellt und anschließend gesellschaftlich relevante Aspekte berücksichtigt. Das Fernsehen und das Radio werden als dritter Bereich behandelt und die Einstellungen zur Medienerziehung schließen das Kapitel ab.

Der Umgang mit Computer und Internet wird immer selbstverständlicher und bedeutsamer. Wie empfinden es die Studierenden im alltäglichen Gebrauch? Welche Einstellungen lassen sich herausarbeiten? Nur wenn die Lehrpersonen sicher im Umgang mit den Geräten und der Software sind und einen Nutzen in der Verwendung erkennen können (vgl. Bofinger 2004), wird eine Umsetzung des medialen Unterrichts wahrscheinlicher. Daher kann ein direkter Zusammenhang zwischen den individuellen Einstellungen und Kompetenzen der Lehrpersonen und der Verwendung der neuen Medien in der Schule hergestellt werden.

Dabei ist zu konstatieren, dass die Studierenden nicht gerade mit Durchhaltevermögen bei Problemen glänzen können. 41,1 Prozent verlieren schnell die Lust, wenn etwas am Computer oder bei der Nutzung des Internets nicht sofort funktioniert. Zum einen zeigt dies, wie wenig manche gewillt sind, sich auch bei

Schwierigkeiten damit auseinanderzusetzen, zum anderen wird dabei deutlich, dass – im Gegensatz zum Lernen als viel beschworenes Schwimmen gegen den Strom – nicht von einer ausreichenden Motivation gesprochen werden kann, sich mit den digitalen Medien auseinanderzusetzen. Eine selbstverständliche Vertrautheit der jungen Menschen durch die Alltäglichkeit und Eingebundenheit des Mediums scheint hier – trotz vielfach anderer Annahmen (Kutscher und Otto 2004) – noch nicht erreicht. Die männlichen angehenden Lehrer unterscheiden sich hierbei signifikant von den weiblichen, indem sie sich selbst weniger Durchhaltevermögen bescheinigen (t = –8,252; p<0,001). Gegensätzlich hierzu zeigt sich die Haltung gegenüber der neuen Technik. Mit 55,7 Prozent der Befragten geben sich über die Hälfte aufgeschlossen gegenüber Computer und Internet. Der Rest schätzt sich als gleichgültig bzw. neutral (29,4 Prozent) oder – überspitzt ausgedrückt – als „technikfeindlich" (14,9 Prozent) ein. Weibliche Befragte bezeichnen sich dabei weniger aufgeschlossen ein (t = 7,227; p<0,001). An dieser Stelle wird eine geschlechtsspezifische Sozialisation wirksam, die sich auf die Wahrnehmung von Interessen auswirkt (vgl. Luca 2003, S. 39–43).

Dass die Arbeit mit Medien als spannend und interessant empfunden wird, geben 62,7 Prozent der Probanden an. Damit erscheinen die Einstellungen der Studierenden in einem positiven Licht. Computer und Internet üben demnach auf die befragten Personen eine große Faszination aus. Bei den männlichen Studierenden ist dies signifikant häufiger der Fall als bei den weiblichen (t = 5,058; p<0,001). Dabei geben 85,7 Prozent der Studierenden – also eine beeindruckende Mehrheit – an, dass sie am Computer und im Internet zwar nicht alles können, aber das, was sie für den Alltag benötigen, beherrschen. In Anbetracht dessen, dass ihre zukünftigen Schüler mit großer Wahrscheinlichkeit andere mediale Erfahrungen aufweisen (vgl. Biermann/Kommer 2005), ist abzusehen, dass auch die angehenden Lehrer neue Medien im Unterricht nicht einsetzen werden. Mit nur ausreichenden Kenntnissen werden sich die befragten Personen wohl kaum der Situation aussetzen, sich durch mangelnde Technikkompetenz bloßzustellen. In Anbetracht der Notwendigkeit persönlicher Hilfestellung bei der Einarbeitung am Computer – ganz im Sinne des sozialen Kapitals nach Bourdieu – bei über 30 Prozent der Studierenden wird ersichtlich, dass bei vielen Studierenden die neuen Medien nicht alltägliches und selbstverständliches Werkzeug sind. Mit 40,5 Prozent gibt auch ein großer Teil an, dass sie nicht auf eine persönliche Einführung angewiesen sind. Die weiblichen Studierenden erklären hierbei viel häufiger, nur rudimentäres Wissen zu besitzen (t = –3,904; p<0,001) und auf persönliche Hilfe angewiesen zu sein (t = –5,768; p<0,001). Besonders die älteren Probanden geben im Vergleich zu den jüngeren häufiger an, nur Kenntnisse und Fähigkeiten für den alltäglichen Gebrauch der neuen Medien zu haben.

Die Arbeit am Bildschirm empfinden 20,2 Prozent als übersichtlicher und systematischer, während 37,2 Prozent anderer Meinung sind. Die Mehrheit mit 42,6 Prozent entscheidet sich für die neutrale Auswahl in der Mitte der Skala. Somit ist die Stichprobe auch hier zu einem klar erkennbaren Teil gespalten. Die Arbeit am Computer scheint nicht für alle eine Erleichterung darzustellen. Deutlicher werden die Einstellungen der Studierenden bei der Aussage, ob Computer und Internet einen höheren Arbeitsaufwand als die traditionelle Art und Weise mit Papier und Stift erfordern. 53,7 Prozent stimmen dem nicht zu. Nur eine Minderheit mit 12,9 Prozent sieht einen höheren Arbeitsaufwand als gegeben.

In der qualitativen Vorstudie konnte bei einem Teil der angehenden Lehrer die Angst vor Kontrollverlust ausgemacht werden. In Anbetracht einer teilweise rigorosen elterlichen Kontrolle konnten die Studierenden nicht immer eine selbstregulierende und autonome Mediennutzung erlernen. Dies führte zu einem dauerhaft schlechten Gewissen, wenn das Fernsehgerät wieder einmal zu lange eingeschaltet blieb. Mit 34,2 Prozent geben über ein Drittel an, dass sie den Computer / das Fernsehen manchmal einfach nicht ausschalten können. Insbesondere trifft dies auf die männlichen Befragten zu (t = 4,848; p<0,001). Wie auch in den vorangegangen Punkten spielt der formelle Bildungshintergrund der Eltern keine Rolle.

Besonders deutlich sind die Ergebnisse zur Bewertung von Medien. Indem die Probanden gefragt wurden, welche der vier aufgeführten Medien (Buch, Computer/Internet, Fernsehen und Zeitung) sie mehr oder weniger nutzen möchten, wird eine Wertigkeit deutlich, die die Studierenden hierzu inkorporiert haben. Auch bei dieser Frage wird die unterschiedliche Bedeutung der Printmedien zum Computer/Internet und insbesondere dem Fernsehen ersichtlich. Mit 81,7 Prozent gibt eine deutliche Mehrheit an, dass sie Bücher gerne mehr oder ein wenig mehr nutzen möchten. Bei den Zeitungen sind es 79,2 Prozent. Die Fälle, die angeben, ihre Nutzung einschränken zu wollen, sind so marginal, dass sie nicht einmal ein Prozent der Gesamtnennungen erreichen. Dies trifft sowohl für Personen zu, die hohe wie auch geringe Nutzungszeiten bei den Büchern aufweisen. Bei den Angaben zu Computer und Internet verändert sich das Bild deutlich. Hier sind es gerade noch 27,3 Prozent, die eine zeitlich umfangreichere Nutzung anstreben. Die Mehrheit mit 62,2 Prozent ist der Meinung, dass sie Computer und Internet im richtigen Umfang nutzen. Mit 10,5 Prozent ist ein Teil sogar der Meinung, dass sie zu viel Zeit investieren. Setzt man die Variable Computer/Internet zu den abgefragten Nutzungszeiten mit einer Kreuztabelle ins Verhältnis, so wird ersichtlich, dass es vor allem die Studierenden mit hohen Nutzungszeiten sind, die den Computer bzw. das Internet weniger nutzen möchten. Das Fernsehen hingegen möchten 35,6 Prozent der Befragten weniger und nur 6,2 Prozent mehr nutzen. 57,3 Prozent geben ihre Nutzung als „genau richtig" an. An den Zahlen wird deutlich, dass die Studierenden mit der Nutzung von Printmedien – mit der Konnotation als Bildungsmedien – eine Erhöhung der Nutzungszeiten und beim Fernsehen mit der Assoziation als Unterhaltungsmedium eine Verringerung verbinden. Dieses positiv besetzte Verhalten – hier das Lesen als Akkumulation von kulturellem Kapital – wird als Leitziel angesehen und angestrebt. Umgekehrt wird das Fernsehen als weniger bedeutend betrachtet und entsprechend wird der Wunsch geäußert, weniger Zeit damit zu verbringen. Zudem findet sich gerade beim Fernsehen und Computer/Internet der größte Anteil, der mit dem zeitlichen Umfang der eigenen Nutzung zufrieden ist. Bei den Printmedien sind diese Gruppen wesentlich kleiner. Eine Diskrepanz zwischen tatsächlicher und der von den Studierenden als wünschenswert angesehenen Nutzung wird hier bei einem großen Teil der Befragten deutlich.

Geschlechtsspezifische Unterschiede finden sich – wie bei der Nutzung selbst – bei Computer/Internet und Zeitung. Sowohl bei Computer/Internet (t = –3,943; p<0,001) als auch bei der Zeitung (t = –2,710; p<0,01) geben die weiblichen Befragten signifikant häufiger an, die genannten Medien mehr nutzen zu wollen. Gerade diese beiden Medien weisen eine geschlechtsspezifische Differenz in der Nutzung auf. Wie bereits oben erläutert, besitzen männliche Studierende häufiger einen Computer sowie einen Internetanschluss und nutzen öfter die Zeitung. Durch diese Differenz scheint der ausgeprägte Wunsch der weiblichen Befragten zu resultieren, diese Medien vermehrt nutzen zu wollen.

Die älteren Probanden geben signifikant häufiger an, die Nutzung von Büchern intensivieren zu wollen (r = –.071; p<0,05) und weniger vor dem Fernsehen zu sitzen (r = .076; p<0,01).

Nach der Darstellung der personenbezogenen Dispositionen soll im Folgenden ein Bild der Einschätzungen der gesellschaftlich bezogenen Aussagen gezeichnet werden. Die Aussagen können in zweierlei Weise gedeutet werden: zum einen als Gradmesser für das vorhandene Wissen um gesellschaftliche Veränderungen ganz im Sinne der Medienkompetenz nach Baacke (vgl. Baacke 1997 S. 98–99) und zum anderen als Deutungen der Probanden, wie diese die gesellschaftlichen Veränderungen bewerten.[37] Wichtig sind hier vor allem Aspekte, die Rückschlüsse auf die Dispositionen der Probanden zulassen. Hier können in den Daten sowohl stereotype Annahmen als auch Faktenwissen der Studierenden abgebildet sein.

So ist zum Beispiel die Vorstellung der möglichen Vereinsamung durch die übermäßige Nutzung von Computer und Internet noch immer verbreitet, obwohl bereits das Gegenteil bekannt ist (vgl. Döring 1996). Immerhin 45,9 Prozent der Studierenden sind der Meinung, dass Menschen, die viel Zeit mit Computer und

---

37 Die Interpretation der Daten im Blickpunkt der Medienkompetenz wird von Elke Billes-Gerhart in ihrer Dissertation an der Pädagogischen Hochschule Karlsruhe durchgeführt.

Internet verbringen, schnell vereinsamen. Nur für 18,8 Prozent trifft dies nicht oder nur weniger zu. Die Nutzung der neuen Medien birgt somit für nahezu die Hälfte der Befragten Gefahren für das Sozialverhalten von Menschen. Ebenso sind 36,3 Prozent der Studierenden der Auffassung, dass mit der Nutzung von Computer und Internet gewalttätiges Handeln zunimmt. 21,8 Prozent glauben, dass dies nicht zutrifft. Prüft man diese beiden Variablen zur Gewalt und Einsamkeit auf signifikante Korrelationen, wird ein überaus starker Zusammenhang deutlich ($r = .330$; $p<0,001$). Die weiblichen Studierenden sind von der Existenz einer möglichen Gewaltwirkung ($t = -5,212$; $p<0,001$) und einer Vereinsamungsgefahr ($t = -3,976$; $p<0,001$) häufiger überzeugt als die männlichen Probanden. Bei einem großen Teil der Studierenden kann somit eine skeptische Haltung anhand der Daten ausgemacht werden. Die neuen Medien werden mit Ängsten besetzt, in denen sich Gefahren der Gewalt und Vereinsamung widerspiegeln. Auch zur Gewaltthematik ist die Forschungslage – hier als Beispiel die Computerspiele – nicht eindeutig: „Auf erkenntnistheoretischer Ebene besteht unter den Wissenschaftlern weithin Einigkeit, dass es im Hinblick auf die mediale Welt keine *direkten* Wirkungen von dieser auf die reale Welt gibt, egal ob die Inhalte gewaltorientiert sind oder nicht." (Fritz und Fehr 2003, S. 51) Aus diesen Aspekten ist ersichtlich, dass sich eine bewahrpädagogische Haltung bei den Studierenden abzeichnet. Hinzu kommt, dass die rasende Medienentwicklung viele den Überblick der Angebote und Möglichkeiten verlieren lässt. Diese Meinung vertreten 68,5 Prozent der Studierenden. Lediglich 8,1 Prozent glauben, dass dies nicht der Fall sei. Diese Einstellung von über zwei Dritteln der Studierenden zeigt eine Ohnmacht gegenüber den gesellschaftlichen Entwicklungen Richtung Informationsgesellschaft und deren veränderten Anforderungen an das Lernen und Arbeiten (vgl. Tully 2004). In Anbetracht dieser Zahlen verwundert es kaum, dass nahezu 40 Prozent der Befragten davon überzeugt sind, dass sich notwendige Informationen auch gut ohne Computer und Internet beschaffen lassen. 23,1 Prozent sind der gegenteiligen Meinung. Die zunehmende Bedeutung vernetzter und digitaler Strukturen wird für die Informationssuche immer bedeutender. Die gesellschafts- und wirtschaftspolitische Bedeutung nimmt immer mehr zu (vgl. Kubicek 2004). Demnach konzentriert sich die Informationsverteilung immer mehr auf die Netzwelt und dürfte andere Bereiche immer mehr ausschließen. Doch dafür benötigt man Such-Strategien, die – wie im Rahmen der qualitativen Studie herausgearbeitet werden konnte – in der Regel nicht existent sind.

Bereits zuvor wurde dargestellt, dass die älteren Studierenden weniger Erfahrungen im Umgang mit Neuen Medien vorweisen können. Dies wirkt sich teilweise auf deren Einstellungen aus. Sie sind deutlich häufiger der Meinung, dass die Gewalt mit der Nutzung von Computer und Internet zunimmt und dass

Personen, die viel Zeit mit den Neuen Medien verbringen, vereinsamen könnten. Auch sind die älteren Befragten markant häufiger der Meinung, dass der Umgang mit Medien für das Erziehungssystem eine wichtige Aufgabe darstelle.[38] Unter Berücksichtigung der Semesterzahl kann diese Aussage bestätigt werden (r = −.106; p<0,001).

Die Studierenden des Lehramts für Realschule halten den Umgang mit Medien signifikant deutlicher für eine wichtige Aufgabe für das Erziehungssystem (t = 3,753; p<0,001) als ihre Kommilitonen des Lehramts für Grund- und Hauptschule. Dies bleibt der einzig auffällige Unterschied zwischen den Studiengängen.

Die Unterscheidung der öffentlich-rechtlichen Fernsehsender und der Privatsender mit den Merkmalen Qualität, Bildungsaspekt und Unterhaltung wurde bereits weiter oben beschrieben und anhand der Geschmackspräferenzen der Studierenden festgehalten. Deutlich wurde in einigen Bereichen eine Orientierung an Qualitäts- und Bildungsaspekten. Mit den Einstellungen ist es möglich, die Aussagen zu den Präferenzen beim Fernsehen genauer zu beleuchten. Die zugeschriebene Glaubwürdigkeit bei Nachrichten und Infosendungen – wie diese über stilistische Mittel im Fernsehen erreicht wird, soll hier nicht erörtert werden – ist dabei ein Kriterium. Nahezu drei Viertel der Studierenden (73,9 Prozent) halten das öffentlich-rechtliche Fernsehen für glaubwürdiger. Dies macht sich bei den Präferenzen der Sendungen – insbesondere der Tagesthemen (s. o.) – bemerkbar. Nur 8,4 Prozent der Studierenden sehen keinen Unterschied bei der Glaubwürdigkeit. Studierende mit formal höher gebildeten Eltern sprechen dem öffentlich-rechtlichen Rundfunk signifikant häufiger eine höhere Glaubwürdigkeit zu. Dabei ist nicht von Bedeutung, ob die Bildung des Vaters (r = −.100; p<0,001) oder der Mutter (r = −.130; p<0,001) berücksichtigt wird. Dennoch ist eine Mehrheit der Ansicht, dass die Privatsender für die notwendige Vielfalt sorgen (52,0 Prozent), nur 16,9 Prozent glauben dies nicht. Insbesondere die jüngeren Studierenden sprechen den Privatsendern zu, die Vielfalt zu gewährleisten (r = .130; p<0,001).

Für 29,8 Prozent der Befragten würden drei[39] öffentlich-rechtlich finanzierte Sender ausreichen, während 40,4 Prozent auf eine größere Auswahl Wert legen. Mit der Angabe, dass man mit wenigen TV-Sendern auskommen würde, geht eine Ablehnung der Privatsender einher. Dies dürfte mit dem Vorwurf des geringen Anspruchs auf Qualität der Privatsender bei ihren Ausstrahlungen zusammenhängen. Kultur- und Bildungsprogramme sind – auch in Anbetracht des

---

38 Der Chi-Quadrat-Test kann auf Grund der Werte bei den erwarteten Häufigkeiten nicht zur Verdeutlichung der Aussage genutzt werden.

39 Hier wurde auf die klassische Konstellation ARD/ZDF/Regionalsender (drittes Programm) zurückgegriffen.

Kostenaspekts und der Abhängigkeit von Werbeeinnahmen – nach wie vor die Domäne der öffentlich-rechtlichen Sender (vgl. Hickethier 2003, S. 272–275). 58,9 Prozent der Studierenden sind der Meinung, dass im Fernsehen ein Kulturprogramm vorhanden sein sollte. Dies wird vor allem von Probanden mit höher gebildeten Eltern angegeben (Vater: r = –.064; p<0,05 Mutter: r = –.068; p<0,05). Insbesondere äußern die älteren Befragten den Wunsch nach einem solchen Angebot (r = –.204; p<0,001). Etwas mehr als ein Achtel der Studierenden (15,7 Prozent) halten ein Kulturprogramm dagegen für nicht notwendig. Mit der Assoziation des Fernsehens als Unterhaltungsmedium und der Forderung nach kulturellen Inhalten verschwimmen die Grenzen zwischen Qualität, Bildung und Hedonismus bzw. Unterhaltung.

Andererseits glauben nur 8,7 Prozent, dass das Fernsehen nur einen Sinn ergibt, wenn es der Bildung dient, und deutliche 58,7 Prozent geben eine gegenteilige Meinung ab. Damit ist eindrücklich dargelegt, dass für die Probanden das Fernsehen kein Bildungsmedium darstellt und sie auch keine diesbezüglichen Ansprüche daran stellen. Vielmehr drückt sich in diesen Zahlen aus, dass die Akkumulation von kulturellem Kapital nicht mit der Nutzung des Fernsehens einhergeht. Vielmehr dient es der Unterhaltung und dem Zeitvertreib.

Im Gegensatz zum Fernsehen wurde das Radio weniger umfangreich behandelt. Wie bereits oben dargelegt, finden sich einige Eltern – insbesondere mit formal höherer Bildung – mit der Präferenz von Radiosendern, die längere Wortbeiträge bieten (s. o.). 21,4 Prozent der befragten Studierenden gaben an, dass ihnen längere Wortbeiträge im Radio wichtig sind. Als unwichtig empfinden dies 49,9 Prozent der Probanden. Deutlich wird auch hier der Zusammenhang von elterlicher Mediennutzung und der ihrer Kinder. Die Befragten mit Eltern, die Radiosendungen mit längeren Wortbeiträgen bevorzugen, bilden in signifikanter Weise die gleichen Präferenzen aus (r = .287; p<0,001). Zudem korreliert diese Radionutzung deutlich mit dem Alter der Befragten (r = –.239; p<0,001). Die älteren Studierenden weisen hier deutlich höhere Werte auf als die Jüngeren. Dahinter könnte sich ein Entwicklungsprozess verbergen, in dem elterliche Dispositionen verstärkt übernommen werden. Neben dem Fernsehen scheint beim Radio ebenfalls eine Differenzierung anhand der Zuschreibung von Qualitäts- und Unterhaltungsmedium stattzufinden.

Die Alltäglichkeit der Medien und die damit verbundene Durchdringung der Lebenswelten haben zur Folge, dass auch die Omnipräsenz von Medien immer mehr wahrgenommen wird. So sind 24,8 Prozent der Meinung, dass Medien viel von ihrer Zeit in Anspruch nehmen. Gegenteiliger Auffassung sind mit 40,9 Prozent deutlich mehr Studierende. Dabei sind es vor allem Befragte, deren Vätern eine höhere formale Bildung aufweisen (r = –.077; p<0,01), die der Ansicht sind, dass sie zu viel Zeit für die Medien aufwenden.

Als letztes soll geklärt werden, welche Einstellungen die Studierenden bei Fragen zur Medienerziehung haben. Hierzu wurden Aspekte ausgewählt, die eine Interpretation unter Berücksichtigung des Konstrukts „medienpädagogische Kompetenz" (vgl. Blömeke 2000 sowie Tulodziecki/Herzig 2002, S. 190–194) und individueller Dispositionen zur Bewertung von Medienerziehung zulassen. Im Blickpunkt stehen die Aspekte, die einen Rückschluss auf den medialen Habitus zulassen.

Tabelle 65: Einstellungen zur Medienerziehung und zur Mediennutzung von Kindern und Jugendlichen

		Trifft zu / Trifft teils zu	Teils, teils	Trifft weniger zu / Trifft nicht zu	Gesamt
Medienerziehung ist Sache der Eltern und nicht der Schule	Anzahl	148	472	565	1185
	In %	12,5	39,8	47,7	100
Medienerziehung soll vor schädlichen Einflüssen schützen	Anzahl	847	244	91	1182
	In %	71,7	20,6	7,7	100
Medienerziehung soll Kompetenzen für den Medienumgang vermitteln	Anzahl	1078	86	15	1179
	In %	91,4	7,3	1,2	100
Medien üben eine starken Einfluss auf Kinder und Jugendliche aus	Anzahl	1113	64	6	1183
	In %	94,1	5,4	0,5	100
Kinder und Jugendliche sitzen zu viel vor dem TV	Anzahl	1026	141	16	1183
	In %	86,7	11,9	1,3	100

Die große Mehrheit der Studierenden ist der Meinung, dass Medienerziehung nicht nur den Eltern überlassen werden soll. Damit wird der Schule diese wichtige Erziehungsaufgabe zugestanden, die die Studierenden später als Lehrer selbst wahrnehmen müssten. Da die Befragten einen starken Einfluss der Medien auf Kinder und Jugendliche als existent ansehen und diese nach ihrer Ansicht zu häufig vor dem Fernsehgerät sitzen, ist es wenig verwunderlich, dass Medienerziehung vor diesen schädlichen Einflüssen schützen und die Kompetenzen für den Medienumgang vermitteln soll. Insgesamt lässt sich ablesen, dass die große Mehrheit der Studierenden ein Gefährdungs- und Suchtpotential in der Mediennutzung erkennt. Diese Zuschreibungen machen deutlich, dass eine angstbesetzte Haltung nicht ausgeschlossen werden kann.

Gerade die älteren Studierenden glauben signifikant deutlicher, dass Medienerziehung vor schädlichen Einflüssen schützen (r = −.116; p<0,001) und

Kompetenzen für den Medienumgang vermitteln soll (r = −.077; p<0,01). Ob dieser Effekt auf die Ausbildung habitueller Muster durch das Studium an der Hochschule zurückzuführen ist, kann an dieser Stelle nicht beantwortet werden. Hierzu bedürfte es einer Längsschnittstudie zur Erarbeitung von Einflussfaktoren und ihrer Wirksamkeit auf die Dispositionen der Lehramtsstudierenden während des Studiums.

9.2.11 Die wichtigsten Medien für die Freizeit und für das Studium (B11)

Wie bereits festgestellt, ist die Mediennutzung stark von den Motiven und dem Nutzungszweck abhängig. Ebenso ist die Situation bzw. der Kontext ein Faktor, wie Medien genutzt werden. Um dies zu vergleichen, sollten die Studierenden die für sie wichtigsten Medien für die Freizeitnutzung (die auch weiter ausdifferenziert werden konnte) und für das Studium angeben. Es waren maximal drei Angaben erlaubt, die zudem nummeriert waren. So kann davon ausgegangen werden, dass mit dieser Vorgehensweise eine Rangfolge der Medien entstanden ist. Das erste Medium wird dementsprechend mit dem bedeutendsten gleichgesetzt.

Für das Studium spielen in erster Linie drei Medien eine Rolle: Bücher, Internet und Computer. Dies gilt sowohl für die erste als auch die zweite Nennung und auch die genannte Reihenfolge wird dabei eingehalten. Bei der dritten Nennung liegen noch immer die Bücher an erster Stelle, Internet und Computer liegen nahezu gleichauf. Zeitschriften und Zeitungen nehmen erst mit der dritten Nennung an Bedeutung zu.

Bei den wichtigsten Medien in der Freizeit ist die Rangfolge weder so eindeutig, noch auf wenige Nennungen verteilt. In der Rangfolge der häufigsten Nennungen für das wichtigste Medium zeigt sich wiederholt, dass Bücher (26,5 Prozent) und Internet (19,5 Prozent) weiter vorne liegen. Auf Fernsehen (17,4 Prozent), Computer (12,0 Prozent), Tonträger (10,7 Prozent) sowie Radio und Handy (5,8 bzw. 5,4 Prozent) verteilen sich nahezu alle restlichen Stimmen. Auch bei den Nennungen zu den zweit- und drittwichtigsten Medien lassen sich ähnliche Rangfolgen ausmachen. Eindeutig ersichtlich ist, dass die Neuen Medien ihren festen Bestandteil in der Alltagswelt eingenommen haben und auch entsprechend in ihrer Bedeutung von den befragten Studierenden wahrgenommen werden.

Geschlechtsspezifische Unterschiede finden sich − nicht unerwartet − bei den Büchern, dem Computer und dem Internet. Bei den weiblichen Probandinnen wird die Affinität zu Büchern deutlich (30,4 zu 10,4 Prozent). Die männlichen Befragten geben wesentlich öfter den Computer (22,2 zu 9,5 Prozent) und das Internet (27,4 zu 17,7 Prozent) als wichtigstes Medium für die Freizeit an. Mit dem zweit- und drittwichtigsten Medium nivellieren sich die Unterschiede. Bei der Bedeutung für das Studium sind die Unterschiede weniger offensichtlich. Zeitschriften werden von männlichen Studierenden häufiger als wichtiges Medium genannt als von den weiblichen Kommilitonen.

Unter dem Aspekt der elterlichen Bildung geben Studierende mit formal niedriger gebildeten Eltern das Buch häufiger als wichtigstes Medium für die Freizeit an als andere. Die Nennungen nehmen konstant mit dem elterlichen Bildungsgrad ab (dies gilt sowohl für den Vater wie auch für die Mutter). Dieses Verhältnis dreht sich beim zweitwichtigsten Medium im gleichen Verhältnis wieder um, sodass eine Interpretation schwierig und keine gefestigte Aussage möglich ist. Zudem muss konstatiert werden, dass sich die anderen Angaben in den Häufigkeiten weit weniger unterscheiden.

Bemerkenswert ist auch, dass das Handy mit der täglichen Nutzung in der Bedeutung eher eine marginale Rolle abseits der anderen Medien zu spielen scheint.

Tabelle 66: Wichtigste Medien in der Freizeit und im Studium (Angaben in Prozent)

	Bücher	Computer	Internet	TV	Tonträger	Radio
Freizeit						
1.	26,5	12,0	19,5	17,4	10,7	5,8
2.	15,9	9,1	18,6	20,2	11,6	10,3
3.	17,5	8,9	13,0	20,1	12,6	9,0
	Bücher	Computer	Internet	Zeitungen	Zeitschriften	
Studium						
1.	38,1	25,6	35,5	–	–	–
2.	39,5	21,9	32,9	2,3	1,6	–
3.	21,6	17,7	17,5	12,5	21,0	–

9.2.12 Zusammenfassung

Die Studierenden sind – obwohl sie sich noch in der Ausbildung befinden und das Einkommen entsprechend gering sein dürfte – bereits sehr gut mit Medien ausgestattet. Bei Büchern, Handys und CDs kann nahezu von einer Vollversorgung gesprochen werden. 90 Prozent besitzen einen eigenen Computer und 80 Prozent einen eigenen Internetzugang. Von den restlichen 20 Prozent haben viele die Möglichkeit, über die Familie oder die Universität das Internet zu nutzen. Die Qualität des Internetzugangs ist jedoch unterschiedlich. Die Hälfte nutzt das DSL-Angebot der Provider, knapp 28 Prozent surfen mit ISDN oder analog, fast

12 Prozent haben einen Zugang über ein lokales Netzwerk oder über Funk (z. B. Uni oder Studentenwohnheim) und nur 10 Prozent haben keinen Internetzugang. Auch das eigene TV-Gerät ist mit ca. 70 Prozent weit verbreitet. Zudem verfügen die Studierenden über weitere Zugangsmöglichkeiten zu Medien bei der Familie, Freunden und an der Hochschule.

Die Nutzung der Medien lässt sich aus verschiedenen Blickwinkeln betrachten. So variieren die Nutzungszeiten und -frequenzen stark, was zunächst nichts über die Qualität der Nutzung aussagt. In der Regel werden Bücher, Handy, CDs, Computer, Internet und Fernsehen täglich oder mehrmals pro Woche genutzt. Zeitungen, Zeitschriften, Video und DVD dagegen werden weniger oft (mehrmals bis einmal pro Woche) in Anspruch genommen. Das Kino wird – wohl auch wegen der Kosten und der Ortsgebundenheit – eher seltener besucht. Beim Computer, dem Internet und der Büchernutzung wird ein nicht unerheblicher Teil der gesamten Nutzungszeit für das Studium aufgewendet. Hierbei nivellieren sich auch geschlechtsspezifische Unterschiede, die im Bereich der privaten Nutzung noch zu finden sind. Die studienspezifische Anwendung von Medien nimmt mit der Semesterzahl zu, d. h. der zeitliche Umfang des Gebrauchs für Studium und Beruf erhöht sich deutlich. Vor allem belegt allein die große Bandbreite der angegebenen Nutzungszeiten, wie unterschiedlich die Gruppe der Studierenden unter dem zeitlichen Aspekt mit Medien umgeht.

Die angegebenen Zeiten und Frequenzen sagen jedoch nichts über die Intention oder die Motivation der Studierenden aus. Die Ergebnisse zeigen eindrücklich, wie different die einzelnen Medien für die Rezeption bestimmter Inhalte ausgewählt werden. Für Nachrichten und Politik werden insbesondere das Fernsehen, aber auch Zeitungen und Radio genutzt. Für die Wissensaneignung – und hier zeigt sich auch die klassische Orientierung der Bildung am Text – ist das Buch maßgebend. Das Internet folgt mit großem Abstand. Besonders augenfällig ist dabei, dass Bücher nur zu einem kleinen Teil für Informationen aus der Wissenschaft genutzt werden. Hier spielen Internet, Fernsehen und Zeitung eine wichtigere Rolle. Dass über 13 Prozent der Studierenden angaben, Bücher überhaupt nicht zu nutzen, verwundert doch stark. Studieren bedeutet, sich mit wissenschaftlichen Methoden und Erkenntnissen auseinanderzusetzen, die primär in Buchform publiziert werden. Dies scheint bei einem Teil der Befragten nach deren eigenen Angaben nicht der Fall zu sein – zumindest nicht über Bücher. Diese dienen einem großen Teil der Befragten zur Entspannung und Unterhaltung. Ebenso lässt sich dies beim Fernsehen und bei Tonträgern feststellen. Computer (inkl. Multimediaprodukten) und Internet – und dies bestätigt die Ergebnisse aus dem qualitativen Forschungsprojekt in Freiburg – werden in erster Linie für das Lernen, die Arbeit und die Informationssuche genutzt. Der Arbeits- und Bildungscharakter dieser Medien, der bei den Probanden zunächst nur vermutet wurde, wird hier sehr deutlich und bestätigt. Jedoch finden sich auch Aspekte, die eine Nutzung außerhalb dieses arbeitsbezogenen Rahmens aufzeigen. Das Kino dagegen ist ein soziales Event, bei dem man sich mit Freunden trifft, um sich zu entspannen und unterhalten zu lassen. Radio und Tonträger dienen ebenfalls hauptsächlich der Entspannung und Unterhaltung, werden aber von einem großen Teil nebenbei genutzt. Die Zeitung wird weiterhin als Informationsmedium angesehen. Hieraus lässt sich konstatieren, dass Medien sowohl in der Motivation als auch bezüglich des Inhalts unterschiedliche Funktionen erfüllen und die Studierenden entsprechende Erwartungen an diese haben. In den Zahlen bestätigt sich, dass das zur Verfügung stehende Medienensemble für unterschiedliche Zwecke eingesetzt wird und teilweise sogar eine Monopolstellung diesbezüglich einnimmt. Jedoch kann kein Medium universal alle Bedürfnisse und Anforderungen befriedigen. Selbst unter dem Aspekt der Medienkonvergenz (vgl. Hasebrink 2002, S. 91–92), die gerade für das Internet als Ergänzungsplattform (vgl. hierzu Wagner 2002) eine zunehmende Bedeutung hat, haben die Befragten ihre klaren Favoriten für bestimmte Informations-, Unterhaltungs- und Bildungsbedürfnisse.

Betrachtet man unter dem Aspekt der Bildung bzw. des Studiums die Computer- und Internetnutzung der Studierenden, wird deutlich, dass die Informationssuche sowie der Download von Unterrichtsmaterialien und Lernumgebungen einen festen Bestandteil der Internetanwendungen ausmachen. Weniger deutlich fallen die unterhaltungsorientierten Bereiche wie Videoportale etc. ins Gewicht. Die arbeitsorientierte Nutzung kann für das Internet jedoch nicht in der umfangreichen Form bestätigt werden, wie sie in der qualitativen Freiburger Studie erarbeitet wurde. Dies wird vor allem bei den weiblichen Studierenden ersichtlich, die das Internet deutlich weniger ausdifferenziert nutzen. Dies gilt ebenso für die Computernutzung. Bei den für das Studium relevanten Programmen wie Textverarbeitung und Lernprogramme nivellieren sich die geschlechtsspezifischen Unterschiede. Für alle Studierenden gilt, dass eine arbeits- und bildungsorientierte Haltung bei der Computernutzung durchaus als existent bestätigt werden kann. Daneben gibt es aber auch weitere Nutzungsformen der Studierenden, die eine ausschließliche Fokussierung auf eine Qualitäts- und Bildungsorientierung als nicht zulässig erscheinen lassen. Eine kreative Auseinandersetzung mit den digitalen Medien findet dagegen nur in einem sehr geringen Umfang statt. Die Studierenden wenden sich nur zu einem kleinen Teil mediengestalterischen Möglichkeiten zu. Blogs, Webdesign und Programmieren weisen die geringsten Nennungen unter allen Angaben auf.

Bei der Rezeption von Fernsehinhalten durch die Studierenden werden deren Präferenzen von qualitäts- und bildungsorientierten Inhalten am Beispiel einzelner Sendungen konkreter. Wissens- und Informationssendungen wie auch

Kulturprogramm und Tagesthemen erhalten die höchsten Zustimmungswerte, während diese für reine Unterhaltungssendungen absinken. Betrachtet man jedoch die Einteilung nach Genres und deren Beurteilung, ist diese Aussage abzuschwächen. Es wird erkennbar, dass die Rezeption von TV-Inhalten nur unzureichend mit quantitativen Methoden erhoben werden kann. Bei einer Beschränkung auf die Lieblingssendungen und -genres bleibt eine Interpretationslücke bestehen, die anhand der vorliegenden Daten nicht geschlossen werden kann. Es kann nicht ausgemacht werden, wieso einzelne Sendungen im Vergleich zum Genre eine höhere oder niedrigere Relevanz haben. So können unterschiedliche Sendungen eines Genres derart in ihren Inhalten divergieren, dass unterschiedliche Zielgruppen damit erreicht werden. Zur Ermittlung des medialen Habitus sind zwar Geschmackspräferenzen mit zu beachten, sie haben jedoch eine viel niedrigere Bedeutung für die Interpretation als zunächst angenommen. Vielmehr sind die Einstellungen und Begründungen für die Auswahl von Programmen entscheidend, aus denen sich dann die Geschmacksmuster entwickeln. Offensichtlich ist, dass das Geschlecht einen erheblichen Einfluss auf die Programmauswahl hat. Der Bildungshintergrund der Eltern als Einflussgröße steht an dieser Stelle nur im geringen Umfang zur Diskussion, da die Korrelationen nur sehr schwach ausfallen. Die Nutzung von Programminhalten des Fernsehens muss in einer größeren Breite erfasst werden, damit sie für eine tiefer gehende Interpretation nutzbar gemacht werden kann.

Hierzu tragen die erfassten Einstellungen der Studierenden bei. Das öffentlich-rechtliche Fernsehen genießt bei den Studierenden in Bezug auf die Glaubwürdigkeit einen besseren Ruf als das Privatfernsehen. Teilweise werden die Privatsender sogar abgelehnt bzw. als unnötig erachtet (29,8 Prozent), während ein anderer Part sie als Teil einer notwendigen Vielfalt ansieht (40,4 Prozent). Dahinter verbergen sich Dispositionen, die eine große Kluft zwischen Ablehnung und Befürwortung erahnen lassen. Die hier untersuchte Stichprobe scheint eine weniger ablehnende Haltung gegenüber dem Privatfernsehen einzunehmen, als es noch in der qualitativen Studie der Fall war. Während ca. zwei Drittel der Probanden eine ablehnende Haltung einnahmen, war es bei der quantitativen Stichprobe nur noch ein Drittel. Die Zustimmung für ein Kulturprogramm in der quantitativen Erhebung liegt dagegen bei fast 60 Prozent. Umgekehrt halten nur knapp 9 Prozent der Befragten das Fernsehen für sinnvoll, wenn es der Bildung dient. Damit wird das Fernsehen klar als Informations- und Unterhaltungsmedium definiert, das zugleich eine distinktive Funktion hat. Dies wird unter anderem durch die Wechselbeziehung zur elterlichen Bildung sichtbar, die vor allem bei den Aspekten Qualität und Bildung verstärkt auftritt. Die geschlechtsspezifischen Unterschiede treten dabei deutlich in den Hintergrund.

Bei den Einstellungen zu den Neuen Medien wurden insbesondere Aspekte zu Computern und Internet wie auch Fragen zur Medienerziehung berücksichtigt. Teilweise wurde hierfür auf die Arbeit und Erfahrungen von Blömeke (2000) zurückgegriffen.

Im Umgang mit Computer und Internet werden deutliche Schwierigkeiten der Studierenden erkennbar. Von einer selbstverständlichen Nutzung und Integration der Neuen Medien in den Alltag, wie sie vor einigen Jahren für die heranwachsende Generation vorhergesagt wurde, kann noch nicht gesprochen werden. Dennoch haben die Studierenden ein positives Verhältnis zu den Neuen Medien. Daher ist zu konstatieren, dass die Bedienung von Computer und Internet noch immer als zu komplex beurteilt werden muss oder im Umkehrschluss nicht genug für die Förderung von Medienkompetenz (vgl. Baacke 1997, S. 98–99) getan wird. Insbesondere unter Berücksichtigung einer medienpädagogischen Kompetenz (vgl. Blömeke 2000, S. 148–173 sowie Tulodziecki/Herzig 2002, S. 190–194) und den erhobenen Teilaspekten wird ersichtlich, dass ein großer Teil der Studierenden stereotype Vorstellungen über Jugendliche und ihre Mediennutzung hat. Dies betrifft sowohl die Mediennutzung als auch die Wirkungsannahmen.

Da immer wieder Altersunterschiede auftauchen, scheint eine Bearbeitung des Themas in einer Längsschnittstudie immer dringlicher. Es kann hier nicht geklärt werden, inwiefern noch ein Prozess der Entwicklung von Dispositionen durch die Erziehung der Eltern respektive das Milieus stattfindet oder die Ausbildung an der Hochschule die Einstellungen und Verhaltensweisen beeinflusst.

9.3 Medien in Studium und Beruf

9.3.1 Berufswahlmotive der Studierenden (C01)

Wie bereits im Kapitel 4 dargestellt, zeigte sich, dass Medien bei der Berufswahl keine Rolle spielen. Weder in qualitativen und offenen Verfahren noch in quantitativen Umfragen wurde die Bedeutung der Neuen Medien für die Berufswahl erfragt oder von einer Person von sich aus als Motiv genannt. Dies lässt zunächst die Aussage zu, dass der Lehrerberuf nicht mit Neuen Medien in Verbindung gebracht wird. Um diesen Sachverhalt genauer beleuchten zu können, wurde aus den quantitativen Studien eine Frage entnommen (Krieger 2000, S. 251) und um den Punkt „Die Medienbildung junger Menschen fördern" ergänzt. Die hinzugefügte Formulierung ist gewollt positiv ausgefallen. Zunächst wird das Wort Medien mit Bildung in Verbindung gebracht. Dies generiert eine positive Besetzung

des Begriffs „Medien". Hinzu kommt das Verb „fördern". Versteht man dies als
originäre Aufgabe der Lehrer, verstärkt es den positiven Effekt zusätzlich.

Tabelle 67: Berufswahlmotive der Studierenden

		Trifft zu	Trifft eher zu	Teils, teils	Trifft weniger zu	Trifft nicht zu	Gesamt-zahl
Umgang mit Kindern und Jugendlichen	Anzahl	1000	137	35	2	1	1175
	In %	85,1	11,7	3,0	0,2	0,1	100
Fachbezogenes Interesse	Anzahl	511	420	196	39	8	1174
	In %	43,5	35,8	16,7	3,3	0,7	100
Relativ kurze Studienzeit	Anzahl	42	115	185	365	464	1171
	In %	3,6	9,8	15,8	31,2	39,6	100
Familie und Beruf verein-bar	Anzahl	395	327	233	130	88	1173
	In %	33,7	27,9	19,9	11,1	7,5	100
Relativ gutes Einkommen	Anzahl	196	336	363	171	107	1173
	In %	16,7	28,6	30,9	14,6	9,1	100
Päd. Erfah-rung/ Jugend-arbeit	Anzahl	540	303	184	92	55	1174
	In %	46,0	25,8	15,7	7,8	4,7	100
Einfluss auf Gesellschaft	Anzahl	252	339	322	185	78	1176
	In %	21,4	28,8	27,4	15,7	6,6	100
Lange Ferien	Anzahl	115	193	273	341	250	1172
	In %	9,8	16,5	23,3	29,1	21,3	100
Eigene Schul-erfahrung	Anzahl	229	313	282	221	129	1174
	In %	19,5	26,7	24,0	18,8	11,0	100
Elterneinfluss	Anzahl	58	119	188	287	517	1169
	In %	5,0	10,2	16,1	24,6	44,2	100
Sicherheit/ Beamtenstatus	Anzahl	140	271	274	244	239	1168
	In %	12,0	23,2	23,5	20,9	20,5	100
Eignung zur Führung jun-ger Menschen	Anzahl	309	479	266	78	36	1168
	In %	26,5	41,0	22,8	6,7	3,1	100
Verlegenheits-studium	Anzahl	10	19	89	171	864	1153
	In %	0,9	1,6	7,7	14,8	74,9	100
Medienbildung fördern	Anzahl	54	184	377	340	215	1170
	In %	4,6	15,7	32,2	29,1	18,4	100
Einfaches Studium	Anzahl	6	26	120	307	710	1169
	In %	0,5	2,2	10,3	26,3	60,7	100

Jeder Teilnehmer konnte die Relevanz einer Angabe für die eigene Wahl des Lehrerberufs bewerten. Die möglichen Gründe sind dabei recht unterschiedlich gehalten. Sie reichen von persönlichen Merkmalen (z. B. eigene Schulerfahrung, Elterneinfluss) bis zu stellenbezogenen Besonderheiten (z. B. fachbezogenes Interesse, relativ gutes Einkommen, Sicherheit und Beamtenstatus).

Von größter Bedeutung für die Wahl des Lehrerberufs ist der Umgang mit Kindern und Jugendlichen. Bei nahezu 97 Prozent der Angaben von „trifft zu" und „trifft eher zu" ist dies ein maßgeblicher Faktor. Bei den weiblichen Probanden ist dies stärker ausgeprägt als bei den männlichen (t = $-7,284$; p<0,001). An nächster Stelle steht das „fachbezogene Interesse" mit etwas über 79 Prozent, das von weiblichen Probanden stärker angegeben wird (t = $-2,721$; p<0,01). Mit 72 Prozent geben die Teilnehmer an, dass sie den Lehrerberuf auf Grund von Erfahrungen in der Jugendarbeit gewählt haben, was ebenfalls signifikant vom Geschlecht abhängig ist (t = $-4,093$; p<0,001). Die Vereinbarkeit von Familie und Beruf spielt für über 60 Prozent der künftigen Lehrer eine Rolle. Dies ist hoch signifikant geschlechtsspezifisch (t = $-6,892$; p<0,001). Für die weiblichen Studierenden scheinen diese Faktoren deutlich mehr Einfluss auf die Berufswahl auszuüben.

Die Möglichkeit, über den Beruf Einfluss auf die Gesellschaft zu nehmen, ist für knapp über 50 Prozent ein bedeutender Faktor. Mit ca. 45 Prozent folgt die eigene Schulerfahrung. Bei beiden Punkten ergeben sich keine geschlechtsspezifischen Unterschiede.

Die Sicherheit des Beamtenstatus schätzen ca. 35 Prozent als einen Grund für die Wahl des Lehrerberufs ein. Insbesondere die männlichen Probanden geben dies etwas stärker an (t = $2,713$; p<0,01).

Für über 26 Prozent, mehrheitlich sind es die männliche Probanden (t = $2,653$; p<0,01), sind die langen Ferien ein gewichtiger Grund. Gerade 20,3 Prozent der Studierenden geben die Förderung der Medienbildung junger Menschen als bedeutenden Faktor an. In Anbetracht der Forderungen, verstärkt Medienkompetenz in der Schule zu vermitteln, ein eher ernüchterndes Ergebnis. Für männliche Studierende ist die Medienbildung deutlich häufiger ein Grund als für die weiblichen (t = $2,974$; p<0,01).

Eine eher untergeordnete Rolle spielen die relativ kurze Studienzeit (an der PH-Freiburg 6 bzw. 7 Semester Regelstudienzeit), der Einfluss der Eltern und die Angabe, ob es sich um ein Verlegenheitsstudium oder im Vergleich zu anderen Studienmöglichkeiten um ein einfaches Studium handelt.

Der Einfluss der elterlichen Bildung – auch hier gemessen am höchsten formalen Bildungsabschluss – scheint auf alle Variablen betrachtet recht wenig Auswirkungen auf die Berufswahl der Studierenden auszuüben. Sehr deutlich erkennbar wird der Zusammenhang zwischen dem Bildungsabschluss des Vaters (r = –.221; p<0,001) bei der Variable „Einfluss der Eltern", ebenso verhält es sich bei der Mutter (r = –.322; p<0,001). Dies deutet auf eine starke Reproduktion der elterlichen Berufswahl durch die Studierenden bei höherem Bildungsmilieu hin. Schwache Zusammenhänge zeigen sich noch zwischen der Bildung der Mutter und der Angabe „Einfluss auf die Gesellschaft" (r = –.106; p<0,01) und der Vereinbarkeit von Familie und Beruf (r = –.077; p<0,01).

Weniger Signifikanzen lassen sich in Verbindung mit der Semesterzahl erkennen. Hier wurde – wie oben bereits erwähnt – die Einteilung in Blöcke verwendet. Lediglich bei den Angaben „Relativ kurze Studienzeit" (r = .101; p<0,01) und „Lange Ferien" (r = .120; p<0,001) zeigen sich in Verbindung mit der Semesterzahl schwache Korrelationswerte. Für die Studierenden in den Anfangssemestern scheinen diese Aspekte wesentlich bedeutsamer als für die studienerfahrenen Kommilitonen oder die Prüfungskandidaten.

In Bezug auf das Alter der Probanden findet sich lediglich ein signifikanter – und zudem nur schwacher – Zusammenhang: Die Jüngeren legen etwas mehr Wert auf die Vereinbarkeit von Familie und Beruf (r = .099; p<0,001).

Wegen der geringen Fallzahlen von Gymnasiasten und Diplomanden wurden diese für den Vergleich der Studiengänge herausgefiltert. Für den folgenden t-Test für unabhängige Stichproben wurden nur Studierende für das Lehramt an Grund- und Hauptschulen und Studierende für das Lehramt an Realschulen berücksichtigt. Bei diesen zwei Gruppen zeigen sich bei einigen Punkten signifikante Unterschiede:

Tabelle 68: Berufswahlmotive unter geschlechtsspezifischer Perspektive

	t	p
Umgang mit Kindern und Jugendlichen	–4,592	<0,001
Fachbezogenes Interesse	4,945	<0,001
Familie und Beruf vereinbar	–3,254	<0,01
Päd. Erfahrung / Jugendarbeit	–3,305	<0,01

Für die Studierenden des Lehramts für Grund- und Hauptschulen sind der Umgang mit Kindern und Jugendlichen, die Vereinbarkeit von Familie und Beruf und die Erfahrungen aus pädagogischen Tätigkeiten und aus der Jugendarbeit öfter relevante Punkte in der Wahl des Lehrerberufs. Das fachbezogene Interesse zeigt einen gegenteiligen Verlauf. Dieses ist für die angehenden Realschullehrer von größerer Bedeutung. Das Grundschullehramt scheint für diejenigen Personen besonders interessant zu sein, die sich insbesondere einen Beruf wünschen, bei dem man auf die eigene Familienplanung und den Umgang mit Kindern und Jugendlichen zurückgreifen kann.

9.3.2 Die Bedeutung des Themas Medien im Studium (C02)

Die herausragende Bedeutung der Neuen Medien für die Entwicklung einer Informationsgesellschaft ist mittlerweile ein unbestrittener Gemeinplatz. Gerade in den letzten Jahren machte die Entwicklung von Computer und Internet deutlich, wie sehr sich die Gesellschaft durch technische Entwicklungen verändern kann und neue Herausforderungen auftreten. Auf diese vielfältigen Veränderungen gilt es auch im Bereich der Bildung zu reagieren und die Kinder und Jugendlichen auf eine mediatisierte Welt vorzubereiten. Nachdem der Einsatz von Neuen Medien im Unterricht noch stark ausbaufähig ist, bedarf es verstärkter Anstrengungen, Wissen und Kenntnisse über Medien im Studium zu vermitteln. Um zu erfahren, wie die Studierenden die Relevanz des Themas Medien im Studium einschätzen, wurden sie um deren Bedeutung befragt.

Tabelle 69: Bedeutung des Themas Medien im Studium

Keine Bedeutung	Geringe Bedeutung	Durchschnittli- che Bedeutung	Hohe Bedeutung	Sehr hohe Bedeutung
2	19	445	608	95
0,2	1,6	38,1	52,0	8,1

Etwa 60 Prozent der Studierenden betonen die hohe oder sehr hohe Bedeutung des Themas Medien während des Lehramtsstudiums. 38,1 Prozent geben an, dass sie eine durchschnittliche Bedeutung haben sollten. Nur 1,8 Prozent sind der Meinung, dass sie eine geringe oder keine Relevanz haben sollten. Darüber, wie die Medien im Studium als Thema behandelt werden sollen, geben die Auswahlmöglichkeiten natürlich keine Antwort. Sie dienen lediglich als Indikator für die Bewertung des Themas. Und hier zeigt sich, dass die Studierenden dem Thema Medien eine sehr hohe Bedeutung zuweisen. Dies mag zum einen an den medialen Entwicklungen der letzten Jahre liegen, zum anderen aber auch an einer hohen Verunsicherung der Studierenden, wie sie selbst mit dem Thema umgehen sollen. Auf Grund der Ergebnisse der qualitativen Studie sollte dem zweiten Punkt eine größere Beachtung geschenkt werden. Denn es existieren ernstzunehmende Aussagen über Verunsicherungen vor, welchen Stellenwert Neue Medien im Kindes- und Jugendalter haben und wie diese in didaktischer Form genutzt werden können (siehe dazu Kapitel 6)

Bezüglich des Geschlechts, des Studiengangs, der elterliche Bildung, des Alters und der Semesterzahl lassen sich hier keine signifikanten Unterschiede finden.

9.3.3 Medienarten sowie Lehr- und Lernmittel für den Einsatz im Unterricht (C03)

Um genauere Daten zu erhalten, welche Medienarten die Studierenden als relevant für den Einsatz im Unterricht ansehen, wurde eine Matrix erstellt. Hier konnten einzelne Medien in ihrer Bedeutung bewertet werden.

Tabelle 70: Bedeutung einzelner Medien sowie Lehr- und Lernmittel für den Einsatz im Unterricht

		Wichtig	Eher wichtig	Geht so	Weniger wichtig	Nicht wichtig	Summe
Zeitung/Zeitschrift	Anzahl	355	463	276	71	4	1169
	In %	30,4	39,6	23,6	6,1	0,3	100
Buch (außer Schulbuch)	Anzahl	650	390	112	19	1	1172
	In %	55,5	33,3	9,6	1,6	0,1	100
Radio	Anzahl	33	132	440	455	111	1171
	In %	2,8	11,3	37,6	38,9	9,5	100
Tonträger (Kassette, CD)	Anzahl	133	373	393	225	47	1171
	In %	11,4	31,9	33,6	19,2	4,0	100
Foto, Dia	Anzahl	251	529	278	103	10	1171
	In %	21,4	45,2	23,7	8,8	0,9	100
Tageslichtprojektor (OHP)	Anzahl	583	467	105	11	3	1169
	In %	49,9	39,9	9,0	0,9	0,3	100
Fernsehen, Video, Film	Anzahl	229	510	349	77	3	1168
	In %	19,6	43,7	29,9	6,6	0,3	100
Computer	Anzahl	432	504	192	35	5	1168
	In %	37,0	43,2	16,4	3,0	0,4	100
Büro-Software (z. B. Textverarbeitung)	Anzahl	351	508	218	75	13	1165
	In %	30,1	43,6	18,7	6,4	1,1	100
Computerspiele	Anzahl	5	20	108	349	683	1165
	In %	0,4	1,7	9,3	30,0	58,6	100
Lern-Software	Anzahl	195	483	337	120	32	1167
	In %	16,7	41,4	28,9	10,3	2,7	100
Internet	Anzahl	394	508	216	41	9	1168
	In %	33,7	43,5	18,5	3,5	0,8	100
Computer-Präsentationen	Anzahl	390	476	235	55	15	1171
	In %	33,3	40,6	20,1	4,7	1,3	100
Beamer	Anzahl	335	462	274	70	26	1167
	In %	28,7	39,6	23,5	6,0	2,2	100

Die ‚Klassiker' Buch (88,8 Prozent) – wohlgemerkt ohne das Schulbuch – und der Overheadprojektor (89,8 Prozent) führen eindeutig das Feld an. Diese beiden Medien sind den Schülern überaus geläufig, haben sie doch die letzten Jahre ihren Unterricht damit erlebt. Zudem setzen diese kein umfangreiches technisches Wissen für den Umgang voraus und verändern die didaktische Planung nur in einem sehr geringen Umfang. Der Lehrer bleibt hier „Herr der Lage" und bestimmt das Vorgehen. Computer und Internet folgen in der Rangliste mit jeweils 80,2 Prozent und 77,2 Prozent. Lediglich Tonträger wie Kassetten und CDs und das Radio werden als weniger bedeutend angesehen als die anderen Medien.

Eine besonders starke Ablehnung erfahren Computerspiele. 88,6 Prozent der Befragten sehen diese als weniger oder nicht wichtig für einen Einsatz im Unterricht an. Dies ist unabhängig davon, ob die Probanden das Lehramt für Grund- und Hauptschule oder für Realschule studieren. Mit dieser Ablehnung bilden die Computerspiele eine besondere Rolle. Spiele scheinen, trotz der vielfältigen Möglichkeiten, Kompetenzen erwerben zu können (vgl. Kraam 2004, S. 12–17), bei den angehenden Lehrern keine fördernswerten Aspekte innezuhaben.

Abbildung 25: Bedeutung von Lehr- und Lernmitteln sowie Medien für den Unterricht

Der Großteil der vorgegebenen Medien wird als wichtig bis eher wichtig angesehen und führt das Bild der vorangegangenen Frage nach der Bedeutung des Themas Medien fort. Ausgehend von diesen Zahlen lässt sich zunächst konstatieren, dass die angehenden Lehrer den Medien für den Einsatz im Unterricht eine hohe Relevanz zuweisen. Ob sich hier verstärkt ein Effekt der sozialen Erwünschtheit bemerkbar macht oder ob dies die Einstellungen und Vorstellungen der Studierenden sind, die später nicht in die Praxis umgesetzt werden, kann hier nicht beantwortet werden. Dazu bedarf es einer Längsschnittstudie, die den Verlauf und die Entwicklung der Dispositionen aufdeckt und den Medieneinsatz in der Schule durch die untersuchten Personen näher beleuchtet.

Zudem ist in vielen Fällen die Bewertung in auffälliger Weise abhängig vom Geschlecht. Die männlichen Probanden schätzen das Buch ($t = -6,144$; $p<0,001$), das Radio ($-4,280$; $p<0,001$), Tonträger ($t = -4,256$; $p<0,001$), Foto und Dia ($t = -4,535$; $p<0,001$), den Tageslichtprojektor ($t = -3,598$; $p<0,001$), Fernsehen, Video, Film ($t = -2,960$; $p<0,001$) und Lernsoftware ($t = -4,711$; $p<0,001$) signifikant bedeutsamer ein als ihre weiblichen Kommilitoninnen. Interessanterweise sind es gerade die männlichen Studierenden, die Computerspiele viel weniger bedeutend für den Unterricht einschätzen ($t = 4,416$; $p<0,001$), obwohl sie mehr Erfahrungen damit vorweisen (s. o.). Jedoch zeigt sich dies nur für dieses Medium. Hier hätte man wohl eher vermutet, dass auf Grund der geschlechtsspezifischen Nutzungszahlen bei Computerspielen eine eher höhere Relevanz bei den männlichen Studierenden auszumachen sei. Dass besonders bei Computerspielen die Zustimmung im Vergleich derart absinkt, lässt ausreichend Raum für Spekulationen. Vielleicht herrscht hier kein gemeinsames Verständnis, was alles unter dem Begriff Computerspiele zu subsumieren ist. Obwohl gleich die nächste Frage nach spezifischer Lern-Software gestellt wird, ist dennoch vorstellbar, dass weibliche Probanden hier noch eher als die männlichen Computerspiele im Sinne von Lern-Spielen verstehen. Abgesehen von diesem Fall lässt sich bei den männlichen Studierenden insgesamt eine höhere Zustimmung für den Einsatz von Medien im Unterricht konstatieren. Bei den anderen Medienarten – insbesondere bei Computer und Internet – sind auf das Geschlecht bezogen keine weiteren bedeutsamen Unterschiede feststellbar.

In Abhängigkeit der gewählten Schulstufe sind keine signifikanten Unterschiede erkennbar. Ebenso lässt sich in Verbindung mit dem höchsten Bildungsabschluss der Eltern lediglich eine sehr schwache Signifikanz bei der Frage nach der Bedeutung von Zeitung und Zeitschriften finden. Diese ist jedoch mit $r = -.065$ und $p<0,05$ derart gering, dass sie nahezu vernachlässigbar ist.

Insgesamt zeigt sich ein recht positives Bild: Viele Medienarten werden als wichtig oder eher wichtig für den Unterricht eingestuft. Lediglich Tonträger, Radio und – weit abgeschlagen – Computerspiele werden als weniger relevant angesehen. Die Studierenden scheinen sich der Bedeutung von Medien für das gesellschaftliche Leben und die Möglichkeiten zum Lernen in der Schule wohl bewusst zu sein. Zumindest bestätigt sich hier, dass sie – abgesehen von möglichen sozial erwünschten Verzerrungen – den meisten Medien eine hohe Relevanz für den Einsatz im Unterricht zugestehen.

9.3.4 Notwendige Kenntnisse für den Medieneinsatz (C04)

Nachdem die Probanden den Einsatz der Medien für den Einsatz im Unterricht als wichtig und eher wichtig beurteilt haben, klärt die nächste Frage, wie die Studierenden die Notwendigkeit von Kenntnissen für den Medieneinsatz einschätzen. („Welche Kenntnisse benötigt man Ihrer Meinung nach, um Medien lernfördernd im Unterricht einsetzen zu können?") Hierzu wurden verschiedene Aspekte medienpädagogischer Kompetenzen (vgl. Blömeke 2000, S. 187–298) zur Beurteilung integriert.

Zunächst wurde erfragt, inwiefern Kenntnisse über didaktische Konzepte zum Einsatz von Medien im Unterricht notwendig sind. Eine eindeutige Mehrheit (87,8 Prozent mit „Trifft zu" und „Trifft eher zu") hält diese für essentiell. Gerade mal 2,4 Prozent sind der Meinung, dass dies nicht zutreffe. Die Studierenden sind sich demnach im Klaren darüber, dass der Einsatz von Medien im Unterricht einer didaktischen Planung bedarf. Die bloße Verwendung von Medien ohne didaktische Konzepte scheint wenig aussichtsreich. Allein die Verwendung eines Mediums im Unterricht führt nicht automatisch zu einem effektiveren Lernen.

Bei der Frage, ob Kenntnisse von Forschungsergebnissen zum Einsatz von Medien im Unterricht notwendig sind, ändert sich das eindeutige Bild der ersten Frage. Hier sind nur noch 44,6 Prozent der Meinung, dass diese Kenntnisse notwendig seien. 36 Prozent geben an, dass dies „teils, teils" der Fall sei, während 19,4 Prozent solche Kenntnisse als weniger oder gar nicht notwendig ansehen. Der Transferprozess bei Forschungsergebnissen von den Forschenden in die Lehre und somit – mit Verzögerung – in die Praxis scheint den Studierenden in großen Teilen bewusst zu sein. Vor allem dienen diese Kenntnisse der Beurteilung von didaktischen Vorhaben und ermöglichen eine Abschätzung der Effektivität.

Als bedeutsamere Kenntnisse schätzen die Probanden Lehr- und Lerntheorien im Zusammenhang mit Medien ein. 72 Prozent sehen diese als notwendige Kenntnisse an, um Medien erfolgreich im Unterricht einsetzen zu können. 23,2 Prozent gaben „teils, teils" als Antwort an, während ein Rest von gerade mal 4,8 Prozent diese als weniger wichtig (trifft weniger zu) oder nicht wichtig (trifft nicht zu) bewerteten. Diese Einstellung erscheint wenig verwunderlich, bedenkt man, dass Lerntheorien für die Vermittlung von Wissen zu den wichtigsten theoretischen Kenntnissen der Lehrer gehören.

Entwicklungspsychologische Theorien spielen gerade im Hinblick auf die kognitiven Fähigkeiten und die Nutzung von Medien eine bedeutende Rolle. Gerade beim Lernen mit und über Medien und die Vermittlung von Medienkompetenz bei Kindern (vgl. als Beispiel Neuß 1999) und Jugendlichen sind entwicklungspsychologische Kenntnisse wichtig und für den Einsatz notwendig. Ebenso sehen dies 58 Prozent der Studierenden, während 31,6 Prozent sich für ein „teils, teils" aussprachen. 10, 4 Prozent sind sogar der Meinung, dass diese Kenntnisse eher nicht notwendig seien.

Als besonders wichtigen Punkt sehen die Studierenden die Kriterien zur Analyse, Bewertung und Auswahl von Medien für den Einsatz im Unterricht an. So geben 79,4 Prozent an, dass dies notwendige Kenntnisse für den Medieneinsatz seien. 17 Prozent wählen die „Mitte" und gerade mal 3,6 Prozent erklären, dass dies weniger oder nicht zutreffend sei. Die Studierenden scheinen besonderen Wert auf die Kontrolle der eingesetzten Medien zu legen. Es hat den Anschein, als ob sie Medien nur dann einsetzen, wenn sie diese ‚unter Kontrolle' halten können. Je komplexer ein Gerät in seiner Bedienung und im Einsatz, desto eher lässt sich eine anschließende Ablehnung vermuten. So geben 91,1 Prozent der Probanden an, dass technische Kenntnisse im Umgang mit neuen Medien notwendig seien. 7,7 Prozent nehmen hier eine neutrale Haltung ein und für gerade einmal 13 Probanden (1,1 Prozent) trifft dies weniger zu. Vergleicht man dies mit der Angabe, wie sie sich selbst einschätzen, wird hier eine Diskrepanz sichtbar: Zur Bewertung der Aussage „Ich kann am Computer und im Internet zwar nicht alles, aber das, was ich für den Alltag brauche, beherrsche ich." (Frage B18) gaben 85,7 Prozent an, dass dies auf sie eher oder ganz zutreffe. Die Selbsteinschätzung der eigenen und die Bewertung der notwendigen Kenntnisse, die hier als relevant angesehen werden, gehen eklatant auseinander.

Insgesamt sehen die Studierenden auch bei dieser Frage die Notwendigkeit von Kenntnissen für einen lernfördernden medialen Unterricht als angebracht, was die hohen Werte der Zustimmung aufzeigen. Sie orientieren sich dabei jedoch stark am Medium und seinem Einsatz als Unterrichtsmittel. Angaben zu gesellschaftlichen und entwicklungspsychologischen Grundlagen wie auch Forschungsergebnissen haben hier wesentlich weniger Zustimmung, wohl auch weil ein direkter Zusammenhang zunächst nicht erkennbar ist.

Mit dem t-Test für unabhängige Stichproben werden deutliche geschlechtsspezifische Unterschiede sichtbar. So weisen weibliche Probanden signifikant höhere Mittelwerte aus, wenn es um die Kenntnisse von didaktischen Konzepten zum Medieneinsatz ($t = -4,013$; $p<0,001$), Lehr- und Lerntheorien ($t = -2,656$; $p<0,001$) und technische Kenntnisse im Umgang mit Medien ($t = -3,746$; $p<0,001$) geht. Die weiblichen Studierenden scheinen den Lernprozess mehr in fachlicher Weise kontrollieren und lenken zu wollen als ihre männlichen Kollegen. Sie sind eher an den praktischen Vorgehensweisen und Prozessen interessiert. Gemeinsam ist den Geschlechtern die geringere Zustimmung bei der Notwendigkeit von theoretischem Hintergrundwissen und Forschungsergebnissen.

Tabelle 71: Vergleich der Ergebnisse Blömeke/Biermann

Welche Kenntnisse benötigt man Ihrer Meinung nach, um Medien lernfördernd im Unterricht einsetzen zu können? (Angaben in Prozent)	Untersuchung Blömeke 2000	Eigene Stichprobe
Didaktische Konzepte zum Einsatz von Medien im Unterricht	94,2	87,7
Forschungsergebnisse zum Einsatz von Medien im Unterricht	57,2	44,6
Lehr-/Lerntheorien im Zusammenhang mit Medien	75,7	72,0
Entwicklungspsychologische Theorien im Medienzusammenhang	65,5	58,0
Kriterien zur Analyse, Bewertung und Auswahl von Medien	90,8	79,4

Wie bereits oben erwähnt, wurde diese Frage teilweise bei Blömeke (2000, S. 388) entnommen und ergänzt. Blömeke verwendet eine Skala mit 4 Antwortmöglichkeiten. Die hier verwendete 5er-Skala lässt demnach nur eingeschränkt einen Vergleich zu. Zudem ist die Stichprobe (maximal 173 Antworten zu dieser Frage, vgl. Blömeke 2000, S. 222) wesentlich kleiner ausgefallen als hier. Da Blömeke „aus Sicht des konzeptionellen Ansatzes [...] alle Items mit „trifft zu" beantwortet" (Blömeke 2000, S. 221) sehen will, um bei den Studierenden ein Bewusstsein bzw. die Existenz von mediendidaktischer Kompetenz zu konstatieren, ist ein Vergleich dennoch möglich. Vergleicht man nun die Angaben „trifft zu" und „trifft eher zu" der beiden Stichproben, wird ersichtlich, dass die Studierenden aus Paderborn bei allen fünf Vergleichsitems höhere Werte als die Studierenden der vier anderen Hochschulen aufweisen (siehe Tabelle 71).

Die deutlich höheren Werte der Zustimmung können auch auf die fehlende fünfte Auswahl bei Blömeke zurückgeführt werden. Bei einer 4er-Skala ist die befragte Person gezwungen, sich tendenziell zu entscheiden. Daher vermute ich eine Verlagerung der mittleren Positionen in den Bereich der Zustimmung.

9.3.5 Einschätzung der Nutzungszeiten von Jugendlichen (C05)

Die Studien des MPFS (1996 und 2003) zeigen, dass Lehrer die Fernsehnutzung ihrer Schüler eher negativ und unterhaltungsorientiert bewerten und diese zeitlich höher einschätzen, als sie laut Forschungsstudien tatsächlich ist. Für die medienpädagogische Arbeit – und hierzu zählt auch der Medieneinsatz im Unterricht mit einem Bezug zum Alltag der Jugendlichen – ist es notwendig, dass Lehrer wissen, in welchen medialen Welten ihre Schüler leben. Dass dies aktuell nicht gegeben ist und Lehrpersonen andere mediale Nutzungsformen und -präferenzen aufweisen, konnte bereits die Lehrerstudie des MPFS (2003) feststellen. Bei den Lehramtsstudierenden müsste – sofern sie bereits eine ähnliche Einstellung wie berufstätige Lehrer haben – ebenfalls eine Diskrepanz auftauchen. Die Angabe der Nutzungszahlen sollte bei einem entsprechend besuchten Lehrangebot der Hochschulen zu medienpädagogischen Inhalten mit der Semesterzahl den tatsächlichen Daten immer näher kommen. Zur Einschätzung der geschlechtsspezifischen Nutzungszeiten konnten die Probanden die Minutenzeiten für die Medien Fernsehen, Internet und Bücher angeben.

Tabelle 72: Einschätzung der Nutzungszeiten von Medien bei Jugendlichen

	Fernsehen		Internet		Bücher	
	Mittelwert	Standard-abwei-chung	Mittelwert	Standard-abwei-chung	Mittelwert	Standard-abwei-chung
Mädchen	120,52	63,616	60,85	56,027	44,41	37,316
Jungen	134,63	73,779	101,96	74,395	21,80	23,617
Mittelwert	127,57		81,41		33,11	

Die geschätzten Nutzungszahlen bei Fernsehen und Internet sind bei den Jungen deutlich höher als bei den Mädchen. Beim Buch verhält es sich genau umgekehrt.

Die Daten der Fernsehforschung „Media Analyse" belegen, dass die Studierenden die tägliche Sehdauer der Jugendlichen etwas unterschätzen. Während Jugendliche im Alter von 14 bis 19 Jahre 2006 152 Minuten pro Tag schauten (vgl. Media Perspektiven 2006, S. 70), liegen die Einschätzungen der Studierenden mit durchschnittlich 127,57 Minuten um etwa 25 Minuten darunter. Nimmt man jedoch die Zahlen der AGF/GFK Fernsehforschung als Basis[40], so verändert sich das Bild. Hier schauen Jugendliche im Alter von 14 bis 19 in Westdeutschland 101 und in Ostdeutschland 121 Minuten täglich Fernsehen. Hier überschätzen die Studierenden die Nutzungszahlen. Während die Zahlen der Befragung zur Media Analyse auf computergestützten Telefoninterviews basieren, wird bei der AGF/GFK über die Installation eines technischen Geräts (sog. GFK-Metern) die Nutzung exakt erfasst und gespeichert (vgl. Kooperationspartner „Medienda-

---

40 Quelle: AGF/GfK Fernsehforschung, Fernsehpanel (D) ab 1.1.2003 inkl. digitaler Sendernutzung, Fernsehpanel (D+EU) ab 1.1.2005. Online einsehbar unter: http://www.ard.de/intern/basisdaten/fernsehnutzung/sehdauer_20pro_20tag_20in_20deutschland_20west_20und/-/id=55040/xwrqaa/index.html, zuletzt besucht am 16.3.2007.

ten Südwest" 2003, S. 20). Voraussetzung hierfür ist jedoch, dass die Zuschauer das Gerät korrekt bedienen, d.h. sich dort an- und abmelden. Dies macht die Zahlen der AGF/GFK unabhängiger von persönlichen Einschätzungen und ergibt ein objektives Bild. Zudem wird bei dieser Messmethode durch weitere Untersuchungen (vgl. Hofsümmer 2007, S. 45) die Gültigkeit der gemessenen Quoten deutlich.

Ebenso wie beim Fernsehen wird die Nutzungsdauer des Internets falsch eingeschätzt. Laut der ARD/ZDF-Langzeitstudie Massenkommunikation VII aus dem Jahr 2005 (vgl. Reitze/Ridder 2006, S. 212) weisen Personen zwischen 14 und 19 Jahren eine durchschnittliche Nutzungsdauer von 58 Minuten auf. Hier überschätzen die Lehramtsstudierenden die Zeiten mit einer durchschnittlichen Angabe von 81,4 Minuten recht deutlich.

Beim Lesen von Büchern ergibt sich für die Messung aus dem Jahr 2005 ein bundesdeutscher Durchschnitt von 35 Minuten bei den 14 bis 19 Jahre alten Personen. Im Jahr 2000 lag dieser Wert bei 20 Minuten (vgl. Reitze/Ridder 2006, S. 214). Hier schätzen die Studierenden die Lesezeit recht gut ein. Mit 33,1 Minuten ist der Unterschied marginal. Nimmt man jedoch den Wert aus dem Jahr 2000, ist ein deutlicher Unterschied zu bemerken.

Da die Minutenzeiten deutlich unterschiedlich angegeben wurden, ist eine Einteilung in Blöcke zur besseren Übersicht sinnvoll. Danach verteilen sich die geschätzten Zahlen wie folgt:

Tabelle 73: Einschätzung der Fernsehnutzung in Minuten

Fernsehen		Bis 60 Min.	61 bis 90 Min.	91 bis 120 Min.	121 bis 180 Min.	Über 180 Min.	Gesamt
Mädchen	Anzahl	230	158	434	223	85	1130
	In %	20,4	14,0	38,4	19,7	7,5	100
Jungen	Anzahl	166	165	352	278	169	1130
	In %	14,7	14,6	31,2	24,6	15,0	100

Tabelle 74: Einschätzung der Internetnutzung in Minuten

Internet		Bis 30 Min.	31 bis 60 Min.	61 bis 90 Min.	91 bis 120 Min.	Über 120 Min.	Gesamt
Mädchen	Anzahl	436	413	78	149	52	1128
	In %	38,7	36,6	6,9	13,2	4,6	100
Jungen	Anzahl	138	332	153	274	233	1130
	In %	12,2	29,4	13,5	24,2	20,6	100

Tabelle 75: Einschätzung der Büchernutzung in Minuten

Bücher		Bis 15 Min.	16 bis 30 Min.	31 bis 45 Min.	46 bis 60 Min.	61 bis 120 Min.	Über 120 Min.	Gesamt
Mädchen	Anzahl	177	465	77	264	124	20	1127
	In %	15,7	41,3	6,8	23,4	11,0	1,8	100
Jungen	Anzahl	589	374	33	68	35	5	1104
	In %	53,4	33,9	3,0	6,2	3,2	0,5	100

Wie man sehen kann, schwanken die Zahlen immer wieder. Dies kann auf die Zeitabstände zurückgeführt werden, wenn die Probanden nur grob geschätzt haben. Gerade wenn es um die Angaben zur vollen und halben Stunde in Verbindung mit der assoziierten Nutzungsdauer (große bzw. kleine Schritte bzw. hohe oder geringe Nutzungszeiten) geht, kommt es schnell zu den Ausschlägen bei bestimmten Nutzungsbereichen. Betrachtet man zum Beispiel bei den Mädchen die Nutzungszeiten bei Büchern, so fällt auf, dass gerade die Häufigkeiten bei den Minutenangaben 16 bis 30 und 45 bis 60 höhere Werte erreichen als bei den Zwischenwerten. Auch ohne die Einteilung in Intervalle zeigen sich diese erhöhten Häufigkeiten, sodass eine Verzerrung durch eine Datenkomprimierung ausgeschlossen werden kann.

9.3.6 *Der Zweck des Einsatzes von Computer und Internet im Unterricht (C06)*

Die folgende Frage nach Einschätzungen zum Einsatzzweck von Computer und Internet wurde von Blömeke (2000, S. 389) übernommen, jedoch an die verwendete Skala mit fünf Auswahlmöglichkeiten angepasst. Somit sind die Ergebnisse nicht vergleichbar.

Blömeke nutzt diese Frage als Indikator für die Erfassung von Kenntnissen von mediendidaktischen Konzepten. Neben dieser Auslegung[41] können die Items als Orientierung der Studierenden verstanden werden, welcher Wert Medien im Unterricht anhand ihrer Funktion zugewiesen wird.

Wichtig erscheinen den Studierenden vor allem die Möglichkeiten, aktuelle Informationen einzubringen (Median = 1), Abwechslung in den Unterricht zu bringen (Median = 2), entdeckendes Lernen zu ermöglichen (Median = 2), selbständiges Arbeiten zu ermöglichen (Median = 2), einen Sachverhalt zu veranschaulichen (Median = 2) sowie Aufgaben und Ergebnisse zu präsentieren (Median = 2).

---

41 Dieser Weg der Interpretation wird auch von Elke Billes-Gerhart in ihrer Dissertation verfolgt.

Tabelle 76: Einschätzung des Medieneinsatzes im Unterricht anhand verschiedener Kriterien

Computer und Internet sind geeignete Mittel, um ...		Trifft zu	Trifft eher zu	Teils, teils	Trifft weniger zu	Trifft nicht zu	Gesamt
... Aufgaben und Ergebnisse zu präsentieren.	Anzahl	393	370	251	116	25	1155
	In %	34,0	32,0	21,7	10,0	2,2	100
... mit Schülerinnen und Schülern Vorgehen und Ziele einer Unterrichtsstunde zu erarbeiten.	Anzahl	97	248	371	363	69	1148
	In %	8,4	21,6	32,3	31,6	6,0	100
... das geplante Vorgehen und die Ziele festzuhalten.	Anzahl	111	272	347	345	67	1142
	In %	9,7	23,8	30,4	30,2	5,9	100
... eine Aufgabe zu lösen.	Anzahl	120	296	398	273	63	1150
	In %	10,4	25,7	34,6	23,7	5,5	100
... Unterrichtsergebnisse festzuhalten.	Anzahl	159	337	356	233	62	1147
	In %	13,9	29,4	31,0	20,3	5,4	100
... das Erarbeitete zu reflektieren und zu bewerten.	Anzahl	126	293	388	261	76	1144
	In %	11,0	25,6	33,9	22,8	6,6	100
... einen Sachverhalt zu veranschaulichen	Anzahl	427	477	187	47	9	1147
	In %	37,2	41,6	16,3	4,1	0,8	100
... individuelles Lernen zu ermöglichen.	Anzahl	353	431	257	89	25	1152
	In %	30,6	37,4	22,3	7,5	2,2	100
... Abwechslung in den Unterricht zu bringen.	Anzahl	538	488	108	12	6	1152
	In %	46,7	42,4	9,4	1,0	0,5	100
... entdeckendes Lernen zu ermöglichen.	Anzahl	456	437	198	46	15	1152
	In %	39,6	37,9	17,2	4,0	1,3	100
... zur Öffnung der Schule beizutragen.	Anzahl	293	415	329	87	16	1140
	In %	25,7	36,4	28,9	7,6	1,4	100
... selbständiges Arbeiten zu ermöglichen.	Anzahl	451	463	181	43	13	1151
	In %	39,2	40,2	15,7	3,7	1,1	100
... aktuelle Informationen einbringen.	Anzahl	599	421	104	23	5	1152
	In %	52,0	36,5	9,0	2,0	0,4	100

Wenn es um die Aktivität der Schüler geht, stehen vor allem das entdeckende Lernen und das selbständige Arbeiten im Vordergrund (im Grunde das Befolgen einer Arbeitsanweisung). Dies erinnert stark an die altbekannten Strukturen von Schule und Unterricht, in denen der Lehrer eine Aufgabe stellt und die Schüler Zeit haben, diese zu lösen. Kooperative Arbeitsweisen von Lehrer und Schülern scheinen weniger gefragt zu sein. Die Schüler in die Erarbeitung von Vorgehen und Ziele einer Unterrichtsstunde einzubinden, mit ihnen das Vorgehen und die Ziele mit den anschließenden Ergebnissen festzuhalten und das Erarbeitete zu reflektieren und zu bewerten sind weniger zutreffende Möglichkeiten des Computer- und Interneteinsatzes (bei jedem Item beträgt der Median 3). Es drängt sich der Verdacht auf, dass Computer und Internet zwar zur Auflockerung des Unterrichts und Arbeitserleichterung eine hohe Zustimmung erhalten, aber nicht alle bereit sind, die Potentiale auszuschöpfen, oder dass den Befragten diese nicht bekannt sind. Die Schüler an der Mitgestaltung zu beteiligen, das Erlernte mit den Lernenden zu reflektieren und zu hinterfragen und diese mehr in die Planung einzubeziehen – was auch im Sinne von Qualitätsmanagement verstanden werden kann – erhält kaum Zustimmung. Teilweise wird auch die Meinung vertreten, dass Computer und Internet keine geeigneten Mittel dafür darstellen. Zudem kann auch davon ausgegangen werden, dass die angehenden Lehrer selbst keinen solchen Unterricht erlebt haben.

Zum Teil ergeben sich in den Daten leichte Unterschiede. So geben die jüngeren Studierenden signifikant ($r = .093$; $p<0,01$) häufiger an, dass Computer und Internet für das Erarbeiten des Vorgehens und der Ziele einer Unterrichtsstunde geeignete Mittel sind. Ebenso sind die jüngeren eher der Meinung, dass Computer und Internet dazu geeignet sind, die Unterrichtsergebnisse festzuhalten ($r = .071$; $p<0,05$) und das Erarbeitete zu reflektieren und zu bewerten ($r = .094$; $p<0,01$).

Bezogen auf das Semester der Studierenden lassen sich ebenfalls nur schwach ausgeprägte Signifikanzen finden. So sehen die höheren Semester Computer und Internet ein wenig eher als geeignetes Mittel an, eine Aufgabe zu lösen ($r = -.068$; $p<0,05$) und individuelles Lernen zu ermöglichen ($r = -.084$; $p<0,01$). Umgekehrt finden die niedrigeren Semester, dass eine Reflexion über das Erarbeitete über diesen Weg zutrifft ($r = .067$; $p<0,05$). Die Stärken der Zusammenhänge sind jedoch so gering, dass man hier kaum von einem Einstellungswandel anhand von möglichen Einflüssen durch die Hochschule sprechen kann. So wäre es durchaus vorstellbar gewesen, bei höheren Werten einen Bezug auf vermittelte Lerninhalte aus Seminaren während des Studiums zu schließen. So scheint eher die Situation gegeben zu sein, dass beim Studium in diesen Fällen keine Einflüsse wirkmächtig werden.

Unter der Berücksichtigung der elterlichen Bildung und des Studiengangs finden sich keine Einflüsse.

Signifikante Unterschiede ergeben sich bei der Berücksichtigung des Geschlechts. So zeigen sich bei einem t-Test für unabhängige Stichproben, dass weibliche Studierende eher zur Aussage tendieren, dass Computer und Internet geeignete Mittel sind, selbständiges Arbeiten zu ermöglichen ($t = -3,267$; $p<0,01$) und aktuelle Informationen einzubringen ($t = -3,958$; $p<0,001$).

9.3.7 Medienpädagogische Inhalte im Studium und ihre Bedeutung (C07 und C09)

Die zuvor gestellte Frage ermöglicht eine Aussage, inwiefern eventuelle Änderungen über die Semesterzahl ausgemacht werden können. Dies war nur in einem sehr geringen Umfang der Fall. Mit der nächsten Frage wird überprüft, inwiefern hier Aussagen über studierte Inhalte gemacht werden können, die die Einstellungen zur obigen Frage hätten beeinflussen können und in welchen Bereichen sich die Studierenden Kenntnisse erarbeitet haben. Grundlage hierfür bildet das Konstrukt der medienpädagogischen Kompetenz (Blömeke 2000, S. 61–186; Tulodziecki et al. 2000, S. 22–24; Blömeke 2003, S. 3–8).

Inwiefern Kenntnisse über privates Medienverhalten im Rahmen des Studiums erarbeitet wurden, stellt die Ausgangsbasis dar. Die Reflexion von eigenen medialen Handlungsmustern ist Voraussetzung für eine kritische Auseinandersetzung den eigenen Bewertungen und Handlungen. Jedoch haben mit 35,5 Prozent nur geringfügig mehr als ein Drittel bisher Erfahrungen damit gemacht. Demgegenüber stehen 42,5 Prozent, die sich bisher keine Kenntnisse im Rahmen ihres Studiums dazu angeeignet haben. Bemerkenswert daran ist, dass dies nicht signifikant vom Alter oder der Semesterzahl abhängt. Somit sind das Alter, die Studiendauer und damit die Möglichkeit, entsprechende Seminare bereits besucht zu haben, keine relevanten Einflussgrößen. Auch unter Verwendung der Aspekte der elterlichen Bildung, des Studiengangs oder des Geschlechts finden sich keine Korrelationen. Es scheint, als ob es zwei Gruppen von Studierenden gäbe: Die einen setzen sich mit dem Thema in der Hochschule bewusst auseinander und die anderen lehnen dies ab.

Anschließend sollten die Probanden angeben, inwiefern sie bereits Kenntnisse über die Bedeutung der Medien für die Entwicklung der Lehrerrolle sammeln konnten. Gerade der Medieneinsatz in der Schule kann eine neue Art des Unterrichts bewirken, wenn er denn stattfindet. Hier geben 34,4 Prozent an, entsprechende Kenntnisse vermittelt bekommen zu haben, gegenüber 41,6 Prozent, auf die dies nicht oder weniger zutrifft. Auch hier sind keine Korrelationen mit anderen Variablen ermittelbar.

Noch weniger (23 Prozent) haben Kenntnisse in Bezug auf die Bedeutung der Medien für die Schulentwicklung gesammelt. 41,8 Prozent geben an, dass dies nicht der Fall sei. Auch hier lassen sich keine weiteren Zusammenhänge finden.

Neben den Bedeutungen für die Lehrerrolle und die Schulentwicklung sind vor allem Kenntnisse über das Nutzungsverhalten bei Kindern und Jugendlichen wichtige Aspekte, um deren Medienkompetenz zu fördern. Ohne die Alltagswelt der Jugendlichen zu kennen, könnten medienpädagogische Maßnahmen schnell an dem Klientel vorbeigehen. Auch hier geben lediglich 33,9 Prozent an, an der Hochschule Kenntnisse erworben zu haben. 40,1 Prozent nannten dies als nicht zutreffend. Zwar ist hier eine Tendenz erkennbar, dass sich ältere Semester in diesem Bereich eher weitergebildet haben, aber die Werte sind selbst für eine schwache Signifikanz nicht ausreichend.

41,2 Prozent hingegen gaben an, dass sie Wissen zum Einfluss der Mediennutzung auf Kinder und Jugendliche während ihres Studiums erworben hatten, während dies auf 43,2 Prozent nicht zutrifft. Dass die Studierenden in den höheren Semestern etwas häufiger – jedoch ohne Signifikanz – angeben, hier im Rahmen des Studiums etwas gelernt zu haben, lässt einen Einfluss der Hochschule vermuten.

Betrachtet man lediglich die erste Spalte der Tabelle (siehe Tabelle 78) mit den zusammengefassten Angaben „Trifft zu / eher zu", so lässt sich konstatieren, dass bisher je nach Thema zwischen 7,4 und 41,2 Prozent der Befragten Kenntnisse zum Bereich medienpädagogischer Kompetenz während des Studiums erworben haben. Dies ist zum einen vom Lehrangebot der Hochschulen abhängig und zum anderen auch davon, wie die Studierenden die Seminare besuchen. Hier sind sie für die Auswahl des besuchten Seminarangebots selbst verantwortlich. So kann es auch sein, dass das Angebot nicht in seinem wahren Umfang wahrgenommen und als marginal bezeichnet wird (vgl. Middendorf 2003). Es kann davon ausgegangen werden, dass die Studierenden gemäß ihrer Präferenzen und ihres Habitus Veranstaltungen auswählen. So müssten – bei einer eher ablehnenden Haltung zu Neuen Medien als Lehr- und Lernmittel – hier auch entsprechend geringere Werte zu finden sein. Ebenso kann man den Fokus ablesen, den die Studierenden auf die Inhalte legen.

Das Thema mit der stärksten Nachfrage ist der Einfluss der Mediennutzung auf Kinder und Jugendliche. Die öffentliche Diskussion um dieses Thema dürfte sich positiv auf die Nachfrage während des Studiums ausgewirkt haben. Gerade nach den Amokläufen in Erfurt und Emsdetten herrschte hier Diskussionsbedarf. Die Thematik weist die höchste Relevanz aus, wie bereits bei den Einstellungen zur Mediennutzung von Kindern und Jugendlichen (s. o.) gezeigt wurde.

Um genauer herauszufinden, welche Bedeutung die Studierenden den einzelnen Bereichen für das Lehramtsstudium zuweisen, wurden einige Items der Frage in einer anderen Fragestellung erneut abgefragt.

Tabelle 77: Bereits erworbene Kenntnisse im Rahmen des Studiums mit Differenzierung nach Geschlecht und Semesterzahl

In meinem Studium habe ich bereits Kenntnisse gesammelt im Bereich:		Trifft zu / eher zu	Teils, teils	Trifft weniger zu / nicht zu	Gesamt	t-Test Geschlecht	Korrelation mit Anz. Semester
Privates Medienverhalten	Anzahl	392	243	470	1105		
	In %	35,5	22,0	42,5	100		
Bedeutung der Medien für die Lehrerrolle	Anzahl	380	266	459	1105		
	In %	34,4	24,1	41,5	100		
Bedeutung der Medien für die Schulentwicklung	Anzahl	344	294	458	1096		
	In %	31,4	26,8	41,8	100		
Art und Umfang der Mediennutzung von Kindern und Jugendlichen	Anzahl	373	287	441	1101		
	In %	33,9	26,1	40,1	100,1		
Einfluss der Mediennutzung auf Kinder und Jugendliche	Anzahl	453	282	365	1100		r = –.063
	In %	41,2	25,6	33,2	100		p<0,05
Erziehungs- und Bildungsaufgaben im Medienzusammenhang	Anzahl	289	326	471	1086		r = –.084
	In %	26,6	30,0	43,4	100		p<0,01
Didaktische Konzepte zum Einsatz von Medien im Unterricht	Anzahl	351	271	474	1096		r = –.088
	In %	32,0	24,7	43,2	100		p<0,01
Forschungsergebnisse zum Einsatz von Medien im Unterricht	Anzahl	164	266	661	1091		
	In %	15,0	24,4	60,6	100		
Lehr-Lerntheorien im Zusammenhang mit Medien	Anzahl	240	264	586	1090	t = 3,577	
	In %	22,0	24,2	53,8	100	p<0,001	
Entwicklungspsychologische Theorien in Bezug auf Medien	Anzahl	143	274	672	1089		
	In %	13,1	25,2	61,7	100		
Kriterien zur Analyse, Bewertung und Auswahl von Medien	Anzahl	306	267	513	1086		r = –.123
	In %	28,2	24,6	47,2	100		p<0,001
Merkmale und Entwicklungen der Medienlandschaft	Anzahl	172	297	610	1079		
	In %	15,9	27,5	56,5	100		
Sprache und Wirkung von Medien	Anzahl	256	316	511	1083		r = –.081
	In %	23,6	29,2	47,2	100		p<0,01
Rechtliche Regelungen im Medienzusammenhang	Anzahl	80	185	819	1084	t = 3,262	
	In %	7,4	17,1	75,6	100	p<0,01	
Kenntnisse über den gesellschaftlichen Wandel in Bezug auf Medien	Anzahl	253	280	546	1079		
	In %	23,4	25,9	50,6	100		

Tabelle 78: Einschätzung der Bedeutung von Themen im Studium (Die Werte in Klammern entsprechen den Zahlen aus der vorigen Tabelle)

Wie wichtig sind Ihrer Meinung nach die einzelnen Gebiete des Medienumgangs im Lehramtsstudium?		Wichtig / Eher wichtig	Geht so	Weniger wichtig / Nicht wichtig	Gesamt	t-Test Geschlecht	Korrelation mit Semester
Privates Medienverhalten	Anzahl	670	303	145	1118		r = .066
	In %	59,9 (35,5)	27,1	13,0 (42,5)	100		p<0,05
Bedeutung der Medien für die Lehrerrolle	Anzahl	721	315	70	1106		
	In %	65,2 (34,4)	28,5	6,4 (41,5)	100		
Bedeutung der Medien für die Schulentwicklung	Anzahl	590	267	48	905		r = .083
	In %	71,5 (31,4)	24,2	4,3 (41,8)	100		p<0,01
Art und Umfang der Mediennutzung von Kindern und Jugendlichen	Anzahl	965	120	21	1106	t = –3,702	
	In %	87,3 (33,9)	10,8	1,9 (40,1)	100	p<0,001	
Einfluss der Mediennutzung auf Kinder und Jugendliche	Anzahl	1008	91	10	1109	t = –4,180	
	In %	90,9 (41,2)	8,2	0,9 (33,2)	100	p<0,001	
Erziehungs- und Bildungsaufgaben im Medienzusammenhang	Anzahl	920	169	17	1106	t = –3,394	
	In %	83,2 (26,6)	15,3	1,6 (43,4)	100	p<0,001	
Einsatz von neuen Medien im Unterricht	Anzahl	979	114	17	1110	t = –3,996	
	In %	88,2	10,3	1,6	100	p<0,001	
Kenntnisse über den gesellschaftlichen Wandel in Bezug auf Medien	Anzahl	687	331	87	1105	t = –2,218	r = .061
	In %	62,2 (23,4)	30,0	7,9 (50,6)	100	p<0,05	p<0,05

Anhand dieser Zahlen (siehe Tabelle 78) bestätigt sich die hohe Relevanz des Themas um Medienwirkungen bei Kindern und Jugendlichen. Überhaupt weisen die Studierenden – wohl nicht ohne den Effekt von sozial erwünschten Antworten – dem Thema Medien im Zusammenhang mit der Lehrerausbildung eine hohe Relevanz zu. Das eigene Medienverhalten hingegen – meinen lediglich knapp 60 Prozent der Studierenden – sei wichtig oder eher wichtig als Thema im Lehramtsstudium. Dies scheint sich mit zunehmender Semesterzahl leicht zu verändern. Gerade die Items mit geringeren Zahlen weisen schwache Signifikan-

zen aus, die ableiten lassen, dass die Studierenden in den höheren Semestern
dem Thema eine größere Bedeutung zuweisen. Auch wenn die Stärke des Zusammenhangs nur gering ausfällt, so kann dies doch als Indikator verstanden
werden, dass sich ältere Studierende (auch beim Alter zeigen sich bei den gleichen Items die nahezu identischen Signifikanzen) entweder durch ihr Studium
der Bedeutung bewusster geworden sind, oder dass sie den gesellschaftlichen
Wandel in Bezug auf Medien auf Grund des höheren Alters in seiner Relevanz
verstärkt wahrgenommen haben, was letztendlich zu einer höheren Bewertung
der einzelnen Bereiche geführt haben könnte.

Das Geschlecht zeigt sich dabei als wesentlich stärkere Einflussgröße als
das Alter oder die Semesterzahl. Die weiblichen Probandinnen schätzen die
Bedeutung der meisten Bereiche für das Lehramtsstudium signifikant höher ein
als ihre männlichen Kommilitonen. Sie sind deutlich interessierter daran, was ihr
zukünftiges Klientel für ein mediales Alltagshandeln vorzuweisen hat, welche
Auswirkungen dies haben kann und wie sie Erziehungs- und Bildungsaufgaben
z. B. im Unterricht umsetzen können.

In Klammern hinter den einzelnen Werten befinden sich die Angaben der
vorigen Frage, in welchen Themengebieten von den Studierenden im Lehramtsstudium bereits Kenntnisse erworben worden sind. Hier zeigen sich sehr ausgeprägte Klüfte. Zwar weisen die Studierenden den Themen eine hohe Relevanz
zu, setzen sich aber während des Studiums nicht damit auseinander. Wie bereits
oben erläutert wurde, sind hier auch nur wenige und dazu schwache Korrelationen zu finden, die aufzeigen, dass sich höhere Semester natürlich auch auf Grund
des Studienverlaufs schon etwas mehr damit beschäftigt haben.

Die Zahlen verdeutlichen, dass die Bemühungen der Hochschulen, den Studierenden die Bedeutung von medienpädagogischen Kompetenzen stärker zu
vermitteln und diese zu fördern, noch stark verstärkt werden müssen.

9.3.8 Erfahrungen mit internetgestützten Ergänzungen in Seminaren (C10)

Internetgestützte Ergänzungen zu Seminaren, die oft auf Freiwilligkeit basieren,
werden immer mehr angeboten. Jedoch lässt sich – sowohl aus meiner Lehrer-
fahrung wie auch im Austausch mit anderen Dozierenden an Hochschulen –
feststellen, dass Lehramtsstudierende nicht immer von sich aus bereit sind, diese
Angebote zu nutzen. Anhand empirischer Daten konstatiert Middendorf (2003,
S. 54):

„Studierende der Pädagogik [...] gehören zu denjenigen, die am wenigsten über das
Angebot ihrer Hochschule an internetgestützter Lehre informiert sind. Ebenso be-

kundet jeder zweite Studierende mit dem Ziel Lehramt (51 Prozent), dass er nicht weiß, ob zu dem für ihn relevanten Lehrangebot der Hochschule internetgestützte Angebote gehören."

Tabelle 79: Erfahrungen mit der Nutzung von internetgestützten Ergänzungen

		Nutze ich oft	Nutze ich manchmal	Teils, teils	Nutze ich selten	Nutze ich nie	Gesamt
Zurverfügungstellung von Skripten und Literaturhinweisen	Anzahl	811	250	49	20	16	1146
	In %	70,8	21,8	4,3	1,7	1,4	100
Linksammlungen	Anzahl	144	389	295	218	94	1140
	In %	12,6	34,1	25,9	19,1	8,2	100
Aufgabenstellungen und Lösungen	Anzahl	371	334	206	142	88	1141
	In %	32,5	29,3	18,1	12,4	7,7	100
Veranstaltungsmit-schnitte (z. B. Video)	Anzahl	34	71	147	236	638	1126
	In %	3,0	6,3	13,1	21,0	56,7	100
Virtuelle Seminare	Anzahl	37	62	100	194	729	1122
	In %	3,3	5,5	8,9	17,3	65,0	100
Interaktive Lehran-gebote (z. B. Online-kurse)	Anzahl	127	164	112	146	575	1124
	In %	11,3	14,6	10,0	13,0	51,2	100
Angebote zur Kom-munikation zwischen Studierenden (und Lehrenden)	Anzahl	130	261	215	232	297	1135
	In %	11,5	23,0	18,9	20,4	26,2	100
Diskussionsforen	Anzahl	24	85	146	242	638	1135
	In %	2,1	7,5	12,9	21,3	56,2	100
Mailinglisten	Anzahl	149	244	208	217	306	1124
	In %	13,3	21,7	18,5	19,3	27,2	100

Welche Lehrangebote nun in welcher Quantität und Qualität an den vier vertretenen Hochschulen angeboten werden, kann an dieser Stelle nicht in umfangreicher Weise dargestellt werden. Zudem muss auch in Betracht gezogen werden, dass nur die Ergänzungen zu den Lehrveranstaltungen genutzt werden können, die auch von Dozierenden und Professoren angeboten werden.

Das Angebot von internetgestützten Lehrveranstaltungen und Angeboten ist relativ breit gestreut. Am beliebtesten unter den Studierenden ist das Bereitstellen von Skripten und Literaturhinweisen sowie Linksammlungen. Man kann davon ausgehen, dass Veranstaltungsmitschnitte auch heute noch eher eine Ausnahme und die Nutzungszahlen entsprechend gering sind. Diskussionsforen und

Mailinglisten sind durch die zunehmende Digitalisierung und durch E-Learning / Blended Learning in ihrer Verbreitung einem starken Wachstum unterworfen. Insgesamt zeigt sich ein eher ernüchterndes Bild der untersuchten Lehramtsstudierenden (siehe Tabelle 79).

Wie sich zeigt, präsentieren sich die meisten Zahlen in äußerst extremen Ausprägungen. So ist das Bereitstellen von Skripten und Literaturhinweisen die beliebteste von den Studierenden in Anspruch genommene internetgestützte Ergänzung bei Lehrveranstaltungen. Für diese Nutzung ist auch der geringste Aufwand notwendig. Aufgabenstellungen und Lösungen folgen in der Nutzung (oft und manchmal) mit 61,8 Prozent. Linksammlungen werden immerhin noch von 46,8 Prozent genutzt. Bei Mailinglisten und den Angeboten zur Kommunikation zwischen Studierenden (und Lehrenden) verteilen sich die Daten mit einem leichten Hang zur Nicht-Nutzung. Vergleicht man lediglich die Mittelwerte der einzelnen Items, zeigt sich ausdifferenziertes Bild (siehe Abbildung 26).

Insbesondere wird ersichtlich, dass der Grad der Nutzung – abgesehen von den wohl auch selten zur Verfügung stehenden Veranstaltungsmitschnitten – mit der Notwendigkeit des persönlichen Engagements abnimmt. Vor allem virtuelle Seminare und interaktive Lehrangebote sind davon betroffen. Dies geht mit meinen Erfahrungen als Dozent bei Lehrveranstaltungen an der Hochschule wie auch den Angaben im Erfahrungsaustausch einher. Die Studierenden mussten in der Regel nachdrücklich zur Nutzung dieser Angebote motiviert werden.

Unter Berücksichtigung des Geschlechts zeigt der t-Test für unabhängige Stichproben, dass sich die Mittelwerte teilweise signifikant unterscheiden. Weibliche Studierende laden sich im Netz bereitgestellte Skripte und Literaturhinweise weniger häufig als ihre männlichen Kommilitonen ($t = -2,365$; $p<0,05$) herunter. Ebenso werden virtuelle Seminare ($t = 2,673$; $p<0,01$), Diskussionsforen ($t = 5,009$; $p<0,001$) und Mailinglisten ($t = 3,261$; $p<0,01$) deutlich häufiger von männlichen Studierenden genutzt.

Auch in Anbetracht der Semesterzahl ergeben sich einige Unterschiede. Studierende der niedrigeren Semester geben deutlich häufiger an, dass sie zur Verfügung gestellte Skripte und Literaturhinweise ($r = .172$; $p<0,001$) sowie Aufgabenstellungen und Lösungen ($r = .140$; $p<0,001$) verwenden. Auch bei der Nutzung von virtuellen Seminaren ($r = .189$; $p<0,001$), interaktiven Lehrangeboten ($r = .330$; $p<0,001$) und Diskussionsforen ($r = .129$; $p<0,001$) weisen die höheren Semester eine geringere Nutzung auf. Die Stärke bei den einzelnen Zusammenhangsmaßen machen dabei deutlich, dass es sich teilweise um überaus eindrückliche Unterschiede handelt. Dies alles auf einen Kohorteneffekt zu beziehen dürfte der falsche Weg sein. Dass sich in den wenigen Jahren bei den jüngeren Semestern – die zugleich auch im Alter jünger sind – eine weitaus höhere Affinität und Selbstverständlichkeit der Medien ausgebildet hat, die eine solche Kluft erklärt, ist mehr als unwahrscheinlich. Vielmehr ist zu vermuten, dass entweder die mögliche höhere Nutzung der jüngeren Semester mit dem Studium nachlässt oder die Einschätzung der Begriffe „oft" und „selten" in den Gruppen unterschiedlich gewichtet bzw. ausgelegt wird.

Abbildung 26: Mittelwerte der Erfahrungen mit internetgestützten Ergänzungen

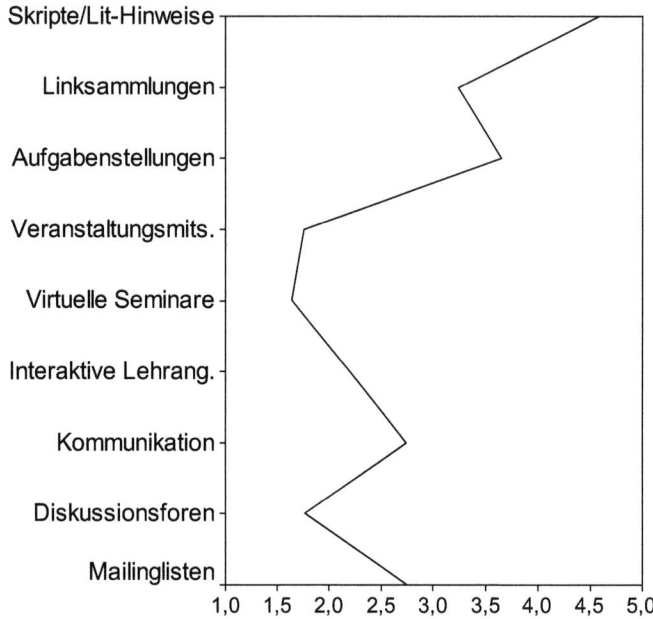

9.3.9 Erfahrungen mit Medien im Unterricht zur eigenen Schulzeit (C08)

Um herauszufinden, welche Erfahrungen die Studierenden während der eigenen Schulzeit mit dem Medieneinsatz im Unterricht gemacht haben, wurden zwei Medien in ihrer Einsatzfrequenz abgefragt. Damit die Problematik der fehlenden Quantifizierung aus anderen Studien umgangen werden kann (s. Kapitel 4), wurde eine Skala mit fünf Möglichkeiten integriert. Von „mehrmals pro Woche" bis „gar nicht" konnten die Probanden entsprechend ihrer Erfahrungen die Antwort auswählen. Gefragt wurde nach dem Einsatz von Computer und Fernsehen bzw. Video, die im Gegensatz zu den Neuen Medien schon länger zum Inventar an Schulen gehören (vgl. Sacher 1994). Eine weitere Ausdifferenzierung erschien in

Anbetracht des vorliegenden Forschungsstandes und des umfangreichen Fragebogens wenig sinnvoll. Vielmehr war es wichtig zu erfahren, auf welche eigenen
Erfahrungen die Studierenden zurückgreifen können. Das Bild des Unterrichts,
das sie als Schüler erlebt haben, dürfte für die Berufswahl mitverantwortlich
sein. So liegt die Vermutung nahe, dass ein möglicher ‚konservativer‘, auf klassische Lehrmethoden mit Buch, Tafel und Kreide abzielender Unterricht nicht
ohne Folgen geblieben ist. Daher dürften die Vorstellung von Unterricht und die
entsprechende Berufswahl nur wenig förderlich für den Einsatz von Neuen Medien sein.

Tabelle 80: Erfahrungen mit Medien im Unterricht während der eigenen Schulzeit

		Mehrmals die Woche	Einmal die Woche	Einmal im Monat	Wenige Male im Halbjahr	Gar nicht	Gesamt	Kor. mit An- zahl Semester	Kor. mit Al- ter
Fernsehen/	Anzahl	44	258	467	367	29	1165	r = .099	r = .176
Video	In %	3,8	22,1	40,1	31,5	2,5	100	p<0,001	p<0,001
Computer	Anzahl	17	193	200	446	308	1164	r = .179	r = .283
	In %	1,5	16,6	17,2	38,3	26,5	100	p<0,001	p<0,001

Wie man unschwer erkennen kann, liegt die Nutzungsfrequenz des Fernsehers
für unterrichtliche Zwecke bei „einmal im Monat“ und „wenige Male im Halb-
jahr“. Beim Computer fallen die Zahlen noch geringer aus. Lediglich 16,6 Prozent geben an, dass der Computer einmal die Woche eingesetzt wird. Aber 26,5
Prozent waren der Meinung, dass der Computer bei ihnen im Unterricht nicht
eingesetzt wurde. Unterstellt man zudem, dass Unterrichtsfächer wie Datenver-
arbeitung oder das damals noch vorhandene Fach ITG unterrichtet wurde, hätte
der Computer eigentlich eine wesentlich häufigere Verwendung erfahren müssen. Abgesehen von den nahezu durchgängig niedrigen Nutzungszahlen zeigt
sich, dass, je älter die Probanden sind oder je länger sie bereits studieren und
somit die Schule verlassen haben, sie die Einsatzfrequenz im Unterricht während
ihrer Schulzeit umso geringer einschätzen. Somit zeichnet sich eine Erhöhung
der Nutzung von Fernsehen und Computer als Mittel für den Unterricht ab.

Diese Zahlen sagen jedoch nichts über die Qualität des Unterrichts aus. Um
hier einen Einblick in die Bewertung durch die Studierenden zu erhalten, wurde
abgefragt, wie oft sie den Einsatz von Medien im Unterricht als inspirierend und
anregend wahrgenommen haben. 109 Personen (9,4 Prozent) gaben an, dass dies
sehr oft der Fall gewesen sei. Für 450 (38,7 Prozent) war dies oft der Fall. Nur

169 (14,5 Prozent) und 42 (3,6 Prozent) gaben an, dass sie dies selten oder gar nicht als inspirierend und anregend empfunden haben. Nahezu 50 Prozent haben demnach ein positives Bild vom Medieneinsatz im Unterricht. Auch hier bestehen signifikante Unterschiede bezüglich des Alters. Bei den jüngeren Probanden war dies häufiger der Fall als bei älteren (r = .096; p<0,01). Da die älteren Personen sich meist in einem höheren Semester befinden, lassen sich auch hier signifikante Werte feststellen (r = .085; p<0,01). Neben der Einsatzhäufigkeit scheint sich auch die Qualität des medial angereicherten Unterrichts zu verbessern.

Neben der Nutzung des Computers als Hilfsgerät für den Lehrer soll in der Schule auch Medienkompetenz vermittelt werden (vgl. hierzu die Erklärung der Kultusministerkonferenz vom 12.5.1995). Inwiefern wurden den befragten Personen grundlegende Kenntnisse im Umgang mit dem Computer im Unterricht vermittelt? Gerade mal 187 Personen gaben an, dass dies sehr oft (2,3 Prozent) oder oft (13,8 Prozent) der Fall gewesen sei. Während 319 Personen (27,5 Prozent) eine neutrale Position einnahmen, wurden den restlichen 656 Probanden selten (29,9 Prozent) oder gar nicht (26,6 Prozent) Kenntnisse im Umgang mit dem Computer vermittelt. Dies deutet wiederholt darauf hin, dass Nutzungsroutinen am Rechner nicht in der Schule gelernt werden. Führt man sich noch einmal vor Augen, dass viele Lehrer das Gefühl haben, weniger kompetent mit dem Computer umgehen zu können als ihre Schüler, erscheint das Ergebnis wenig überraschend. Doch gerade über die reine Nutzung hinaus kann ein Lehrer reflexive Prozesse initiieren, die für die Ausbildung der analytischen Dimension der Medienkompetenz (vgl. Backe 1997, S. 97) überaus wichtig sind.

Tabelle 81: Erfahrungen mit Medien im Unterricht unter den Aspekten Semesterzahl und Alter

		Sehr oft/ Oft	Teils, teils	Selten/ Gar nicht	Gesamt	Kor. mit Anzahl Semester	Kor. mit Alter
Einsatz von Medien als inspirierend und anregend wahrgenommen	Anzahl	559	393	211	1163	r = .085	r = .096
	In %	48,1	33,8	18,1	100	p<0,01	p<0,01
Grundlagen der Computernutzung erfolgreich vermittelt	Anzahl	187	319	656	1162	r = .094	r = .224
	In %	16,1	27,5	56,5	100	p<0,01	p<0,001
Für den Alltag relevante Themen aufgegriffen	Anzahl	126	208	813	1147	r = .087	r = .189
	In %	11,0	18,1	70,9	100	p<0,01	p<0,001

In der qualitativen Studie an der PH Freiburg (siehe Kapitel 6) zeigte sich, dass der fehlende Bezug des Unterrichts mit dem Computer auf die Lebenswelt der

Schüler – meist innerhalb des ITG-Unterrichts – den Lernerfolg, die Zustimmung und vor allem die Bewertung negativ ausfallen lassen. So war es wichtig zu fragen, inwiefern bei den Studierenden für den Alltag relevante Themen im ITG- bzw. Informatikunterricht aufgegriffen wurden. Wenn die Schüler in der Lage sind, die Lerninhalte auf ihren Alltag zu übertragen, bringen sie für den Medieneinsatz ein größeres Verständnis auf, was letztendlich zu einem erfolgreicheren Schulalltag führt. Leider trifft dies gerade mal bei 126 Befragten (11 Prozent) zu. Die große Mehrheit von 813 Personen (70,9 Prozent) gaben an, dies sei selten oder gar nicht der Fall gewesen.

Auch hier korrelieren die Daten signifikant mit der Semesterzahl und dem Alter (siehe Tabelle 81), was die bisherigen Aussagen untermauert.

Die Erfahrungen mit Medien im Unterricht werden zunächst positiv bewertet. Weniger als ein Fünftel hat den Medieneinsatz selten oder gar nicht als inspirierend und anregend wahrgenommen. Für knapp 50 Prozent traf dies sehr oft oder oft zu. Hier ist man auf dem richtigen Weg, Kindern und Jugendlichen, die in einer medialen Welt aufwachsen, entsprechende Lernmethoden anzubieten, die ihnen in alltagsrelevanten Bereichen entgegenkommen. Es besteht jedoch enormer Handlungsbedarf, da gerade mal 11 Prozent dies als gegeben ansehen. Auch die Vermittlung von Grundlagen für die Computernutzung – gerade für ökonomisch schwächere Familien wichtig – bedarf weiterer Anstrengungen.

9.3.10 Zusammenfassung

Die Entscheidung, Lehrer zu werden, hat wenig mit der Förderung der Medienbildung junger Menschen zu tun. Vielmehr sind es die klassischen Berufswahlmotive wie der Umgang mit Kindern und Jugendlichen, die die Befragten angaben. Nur für ein Fünftel ist die Medienbildung junger Menschen ein Grund, Lehrer zu werden. Unter geschlechtsspezifischer Differenzierung geben weibliche Befragte soziale Aspekte und fachliche Gründe verstärkt als Auswahlkriterien für den Beruf an. Für männliche Studierende haben die Punkte Sicherheit und Beamtenstatus sowie die lange Ferienzeit eine größere Bedeutung. Und auch in dieser Analyse werden die unterschiedlichen Akzentuierungen der Gründe bei den verschiedenen Lehrämtern deutlich. Wie auch bei der Studie von Ulich (2004) ist das Motiv „Umgang mit Kindern und Jugendlichen" besonders bei den Grund- und Hauptschullehrern anzutreffen, während die Studierenden des Lehramts für Gymnasien deutlich stärker fachbezogene Interessen angeben. Besonders deutlich zeigt sich der elterliche Einfluss unter dem Aspekt der formalen Bildung der Eltern bei der Wahl des Lehrerberufs.

Zwar ist die Medienbildung junger Menschen als Motiv weniger bedeutsam, dennoch ist für die Mehrheit der Studierenden (60,1 Prozent) das Thema Medien im Studium evident. Mit der zunehmenden Bedeutung der Medien im gesellschaftlichen Alltag scheinen die Studierenden diesem Thema eine hohe Relevanz bei der Lehrerausbildung zuzuschreiben, obwohl der Anteil mediendidaktischer Themen im ersten Staatsexamen als nachrangig und medienpädagogische Themen als „marginal" bezeichnet werden können (vgl. Dichanz 1992, S. 271). Gerade bei dieser Variablen existieren signifikante Korrelationen mit der elterlichen Bildung, dem Geschlecht, dem Alter, der Semesterzahl oder dem Studiengang. Es ist zu vermuten, dass die Studierenden hier sozial erwünscht geantwortet haben und sie die Bedeutung des Themas anhand gesellschaftlicher Diskurse über die zunehmende Bedeutung der Medien einschätzen. Gerade auch die geringe Bedeutung des Themas für die Berufswahl und die eigenen – nicht gerade als positiv zu beschreibenden – Erfahrungen mit Medien im Unterricht lassen diese Sichtweise plausibel erscheinen.

Geht es um den Medieneinsatz im Schulunterricht und die Bewertung der Bedeutung der einzelnen Medien, stehen das Buch und der Overheadprojektor an erster Stelle in der Rangfolge. Gerade diese beiden weisen auf die bisherigen Erfahrungen der Studierenden mit einem klassischen Unterricht hin. Mit etwas Abstand folgen dann der Computer und das Internet. Mit Ausnahme der Computerspiele wird den Medien eine durchschnittliche bis hohe Bedeutung für den schulischen Einsatz zugeschrieben. Dies trifft bei den meisten Medien für die männlichen Studierenden noch deutlicher zu als für die weiblichen. Bei dieser Bewertung einzelner Medien muss man davon ausgehen, dass ein Unterricht mit Buch und Overheadprojektor zwar weiterhin an erster Stelle steht, aber auch andere Medien in zunehmender Regelmäßigkeit in der Schule eingesetzt werden.

Bei der Einschätzung der Studierenden, welche Teilbereiche einer mediendidaktischen Kompetenz für den Einsatz im Unterricht notwendig sind, sind sie von den umfangreichen Anforderungen einer medienpädagogischen Kompetenz überzeugt, auch wenn diese unter den von Blömeke aufgestellten Kriterien und Vorgaben liegen (vgl. Blömeke 2000, S. 221). Lediglich bei den Kenntnissen der Forschungsergebnisse und den entwicklungspsychologischen Themen fallen die Werte. So sind es vor allem die als praktisch orientiert geltenden Kenntnisse, die von den Studierenden eine höhere Zustimmung erfahren.

Bei der Verwendung von Medien im Unterricht sollten auch die Alltagswelten der Kinder und Jugendlichen berücksichtigt werden. Dies erfordert entsprechende Kenntnisse bei den Lehrern. Als Indikator wurden die Einschätzungen der Studierenden herangezogen, wie viel Zeit Jugendliche durchschnittlich vor dem Fernseher, im Internet oder mit einem Buch täglich verbringen. Wie auch in anderen Studien (vgl. MPFS 2003, S. 8) überschätzen die angehenden Lehrer ebenso wie ihre im Beruf stehenden Kollegen die Nutzungszeiten der Jugendlichen deutlich. Die Ausnahme – und dies nur auf Grund der stark gestiegenen Nutzungszeiten in den Statistiken – ist das Buch, bei dem die Zeiten recht gut eingeschätzt wurden. Dieser Indikator kann jedoch nur als Tendenz abgelesen werden, zeigt aber in einem ersten Ansatz die Bewertung der jugendlichen Mediennutzung durch die angehenden Pädagogen (hierzu gleich noch mehr).

Bei der Einschätzung, für welche Bereiche Medien geeignete Mittel im Unterricht sind, sind die Ergebnisse im Vergleich mit Blömeke (2000, S. 222–224) trotz einiger größerer Abweichungen bei wenigen Punkten recht ähnlich. Die Aussagen zu den Ergebnissen gleichen sich tendenziell: „Die Studierenden haben also offensichtlich ein Bild von Medieneinsatz, das diesen bei hoher Zustimmung relativ statisch in traditionelle Lehr-Lernformen eingebunden (Lehrervortrag) und weniger die aktivierenden Möglichkeiten ansieht." (ders., 224) Während Blömeke – wie bereits angemerkt wurde – eine andere Skala verwendet, zeichnet sich hier eine hohe Zahl Studierender ab, die lediglich die mittlere Auswahl der verwendeten 5er-Skala nutzt. Es lässt sich im Gegensatz zu den Daten von Blömeke zudem eine Verschiebung der Einschätzung in weniger positiv besetzte Bereiche bzw. weniger zustimmende Antworten ablesen, sodass die Aussage von Blömeke zur Orientierung an traditionelle Lehr- und Lernformen bestärkt wird.

Bei der Frage, was die Studierenden bisher im Bereich der medienpädagogischen Kompetenz an der Hochschule gelernt haben, werden die aktuellen Mängel in der Hochschulausbildung augenfällig. Zu wenige Studierende haben Kenntnisse und Erfahrungen im Bereich medienpädagogischer Themen gesammelt. Ob dies am Lehrangebot der Hochschule, der fehlenden Verpflichtung zum Besuch medienpädagogischer Veranstaltungen über die Prüfungsordnung oder der Studienwahl der Studierenden zugeschrieben werden muss, kann hier nicht beantwortet werden. Da der Erwerb von Kenntnissen und Fähigkeiten nur bei wenigen Items und dann auch nur schwachen mit der Semesterzahl korreliert, werden über die Studienzeit hinweg nur unzureichend relevante Inhalte gelernt. Dies steht im Gegensatz zu der von den Studierenden angegebenen Bedeutung medienpädagogischer Themen und Inhalte. Denn diesen wird von den Befragten eine sehr hohe Relevanz zugeschrieben. Hier finden sich Zustimmungswerte von 60 bis über 90 Prozent, also immer die Mehrheit der Studierenden. Damit scheinen die befragten Personen eklatante Diskrepanzen zwischen Einstellung/Bewertung und den tatsächlichen Handlungen aufzuweisen. Denn ein derartiger Unterschied würde, wenn das Angebot der Hochschule als Grund für die Diskrepanz auszumachen wäre, eine Reform der Studieninhalte nötig machen. So werden z. B. von 90,9 Prozent der Studierenden der Einfluss der Mediennutzung auf Kinder und Jugendliche als wichtiges Thema angegeben, aber nur 41,2

Prozent haben bisher Kenntnisse und Fähigkeiten erworben. Im Gegensatz zur Semesterzahl hat das Geschlecht deutlich höheren Einfluss auf die Einschätzung und Bewertung der Bedeutung des Themas Medien an der Hochschule.

Betrachtet man unter diesen Aspekten die Erfahrungen mit internetgestützten Ergänzungen in der Lehre, so werden abgesehen von Linksammlungen, Aufgabenstellungen und Skripten bzw. Literaturhinweisen kaum andere Möglichkeiten genutzt. Dass dies auch von dem Angebot bzw. der Verpflichtung der Studierenden durch die Dozierenden abhängt, macht ein Vergleich der beiden Hochschulen in Freiburg und Karlsruhe deutlich. In Freiburg wird ein Onlinekurs zur Pädagogischen Psychologie forciert, der in dieser Form in Karlsruhe nicht angeboten wird. Interaktive Lehrangebote werden von den Freiburgern signifikant öfter genutzt als von den Karlsruhern (t = –61,869; p<0,001). Das (verbindliche) Angebot der Hochschule hat demnach einen erheblichen Einfluss auf die Wahrnehmung durch die Studierenden. Der Erfolg von Anstrengungen der Hochschulen mit Lehrerausbildung zur Steigerung medienpädagogischer und -didaktischer Unterrichtseinheiten kann mit freiwilligen Zusatzangeboten demnach kaum erreicht werden. Dabei ist zu konstatieren, dass vor allem die jüngeren Studierenden sich vermehrt digitalen Zusatzangeboten zuwenden.

Unter der Berücksichtigung der Erfahrungen, die die Studierenden mit Medien im Unterricht gemacht haben, wird die Unerfahrenheit mit den Neuen Medien noch einmal deutlich. Die Häufigkeit des Medieneinsatzes kann lediglich als gering bezeichnet werden. Dabei wurde der Einsatz von Medien als inspirierend und anregend wahrgenommen, auch wenn weder Computerkenntnisse noch der Alltag der Jugendlichen aufgegriffen wurden. Dies macht deutlich, welches Potential hier noch immer brachliegt. Hierzu bedarf es jedoch gut ausgebildeter Lehrer. Die Studierenden sehen in den Medien durchaus eine hohe Relevanz für das Bildungssystem – eine soziale Erwünschtheit kann jedoch nicht ausgeschlossen werden. Jedoch klaffen ihre Kenntnisse/Nutzungen und ihre Zuschreibungen deutlich auseinander.

10 Die Verbindung qualitativer und quantitativer Daten

Ein Vergleich beider Untersuchungen wurde bereits in der Darstellung der quantitativen Ergebnisse angestrebt. Dennoch bleiben dabei einige Fragen offen, die sich zumeist auf ein Zusammenwirken verschiedener Variablen beziehen. Aus den vorgestellten Ergebnissen der qualitativen Untersuchung (siehe Kapitel 6) ergeben sich für die quantitative Erhebung somit folgende zu überprüfenden Thesen[42]:

10.1 These 1 (medienbiografischer Kontext)

Die Studierenden gehören auf Grund ihrer Medienbiografie zur ersten Multimedia-Generation. Sie können vielfältige Erfahrungen mit Medien vorweisen, die teilweise bis in die frühe Kindheit zurückreichen. Die Auswahl der Sendungen im Fernsehen erfolgt dabei entsprechend des Entwicklungsstands des Kindes bzw. des Jugendlichen. Als Indikator hierfür kann der hohe Besitzgrad neuer Technologien (z. B. MP3-Player, Internet) angesehen werden.

Zur Überprüfung der Hypothese werden die Daten zur Nutzung von Medien über die Altersbereiche (Frage C01), zu den bevorzugten Fernsehgenres im Jugendalter (A06) und dem aktuellen Medienbesitz und -zugang in der Familie (Frage B04) herangezogen.

Es zeigt sich hier, dass das Buch ab dem Eintritt in die Schule eine bedeutende Rolle im Leben der Studierenden spielt. Nahezu 90 Prozent nutzen dieses Medium seit diesem Zeitpunkt. Inhaltlich dürften sich die Präferenzen deutlich verändert haben, dies ist auf Grund der abgefragten Daten jedoch nicht zu belegen.

Hörspiele und Kassetten bilden mitunter das erste Medium, das Kinder eigenständig nutzen können (vgl. Kübler 2002, S. 99–107). So zeigt sich, dass in der Altersspanne bis dreizehn Jahre eine starke Nutzung stattfindet. Danach sinkt diese stark ab. Noch ca. ein Viertel der Befragten nutzen Hörspiele und Kassetten. Auch hier dürften sich inhaltliche Vorlieben verschoben haben. Deutlich

---

42 Die Reihenfolge repräsentiert nicht die Bedeutung der Thesen für die Analyse.

wird jedoch, dass Hörspiele und Kassetten gerade für Kinder eine bedeutsame
Rolle spielen. Untermauert wird dies mit Blick auf den Hörspielmarkt und sein
Angebot.

Bereits in den 90er Jahren war der Siegeszug der CD unaufhaltsam. Sie ver-
drängte dabei die Vinyl-Schallplatte und die Audio-Kassette. Demnach kann
davon ausgegangen werden, dass die befragten Personen mit einem entsprechenden Angebot auf dem Markt konfrontiert waren. Während jedoch im Alter bis 9
Jahre nur wenige Probanden eine Nutzung angaben, steigen die Zahlen in der
Altersgruppe von 10 bis 13 Jahren stark an. Hier sind es bereits über 63 Prozent,
die Erfahrungen vorweisen können. Mit 14 Jahren nutzen nahezu 90 Prozent
CDs als Tonträger.

Bei der Verwendung von MP3 als Tonträger – der sich in dieser Form erst
in den letzten Jahren durch die Ausbreitung von Computer und Internet etabliert
hat – zeigt sich, dass gerade in dieser Zeit eine deutliche Nutzungszunahme
stattgefunden hat. Hier machen sich erste Anzeichen für eine Ablösung der CD
bemerkbar.

Abbildung 27: Nutzungserfahrungen der Studierenden bei Büchern und Tonträ-
        gern

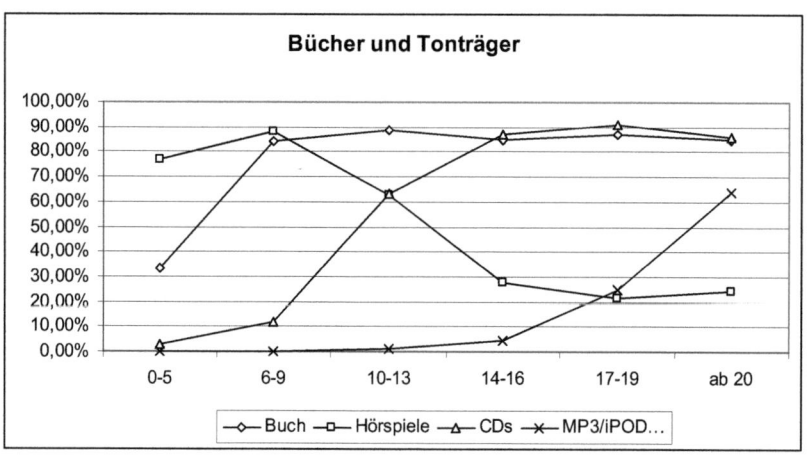

Das Diagramm macht noch einmal sichtbar, wie die Probanden auf die Änderungen der Medienlandschaft bei den Tonträgern reagieren. Anhand der Linien sind
zum einen biografische Faktoren erkennbar: Hörspiele verlieren mit fortschrei-
tendem Alter des Benutzers ihren Reiz. Zum anderen spiegelt sich die Ablösung
der Kassette durch die CD wieder. Auch die zunehmende Nutzung von MP3

deutet auf einen Prozess der Änderung in den Nutzungsgewohnheiten hin. Inwiefern hier eine Ablösung der CD stattfindet, kann – obwohl zu vermuten – noch nicht vorhergesagt werden.

Abbildung 28: Nutzungserfahrungen der Studierenden bei den Neuen Medien

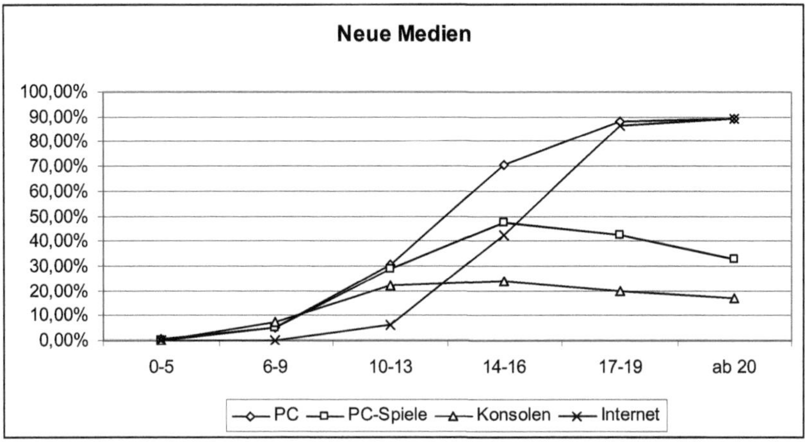

Etwas verzögert steigt der Gebrauch ab dem Alterszeitraum von 10 bis 13 Jahren stark an. Damit kann man die Studierenden als „Early Adaptors" bezeichnen. Zunächst sieht man eine leicht erhöhte Nutzung von Spielen am Computer und von Konsolen im Alter bis neun Jahre. Im Bereich von 10–13 Jahren stagniert dies und beginnt im Alter von 14–16 abzufallen. Auch hier spiegelt sich die Mediengeschichte in den Nutzungszahlen wieder. Mit der zunehmenden Verbreitung von Computer und Internet – insbesondere in den 90er Jahren – sammeln nun die ersten Probanden ihre Erfahrungen. Dennoch sind auch einige Studierende dabei, die erst in den letzten Jahren Kontakt zu den Neuen Medien hatten.

Das Fernsehen als selbstverständliches, meist im Zentrum des Wohnzimmers stehendes Medium wird hier bestätigt. Bereits im Altersbereich bis fünf Jahre können fast 50 Prozent eine Nutzung angeben. Etwa 80 Prozent der Befragten nutzen das öffentlich-rechtliche Fernsehen im Alter von sechs bis neun Jahren und das nahezu konstant. Das Privatfernsehen nimmt entsprechend seiner Entwicklung und Verbreitung ab 1984 an Reichweite zu, was sich im Diagramm widerspiegelt. Mit zunehmender Ausbreitung und Empfangsmöglichkeit wächst ebenfalls die Nutzung durch die befragten Personen. Analog steigt die Nutzung der Videotechnik mit ihrer Etablierung, die zuletzt rückläufig ist. Auch hier kann eine Ablösung durch die DVD vermutet werden, die sich seit der Einführung bei den Studenten sehr schnell etabliert hat.

Abbildung 29: Nutzungserfahrungen der Studierenden bei Fernse-
hen/Video/DVD

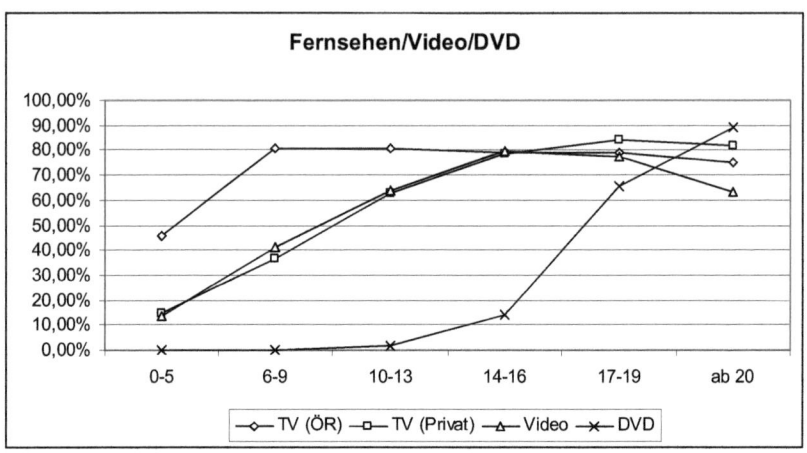

Abbildung 30:Nutzungserfahrungen der Studierenden bei anderen Medien

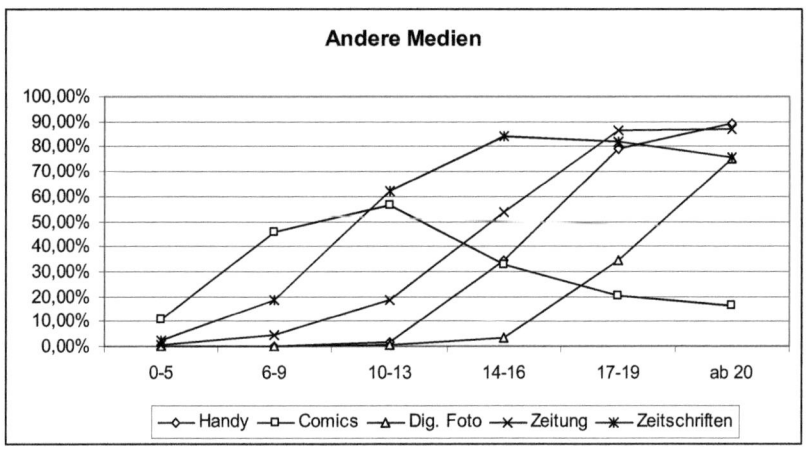

Ebenso werden bei den zuletzt abgefragten Medien biografische Faktoren und die Medienentwicklung sichtbar. Comics zeigen sich – zumindest in Deutschland

und in der Stichprobe – meist als Kinderliteratur, wurden jedoch nie von mehr als 60 Prozent der Studierenden genutzt. Das Lesen von Zeitschriften entwickelt sich – zeitlich gefolgt von Zeitungen – zu bedeutsamen Medien, die jedoch erst im frühen Jugendalter ihre höchste Nutzungsrelevanz erreichen. Entsprechend der Entwicklung der Neuen Medien verläuft die Linie für die Digitale Fotografie. Dies dürfte auch mit der Handy-Nutzung zusammenhängen. Kaum ein Handy wird heutzutage noch ohne eingebaute Digitalkamera verkauft, sodass ein Großteil der angehenden Lehrer durch diese technische Medienkonvergenz bereits eine Nutzungserfahrung vorweisen kann.

Neben den umfangreichen Erfahrungen während der Kindheit und Jugend steht die Frage nach der Qualität der Nutzung im Raum. Diese soll exemplarisch anhand der Einschätzung der Bedeutung der TV-Genres für die verwendeten Altersbereiche dargelegt werden. So dominieren Zeichentricksendungen deutlich die kindliche Fernsehnutzung. Abgeschwächt gilt dies ebenso für Tierfilme. Im Jugendalter zwischen 14 und 19 Jahren nimmt der Anteil von Talkshows, Musiksendungen (wie MTV), Soaps und Serien erkennbar zu und bildet eine klare Favoritengruppe. Mit 20 kommt es noch einmal zu markanten Änderungen bei den Geschmackspräferenzen. So gewinnen Nachrichten, Infosendungen und Politmagazine deutlich an Bedeutung. Dies veranschaulicht, dass die Fernsehnutzung im Laufe der Kindheit und Jugend Veränderungen unterworfen ist. Die Änderungen in den Präferenzen der TV-Nutzung unter dem Aspekt der Entwicklungsaufgabe (vgl. Kordes 1996) geht mit einer Verknüpfung mit Alltagsthemen gerade in der Adoleszenz einher (vgl. hierzu auch Barthelmes/Sander 2001).

Unter einer Entwicklungsaufgabe kann ein Prozess oder ein Thema verstanden werden, der oder das durch eine Person bewältigt oder bearbeitet werden muss. Dabei kann dies von außen (objektiv) aufgegeben werden oder von innen (subjektiv) herausgestellt sein. Eine Vermittlung beider Pole ist nicht ausgeschlossen, indem das Individuum mit der Aufgabe eine identifikatorische Beziehung eingeht (vgl. Kordes 1996, S. 38). Hier zeigt sich die Dialektik des Begriffs mit innerem Antrieb und gesellschaftlicher Forderung. Eine Vermischung beider Quellen ist möglich. Dabei gilt es für das Individuum, eine qualitativ neue Stufe zu erreichen.

„Entwicklung ist eine Veränderung, die einen Ausgangs- und einen Endpunkt (zumindest als Richtung) kennt und aufgrund bestimmter Kräfte daran gehindert wird, nur zufällig zu variieren oder bloß Bewegung zu wiederholen." (Kordes 1996, S. 38–39) Auch unter dieser weiterführenden Definition sind sowohl biologische als auch gesellschaftliche Aspekte vereint. Keiner davon wird ausgeschlossen.

Nach Kordes erwachsen Entwicklungsaufgaben „stets aus dem Zusammenprall von Problemen des Umgangs mit eigenen Antrieben beziehungsweise Ansprüchen und der Auseinandersetzung mit gesellschaftlichen Anforderungen beziehungsweise Anregungen. Von der Möglichkeit oder der Fähigkeit, sich den Gefährdungen und Chancen solcher spannungsvoller Situationen zu stellen, hängt es ab, ob der lernende und handelnde Mensch Entwicklungsaufgaben erzeugt, thematisiert, bearbeitet und bewältigt." (Kordes 1996, S. 41)

Dies wäre somit lediglich eine der folgenden klassischen, aus der Psychologie stammenden Entwicklungsaufgaben des Jugendalters als Grundlage für zukünftige Entwicklungen (Oerter/Montada 2002, S. 270):

- Neue und reifere Beziehungen zu Altersgenossen beiderlei Geschlechts aufbauen

- Übernahme der männlichen oder weiblichen Geschlechtsrolle

- Akzeptieren der eigenen körperlichen Erscheinung und effektive Nutzung des Körpers

- Emotionale Unabhängigkeit von den Eltern und von anderen Erwachsenen

- Vorbereitung auf Ehe und Familienleben

- Vorbereitung auf eine berufliche Karriere

- Werte und ein ethisches System erlangen, das als Leitfaden für das Verhalten dient – Entwicklung einer Ideologie

- Sozial verantwortliches Verhalten erstreben und erreichen

Wie man an den hier aufgeführten Entwicklungsaufgaben ablesen kann, treffen einige insbesondere für die Zeit der Adoleszenz zu und andere auf die Zeit danach. So können auf das Medienhandeln bezogen z. B. die Soaps und Serien als Hilfsmittel angesehen werden, wie beispielsweise Beziehungen zum anderen Geschlecht gestaltet werden können (vgl. Paus-Haase 1999 und Göttlich/Krotz/Paus-Haase 2001).

Zieht man zu dieser Betrachtung noch den Medienbesitz der Studierenden und ihren Zugang zu Medien in der Familie hinzu, so wird deutlich, dass die Studierenden recht gut mit Geräten ausgestattet sind. Unter der Berücksichtigung, dass sehr viele Erstsemester befragt wurden und diese im Falle des Umzugs zum Studienort nicht mehr wie gewohnt die familiale Ausstattung zur Verfügung haben und das Einkommen für Anschaffungen in der Regel nicht sehr hoch ist, kann die Ausstattung als sehr gut bezeichnet werden (vgl. Abb. 31). Auch der Zugang über die Familie ist, da nur noch 25,3 Prozent bei den Eltern wohnen, immer noch als umfangreich zu bezeichnen. Vor allem bei Zeitungen wird dies offensichtlich.

Abbildung 31: Medienbesitz der Studierenden

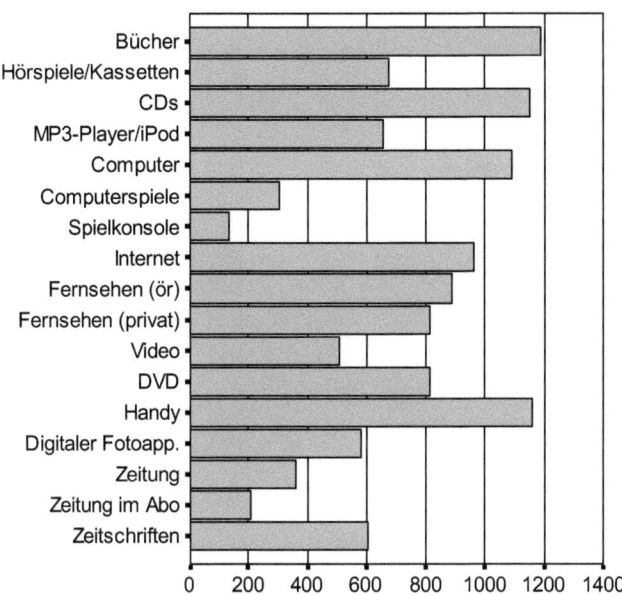

Die hier befragte Stichprobe kann anhand der Daten ohne weiteres als Multimedia-Generation bezeichnet werden. Dies kann sowohl auf das gesamte Medienensemble bezogen werden, als auch auf die Neuen Medien. Die Nutzungserfahrungen der Studierenden sind breit gefächert und orientieren sich beim gewählten Beispiel ‚Fernsehen' an typischen Entwicklungsaufgaben. Auch bei den neueren Medienentwicklungen wie MP3-Player können bereits viele von ihnen erste Nutzungserfahrungen und eigene Geräte vorweisen.

Abbildung 32: Zugangsmöglichkeiten über die Familie

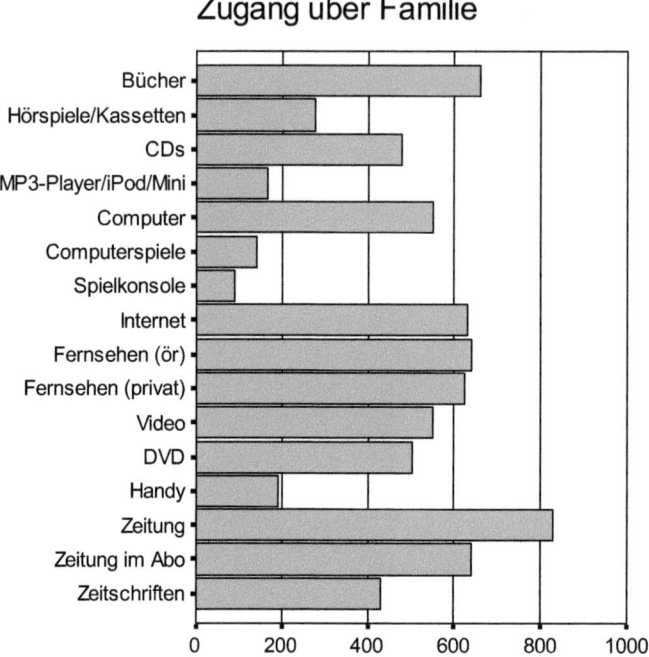

10.2 These 2 (medienbiografischer Kontext)

Bei den meisten Studierenden fand insbesondere beim Fernsehen und den Neuen Medien eine – teilweise rigorose – Medienkontrolle seitens der Eltern statt, vor allem bei Medien mit dem Schwerpunkt „Unterhaltung". Daraus resultiert ein verstärkter arbeitsorientierter Einstieg in die Welt des Computers und des Internet. Dabei steht die Medienkontrolle im engen Zusammenhang mit dem Bildungsmilieu der Eltern. Dies trifft insbesondere auf Unterhaltungsmedien wie Fernseher und Computerspiele sowie Teilaspekte der Computer- und Internetnutzung mit einer Kontroll- und Regulierungshaltung zu. Eine Förderung findet dagegen bei den klassischen Medien wie dem Buch und der Zeitung statt. Diese stehen in engem Zusammenhang mit der elterlichen Orientierung und Mediennutzung.

Auch bei der Stichprobe der quantitativen Untersuchung zeigten sich in den oben dargestellten Analysen über die ausgeprägten Zusammenhangsmaße die Korrelation zwischen elterlichem Bildungsgrad und der Medienkontrolle bzw. -förderung[43].

Darüber hinaus stellt sich die Frage nach Strukturen dieser Medienerziehung. Hierzu wird im Folgenden eine Clusteranalyse über die Aspekte der elterlichen Bildung und der Medienkontrolle vorgenommen. Mittels dieser Analyse soll zudem geprüft werden, wie das elterliche Medienverhalten mit der Clusterzugehörigkeit korreliert.

Über eine Clusteranalyse lassen sich Strukturen in den Daten erarbeiten:

„Unter dem Begriff Clusteranalyse werden unterschiedliche Verfahren zur Gruppenbildung zusammengefaßt. Das durch sie zu verarbeitende Datenmaterial besteht im allgemeinen aus einer Vielzahl von Personen bzw. Objekten. [...] Ausgehend von diesen Daten besteht die Zielsetzung der Clusteranalyse in der Zusammenfassung [...] zu Gruppen. Die Mitglieder einer Gruppe sollen dabei eine weitgehend verwandte Eigenschaftsstruktur aufweisen; d. h. sich möglichst ähnlich sein. Zwischen den Gruppen sollen demgegenüber (so gut wie) keine Ähnlichkeiten bestehen. Ein wesentliches Charakteristikum der Clusteranalyse ist die gleichzeitige Heranziehung aller vorliegenden Eigenschaften zur Gruppenbildung." (Backhaus et al. 2006, S. 490)

Mit dieser Vorgehensweise kann aufgedeckt werden, welche Gruppierungen der elterlichen Bildung in Verbindung mit der Medienkontrolle existieren. Eine Problematik dieser Methode ist die Bestimmung der Clusterzahl. Diese muss im Analyseprozess mehrfach bestimmt werden, damit herausgearbeitet werden kann, „welche Anzahl von Gruppen (Clusterlösung) als die ‚beste' anzusehen ist" (Backhaus et al. 2006, S. 534).

Nach der Vorgehensweise von Backhaus et al. (2006, S. 489–556) lässt sich für die Kombination aus elterlichem Bildungsabschluss und den Items der Medienkontrolle folgende Clusterzentrenanalyse ausarbeiten:

Die Fälle verteilen sich dabei wie folgt auf die verschiedenen Gruppen:

Tabelle 82: Anzahl der Fälle in jedem Cluster

Anzahl der Fälle in jedem Cluster			
Cluster 1	163	Cluster 3	311
Cluster 2	329	Cluster 4	205
Gültig	1.008	Fehlend	193

---

43 Siehe hierzu die Darstellung der deskriptiven Statistik und der bivariaten Analyse weiter oben.

Tabelle 83: Clusterzentrenanalyse elterliche Bildung und Medienkontrolle

Clusterzentren der endgültigen Lösung				
	Cluster			
	1	2	3	4
Höchster Bildungsabschluss Vater	3,4	3,8	1,5	1,7
Höchster Bildungsabschluss Mutter	2,7	3,0	1,6	2,0
Buch lesen	1,3	1,5	2,2	1,3
Hörspiel/Kassetten	2,2	2,2	2,6	1,9
MP3-Player/iPod/Mini-Disc	3,1	3,0	3,0	3,0
Computer	3,1	2,5	2,7	2,1
Computerspiele	4,2	3,2	3,3	3,3
Spielkonsole	4,5	3,4	3,4	3,5
Internet	2,9	2,4	2,8	2,2
Fernsehen (öffentlich-rechtlich)	3,4	2,9	3,0	2,6
Fernsehen (privat)	4,1	3,2	3,2	2,9
Video	3,4	2,9	3,0	2,7
DVD	3,3	3,0	3,1	2,9
Handy	3,7	3,0	3,1	2,9
Zeitung	1,8	2,1	2,5	1,7
Zeitschrift	2,6	2,7	2,9	2,4

Die Zellenwerte können Werte innerhalb des Bereichs von eins (Starke Förderung bzw. geringe formale Bildung der Eltern) bis fünf (Starke Kontrolle / Ablehnung bzw. hohe formale Bildung der Eltern) annehmen. Gut zu erkennen ist dabei, dass sich die Cluster in nahezu linearer Weise unter Berücksichtigung der elterlichen Bildung von Vater und Mutter und auch in der Medienkontrolle deutlich unterscheiden. Es zeichnet sich ein Gefälle von hoher zu niedriger Bildung und von ablehnender Haltung in der Medienkontrolle zu einer fördernden bzw. akzeptierenden Haltung ab.

Cluster 1 (Höherer Bildungsgrad mit verstärkter Qualitäts- und Bildungsorientierung)

Während Cluster eins und zwei eine deutlich höhere formale Bildung als die anderen beiden aufweisen, sind die Unterschiede in der Medienkontrolle nicht so eklatant, aber dennoch eindeutig. Insbesondere charakterisiert sich beim ersten Cluster eine Gruppe Studierender heraus, deren Eltern eine im Gegensatz zu den

Clustern drei und vier höhere Bildung vorweisen können und auch bei den meisten unterhaltungsorientierten Medien die stärkste Kontrolle erfahren haben. Dies trifft ausdrücklich für Computerspiele, Spielkonsolen, das Privatfernsehen und Handys zu. Eine Medienförderung findet bei dieser Gruppe lediglich bei den Printmedien Buch und Zeitung statt. Bei dem Computer und dem Internet schätzten die Befragten dieser Gruppe die elterliche Haltung als neutral ein. Damit entspricht die Charakteristik des ersten Clusters nahezu einem Großteil der befragten Personen der qualitativen Studie. In dieser Stichprobe dagegen ist die Gruppe mit 163 Personen die kleinste Gruppe. Dies erhärtet den bereits mehrfach geäußerten Verdacht, dass die qualitative Studie einer hohen Selbstselektion unterlag.

Cluster 2 (Höherer Bildungsgrad mit nahezu neutraler Haltung und Förderung von Printmedien)

Das zweite Cluster fördert im Gegensatz zu Cluster eins die Printmedien Buch und Zeitung etwas geringer. Die unterhaltungsorientierten Medien erfahren hierbei keine derart starke Ablehnung, vielmehr herrscht eine neutrale Haltung vor. Der Computer und das Internet werden sogar leicht gefördert. Diese Gruppe positioniert sich zwischen Ablehnung und Förderung von unterhaltungsorientierten Medien.

Cluster 3 (Niedrigerer Bildungsgrad mit nahezu neutraler Haltung)

Im dritten Cluster verorten sich die Eltern der Probanden zwischen keinem Schul- und dem Volksschulabschluss. Dies geht mit einer geringeren Förderung des Lesens der Printmedien Buch und Zeitung als bei den anderen Gruppen einher. Der Cluster drei nimmt eine leicht stärkere ablehnende Haltung ein als Cluster zwei.

Cluster 4 (niedrigerer Bildungsgrad mit Tendenz zur medienempathischer Haltung)

Diese Gruppe weist die höchsten Werte der Förderung bei den Medien aus. Bei Computer, Internet und im geringen Maße auch beim Fernsehen zeigen sich fördernde Tendenzen. Ebenfalls sind bei den Printmedien die höchsten Förderabsichten zu konstatieren.

Nach der Beschreibung der Gruppen soll nun anhand der Zuordnung der Fälle zu einem Cluster überprüft werden, inwiefern sich Zusammenhänge zwischen elterlicher Nutzung und der Clusterzugehörigkeit aufdecken lassen. Mit Hilfe der Kreuztabellierung wird ersichtlich, dass einige signifikante Korrelationen existieren.

Hierbei zeigt sich, dass die elterliche Nutzung des öffentlich-rechtlichen Fernsehens nur schwach mit der Clusterzugehörigkeit korreliert ($r = -.082$; $p<0,01$). Bedeutsamer und eindrücklicher ist dieser Zusammenhang beim Privatfernsehen ($r = -.327$; $p<0,001$), bei der Zeitungs- und Zeitschriftennutzung ($r = .203$; $p<0,001$), bei Printmedien wie der Bildzeitung, BlitzIllu etc. ($r = -.180$; $p<0,001$), bei Büchern ($r = .221$; $p<0,001$), bei Lokalzeitungen ($r = .103$; $p<0,01$) und beim Radio mit längeren Wortbeiträgen ($r = .106$; $p<0,001$). Diese Zahlen verdeutlichen vor allem, dass die elterliche Mediennutzung eng mit dem formalen Bildungsgrad und den Medienerziehungsmaßnahmen zusammenhängen. Mit zunehmender Bildung und ablehnender Haltung geht eine verstärkte Nutzung von überregionalen Zeitungen und Zeitschriften (wie z. B. Spiegel), von Büchern, von Lokalzeitungen und Radio mit längeren Wortbeiträgen einher. Umgekehrt verhält es ich mit dem Fernsehen und Zeitungen wie Bild, BlitzIllu etc. Dies macht noch einmal die Unterschiedlichkeit zwischen den Gruppen mit hoher und geringer formaler Bildung und der erzieherischen Einstellung, aber auch der tatsächlichen Nutzung deutlich. Insbesondere zeigt sich anhand der Daten, dass eine Kluft zwischen Erziehungsvorstellung und elterlicher Mediennutzung besteht. Dies betrifft vor allem Cluster drei und vier. Gerade bei der Nutzung von Printmedien (Zeitung und Buch) gehen die Förderungsabsichten und die eigene Nutzung auseinander.

Die Überprüfung der These ergibt, dass die ablehnende und kontrollierende Medienerziehung nicht in dem hohen Maße existiert, wie sie in der qualitativen Stichprobe erarbeitet wurde. Dennoch ist ersichtlich, dass sich unter dem Aspekt der formalen elterlichen Bildung die Erziehungsstile verändern. Vor allem zeigt sich zunächst in der ersten Gruppe eine ablehnende Haltung gegenüber unterhaltungsorientierten Medien (Digitale Spiele, Fernsehen), die sich dann abschwächt, ohne jedoch in eine ausgeprägte Förderung überzugehen. Dies entspricht den meisten Fällen der qualitativen Studie. Die anderen Gruppen waren in wesentlich geringerem Umfang vertreten. Somit ist zu konstatieren, dass die Medienkontrolle bei einer Gruppe durchaus entsprechend der qualitativen Studie bei Unterhaltungsmedien im hohen Maße als kontrollierend und ablehnend gelten kann, sich dies aber bei den anderen Gruppen mit zunehmend geringer formaler Bildung abschwächt. Die These kann somit nur in abgeschwächter Form aufrechterhalten werden.

10.3 These 3 (Selbsteinschätzung und Bedeutung der Medien für die Schule)

Die Selbsteinschätzung der Studierenden in Bezug auf die eigenen Kompetenzen bei der Computer- und Internetnutzung und die Erfahrungen in der Schule bei der Vermittlung von Kenntnissen und Fähigkeiten stehen in einem diametralen Verhältnis zur Beurteilung der von den Probanden als notwendig erachteten Medienerziehung. Dies betrifft ebenso die Aussagen zur Notwendigkeit einer Medienerziehung in den Schulen, sodass diese nicht lediglich in der Familie stattfindet. Je kompetenter sich die Probanden beim Umgang mit Computer und Internet einschätzen und je öfter diese Technik in der Schule eingesetzt wurde, desto positiver fällt die Bewertung der Bedeutung von Medien für Bildungszwecke aus.

Die Selbsteinschätzung der Studierenden wurde durch die Fragen B01 (Einschätzung der Kompetenzen bei Computer und Internet) und B18 (Item 7) erfasst, ihre Erfahrungen mit dem Einsatz von Computer und Internet in der Schule anhand der Frage C08. Um die These zu prüfen, werden diese mit den Angaben in Relation gesetzt, welche Bedeutung die Studierenden den Medien für die Schule (Frage B19 Item 10 und Frage B12 Item 6) bzw. das Erziehungssystem zuweisen.

Die Selbsteinschätzung der Studierenden (Frage B01: Kenntnisse und Fähigkeiten bei Computer und Internet; Frage B18: „Ich kann am Computer und im Internet zwar nicht alles, aber das, was ich für meinen Alltag brauche, beherrsche ich") wird zur Überprüfung der These auf Zusammenhänge mit Fragen zur Abwägung der Bedeutungen der Medien für die Schule (Frage B12: „Medienerziehung ist Sache der Eltern und nicht der Schule"; Frage B19: „Der Umgang mit Medien ist besonders für das Erziehungssystem eine wichtige Aufgabe") getestet. Hierbei sind bis auf einen schwachen Zusammenhang keine signifikanten Korrelationen zu konstatieren. Die Selbsteinschätzung (Frage B01) und die Bewertung des Umgangs mit Medien als Aufgabe für das Erziehungssystem (Frage B19) korrelieren schwach ($r = .070$; $p<0,05$). Der Wert des Zusammenhangs ist jedoch so gering, dass keine gesicherte Aussage darüber gemacht werden kann.

Auch in Anbetracht der Erfahrungen der Probanden mit dem Einsatz von Computer und Internet in der Schule lässt sich nur eine sehr schwache Korrelation ($r = -.061$; $p<0,05$ mit Frage B19) ausmachen, die ebenfalls keine sichere Interpretation zulässt.

Anhand der Daten muss die oben genannte These zurückgewiesen werden. Es sind keine deutlichen Zusammenhänge zwischen der Selbsteinschätzung bzw. den Erfahrungen mit dem Medieneinsatz in der Schule und der Zuschreibung der Bedeutung der Medien für die Schule bzw. das Erziehungssystem auszumachen.

Vielmehr scheinen die gesellschaftlichen, politischen und aus der Wirtschaft immer wieder formulierten Forderungen, Medienkompetenz zu fördern (vgl. hierzu die Sammlung von Medienkompetenz-Definitionen bei Gapski 2001), eine Einsicht in die Notwendigkeit entsprechender Maßnahmen im Bildungssystem in den Köpfen der Probanden etabliert zu haben. Dies kann jedoch erst nach einer empirischen Überprüfung nachgewiesen werden. Zudem muss vermutet werden, dass die Dispositionen (Meinungen und Geschmack im Besonderen) – entwickelt durch die primäre Sozialisation – hier den größten Einfluss haben.

10.4 These 4 (Mediennutzungskontext)

Die Mediennutzung erfolgt zweckorientiert und motivgeleitet. Die Studierenden wählen je nach Bedarf (Information, Unterhaltung) die entsprechenden Medien aus. Dabei werden bestimmte Inhalte bevorzugt mit einem Medium verknüpft. Besonders deutlich müsste hierbei der elterliche Bildungshintergrund in Zusammenhang mit einer qualitäts- und bildungsorientierten Haltung ersichtlich werden.

Die Motivation und Zweckorientierung bei der Mediennutzung wurde bereits bei der Darstellung der Ergebnisse zu den Fragen B08 und B09 ausführlich erörtert. Die These kann somit für die Stichprobe für diesen Aspekt bestätigt werden. Wichtig ist jedoch noch eine Überprüfung, ob anhand der Zahlen unter dem Aspekt der Differenzierung nach dem elterlichen Bildungsmilieu bedeutsame Unterschiede auszumachen sind. Hier zeigen sich jedoch nur abgeschwächte Unterschiede bei wenigen einzelnen Aspekten (siehe auch hierzu die Auswertung der Fragen B08 und B09). Lediglich bei der Rezeption von Informationen aus der Wissenschaft (hier Buch und Fernsehen), von Nachrichten (hier insbesondere Fernsehen, Zeitung, Radio und Internet) und Ratgebern (hier Zeitung/Zeitschriften, Internet und Fernsehen) sind Unterschiede festzustellen. Die Mediennutzung erfolgt zwar nach Motiven und Zweck different, jedoch ist das elterliche Bildungsniveau bei dieser Auswahl kaum von Bedeutung. Vielmehr lassen sich geschlechtsspezifische Unterschiede finden. Die These bezüglich der Unterschiede anhand der elterlichen Bildung muss jedoch als nicht bestätigt zurückgewiesen werden.

10.5 These 5 (soziales Hilfsnetzwerk)

Die persönliche Hilfe (Frage B18 Item 5) ist – im Gegensatz zu anderen Informationsquellen (Programm- und Onlinehilfe, Handbücher) – die wichtigste Möglichkeit zur Bewältigung von Bedienungsproblemen am Computer. Diese setzt einen Personenkreis voraus, der als Ansprechpartner fungieren kann. Insbesondere bei geringen Kompetenzen bei der Selbsteinschätzung zum Computer und Internet (Frage B01) ist das soziale Hilfsnetzwerk von besonderer Bedeutung.

Nahezu ein Drittel (30,9 Prozent) der Studierenden gab an, bei sich die Notwendigkeit einer persönlichen Hilfestellung zu konstatieren. Demgegenüber stehen 40,5 Prozent, die dies als nicht notwendig ansahen. Überprüft man diese Daten auf Korrelationen mit der Selbsteinschätzung zu Computer und Internet, wird deutlich, wie wichtig das soziale Netzwerk als Hilfestellung für Personen mit geringer Selbsteinschätzung von Kompetenzen ist. Je niedriger die Kompetenzen eingeschätzt werden, desto bedeutsamer ist das soziale Hilfsnetzwerk ($r = -.327$; $p<0,001$). Die These kann anhand der deutlichen Signifikanz als bestätigt gelten.

11 Die Ermittlung des medialen Habitus über einen Indexwert

11.1 Grundlegende Überlegungen

Der mediale Habitus – wie er oben dargestellt wurde – spaltet sich durch die Verwendung der Ratio-Skalen im Fragebogen in zwei mögliche Extremwerte. Auf der einen Seite steht der an Qualität und Bildungsaspekten orientierte, auf der anderen der hedonistisch orientierte Habitus. Abhängig von der im Fragebogen verwendeten Frage können in den meisten Fällen die Extremwerte einer entsprechenden Orientierung zugewiesen werden. So wird z. B. das Lesen von Büchern – selbst ohne bildungsorientierende Inhalte – allgemein als eine Tätigkeit angesehen, der eine positive Wirkung zugeschrieben wird. Selbst das Lesen von Romanen kann als Förderung der Lesekompetenz angesehen werden. Mit einem Vergleich zwischen audiovisuellen Medien und Sprache (diese gedanklich fortgeführt in der Schrift) zeigt Spanhel eindrücklich, welche Zuschreibungen hierbei existieren:

> „Die modernen audiovisuellen Medien sprechen die Heranwachsenden in Form einer ,präsentativen Symbolik' an [...]. Damit wenden sie sich insbesondere an das Emotionale und Unbewußte im Menschen und rufen verborgene Triebe, Bedürfnisse und Erlebnisse wach [...]. Demgegenüber bauen die schulischen Lern-, Erziehungs- und Bildungsprozesse auf der ,diskursiven Symbolik' der Sprache auf, die ganz andere Anforderungen an den Menschen stellt: Sie beruht auf dem begrifflich-abstrakten Denken, das die Entwicklung der menschlichen Kultur ermöglicht hat. Die Schüler müssen zu dieser höchsten Form des Denkens geführt werden, damit sie als Träger der Kultur zu ihrer Erhaltung und Weiterentwicklung beitragen und zur Selbstreflexion, zur Selbstbestimmung und zum eigenverantwortlichen Handeln befähigt werden können." (Spanhel 1999, S.10)

So, wie dieses Zitat die Verknüpfung von Sprache und Kultur darstellt, kann also das Lesen in einem Extremfall als bildungsorientiert gelten, während die andere Ausprägung (in dem Fall die Ablehnung des Lesens) als hedonistisch angesehen werden kann. Hierbei muss bedacht werden, dass diese Interpretation nicht ohne Probleme anwendbar ist. Ob eine Nutzung oder Einstellung als qualitäts- und bildungsorientiert oder als hedonistisch gelten kann, ist teilweise vom Standpunkt des Betrachters und der Interpretation abhängig. So kann das Lesen eines Buches durchaus der reinen Unterhaltung dienen und zugleich Aspekte von Bildung beinhalten. In Anbetracht der Verwendung des Habituskonzepts kann von einer Bildungsorientierung gesprochen werden. Die Deutung des Buchs als ein ‚wertvolles' Kulturgut, verbunden mit dem Charakter des Lesens als eine Grundbildung des Menschen macht die Interpretation im Ansatz deutlich. Ebenso kann dieses Dilemma auf die Unterscheidung zwischen öffentlich-rechtlichem Rundfunk und dem Privatfernsehen angewendet werden. Inwiefern das Fernsehen für die Bildung oder Unterhaltung genutzt werden kann, soll nicht berücksichtigt werden. Vielmehr sind es auch hier die grundsätzlichen Zuschreibungen und Einstellungen zu den Medien, die beachtet werden und die als Basis für die Definition bzw. Zuordnung der Variablen dienen sollen. Die öffentlich-rechtlichen Sender haben mit ihrem Programmauftrag und der Zuschreibung als Qualitätsfernsehen (vgl. Reitze/Ridder 2006, S. 229) gegenüber dem Privatfernsehen, das das Programm im Hinblick auf die Quote gestaltet und seinen Ruf z. B. über ‚Schmuddelsendungen' zu Beginn des Privatfernsehen eher gegenteilig ausgebaut hat.[44] Grundsätzlich wird der mit öffentlichem Auftrag versehene Rundfunk vom privaten Fernsehen getrennt. Basierend auf der Annahme, dass die öffentlich-rechtlichen Programme (z. B. ARD, Arte, 3Sat) eine Zuschreibung als Bildungs- und Qualitätsfernsehen erhalten – wie auch in der qualitativen Studie erarbeitet – und sich dadurch von den privaten Sendern abgrenzen, wird auch hier eine Trennung vollzogen. Diese Vorgehensweise findet ebenso in den Ausführungen zum Distinktionsgewinn durch Medien seine Bestätigung (vgl. Mikos 2007). Goldbeck (2004) zeigt auf, wie gerade das Diskursmuster „öffentlich-rechtlich" und „privatrechtlich" die Fernsehkritik beeinflusst. Methodisch muss aus diesen Überlegungen heraus beachtet werden, dass sich diese Vorgehensweise zur Bildung eines Summenindex an einer Ratioskala orientiert und multivariate Analysemethoden hier unberücksichtigt bleiben. Grundsätzlich werden hier die individuellen habituellen Positionierungen auf einer Skala herausgearbeitet, die zusätzlich einen Vergleich zu den qualitativen Daten (vgl. Kapitel 6) erlauben sollen. Damit wird diese Vorgehensweise sowohl den Ausführungen von Mikos (2007) als auch denen Bourdieus gerecht, der immer wieder auf die Bedeutung der Dualismen und Gegensatzpaare wie schwer–leicht, einzigartig–gewöhnlich etc. für die Genese des Habitus und der Distinktion hinweist (vgl. Bourdieu 1982, S. 730–731). Die habituelle Verortung ist also über ein derartiges Messinstrument durchaus greifbar.

---

44 Dies wurde weiter oben unter den Einstellungen der Studierenden breiter ausgeführt.

Über eine solche Interpretation und Auslegung kann durch eine Addition der einzelnen Variablenwerte eine Summe für jeden Probanden errechnet werden. Dieser aus den einzelnen Variablenwerten summierte Index kann einen (theoretisch) maximalen oder minimalen Wert erreichen, der einem absoluten qualitäts- und bildungsorientierten (negativer Wert) oder hedonistisch orientierten (positiver Wert) Habitus entspricht. Durch die Verwendung einer Skala mit fünf Ausprägungen kann ebenso ein mittlerer ‚neutraler' oder ausgeglichener Wert bestimmt werden. Durch die neu generierte Variable, in der die ausgewählten Items mit ihrem Wert addiert worden sind, entsteht ein Index, mit dessen Hilfe sich am Ende ein Ordnungsschema generieren lässt. Dieses Ordnungsschema ermöglicht nichts anderes als eine Positionierung der einzelnen Fälle in einer möglichen Bandbreite des zweidimensionalen medialen Habitus. Die Werte einer Skala mit fünf Auswahlmöglichkeiten werden folgendermaßen aufaddiert:

$\bigcirc$	$\bigcirc$	$\bigcirc$	$\bigcirc$	$\bigcirc$
-2	-1	0	$+1$	$+2$

Durch die Addition der Werte aus verschiedenen Fragen ergibt sich pro Fall ein Indexwert. Je niedriger der negative Wert ausfällt, desto deutlicher sind die qualitäts- und bildungsorientierten Dispositionen der Person. Und: Je höher der positive Wert ausfällt, desto stärker sind die hedonistischen Dispositionen ausgeprägt. Eine Übersicht der verwendeten Variablen und deren Kodierung kann im Anhang im Protokoll zur Generierung des Summenindex eingesehen werden.

Dieser Summenindex dient zunächst dazu, eine generelle Orientierung der Probanden sichtbar zu machen. Da sich hier gegenläufige Orientierungen aufheben würden und sich somit das Gesamtbild verändern könnte, werden Subindizes gebildet, die bestimmte Bereiche (Medienbiografie etc.) hervorheben. Der Summenindex versteht sich dabei als Hinweis auf eine Orientierung und darf nicht – auf Grund der bereits oben dargestellten Problematik – als exakt gemessene Einstellung verstanden werden. Eine genaue Abgrenzung z. B. in Form von Gruppen oder Blöcken dient lediglich dem besseren Verständnis und der Komplexitätsreduktion. Der Summenindex hat zudem Nachteile, die bei der Interpretation mitberücksichtigt werden müssen. So können Auslegungen der Fragen einiger Probanden divergent sein und zu Verzerrungen führen. Bei einer Interpretation des Summenindex muss diese Problematik immer mit bedacht werden.

Um die Studierenden hier einordnen zu können, bedarf es einer Interpretation, die auf einer Vielzahl von Variablen basiert. Diese werden zunächst in die Teilbereiche „Medienbiografie", „Elterliche Faktoren", „Aktuelle Nutzung" und in „Allgemeine Einstellungen" sowie „Lehrerspezifische Erfahrungen und Einstellungen" untergliedert. Damit ist es möglich, bestimmte Komplexe gesondert

zu betrachten und eventuelle Aufhebungseffekte durch gegenläufige Dispositionen zu erkennen. Für jeden der genannten Teilbereiche wird ein Sub-
Summenindex generiert, mit dem eine Aussage über die Orientierung der Probanden gemacht werden kann.[45]

Durch die verwendete 5-stufige Skala wird eine Einteilung in ebenso viele
Bereiche ermöglicht. Auf dieser Grundlage wird eine Spezifizierung der Grund-
ausrichtung des medialen Habitus der Studierenden ausgearbeitet. Wie bereits
oben dargestellt, wird die Skala mit den Werten –2 bis +2 kodiert. Für die Spezifizierung ist es nun notwendig, diesen Bereich in Gruppen zu unterteilen. Mit
den Trennwerten – unten dargestellt durch den ersten Strich in der 3. Zeile der
visuellen Darstellung – können Gruppierungen vorgenommen werden. Durch die
Addition der Werte für den jeweiligen Index müssen für die Gruppenbildung die
Trennwerte (–1,5; –0,5; +0,5; +1,5) mit der Anzahl der verwendeten Fragen bzw.
Items multipliziert werden. So können für die Subindizes und schlussendlich für
den Summenindex Trennwerte für fünf gleiche Gruppen errechnet werden. Diese
Vorgehensweise hat den Vorteil, dass fünf Kategorien entstehen, die für entsprechende Dispositionsschemata stehen und diese an relevanten Abschnitten auf-
gliedern. Gemäß mathematischer Rundungsregeln ergibt sich damit folgende
schematische Darstellung:

Abbildung 33: Darstellung zur Gruppierung der Subindizes und des Summenindex

O	O	O	O	O	
–2	–1	0	+1	+2	
|	|	|	|	Trennwerte
G1	G2	G3	G4	G5	Gruppe

Mit dieser Vorgehensweise lassen sich in der folgenden Aufstellung (siehe Tabelle 84 auf der nächsten Seite) die entsprechenden Trennwerten darstellen
(durch die Addition ergeben sich nur ganze Zahlen).

Im Folgenden wird erläutert, aus welchen Variablen und somit welchen
Werten die einzelnen Subindizes berechnet worden sind. Dabei ist stets zu beachten, dass unter Fernsehen sowohl der öffentlich-rechtliche als auch der private Rundfunk subsumiert werden, dass jedoch zwischen den beiden hinsichtlich
der Kodierung für den Index unterschieden werden muss. Welche Fragen mit
welcher Kodierung in die Indizes eingehen, kann im Anhang im Indexgenerie-
rungsprotokoll nachvollzogen werden.

---

45 Im Onlineangebot des VS-Verlags ist das Protokoll zur Generierung des Summenindex hinterlegt,
das die verwendeten Variablen und deren Kodierung aufzeigt.

Tabelle 84: Gruppenwerte der verschiedenen Indizes

Gruppe	G1	G2	G3	G4	G5
Kategorie	Dominantes qualitäts- und bildungsorientiertes Dispositionsschema	Von qualitäts- und bildungsorientierter Haltung geprägtes Dispositionsschema	Neutrales Dispositionsschema	Von hedonistischer Haltung geprägtes Dispositionsschema	Dominantes hedonistisches Dispositionsschema
Medienbiografie	−36 bis −28	−27 bis −10	−9 bis +9	+10 bis +27	+28 bis +36
Elterliche Faktoren	−30 bis −23	−22 bis −8	−7 bis +7	+7 bis +22	+23 bis +30
Aktuelle Nutzung	−64 bis −43	−42 bis −15	−14 bis +14	+15 bis +42	+43 bis +64
Einstellungen 1	−36 bis −27	−27 bis −10	−9 bis +9	+10 bis +27	+28 bis +36
Einstellungen 2	−26 bis −20	−19 bis −7	−6 bis +6	+7 bis +19	+20 bis +26
Einstellungen gesamt	−62 bis −47	−46 bis −16	−15 bis +15	+16 bis +46	+47 bis +62
Summenindex	−192 bis −139	−138 bis −47	−46 bis +46	+47 bis +138	+139 bis +192

11.2 Subindex Medienbiografie

Aus Frage A01 wurden die Nichtnutzer bzw. Frühnutzer für die Medien Buch, Computerspiele, Spielkonsole, Fernsehen, DVD und Zeitung erarbeitet. Zwar waren diese Medien während der Kindheit der Probanden teilweise noch in der Phase der Ausbreitung, jedoch kann z. B. durch die Möglichkeit der Satelliten-Anlagen davon ausgegangen werden, dass hier im Falle eines Nutzungswunsches der Eltern eine Anschaffung getätigt werden konnte bzw. wurde. Hiermit sind unter biografischer Sichtweise Medien vertreten, die zuvor bereits als relevante Faktoren für eine Zuschreibung und Erarbeitung von Dispositionen ausgearbeitet wurden (s. o.).

In Frage A02 wurde nach den Lernorten bzw. Personen gefragt, von denen der Umgang mit PC und Internet erlernt wurde. Bei der Berechnung des Index-wertes werden nur die Eltern berücksichtigt. Dies basiert auf der Überlegung, dass die Eltern im Falle einer Zustimmung hier als Vorbild dienen und in aktiver Weise Nutzungsformen und Schemata vorgeben bzw. vorleben.

Bei Frage A04 wurden die Punkte Textverarbeitung, Chatten, Computer-spiele, Filme und Musik sowie die Nutzung von Nachrichten und News als Computer- bzw. Internetnutzung berücksichtigt. Hier wurde dann entsprechend der ausgearbeiteten Zuschreibungen (vgl. Kapitel 6) eine entsprechende Kodie-rung und Addition der Werte vorgenommen. So verschiebt sich durch die Nut-zung der Zeitung der fallbezogene Indexwert mehr in den Bereich des qualitäts- und bildungsorientierten medialen Habitus.

Mit der Frage A08 wurde die Bedeutung bestimmter Medien für Jugendli-che erhoben. Hier wurden Fernsehen, Video/DVD, Spielkonsole, Zeitschriften und Zeitungen sowie das Buch berücksichtigt. Die Vorgehensweise zur Erstel-lung des Index wurde analog zu Frage A04 gehandhabt.

Mit diesen Variablen wird der Subindex „Medienbiografie" generiert.

Der minimale und somit einer absoluten qualitäts- und bildungsorientierten Haltung entsprechende Wert beträgt −36, der maximale Wert +36, was einer absoluten hedonistischen bzw. unterhaltungsorientierten Einstellung entspricht. Das in der Folge abgebildete Diagramm macht deutlich, dass sich die Verteilung der Fälle vom Nullpunkt in den Bereich der Qualitäts- und Bildungsorientierung verschiebt. Das Diagramm entspricht dabei weitestgehend einer Normalvertei-lung. An dieser Darstellung kann abgelesen werden, dass die Personen der Stich-probe mehrheitlich Erfahrungen in der Medienbiografie vorweisen, die von Qua-litäts- und Bildungsgedanken dominiert wurden. Zugleich müssen die Ergebnisse der qualitativen Studie relativiert werden: Derart deutlich dominierende quali-täts- und bildungsorientierte Erfahrungen können hier nur bei einem geringen Teil der Studierenden ausgemacht werden. Zwar ist diese Tendenz für den Großteil der Probanden in der quantitativen Stichprobe erkennbar, aber eine extrem medienabstinente Medienbiografie, wie sie bei einem Teil der Personen in der qualitativen Untersuchung ausgemacht wurde, scheint hier nur wenige der Studierenden zu betreffen. Immerhin kann bei über der Hälfte der Probanden (52,8 Prozent) von einer Dominanz der qualitäts- und bildungsorientierten Dispositionsschemata gesprochen werden. Mit 45,8 Prozent nimmt eine geringere Anzahl von Probanden – aber mit einer eindeutigen Tendenz zur qualitäts- und bildungsorientierten Haltung, wie auch das Diagramm belegt – eine neutrale Position ein. Die anderen Gruppen können auf Grund der geringen Bedeutung (geringe Fallzahlen) vernachlässigt werden.

Abbildung 34: Subindex Medienbiografie

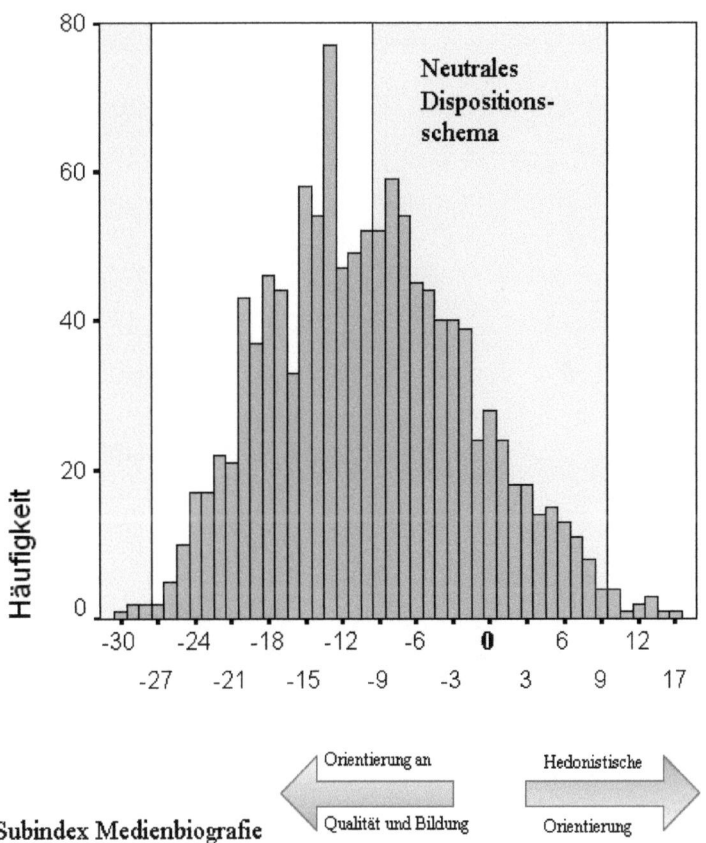

11.3 Subindex Elterliche Faktoren

Bei den elterlichen Faktoren fließt zunächst die Frage A03 nach der elterlichen Medienkontrolle ein. Buch, Zeitung, Computer, Internet, Computerspiel, Spielkonsole sowie Fernsehen werden hier berücksichtigt. Dabei ist zu beachten, dass die verschiedenen Nennungen durch ihre anfängliche Kodierung zu einer Verfälschung führen würden. Die Gleichsetzung der Skalen von ‚Buch lesen' und ‚Computerspiele' wäre nicht im Sinne der Unterscheidung von hedonistischem und qualitäts-/bildungsorientiertem Habitus. Hierfür werden die entsprechenden Variablen zunächst rekodiert, d.h. in eine umgekehrte Reihenfolge gebracht, und anschließend erst akkumuliert.

Abbildung 35: Subindex Elterliche Faktoren

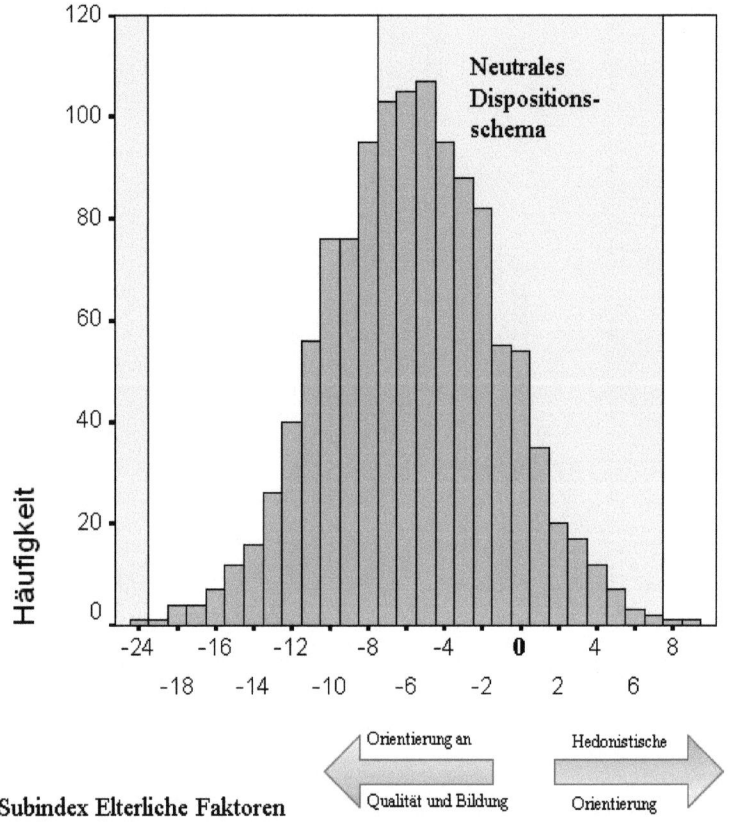

Ebenso wird die elterliche Mediennutzung berücksichtigt (Frage A07). Fernsehen, Zeitungen, Bücher und Radio mit längeren Wortbeiträgen (mit dem Beispiel Deutschlandfunk/DLF) werden hierfür genutzt.

Ein hohes Bildungsniveau der Eltern ist – wie bereits oben theoretisch ausgeführt und auch empirisch belegt – für einen bildungsorientierten Habitus förderlich. Auf Grund dessen soll dies in Verbindung mit der Frage D07 ebenfalls berücksichtigt werden. Hieraus ergibt sich das oben dargestellte Diagramm für den Subindex der elterlichen Faktoren.

Auch hier ergibt sich ein ähnliches Bild wie beim Subindex für die medienbiografischen Daten. Die qualitäts- und bildungsorientierten Dispositionen wirken hier im Vergleich etwas abgeschwächter, jedoch tendiert der Großteil der Probanden mit neutralen habituellen Mustern in diese Richtung. Auch hier zeigt sich, dass lediglich zwei der möglichen fünf Gruppen eine Rolle spielen. Die Tendenz zu einer Orientierung an Qualität und Bildung ist auch hier ersichtlich und mit Zahlen zu belegen.

11.4 Subindex Aktuelle Nutzung

Beim Medienbesitz (Frage B04) soll berücksichtigt werden, ob den Probanden das Medium selbst zur Verfügung steht. Der eigene Besitz deutet auf eine erhöhte Bedeutung hin, während die Nicht-Nutzung das Gegenteil wäre. Zudem wäre noch denkbar, dass zwar jemand ein Medium besitzt, es aber nie nutzt. Hier würden sich die Werte durch die Addition aufheben. Besondere Beachtung finden Medien (z. B. Computerspiele), die sich relativ eindeutig einer Orientierung zuordnen lassen.

Wichtig ist zudem die Nutzungshäufigkeit bestimmter Medien (Frage B07). Auch hier werden wie oben Bücher, Zeitung, Computer, Internet, Computerspiele, Spielkonsole und Fernsehen berücksichtigt.

Da bisher das Fernsehen nur Berücksichtigung als öffentlich-rechtliches und privates Fernsehen erfahren hat, ermöglicht die Frage B10 eine differenzierte Betrachtung hinsichtlich der Nutzung und damit verbunden der Bewertung. Hier werden Sendungen mit Informations-, Gesellschafts- und Bildungswert von denen mit ausschließlichem Unterhaltungswert unterschieden. Damit ist eine genauere Trennung möglich, was die Aussagekraft des Index erhöht.

Zudem wird in Frage B15 mit den Programmgenres allgemeiner nach den Vorlieben gefragt. Hier werden Soaps zusammengefasst, ebenso Politmagazine etc. Bei Punkten ohne eine Zuordnungsmöglichkeit (z. B. Spielfilme) wird auf eine Berücksichtigung im Summenindex verzichtet.

Die Verteilung der Daten wird nahezu in der Mitte von der Kategorien-Achse geteilt, die die Grenze zwischen neutralem und qualitäts- und bildungsorientiertem Dispositionsschema darstellt. Auch hier wird deutlich, dass die Fälle mit einem neutralen aktuellen Nutzungsschema (diese machen 48,8 Prozent aus) zu einem qualitäts- und bildungsorientierten tendieren. In diesem Diagramm finden sich nur Angaben zur Mediennutzung, die den privaten Bereich tangieren. Es wurden keine Fragen integriert, die den schulischen Kontext (z. B. an der Hochschule) betreffen. Aus dieser Zentrierung lässt sich feststellen, dass sich die freiwillige Mediennutzung der Studierenden auf Kultur- und Bildungsinhalte gepaart mit einem gesellschaftsrelevanten Zusammenhang konzentriert. Dagegen spielen neuere Medien wie Computerspiele und Soaps – die einem hedonistischen Schema zugeordnet wurden – keine entsprechende Bedeutung.

Abbildung 36: Subindex Aktuelle Nutzung

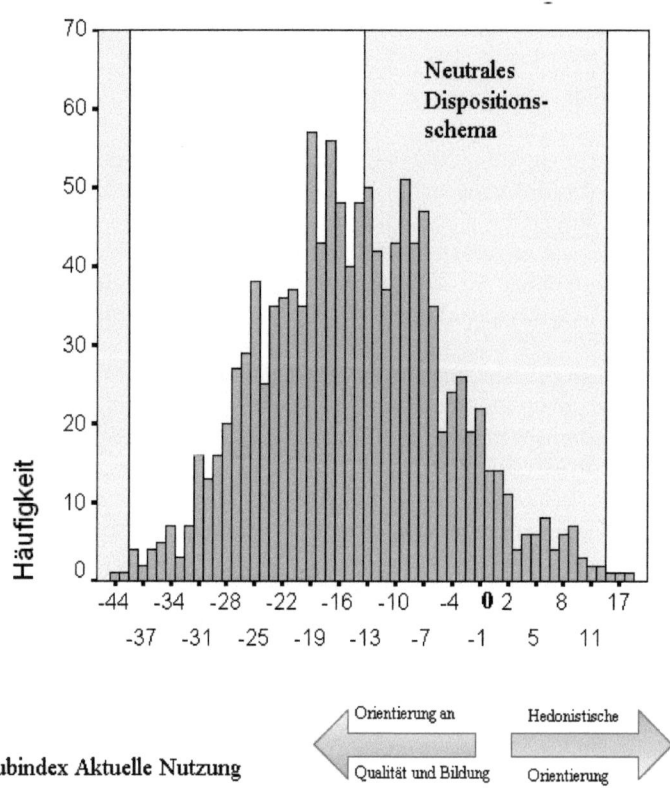

11.5 Subindex Einstellungen (Allgemeine und schulspezifische Einstellungen)

Der Subindex für die Einstellungen untergliedert sich in zwei Bereiche. Der erste beschäftigt sich mit allgemeinen Einstellungen zu Medien und die Selbsteinschätzung der Probanden. Der zweite Bereich beleuchtet die lehrerspezifischen Erfahrungen und Einstellungen der Probanden zum Medieneinsatz in der Schule.

Abbildung 37: Subindex Einstellungen 1 – allgemeine Einstellungen zu Medien

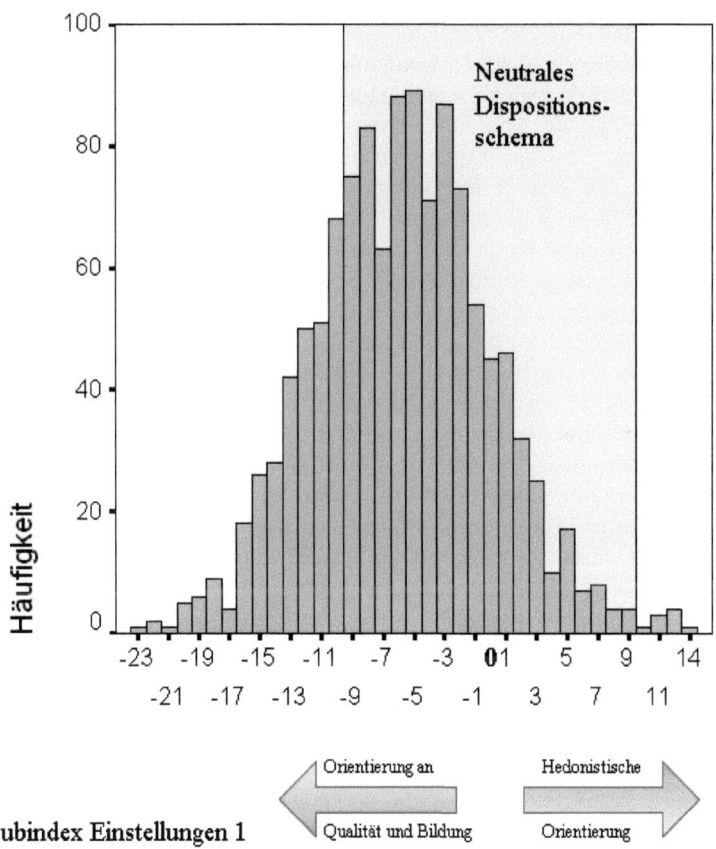

Im ersten Komplex werden Fragen nach den Einstellungen der Probanden zum Fernsehen integriert (Frage B12), wobei hier neben individuellen Dispositionen auch Meinungen über gesellschaftliche Verhältnisse mit in den Index eingebracht werden (z. B. über Kinder und Fernsehen sowie Medienwirkungen mit Frage B19). Mit weiteren individuellen Einstellungen (Frage B18 und B21) wird der Index erweitert.[46]

Die Einstellungen der Studierenden verschieben sich hier stärker in den Bereich der neutralen Dispositionsschemata. 73,4 Prozent aller Probanden positionieren sich in diesem Bereich. Die Tendenz zu einem qualitäts- und bildungsorientierten Habitus bleibt jedoch auch wie bei den anderen Subindizes bestehen.

Die lehrerspezifischen Einstellungen sind absichtlich von den anderen getrennt worden, damit hier ein Vergleich zwischen der zukünftigen Berufswelt und dem Privatleben vorgenommen werden kann. So kann überprüft werden, ob die Dispositionen für lehrerspezifische Faktoren im Sinne eines „Doing Teacher" von den privaten Einstellungen und Meinungen abweichen. Als relevant wird für diesen Subindex die Einschätzung der Probanden nach der Bedeutung verschiedener Medien für den Einsatz im Unterricht (Frage C03) und als Thema im Lehramtsstudium (Frage C09) angesehen. Durch die unterschiedliche Bewertung von Medien werden diese durch die Umkodierung (siehe hierzu auch den Anhang zur Umkodierung) gegenübergestellt. So werden Computerspiele, Fernsehen, Video und Film auf der einen Seite mit den Medien (z. B. Buch, Zeitung und Lernsoftware)verglichen, die mit Qualität und Bildung konnotiert werden. Umgekehrt gilt dies für die Bedeutung der Behandlung von Medienthemen während des Studiums. Hier wird, wie in den Ausführungen zu den qualitativen Ergebnissen dargelegt, eine dichotome Beurteilung der Medien bzw. deren Nutzungsformen als Grundlage verwendet. Letztendlich ergibt sich aus den neu kodierten und aufsummierten Werten eine Möglichkeit, die Aussicht auf einen über die „altbewährten" Einsatzzwecke hinausgehenden Medieneinsatz zu beurteilen. Aus dieser Konstellation lässt sich folgendes Diagramm ableiten:

Die für den Subindex genutzten Fragen wurden so kodiert, dass die Einstellungen der Studierenden, je weiter sie in den Bereich der hedonistischen Orientierung reichen, einen Medieneinsatz in der Schule über das bisherige hinaus als wahrscheinlicher gelten kann. Eine „positive" (hedonistische) Einstellung zu Medien dürfte deren Verwendung und Förderung als Lehr- und Lernmittel zuträglich sein. Bisher wurde festgestellt, dass ein qualitäts- und bildungsorientierter Habitus einem angemessenen Einsatz von Medien (über das Buch und den Overheadprojektor hinaus) entgegensteht. So ist anzunehmen, dass die angehenden Lehrer mit einem entsprechenden Dispositionsschema einen Medieneinsatz

---

46 Für eine genaue Auflistung der im Index verwandten Fragen ist eine detaillierte Auflistung im Anhang beigefügt.

über das bisher übliche (arbeitsorientiert, klassische Medien wie Buch, OHP etc.) nicht anstreben werden. Das Verhältnis von Lehrern und Medien im Unterricht wurde bereits ausreichend erörtert, sodass ich hier nur darauf verweise.

Abbildung 38: Subindex Einstellungen 2 – Einstellungen zu Medien im Unterrichtskontext

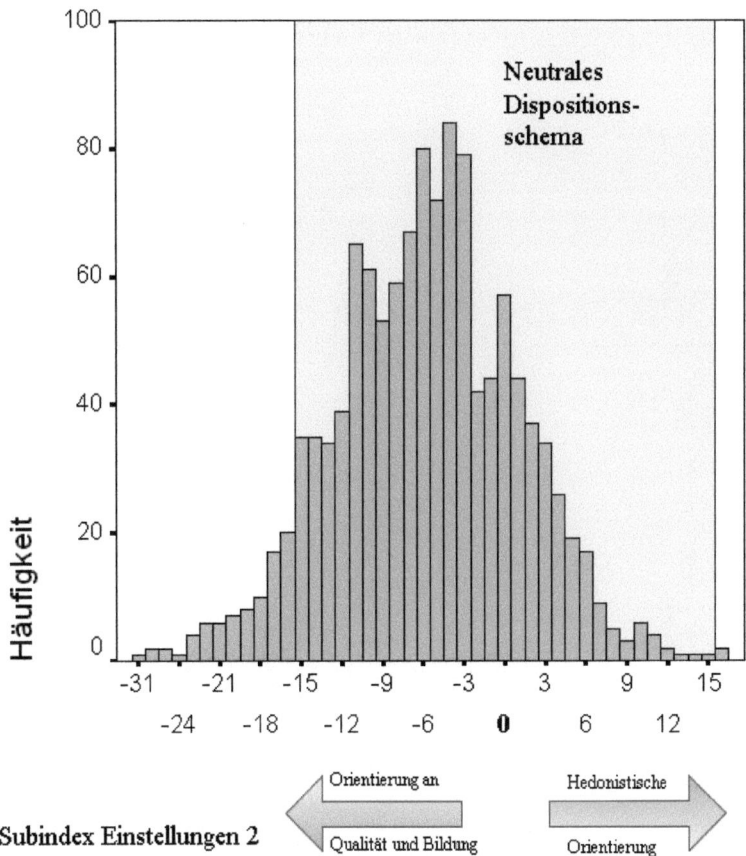

Betrachtet man die Verteilung der Daten, wird ersichtlich, dass mit 92,8 Prozent die meisten Studierenden ein neutrales Dispositionsschema vorweisen. Dies bedeutet aber zugleich, dass sie – auch unter Berücksichtigung von sozial erwünschten Antworten – einen Medieneinsatz über die aktuellen Grenzen hinaus kaum vornehmen werden. Betrachtet man hierzu noch einmal die persönlichen Erfahrungen der Studierenden während der eigenen Schulzeit, muss man ihnen zugestehen, dass sie es auch nicht anders kennen. Gerade die Hochschulen sind hier in die Pflicht zu nehmen, diese Lage bei der Ausbildung der Lehrer zu berücksichtigen.

Durch die Zusammenfassung der beiden Einstellungs-Subindizes ergeben sich auf Grund der ähnlichen Ausrichtung keine neuen Erkenntnisse. Aus Gründen der Vollständigkeit füge ich das Diagramm hier ein:

Abbildung 39: Subindex Einstellungen – Zusammenfassung der Einstellungen 1 und 2

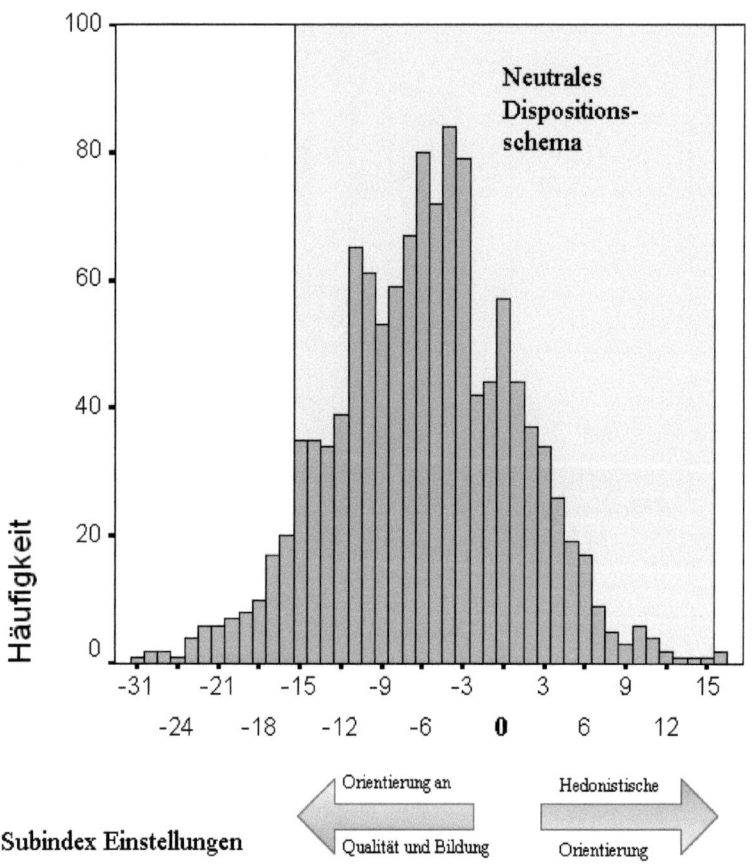

11.6 Der Gesamtindex

Durch die Addition der Werte aus den Subindizes wird der Summenindex gebildet. Hier sind nun alle vorherigen Unterbereiche vertreten.

Abbildung 40: Summenindex zur Bestimmung des medialen Habitus

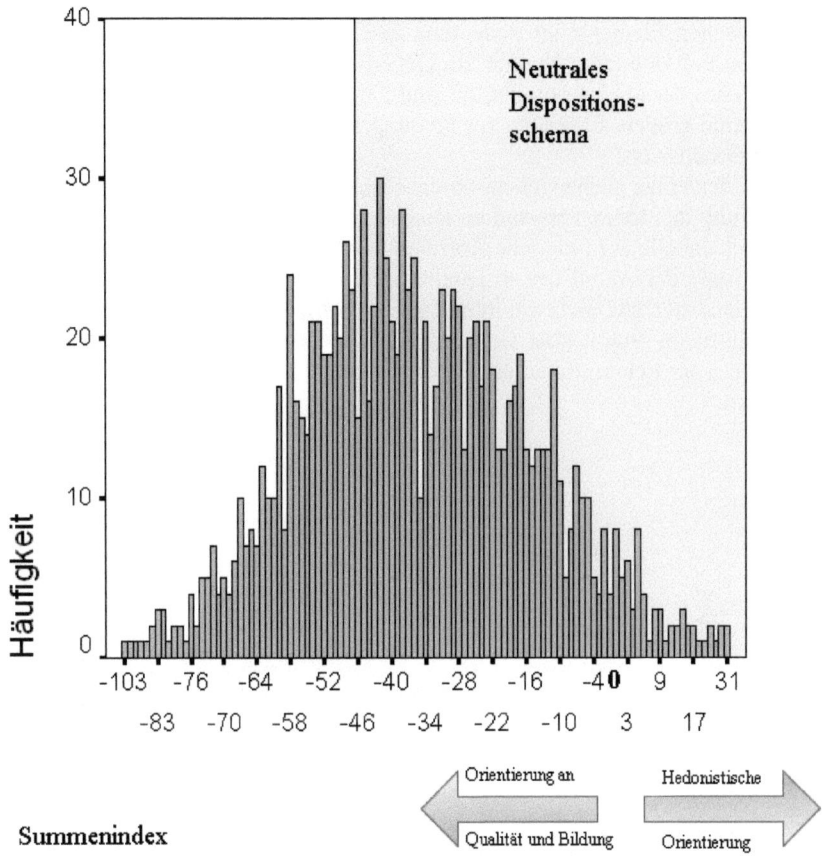

Nahezu ein Drittel der befragten Studierenden (32,5 Prozent) weisen ein von qualitäts- und bildungsorientierter Haltung geprägtes Dispositionsschema auf. Hier ist eine Klassifizierung trotz der Unschärfen des Summenindex nahezu eindeutig. Für diese Studierenden gilt die Annahme, dass ein Medieneinsatz in der Schule auf Grund ihrer Einstellungen und Dispositionen – und insbesondere unter Berücksichtigung des Subindex – als unwahrscheinlich gelten kann. Die Studierenden decken zudem eine große Bandbreite möglicher Variationen ab, die jedoch in Richtung qualitäts- und bildungsorientierter Schemata tendieren. Im Vergleich zu den Studierenden der qualitativen Studie müssen die Aussagen jedoch relativiert werden. Der Summenindex zeigt, dass die hier befragten Studierenden eine wesentlich affinere Haltung zu den Medien einnehmen und die hedonistischen Elemente an Bedeutung gewinnen, aber in keinem einzigen untersuchten Fall dominant werden. Im Gegensatz zu den untersuchten Haupt- und Realschülern der qualitativen Studie sind diese noch immer deutlich abgrenzbar. Hier ist eine größere Erhebung zur Klärung des medialen Habitus bei den Schülern wünschenswert.

Um der Frage nachzugehen, ob die Hochschule Einfluss auf die hier für die Generierung des Index verwandten Dispositionen ausübt, wurden die Daten mit einer Kreuztabelle auf mögliche Korrelationen überprüft. Es wird dabei lediglich sichtbar, dass der Anteil der an Qualität und Bildung orientierten Studierenden mit der Semesterzahl leicht zunimmt (von 30,6 auf 37,6 Prozent). Dies ist jedoch nicht signifikant. Somit lässt sich der Schluss ziehen, dass die Hochschulen die Ausbildung der Lehramtsstudierenden im Medienbereich zu wenig forcieren und einfordern.

12 Zusammenfassung, Diskussion und Ausblick

Die vorliegende Arbeit fragt im Gegensatz zu einer Vielzahl von früheren Texten nicht nach Möglichkeiten und Stand des Medieneinsatzes in der Schule. Vielmehr ist die Untersuchung der Frage gewidmet, welche Dispositionen und Einstellungen – zusammengefasst im Begriff des Habitus – sich bei den zukünftigen Lehrern finden. Denn – so ist auf der Basis des Freiburger Projekts zunächst zu konstatieren – der mediale Habitus ist eine wesentliche Ursache für das mehr oder weniger deutliche Scheitern neuerer mediendidaktischer Konzepte in der Schule (vgl. Kommer 2006 und Kapitel 6).

Ausgehend von Bourdieus Habitus-Konzept und unter Beachtung der Geschichte von Computer, Internet und Fernsehen seit 1980 wurde im Rahmen dieser Forschungsarbeit nach dem Zusammenhang medienbiografischer Daten, aktueller Muster und Geschmackspräferenzen sowie Einstellungen zum Einsatz von Medien im Unterricht gefragt, um daraus Erkenntnisse zu gewinnen, die eine Aussage über einen möglichen Zusammenhang von Habitus und der Verwendung des Computers, des Internets und abgeschwächt auch des Fernsehens für schulische Zwecke ermöglichen und greifbarer machen.

Unabhängig von didaktischen Kompetenzen der befragten Personen stellt sich die grundlegende Frage, ob die vorrangig untersuchten Medien Computer, Internet und Fernsehen auf Grund der Einstellungen der Probanden überhaupt als Lehr- und Lernmedium akzeptiert werden. Der aktuelle Forschungsstand zum Einsatz von Medien im Unterricht, der Berufswahl von Lehramtsstudierenden und deren Ausbildung an der Hochschule macht hier eklatante Lücken deutlich (vgl. Kapitel 4).

Der Erkenntnisgewinn dieser Arbeit ergibt sich somit aus der Analyse grundlegender Dispositionen, die das professionelle (mediale) Handeln im Schuldienst grundieren. Diese Dispositionen sind allen didaktischen Überlegungen vorgelagert und bilden eine unbewusste Komponente des Handelns und Wirkens. Die Bildung solcher Dispositionen ist in einem Rahmen einer Sozialisation zu denken, in dem milieuspezifische Existenzbedingungen (familiär, historisch) und Medien als moderne Sozialisationsinstanz (vgl. Süß 2004) zu verbinden sind. Auf Grund der unterschiedlichen Einflüsse der Instanzen anhand sozialer, kultureller und ökonomischer Verortung der Akteure im gesellschaftlichen Gefüge ergeben sich komplexe Wechselwirkungen.

Damit ist Mediensozialisation nicht ohne andere Sozialisationsinstanzen zu denken, da sie eng miteinander verschränkt sind. Medien nehmen – auf Grund ihrer historischen Bedeutung und des schnellen technischen Wandels – in Verbindung mit den unterschiedlichen Erfahrungen von Eltern und Kindern (vgl. Sander 2001) eine besondere Rolle ein.

12.1 Die Bedeutung des Habitus-Konzepts für die Medienpädagogik

12.1.1 Die Bedeutung des Milieus als Basis für den medialen Habitus

Die Bedeutung des Herkunftsmilieus wurde in den letzten Jahren im breiteren wissenschaftlichen Diskurs wieder verstärkt berücksichtigt[47], gefördert und verstärkt unter anderem durch die Ergebnisse der PISA-Studien (vgl. Deutsches PISA-Konsortium 2003, 2005 sowie komprimiert hierzu und den IGLU-Studien Brügelmann 2005, S. 124–128). Damit rückte auch der Zusammenhang von Herkunftsmilieu und Bildungschancen in die öffentliche Diskussion[48]. Die Familie und ihr sozioökonomischer Status kann somit als Grundlage für die Fortführung der gesellschaftlichen Position angesehen werden. Allerdings kann nicht von einer linearen und unveränderten Weitergabe habitueller Muster gesprochen werden.

Erfahrungen innerhalb der Familie im Kontext historischer Entwicklungen führen zu unterschiedlichen Ausprägungen der strukturierten Struktur. Unter der Berücksichtigung des schnellen technologischen Wandels stellt sich die Frage, inwiefern Eltern auf Grund des Hysteresis-Effekts (vgl. Bourdieu 1982, S. 237–240) und der eigenen Erfahrungen überhaupt Einfluss auf die Ausbildung habitueller Muster bei ihren Kindern haben, wenn diese mit Medien umgehen, die den Eltern selbst bisher fremd waren und sich nur begrenzt in ihre Schemata einordnen lassen. Umgekehrt eröffnen sich dabei Möglichkeiten zu erfahren, wie Kinder und Jugendliche mit Eltern ohne praktischen Bezug zu Neuen Medien habituelle Muster auf Grund der bisherigen Erfahrungen generieren. Wenn die Eltern sich nicht als Nutzer z. B. mit dem Internet auseinandersetzen, mit welchen „Grundmustern" erforscht der Nachwuchs die digitale Welt? Ob hier ein Konzept der Selbstsozialisation (vgl. hierzu auch Fromme/Kommer/Mansel 1999), wie es Zinnecker (2000) vorschlägt, hilfreich ist, hängt von der Möglich-

---

47 So z. B. auch in der medienpädagogischen Forschung (vgl. Niesyto 2001a und 2003 sowie Treumann 2007).

48 Z. B. ein Artikel in der Onlineausgabe der Zeit vom 23.8.2007, online verfügbar unter http://www.zeit.de/2007/35/Aufsteiger?page=all. Zuletzt besucht am 30.10.2007.

keit der Koppelung an das Habitus-Konzept von Bourdieu ab. Bauer (2002) versucht in einem ersten Schritt, unter Rückgriff auf Zinnecker, Selbstsozialisation und Bourdieus Habitus-Konzept zu verbinden. Er selbst geht von der Annahme aus, dass das Habitus-Konzept nicht deterministisch für die Handlungen der Akteure ist. Vielmehr meint er, dass von einer Vorstrukturierung des individuellen Handelns durch habituelle Filter gesprochen werden muss (vgl. Bauer 2002, S. 136). Zwar nutzt Bourdieu den Begriff „Konditionierung", weist aber immer wieder auf kognitive Prozesse hin, die bei der Genese des Habitus stattfinden. Allein dies widerspricht einer Konditionierung im Sinne des Behaviorismus, der Bourdieu von anderen Autoren unterstellt wird (z. B. Scherr 2004, S. 221).

Jedoch weist Bourdieu an anderer Stelle ausdrücklich darauf hin, dass jene, die „Erkenntnis auf einen passiven Aufnahmevorgang, einen Widerspiegelungsakt reduzieren, [...] vergessen [...], daß jede und zumal jede Erkenntnis von sozialer Welt einen spezifische Denk- und Ausdrucksschemata in Werk setzenden Konstruktionsakt darstellt und daß zwischen sozialer Lage und Praxisformen oder Vorstellungen sich die strukturierende Tätigkeit von Akteuren schiebt, diese also keineswegs nur reflexhaft auf Stimuli reagieren, vielmehr auf Appelle wie Drohungen einer Welt antworten, deren Sinn sie selbst mit geschaffen haben." (Bourdieu 1982, S. 728–729) Dies macht die Komplexität der Genese des Habitus noch einmal deutlich und zeigt, dass das Konzept nicht als deterministisch (vgl. Bauer 2002, S. 136) angesehen werden kann. Die vorstrukturierende Funktion des Habitus eröffnet eine Sichtweise, die einen möglichen Erklärungsversuch zu den generationsspezifischen Differenzen darstellt. Durch die strukturierte Struktur werden vorhandene Schemata im Umgang mit Neuen Medien handlungswirksam. Daraus ergibt sich, dass Selbstsozialisation nur unter Berücksichtigung vorhandener Erfahrungen mit dem Habitus-Konzept verbunden werden kann. Dies stärkt zugleich die elterliche Position als Sozialisationsinstanz, die als grundlegendste Erfahrung bei der Bildung von Dispositionen angesehen werden muss.[49]

Die Bedeutung der Medien als Sozialisationsinstanz ist aus diesem Grund nur mit der familialen Situation zusammen zu analysieren und zwar um so mehr, je mehr die Medienerziehung in das Handeln von Kindern und Jugendlichen eingreift.

---

49 Dies wird bei der Beschreibung der Habitusformen der Studierenden aus der qualitativen Studie sehr deutlich, die von Sven Kommer als Habilitation veröffentlicht wird. Das Manuskript liegt mir vor.

12.1.2 Habitus und Medien

Dass reine Ausstattungsinitiativen nicht zwangsweise zu einem Einsatz von Medien im Unterricht führen, wurde bereits dargelegt (Kapitel 4). In einem umfassenderen Kontext bedeutet dies, dass der Zugang zu Medien – und hier insbesondere auf das Internet bezogen – nicht automatisch positive Effekte mit sich bringt, wie so oft angenommen wurde:

> „Gleichzeitig zeigen jedoch viele Studien [...], dass die häufig beschworenen Erwartungen an das Internet (Demokratisierung des Zugangs zu Informationen, Mitbestimmungsmöglichkeiten für alle, Nivellierung von sozialen Unterschieden durch die Anonymität des Netzes u.v.m.) weitgehend von Offline-Kontextbedinungen wie beispielsweise Lesekompetenz, technischen Fähigkeiten, Vorwissen, Reflexion etc. abhängig sind [...]." (Kutscher/Otto 2004, S. 8)

Diese Einsicht führt zu der Annahme, dass der verwendete Dualismus von qualitäts- und bildungsorientierter und hedonistisch-unterhaltungsorientierter Mediennutzung weitreichende Folgen für pädagogisches Handeln hat:

> „Ausgangspunkt für die Nutzung (des Internets, Anm. Ralf Biermann) bei Jugendlichen mit formal niedriger Bildung ist hauptsächlich das Chatten. Im Vordergrund steht in diesem Zusammenhang häufig, Spaß und Unterhaltung zu haben und Langeweile zu vertreiben [...].Diese Motivationslage unterscheidet sie weitgehend von Personen mit formal höherem Bildungsstand und führt zu einer anderen Haltung in der Wahrnehmung von und der Auseinandersetzung mit Nutzungsproblemen sowie eventuellen Lösungsversuchen." (Kutscher/Otto 2004, S. 11)

Diese *Ungleichheit des medialen Habitus* – die ebenfalls zwischen Lehrern und insbesondere Hauptschülern und leicht abgeschwächt Realschülern besteht – führt zu Schwierigkeiten bei der Förderung von Medienkompetenz in der Schule, da hier grundlegende Erwartungshaltungen und habituelle Muster aufeinanderprallen.

Besonders erkennbar wird die Diskrepanz des medialen Habitus über Distinktionsmuster. So wird z. B. im Bereich der Fernsehkritik (vgl. Goldbeck 2004) offensichtlich, wie wichtig die Einstellung zu und Nutzung von Medien als Mittel der Distinktion sind. Dies hat zur Folge, dass dich die sozialen Akteure über ihr Medienhandeln von anderen abgrenzen, zugleich aber auch der Zugehörigkeit zu einer Gruppe versichern, der sie angehören oder deren Zugehörigkeit sie anstreben. Daraus folgt, „dass sich mit einer Sendung wie *Wer wird Millionär?* keine Distinktionsgewinne erzielen lassen, weil sie auf einem privaten Sender läuft. Die Abwertung der Daily Soap funktioniert im Rahmen des Diskursmusters sehr gut, so dass sich aus deren Ablehnung durchaus ein Distinktionsgewinn ziehen lässt." (Mikos 2007, S. 54) Bezieht man dies auf die Schule und unterstellt den Lehrern eine unbewusste Abgrenzung und latente Muster, Akteure aus „unteren Milieus" bzw. „Unterschichten"[50] von einem möglichen Aufstieg fernzuhalten und sich zugleich von diesen abzugrenzen (vgl. Bourdieu 2006), wird dies durch die Analyse des medialen Habitus offensichtlich. Da für die angehenden Lehrer die qualitäts- und bildungsorientierte Haltung herausgearbeitet werden konnte (und im Vergleich dazu die Schüler der qualitativen Studie den „dualistischen Gegenpol" bilden), kann davon ausgegangen werden, dass gerade der bei den zukünftigen Lehrpersonen vorliegende mediale Habitus für den Einsatz von Medien im Unterricht hinderlich wirkt, da er fundamental mit den individuellen Existenz- und Strukturbedingungen verbunden und durch Zwänge gekennzeichnet ist, sich durch Distinktionsgewinne (hier auch zu verstehen als erfolgreiche Distanzierung unterer Milieus von dem eigenen) abzusetzen. Inwiefern die Diskussion um die Chancen der neuen Medien zur Nivellierung gesellschaftlicher Unterschiede beim Zugang zu Informationen und Partizipation eine Rolle für die Genese des medialen Habitus spielt, kann hier nicht beantwortet werden. Optimistische Aussichten haben sich jedoch nicht erfüllt, im Gegenteil: Medien scheinen mehr denn je Mittel zur Distinktion mit der Folge eines verstärkten – besonders auf die Neuen Medien bezogenen – Digital Divide oder einer digitalen Ungleichheit zu sein (vgl. Kutscher/Otto 2004).

Damit macht der Habitus ‚blind' für eine Neustrukturierung bzw. Erweiterung der habituellen Muster. Erst mit einem reflexiv gewordenen Habitus wird diese eigene Eingrenzung aufgehoben. Durch das Bewusstwerden der eigenen Dispositionen und deren vorstrukturierender Funktion können die eigenen „Grenzen" erkannt und überwunden werden, sodass neue Schemata generiert werden können. Je später dies geschieht, desto schwieriger wird dies auf Grund der Beharrlichkeit, die sich bei den Studierenden im Verlauf des Studiums verstärkt bemerkbar macht.

---

50 Hierin kann man durchaus das Verhältnis Lehrer und Haupt- bzw. Realschüler im Unterricht sehen. Der Lehrer als Bildungsbürger steht in seinem Unterricht den Kindern der Personen gegenüber, von denen er sich in der Regel abgrenzt. Die Schule selbst kann mit ihren Bildungsanforderungen als Komplize angesehen werden. Denn schließlich hat in der Schule nur Erfolg, wer die schulische „Bewährungsprobe" (Bourdieu 2006, S. 26) besteht. Und die Erfolgsaussichten dazu steigen mit dem Vorhandensein eines entsprechenden kulturellen Erbes der gebildeten Klassen (vgl. Bourdieu 2006, S. 31).

12.2 Die wichtigsten Ergebnisse der Studie

Mit dem Freiburger Forschungsprojekt als Basis für die weitere Erarbeitung des Themas „medialer Habitus" ergaben sich die relevanten Fokussierungen auf die Bereiche ‚Medienbiografie', ‚aktuelle Nutzungsmuster und Einstellungen' und ‚auf Schule und Hochschule bezogene Einstellungen und mediale Nutzungsmodelle'. Diese Differenzierung ist der Bedeutung der strukturierenden und strukturierten Struktur (vgl. Bourdieu 1982, S. 279) geschuldet. Die Erfahrungen in der Vergangenheit in Verbindung mit Medien und ausgewählten Aspekten der Herkunftsfamilie sowie die aktuelle Situation in Auseinandersetzung mit dem angestrebten Beruf ermöglichen einen Blick auf den Habitus „als System generativer Schemata von Praxis" (Bourdieu 1982, S. 279). Die folgenden Zielpunkte sind dabei relevant:

Als erstes sollte geklärt werden, inwiefern die teilweise stark bewahrpädagogischen Einstellungen (vgl. hierzu Tulodziecki/Herzig 2002, S. 125–128) zu Medien (siehe Kapitel 6) auch bei einer größeren Stichprobe – hier sogar bei einer fast vollständigen Gesamterhebung der Erstsemester an der Pädagogischen Hochschule Freiburg – zu finden sind. Die ausgearbeiteten Habitualisierungen der qualitativ befragten Studierenden ließen eine Selbstselektion vermuten, die jedoch ohne weitere Daten nicht bestätigt werden konnte. Anhand der quantitativ gewonnen Daten konnte die Vermutung der Selbstselektion verfestigt werden. Dennoch zeigt sich anhand der Überprüfung mithilfe des Summenindex (Kapitel 12), dass bewahrpädagogische Tendenzen noch immer vorhanden und teilweise auch vorherrschend sind.[51]

Außerdem sollten weitere Angaben zur Konstitution des medialen Habitus erhoben werden, um den Zusammenhang zwischen Kapitalausstattung, Bildungshintergrund und medialen Nutzungsgewohnheiten deutlicher als bisher ausarbeiten zu können. Insbesondere sind hier die Einstellungen zum Medieneinsatz in der Schule und zur Förderung von Medienkompetenz im Unterricht zu nennen. Kurz: Es geht um habitusinduzierte Barrieren für den schulischen Umgang mit Medien.

Damit verbunden sind zunächst die ausgewählten Aspekte der Medienbiografie:
- Erster Zugang zu Computer und Internet
- Kontrolle der Mediennutzung durch die Eltern
- In der Vergangenheit präferierte und genutzte Inhalte des Fernsehens

---

51 Hierzu folgen weiter unten noch einige Ausführungen zum medialen Habitus, die u. a. auf den Summenindex rekurrieren und die quantitativ erweiterte Datenlage berücksichtigen.

Ausgewählte Aspekte der aktuellen Mediennutzung:
- Besitz von Mediengeräten, insbesondere auch Computer/Internet
- Nutzungsformen von Computer und Internet
- Nutzungsroutinen von Fernsehen
- Nutzungsroutinen zur Informations- und Wissensgewinnung

Erhebung des medialen Habitus:
- Subjektive Einschätzung der ‚Wertigkeit' von zentralen Medien (Computer/Internet/Fernsehen)
- Subjektive Einschätzung des ‚Bildungswertes' insbesondere der digitalen Medien
- Einschätzung des Stellenwerts der digitalen Medien für das zukünftige, eigene Lehrerhandeln
- Eigene Verortung im Spannungsfeld von asketischer Arbeitsorientierung und spaßorientierter Spielorientierung beim Umgang mit digitalen Medien (qualitäts- und bildungsorientierter vs. hedonistisch-unterhaltungsorientierter Habitus)
- Einschätzungen zu Chancen und Gefahren der neuen Medien

Weiterhin soll der Frage nachgegangen werden, ob sich der mediale Habitus der Studierenden im Verlauf der ‚Lebensphase Studium' ändert. Dabei steht die Annahme im Vordergrund, dass der mediale Habitus so stark eingewachsen ist, dass seine Auswirkungen auf die Handlungspraxen stärker sind als die Veränderungen, die sich aus den rasch wandelnden Medienwelten ergeben.

12.2.1 Medienbiografische Aspekte

Die Erfahrungen der Probanden mit Medien sind umfangreich und lassen sich bis in die Kindheit zurückverfolgen. Die Bedeutung der Mediensozialisation wird anhand der vorliegenden Daten vor Augen geführt (vgl. Kapitel 10.1). Diese Erfahrungen können als einflussreich und bedeutsam – insbesondere in Verbindung mit der elterlichen Medienerziehung – für die Konstituierung des medialen Habitus angesehen werden. Die Bedeutung kindlicher, aber auch jugendlicher Lebenslagen aus einer biografischen Sichtweise heraus (vgl. für den Fokus Kind: Behnken, Zinnecker 2001, S. 16–32) und die Entwicklung eines biografischen Gedächtnisses (vgl. Köhler 2001) lassen den Schluss zu, dass dieser Phase unter Berücksichtigung der familialen Sozialisation (vgl. Rosenbaum 2001) eine entscheidende Bedeutung für die Ausbildung habitueller Muster zukommt. Milieuspezifische Unterschiede basierend auf disparaten Existenzbedingungen bzw.

Lebensräumen (gesellschaftlich und familiär) werden sozialisationswirksam, was nicht nur unter der Verwendung des Habitus-Konzepts auszumachen ist. Bereits das Wohnumfeld repräsentiert das Vorhandensein von Kapital und generiert unterschiedliche Erfahrungen (vgl. Berg 2001). Der biografische Rückblick macht den Blick auf die Existenzbedingungen und damit auf die Genese des Habitus frei. Die Rolle der Medien ist dabei augenscheinlich:

Spezielle und zugleich für die verschiedenen Altersgruppen differenzierte Angebote für Kinder (z. B. Hörspielkassetten, Kinderfernsehen und -bücher) und Jugendliche (z. B. Zeitschriften, Spartensender im Rundfunk, Kino und Film) stehen im großen Maße zur Verfügung und machen die besondere Bedeutung der Medien im biografischen Kontext als Sozialisationsinstanzen sichtbar (vgl. Baacke et al. 1990a und 1990b; Sander/Lange 2005, S. 115–129). Auch die hier ausgearbeiteten Ergebnisse bestätigen dies. Medien – insbesondere Computer, Internet und Fernsehen sowie die spezifischen Inhalte – spielen in den unterschiedlichen Abschnitten der Kindheit und Jugend eine bedeutende Rolle. Während zunächst im Kindesalter ein spielerischer Umgang damit stattfindet, werden in der Adoleszenz zunehmend solche Inhalte genutzt, die in Zusammenhang mit Entwicklungsaufgaben gebracht werden können (vgl. Barthelmes/Sander 1997 und 2001). Dies wird insbesondere beim Fernsehen sichtbar: Mit dem Alter lässt sich unverkennbar eine Verschiebung der Nutzung zu Informations-, Nachrichten-, Polit- und Dokumentationssendungen ausmachen.

Die technische Entwicklung und Verfügbarkeit von Medien (vgl. in diesem Kontext auch Kapitel 4) lassen generationsspezifische Muster entstehen (vgl. Sander 2001). So mussten sich zum Beispiel das Privatfernsehen zunächst im Markt etablieren (vgl. Doh 1994) sowie Computer und Internet erst die Voraussetzungen für den Massenmarkt erfüllen. Während Kinder und Jugendliche als „early adaptors" Neue Medien schnell in ihren individuellen Alltag integrieren, scheinen die Eltern der befragten Personen vermehrt auf Distanz zu gehen und abzuwarten. Erst mit beruflichen Anforderungen wird der PC auch privat angeschafft. Das Privatfernsehen wird aber noch immer im Gegensatz zum öffentlich-rechtlichen Rundfunk zurückgewiesen. Besonders ersichtlich wird dies, wenn man die Bedeutung der Peers beim Erlernen des Umgangs mit Computer und Internet betrachtet.[52] Hier nehmen Freunde stärker als Eltern und Geschwister bedeutende Rollen ein. Die Schule kann im Verhältnis dazu als fast vernachlässigbare Instanz zur Aneignung von Medien(kompetenz) angesehen werden.

Die ersten Nutzungserfahrungen der Studierenden sind vom elterlichen Einfluss der Medienerziehung unter Berücksichtigung des elterlichen Bildungsmilieus deutlich beeinflusst. Der erste Gebrauch von Computer und Internet ist

---

52 Das gemeinsame Medienhandeln bezieht sich hierbei auf das reine Bedienwissen und weniger auf die Einstellungen zu Medien.

keineswegs an den umfangreichen Möglichkeiten orientiert wie das Verhalten als „early adaptor" zunächst vermuten lässt. Vielmehr sind kommunikations- (E-Mail als vorherrschendes Mittel) und arbeitsorientierte Nutzungsformen (Textverarbeitung) vorherrschend. Unterhaltung wie auch die potentiellen Möglichkeiten einer aktiven Mediengestaltung spielen eine untergeordnete Rolle.

Die Wirksamkeit der Reproduktion des Habitus innerhalb des familialen Systems wird somit ersichtlich. Grundlegende Schemata werden über die Familie und ihre Existenzbedingungen reproduziert. Diese sind jedoch auch von den technischen Möglichkeiten, Anforderungen und der Verbreitung von Medien abhängig. Somit ist der mediale Habitus wie bei Bourdieu selbst auch historisch bedingt. Durch die sich ständig verkürzenden Innovationszyklen muss der Generationenbegriff jedoch in kürzerer Folge und nicht unter dem Aspekt der Lebenszeit verstanden werden. Betrachtet man hierzu die Mediengeschichte und die damit verbundenen strukturellen und gesellschaftlichen Veränderungen, könnte man den Schluss ziehen, dass mittlerweile selbst innerhalb weniger Jahre insbesondere durch Bildungsbenachteiligung unterschiedliche historische Muster bei den Jugendlichen entstehen können (vgl. Wagner/Eggert 2007, S. 15–23). Neuausrichtungen von Dispositionen folgen nicht mehr im Generationenabstand, sondern innerhalb weniger Jahre. Als Beispiel sei das Handy erwähnt, das längst über die bloße Telefonfunktion hinaus erweitert wurde. Videoaufnahme, Kalenderfunktionen und Internetzugriff sind nur einige Beispiele der Funktionen neuer Handys, die vor wenigen Jahren in diesem Segment noch nicht existent waren.

Trotz möglicher intrafamilialer Unterschiede bei den Medienerfahrungen sind die eigenen Familienmitglieder – insbesondere die Geschwister –, wie die vorliegenden Daten zeigen, wichtige Bezugspunkte bei Fragen zum Umgang mit Medien. In diesem Kontext werden Handlungsmuster z. B. bei der Nutzung von Fernsehen, Radio und Zeitung nicht einfach nur vorgelebt, sondern auch intentional vorgeführt. Hierbei wird der Bildungshintergrund der Eltern besonders deutlich. Ebenso sind die medienerzieherischen Handlungen der Eltern von deren Bildungshintergrund (und eigenen medialen Habitus) abhängig. Der Einfluss auf die habituellen Muster der Kinder wird damit ersichtlich. Auch wenn sich die Kinder nicht immer unbedingt entsprechend der elterlichen Wünsche und dem Medienverhalten ihrer Eltern gleich verhalten, so ist die grobe Richtung doch vorgegeben.[53] Indem bestimmte Medien gefördert, abgelehnt oder verboten werden und der Umgang damit vorgelebt wird, werden die Reproduktionsmechanismen des Habitus deutlich. Am Beispiel des Fernsehens wird klar, dass sich

---

53 Insbesondere zeigen u. a. die PISA-Studien, wie das Herkunftsmilieu den schulischen Erfolg beeinflusst. Bourdieu zeigt in seinen Ausführungen zur Schule ebenfalls den Zusammenhang von Reproduktionsmechanismen bzw. der Herkunft und dem Schulerfolg auf (vgl. Bourdieu 2006, S. 31). Diese Weitergabe von Dispositionen lässt sich analog auf den medialen Habitus beziehen.

das elterliche qualitäts- und bildungsorientierte Medienverhalten auf die spätere Einstellungen der Probanden zum Fernsehen auswirkt.

Der überwiegende Teil der angehenden Lehrer hat eine Medienerziehung erfahren, die als reglementierend und kontrollierend bezeichnet werden kann. In diesem Zusammenhang bestehen für viele der Befragten Restriktionen, die sich – zusammen mit den elterlichen Dispositionen im Sinne einer Vorbildfunktion – inkorporieren. Dies führt zu einer pseudokritischen (da zu den wirklichen Handlungen auch widersprüchlichen) und teilweise ablehnenden Haltung, die sich vor allem gegenüber unterhaltungsorientierten Medien findet (vgl. Mikos 2007). In der Differenzierung des Fernsehens (privat vs. öffentlich-rechtlich) und der Neuen Medien, die sich sowohl unter hedonistischen als auch bildungsrelevanten Gesichtspunkten betrachten lassen, werden diese Dispositionen sichtbar.

Die Bedeutung der individuellen Medienbiografie liegt somit vor allem in ihrer Erklärungskraft für die Erfahrungssysteme der Akteure, die sich im Kontext von Medienhandeln und Medienerziehung in den Dispositionen verfestigen und über Handlungen beobachtbar werden.

12.2.2 Mediennutzung und Einstellungen

Die medienbiografischen Daten geben zunächst einen Einblick in die Erfahrungen bzw. Anteile der strukturierten Struktur der Studierenden. Diese müssten sich – gerade unter Berücksichtigung des Habitus-Konzepts – derart auf aktuelle Nutzungsformen und Einstellungen auswirken, dass im Hinblick auf eine Qualitäts- und Bildungsorientierung (siehe Kapitel Summenindex 12) keine gravierenden Differenzen zwischen den Erfahrungen und der aktuellen Situation zu konstatieren sein dürften.

Die Ausstattung der Studierenden mit Medien kann auch bei Computer und Internet fast ausnahmslos als sehr gut bezeichnet werden (siehe z. B. Zusammenfassung zur aktuellen Mediennutzung in Kapitel 10). Besonders auffällig ist gerade bei den Neuen Medien (Computer und Internet) der zeitliche Anteil der Nutzung für das Studium. Damit wird eine qualitäts- und bildungsorientierte Haltung (vgl. Kommer 2006) betont, die man für die Neuen Medien konstatieren kann.

In der aktuellen Nutzungssituation des Fernsehens können geschlechtsspezifische Muster bei der Auswahl von Fernsehsendungen als starke Einflussfaktoren ausgemacht werden. Das Bildungsmilieu der Eltern als Einwirkungsgröße tritt hierbei in den Hintergrund, ohne ganz an Einfluss zu verlieren. Das Geschlecht wirkt sich wesentlich markanter bei der Auswahl von Fernsehsendungen aus. Die Nutzung erfolgt dabei vornehmlich in qualitäts- und bildungsorientierten Schemata. Die Auswirkung des Bildungsmilieus auf die Nutzung scheint somit zunächst geringer. Anders verhält es sich mit den Begründungszusammenhängen zur Selektion von Sendungen, insbesondere der Einstellungen zum Fernsehen als Grundlage für inhaltliche Auswahlprozesse. Der elterliche Bildungslevel tritt hier verstärkt in den Vordergrund. Dies legt die Vermutung nahe, dass die Auswahl von Medien und ihre zugehörige Begründung unterschiedliche Ebenen der habituellen Muster darstellen. Während der geschlechtsspezifische Dualismus mit männlich–weiblich auf die Segregation von habituellen Mustern zur Distinktion der Geschlechter (vgl. Bourdieu 2005) ausgelegt ist, scheinen die Einstellungen zu den unterschiedlichen Genres und einzelnen Sendungen verstärkt die Abgrenzung zu bildungsfernen Milieus zu fördern. Eine Vermischung der Ebenen – wie sie für die Alltagswelt gedacht werden muss – führt zu einem geschlechtsspezifischen, auf Abgrenzung zu bildungsferneren Bildungsmilieus ausgelegten Habitus. Bildungsferne Milieus charakterisieren sich verstärkt durch ein Leitbild, das jedoch nicht an der Lebensweise von bildungsnahen Milieus ausgerichtet sein muss. Dass die zukünftigen Schüler der Studierenden nicht den Habitus der Lehrer als Idealziel inkorporiert haben, dürfte wenig verwundern. Das Resultat hieraus ist eine Kluft von Zielen, Vorgaben und Wünschen der beteiligten Personen, manifestiert im Habitus.

Abbildung 41: Verhältnis Geschlecht und Milieu in Bezug auf Fernsehnutzung und Einstellungen

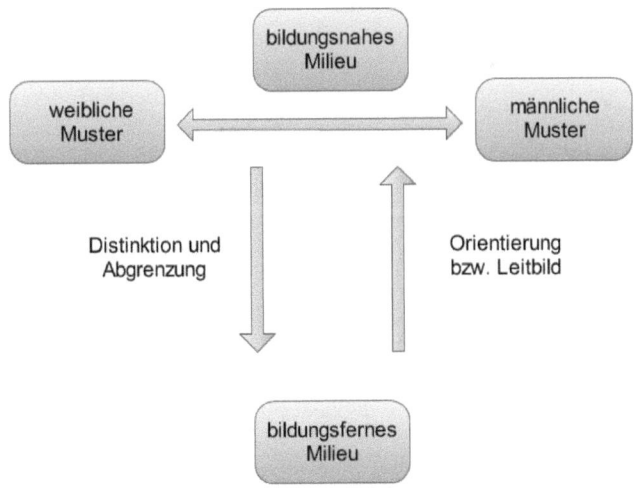

In der Konsequenz bedeutet dies, dass Nutzung und Einstellung – illustriert an den Ergebnissen zum Bereich des Fernsehens – vielschichtiger zu fassen sind (siehe Abbildung). Der hier verwendete zweidimensionale Raum verkürzt die von Bourdieu verwendeten Faktoren wie die Kapitalsorten für eine Analyse im dreidimensionalen Raum (vgl. Bourdieu 1982, S. 195–209). Je nach Bedeutungszusammenhang und Distinktionsnotwendigkeit werden die Kategorie Geschlecht (zuvor einfach als Geschlecht bezeichnet) und das Bildungsmilieu zur Abgrenzung verwendet. Dies bedeutet, dass Mediennutzung keinesfalls einen simplen Prozess aus Auswahl und anschließender Rezeption darstellt. Vielmehr muss dies in lebensweltliche Zusammenhänge gebracht werden, die über die Verknüpfung alltagsweltlicher Themen und persönlicher Bezüge (vgl. z. B. Paus-Haase et al. 2001) hinausgeht. Medien spielen nicht nur eine sozialisatorische Rolle während des Aufwachsens, sie dienen in vielfältiger Weise auch dazu, klassifizierende Strukturen aufzubauen. Damit erhalten der persönliche Geschmack und die Einstellungen eines Individuums den Zweck der Verortung im sozialen Gefüge einer Gesellschaft.

Zu diesem Gefüge gehört der Aufbau eines sozialen Netzwerks, das für die eigene Mediennutzung sowie Informations- und Wissensgewinnung von evidenter Bedeutung sein kann. In Anbetracht der Selbsteinschätzung der Studierenden und einer notwendigen Hilfestellung ist das soziale Kapital (siehe Kapitel 5 und 10) wichtiger Bestandteil des Umgangs mit Medien. Mit zunehmenden Bedienungsanforderungen (trotz der Vereinfachung von Bedienbarkeit von Medien nehmen die Bedienstrukturen durch die Masse an Geräten zu) und Gestaltungsmöglichkeiten (z. B. ist Videoschnitt mittlerweile mit jedem handelsüblichen PC möglich) ist ein Hilfsnetzwerk für Personen mit geringer Bedienkompetenz maßgeblich für den erfolgreichen Umgang mit Medien bei auftretenden Problemen. Das soziale Kapital als Zugriffsmöglichkeit auf Kompetenzen im persönlichen Umfeld erleichtert das eigene Handeln, ohne dass man sich selbst in allen Bereichen entsprechende Qualifikationen erarbeiten muss. Ein Drittel der Befragten Personen war sich der Bedeutung des sozialen Netzwerks bewusst. Genau diese Personen schätzten sich – im Gegensatz zum anderen Teil der Stichprobe – beim Umgang mit Medien als weniger kompetent ein. ‚Unterdurchschnittliche' Medienkompetenz muss also nicht unbedingt zu mehr Anstrengungen der Akteure führen, die eigenen Kenntnisse aufzubessern bzw. zu erweitern. Die Akkumulation kulturellen Kapitals durch Anstrengung und Zeitaufwand wird mit dieser Vorgehensweise umgangen und das soziale Kapital wird für die Lösung von Problemen genutzt (siehe auch Kapitel 5). Eigentlich ist das eine an sich schon kompetente, Ressourcen schonende Art des Agierens. Diese Vorgehensweise steht jedoch dem erfolgreichen Einsatz von Medien im Unterricht entgegen, bei dem diese habituellen Muster hinderlich werden. Daraus resultiert, dass die Probanden wenig gestalterisch mit Medien umgehen. Eigene Inhalte zu generieren und zu programmieren ist nur für einen sehr kleinen Teil von Bedeutung. Damit ist – gerade unter dem Aspekt der aktiven Medienarbeit (vgl. Schell 1999) – eine Förderung von Medienkompetenz durch die angehenden Lehrer pessimistisch zu betrachten. Insbesondere muss dies auch vor dem Hintergrund gesehen werden, dass ohne eigenen aktiven Umgang mit Medien wohl kaum eine aktive Medienarbeit erfolgreich umgesetzt werden kann bzw. dies nur mit großen Anstrengungen in erfolgreicher Weise möglich ist.

Zwar zeigt sich im Vergleich zur qualitativen Stichprobe die weniger eindeutige Ausprägung einer Bewahrpädagogik der studentischen Eltern, jedoch ist die Tendenz zur qualitäts- und bildungsorientierten Haltung gegeben, wie es der Summenindex aufzeigt (vgl. Kapitel 12). Insbesondere zeigt sich dies, wenn man die Gruppe der Jugendlichen aus der Freiburger Studie als Vergleichsgruppe heranzieht. Der Unterschied kann noch immer als überaus augenfällig beschrieben werden. Damit wird durch die unterschiedlichen biografischen Faktoren (Erfahrungen im Herkunftsmilieu) eine Mediennutzung habitualisiert, die die Ausbildung eines variantenreichen Habitus auf beiden Seiten nicht ermöglicht. Die Fortführung der strukturierten Struktur durch Rückübersetzungen führt laut Bourdieu (1982, S. 281) zu einer habituellen Umsetzung (modus operandi) in der Gegenwart. Diese Kontinuität kann anhand der Daten bestätigt werden. Die gemachten Erfahrungen führen die anfängliche Richtung fort, lassen jedoch keine exakten Vorhersagen aus den vorliegenden Daten zu. Die genaue Zukunft bzw. die Performanz (modus operandi) ist somit an die bisherigen Erfahrungen gebunden und lässt eine Tendenz des Handelns und Agierens erahnen.

Zu erkennen ist außerdem, dass mit zunehmendem Alter bzw. Semester der Studierenden die bewahrpädagogischen Tendenzen zunehmen, also eine Verfestigung der habituellen Muster stattfindet. Gerade während der Studienphase scheint es nicht zu einer Liberalisierung der Haltung gegenüber den Medien zu kommen, wie es z. B. mit dem Begriff der Konstanzer Wanne für die Erziehungseinstellungen von Lehramtsstudierenden ausgearbeitet wurde, die erst mit dem Praxisschock wieder in eine konservative Haltung zurückfielen (vgl. Dann 1978). Der Hysteresis-Effekt scheint sich ab einem Alter von ca. 20 Jahren zu verstärken. Dies drückt sich in einer Verfestigung der habituellen Muster aus, wie sie größtenteils durch die Eltern – und natürlich den mit der Familie verbundenen Existenzbedingungen – vorgelebt und in der Erziehung vermittelt wurden.

Für die Informations- und Wissensgewinnung spielen die Neuen Medien Computer und Internet nicht die bedeutende Rolle, wie es auf Grund der gesellschaftlichen Zuschreibungen (z. B. das Internet als Wissenspool) vermutet werden könnte. Bücher nehmen zunächst die dominante Stellung als wichtigstes Medium ein, wenn es um das Aneignen von Wissen geht. Für Ratgeber, Informa-

tionen aus der Wissenschaft sowie Neuigkeiten aus dem Bereich der Kultur wird
das Internet häufiger genutzt. Betrachtet man hingegen, welcher primäre Zweck
den einzelnen Medien von den Studierenden zugewiesen wird, wird die Zuschreibung zwischen den Neuen Medien und den Büchern ersichtlich. Computer,
Multimedia-Produkte und Internet nehmen eine bedeutende Position für die
Arbeit und das Lernen ein. Das Internet hebt sich dabei deutlich zur Informationsgewinnung ab. Im Gesamten betrachtet, erscheinen die Neuen Medien mehr
als Werkzeug und Arbeitsgerät im Sinne von Hilfsmitteln denn als ergänzende
Möglichkeiten zur Informations- und Wissensgewinnung. Lediglich die Internetnutzung hebt sich hier hervor, was auf Grund der bisher ausgearbeiteten habituellen Muster und der Angebotsstrukturen des Netzes zu erwarten war. Damit wird
deutlich, dass der Bildungswert der Neuen Medien unter dem der „alten" Medien
liegt.

12.2.3 Die medienpädagogischen Praxisvorstellungen der Studierenden

Die eigenen biografischen Erfahrungen der befragten Personen verweisen auf
einen Medieneinsatz im Unterricht, bei dem nicht von einer Förderung der Medienkompetenz der Schüler gesprochen werden kann.[54] Vielmehr liegt die Aussagekraft der Daten zum einen in der Erkenntnis, dass die angehenden Lehrer
keine positiven und lernfördernden Erfahrungen mit Computer und Internet in
der Schule gemacht haben, und zum anderen darin, dass auf Grund dieser Erfahrungen keine Ansätze und Konzepte vorhanden sind, wie dies später im Referen-
dariat oder als ausgebildeter Lehrer umgesetzt werden könnte.

Damit ist es den Lehrkräften auch nicht möglich, den Medieneinsatz unter
Berücksichtigung der Alltags- und Lebenswelt der Schüler – und diese ganz
unter der pädagogischen Prämisse dort abzuholen, wo sie stehen – zu planen und
durchzuführen. Mit dem bloßen Einsatz von Medien allein ist es nicht getan (vgl.
Tulodziecki 2005), auch wenn die befragten Personen deutlich angaben, dass die
Technik im Unterricht allein bereits zu einer deutlich positiveren Wahrnehmung
der Schulstunde geführt hat. Jedoch könnte dies auch als Neuigkeitseffekt abge-
tan werden.

Bei den Befragten wird in diesem Zusammenhang die idealtypische Orientierung an einem traditionellen Unterricht, gepaart mit teilweise stereotypen
Annahmen der Lehrer über die Mediennutzung der eigenen Schüler, deutlich.

---

54 Natürlich muss bedacht werden, dass dies lediglich als eine Bestandsaufnahme der Situation
angesehen werden muss. Weder fließen in diese Betrachtung die technischen Ausstattungen der
Schulen ein, noch werden andere Faktoren berücksichtigt, die sich auf den Medieneinsatz auswirken könnten.

Damit stehen die Ergebnisse in Einklang mit der Lehrer-Studie des Medienpädagogischen Forschungsverbundes Südwest (vgl. auch MPFS 2003, S. 7–18). Dass
ein reiner Frontalunterricht mit dem Lehrer als Vermittler von puren Wissensbe-
ständen nicht dem wissenschaftlichen Erkenntnisstand und dem Lernen der
Schüler entgegenkommt und es zu wenig fördert, dürfte in Zeiten konstruktivistischer Modelle (vgl. z. B. zur Didaktik Reich 2006 und zur aktiven Medienarbeit
Schell 1999) verständlich sein. Medien eröffnen hier – unter der Berücksichtigung von Effektivität und Effizienz (vgl. Brügelmann 2005, S. 302–311 und S.
318–320) – Möglichkeiten, den Unterricht an eine mediatisierte Wissensgesellschaft anzupassen und die Schüler darauf vorzubereiten.

Daraus folgt, dass die angehenden Lehrer mit der Technik vertraut gemacht
und *insbesondere in reflexiver Weise* mit ihren eigenen habituellen Mustern
konfrontiert werden müssen. Dies muss bereits in der Ausbildung beginnen (vgl.
Blömeke 2000) und verlangt nach einer wesentlich stärkeren Integration medienpädagogischer Konzepte in die Studien- und Prüfungsordnungen der Lehramtsausbildung. Die besten Ausstattungen der Informations- und Kommunikationstechnologien, so wir sie in den Schulen hätten (vgl. hierzu die teilweise veral-
tete Ausstattung nach den Erhebungen des Bildungsministeriums für Bildung
und Forschung 2005 und die Ausführungen in Kapitel 4), stehen ungenutzt dort,
wenn die Lehrer nicht über Konzepte zum Einsatz Neuer Medien verfügen. Ganz
im Sinne des Konzepts der aktiven Medienarbeit mit Multimedia (vgl. Anfang
2001) müssen angehende Pädagogen mit den Möglichkeiten des Medieneinsatzes im Rahmen schulischer Lernräume konfrontiert werden. Dies gilt es zugleich
auch praktisch umzusetzen. Die Verankerung medienpädagogischer Ziele in den
Lehrplänen führt nicht unbedingt zu einer Änderung des Unterrichts:

> „Herausragendes Kennzeichen der Medienpädagogik in den Lehrplänen ist ihre
> weitgehende Unverbindlichkeit – sie ist offenbar eine wichtige Nebensache."
> (Eschenauer 1989, S. 387)

Daran hat sich bisher kaum etwas geändert (siehe Kapitel 4). Zudem „[...] ist
festzustellen, dass es trotz vielfältiger Anstrengungen und Initiativen zu einer
sinnvollen Verwendung audiovisueller und computerbasierter Medien in Schule
und Hochschule und trotz zahlreicher weiterer Projekte zur Medienpädagogik
insgesamt nicht gelungen scheint, Medienerziehung bzw. Medienbildung mit der
wünschenswerten Qualität und vor allem nicht in der notwendigen Breite im
Alltag von Erziehung und Bildung, von Jugend- und Kulturarbeit zu verankern.
Immer noch wirken ausdrückliche Aktivitäten zur Medienerziehung und Medienbildung eher als ein Sonderfall denn als die Regel." (Tulodziecki 2005, Onlinedokument S. 2)

In dieser Aussage kann ein Aspekt der Motivation der Studierenden gesehen werden, sich für den Lehrerberuf zu entscheiden. Schließlich haben sie nach Jahren der Schulausbildung ein ‚Leitbild' des Lehrers verinnerlicht, das für die Berufswahl von entscheidender Bedeutung sein dürfte. Medienbildung bzw. die Förderung von Medienkompetenz als Berufswahlmotiv kann anhand der vorliegenden Daten als nachrangig beurteilt werden. Auch die Orientierung an traditionellen Unterrichtsformen mit den Medien Buch und Overheadprojektor machen dies noch mal deutlich. Computer und Internet folgen erst mit Abstand. Auch die Ausbildung an der Hochschule ist, wie bereits oben dargelegt, kein ausgleichender Faktor. Der Einsatz von Medien im Unterricht wird nicht verbindlich genug thematisiert. Dabei ist vor allem eine Korrelation von Bedeutung: Mit zunehmendem Alter verfestigen sich – wie schon die qualitativen Studie nahe legt – die qualitäts- und bildungsorientierten Muster bei den Studierenden (gemessen am Wert des Summenindex und dem Alter; $r = -.225$; $p<0,001$). Dies lässt darauf schließen, dass die Hochschulausbildung eher habituelle, auf Medien bezogene Muster in Richtung qualitäts- und bildungsorientierter Dispositionen verfestigt und somit zu einer pseudohochkulturellen Distanzierung von den neueren Medien beiträgt. Dies macht deutlich, dass Medien im Unterricht auch an den Hochschulen nicht in dem Maße thematisiert werden, damit es zu einer entsprechenden Reflexivität bei den Studierenden kommen kann.

Dass dies zu einem Erfolg führen und die Wahrnehmung der Studierenden dafür positiv beeinflussen könnte, zeigen die Vergleichszahlen (siehe Zusammenfassung Kapitel 10.3) der Pädagogischen Hochschulen Freiburg und Karlsruhe. Die verbindliche Nutzung von Onlinekursen zeigt, wie sich dieses Angebot zumindest auf die Wahrnehmung medialer Möglichkeiten auswirken kann.[55] Dazu bedarf es einer bindenden und obligatorischen Verankerung von Inhalten zur Förderung von Medienkompetenz in den Studienablauf. Dies scheint auf Grund der aktuellen Lage kaum durchsetzungsfähig:

„Mit der Diskussion um die PISA-Ergebnisse verschiebt sich das öffentliche Interesse weg von den Medien auf andere Bereiche, z. B. Lesekompetenz, mathematische und naturwissenschaftliche Kompetenz, Bildungsstandards, Kerncurricula und Ganztagsschule. Wenn dabei auch Bezüge zur Medienverwendung vorhanden sind, ist zunächst zu konstatieren, dass Fragen der Computer- bzw. Medienverwendung kein zentrales Thema der Bildungspolitik mehr sind und Fördergelder in andere Bereiche fließen, zudem Ausgaben in medienpädagogischen Feldern – angesichts der

---

55 Dies wäre zunächst als ein Schritt zu bezeichnen, in dem Medien in Lernprozessen zum Einsatz kommen können. Wichtig ist zusätzlich, differenzierte Möglichkeiten des Einsatzes aufzuzeigen und – als besonders wichtiger Faktor – reflexive Prozesse in Gang zu bringen, um die „Spontaneität ohne Willen und Bewußtsein" (Bourdieu 1997, S. 105) aufzuheben und damit den Habitus für Restrukturierungen zu „öffnen".

generellen Mittelknappheit – gekürzt werden und auch bislang eigenständige Medieneinrichtungen mit dem Ziel der Ersparnis verkleinert und in andere Einheiten integriert werden." (Tulodziecki 2005, S. 1)

Erst wenn die habituellen Muster durch reflexive Prozesse während der Ausbildung durch die Studierenden verarbeitet werden, eine entsprechend verbindliche Verankerung von medienpädagogischen Inhalten im Studium gewährleistet ist und die Rahmenbedingungen den notwendigen Anforderungen entsprechen, werden Computer und Internet selbstverständliche Bestandteile des Unterrichts sein.

13 Literaturverzeichnis

Anfang, Günther; Demmler, Kathrin; Lutz, Klaus (Hg.) (2001): Erlebniswelt Multimedia. München: kopaed.

Anfang, Günther (2001): Computer in der Kinder- und Jugendarbeit. Ziele und Kriterien für die aktive Medienarbeit mit Multimedia. In: Anfang, Günther (Hg.): Erlebniswelt Multimedia. München: kopaed. S. 9–18.

Arbeitsgemeinschaft betriebliche Weiterbildungsforschung e.V. (Hg.): E-Lernen: Hybride Lernformen, Online-Communities, Spiele. QUEM-report, Heft 92. Berlin.

Aufenanger, Stefan (2000): Medien-Visionen und die Zukunft der Medienpädagogik. Plädoyer für Medienbildung in der Wissensgesellschaft. In: medien praktisch. Zeitschrift für Medienpädagogik. Heft 93/2000, Frankfurt am Main. S. 4–8.

Baacke, Dieter; Sander, Uwe; Vollbrecht, Ralf (1990a): Lebenswelten sind Medienwelten. Medienwelten Jugendlicher Band 1. Opladen: Leske und Budrich.

Baacke, Dieter; Sander, Uwe; Vollbrecht, Ralf (1990b): Lebensgeschichten sind Mediengeschichten. Medienwelten Jugendlicher Band 2. Opladen: Leske und Budrich.

Baacke, Dieter (1997): Medienpädagogik. Tübingen: Niemeyer, 1997 (Grundlagen der Medienkommunikation Band, 1).

Baacke, Dieter; Günter, Frank; Radde, Martin (1998): Medienwelten – Medienorte. Online verfügbar unter http://www.mediaculture-online.de/fileadmin/bibliothek/baacke _medienwelten/baacke_medienwelten.pdf, zuletzt geprüft am 12.07.2007.

Baacke, Dieter; Kornblum Susanne; Lauffer, Jürgen, et al. (Hg.) (1999): Handbuch Medien: Medienkompetenz. Modelle und Projekte. Bonn: Bundeszentrale für politische Bildung.

Baacke, Dieter (1999): Medienkompetenz als zentrales Operationsfeld von Projekten. In: Baacke, Dieter; Kornblum Susanne; Lauffer, Jürgen; Mikos, Lothar; Thiele, Günter A. (Hg.): Handbuch Medien: Medienkompetenz. Modelle und Projekte. Bonn: Bundeszentrale für politische Bildung. S. 31–35.

Baacke, Dieter (2004): Jugend und Jugendkulturen. Darstellung und Deutung. 4. Aufl. Weinheim: Juventa-Verlag (Jugendforschung).

Baacke, Dieter; Hugger, Kai-Uwe; Schweins, Wolfgang. (o. J.): Die Bedeutung der Neuen Medien bei Lehramtsstudierenden. Ergebnistelegramm zur Untersuchung der Arbeitsgruppe Medienpädagogik der Universität Bielefeld im Auftrag der Bertelsmann Stiftung und der Heinz Nixdorf Stiftung.

Backhaus, Klaus; Erichson, Bernd; Plinke, Wulff; Weiber, Rolf (2006): Multivariate Analysemethoden. Eine anwendungsorientierte Einführung. 11. Aufl. Berlin: Springer.

Barthelmes, Jürgen; Sander, Ekkehard (1997): Medien in Familie und Peer-group. Vom Nutzen der Medien für 13- und 14jährige. München: Verl. Dt. Jugendinst. (Medienerfahrungen von Jugendlichen, 1).

Barthelmes, Jürgen; Sander, Ekkehard (2001): Erst die Freunde, dann die Medien. Medien als Begleiter in Pubertät und Adoleszenz. Opladen: Leske und Budrich (Medienerfahrungen von Jugendlichen, 2).

Bauer, Ullrich (2002): Selbst- und/oder Fremdsozialisation: Zur Theoriedebatte in der Sozialisationsforschung. In: ZSE Zeitschrift für Soziologie der Erziehung und Sozialisation, Jg. 22, H. 2. S. 118–142.

Baumgart, Franzjörg (2000): Theorien der Sozialisation. Erläuterungen – Texte – Arbeitsaufgaben. 2. Aufl. Bad Heilbrunn: Klinkhardt.

Beck, Ulrich (1991): Risikogesellschaft. Auf dem Weg in eine andere Moderne. 8. Aufl. Frankfurt am Main: Suhrkamp.

Behnken, Imbke; Theodor Schulze (Hrsg.) (1997): Tatort: Biographie. Spuren. Zugänge. Orte. Ereignisse. Opladen.

Behnken, Imbke; Zinnecker, Jürgen (Hg.) (2001): Kinder, Kindheit, Lebensgeschichte. Ein Handbuch. 1. Aufl. Seelze-Velber: Kallmeyer.

Behnken, Imbke; Zinnecker, Jürgen (2001): Die Lebensgeschichte der Kinder und die Kindheit in der Lebensgeschichte. In: Behnken, Imbke; Zinnecker, Jürgen (Hg.): Kinder, Kindheit, Lebensgeschichte. Ein Handbuch. 1. Aufl. Seelze-Velber: Kallmeyer. S. 16–32.

Berg, Christa (2001): Erinnerte Kindheit im Raum. Bürgerkindheiten und Arbeiterkindheiten. In: Behnken, Imbke; Zinnecker, Jürgen (Hg.): Kinder, Kindheit, Lebensgeschichte. Ein Handbuch. 1. Aufl. Seelze-Velber: Kallmeyer.

Bergmann, Christian; Eder, Ferdinand (1994): Wer interessiert sich für ein Lehramtsstudium? Leistungsmerkmale, Interessen und schulische Erfahrungen von Schülern, die einmal Lehrer werden wollen. In: Mayr, Johannes (Hg.): Lehrer/in werden. Innsbruck: Österreichischer StudienVerlag. S. 47–63.

Biermann, Ralf; Kommer, Sven (2004): Triangulation zur Annäherung an die Medienbiografie und die Mediennutzung von Jugendlichen. In: Buchen, Sylvia; Helfferich, Cornelia; Maier, Maja S. (Hg.): Gender methodologisch. Empirische Forschung in der Informationsgesellschaft vor neuen Herausforderungen. Wiesbaden: Verlag für Sozialwissenschaften. S. 195–211.

Biermann, Ralf; Kommer, Sven (2005): Medien in den Biografien von Kindern und Jugendlichen. In: MERZ medien + erziehung. Nr. 1/2005. S. 53–59.

Blömeke, Sigrid (2000): Medienpädagogische Kompetenz. Theoretische und empirische Fundierung eines zentralen Elements der Lehrerausbildung. München: kopaed.

Blömeke, Sigrid (2001): Was meinen, wissen und können Studienanfänger? Ergebnisse einer empirischen Untersuchung zu den medienpädagogisch relevanten Lernvoraussetzungen von Lehramtsstudierenden. In: Herzig, Bardo (Hg.): Medien machen Schule. Grundlagen, Konzepte und Erfahrungen zur Medienbildung. Bad Heilbrunn. Klinkhardt. S. 295–325.

Blömeke, Sigrid (2003): Neue Medien in der Lehrerausbildung. Zu angemessenen (und unangemessenen) Zielen und Inhalten des Lehramtsstudiums. Online verfügbar unter http://medienpaed.com/02-2/bloemeke2.pdf, zuletzt geprüft am 13.04.2006.

Blömeke, Sigrid (2005): Das Lehrerbild in Printmedien. Inhaltsanalyse von „Spiegel"- und „Focus"- Berichten seit 1990. In: Die Deutsche Schule, H. 1. S. 24–39.

Bofinger, Jürgen (2004): Neue Medien im Fachunterricht. Eine empirische Studie über den Einsatz neuer Medien im Fachunterricht an verschiedenen Schularten in Bayern. Donauwörth: Auer.

Bohnsack, Ralf (2001): Typenbildung, Generalisierung und komparative Analyse In: Bohnsack, Ralf; Nentwig-Gesemann, Iris; Nohl, Arnd-Michael (Hg.): Die dokumentarische Methode und ihre Forschungspraxis. Leske und Budrich, Opladen 2001. S. 225–252

Bortz, Jürgen; Döring, Nicola (2002): Forschungsmethoden und Evaluation. Für Human- und Sozialwissenschaftler. 3., überarb. Aufl. Berlin: Springer.

Bourdieu, Pierre (1982): Die feinen Unterschiede. Kritik der gesellschaftlichen Urteilskraft. Sonderausgabe. Frankfurt: Suhrkamp.

Bourdieu, Pierre (1983): Ökonomisches Kapital, kulturelles Kapital, soziales Kapital. In: Kreckel, Reinhard (Hg.): Soziale Ungleichheiten. Göttingen: Schwartz. S. 183–198.

Bourdieu, Pierre (1997): Sozialer Sinn: Kritik der theoretischen Vernunft. 2. Aufl. Frankfurt am Main: Suhrkamp.

Bourdieu, Pierre (1998): Praktische Vernunft. Zur Theorie des Handelns. Frankfurt am Main: Suhrkamp (Edition Suhrkamp).

Bourdieu, Pierre (2000): Die zwei Gesichter der Arbeit. Interdependenzen von Zeit- und Wirtschaftsstrukturen am Beispiel einer Ethnologie der algerischen Übergangsgesellschaft. Konstanz: UVK (Édition discours, 25).

Bourdieu, Pierre (2003): In Algerien. Zeugnisse der Entwurzelung. Graz: Ed. Camera Austria.

Bourdieu, Pierre (2005): Die männliche Herrschaft. 1. Aufl. Frankfurt am Main: Suhrkamp.

Bourdieu, Pierre (2006): Wie die Kultur zum Bauern kommt. Über Bildung, Schule und Politik. Hamburg VSA-Verl.

Brügelmann, Hans (2005): Schule verstehen und gestalten. Regensburg: Libelle Verlag.

Büttner, Christian; Schwichtenberg, Elke (Hg.) (1997): Computer in der Grundschule. Geräte, didaktische Konzepte, Unterrichtssoftware. Weinheim: Beltz.

Bundesministerium für Bildung und Forschung (BMBF) (Hg.) (2005): IT-Ausstattung der allgemein bildenden und berufsbildenden Schulen in Deutschland. Bestandsaufnahme 2005 und Analyse 2001 bis 2005. Bonn: Bundesministerium für Bildung und Forschung (BMBF).

Bundeszentrale für politische Bildung (Hg.) (1990): Medien, Sozialisation und Unterricht. Bonn: Bundeszentrale für politische Bildung (Schriftenreihe der Bundeszentrale für Politische Bildung).

Bundeszentrale für politische Bildung (Hg.) (2003): Computerspiele. Virtuelle Spiel- und Lernwelten. Bonn.

Czaja, Dieter; Anton, Ulrich (1997): Kinder brauchen Helden. Power Rangers & Co. unter der Lupe. München: kopaed.

Dann, Hanns-Dietrich (1978): Umweltbedingungen innovativer Kompetenz. Eine Längsschnittuntersuchung zur Sozialisation von Lehrern in Ausbildung und Beruf. 1. Aufl. Stuttgart: Klett-Cotta.

Deutsches PISA-Konsortium (Hg.) (2003): PISA 2000. Ein differenzierter Blick auf die Länder der Bundesrepublik Deutschland. Leske und Budrich Opladen.

Deutsches PISA-Konsortium (Hg.) (2004): PISA 2003. Der Bildungsstand der Jugendlichen in Deutschland – Ergebnisse des zweiten internationalen Vergleichs. Münster: Waxmann.

Deutsches PISA-Konsortium (Hg.) (2005): PISA 2003. Der zweite Vergleich der Länder in Deutschland. Was wissen und können Jungendliche? Münster: Waxmann.

Dichanz, Horst (1992): Zum Medienumfeld von Lehrern. In: Bertelsmann-Stiftung (Hg.): Medienkompetenz als Herausforderung an Schule und Bildung. Ein deutsch-amerikanischer Dialog. Gütersloh: Verlag Bertelsmann Stiftung. S. 266–282.

Döring, Nicola (1996): Führen Computernetze in die Vereinsamung? Öffentliche Diskussion und empirische Daten. Online verfügbar unter: http://psychologie.fernuni-hagen.de/Psychologie/SOZPSYCH/GD/Artikel/doer13.htm, zuletzt geprüft am 12.4.1007.

Doh, Michael (1994): 10 Jahre Privatfernsehen. Gesellschaft, Fernsehlandschaft und Medienpädagogik im Wandel. München: kopaed.

Doll, Jörg; Hasebrink, Uwe (1989): Medienselektion. Zum Einfluß von Einstellungen auf die Auswahl von Fernsehsendungen. In: Groebel, Jo; Winterhoff-Spurk, Peter (Hg.): Empirische Medienpsychologie. München: Psychologie-Verl.-Union.

Ehmke, Timo; Senkbeil, Martin; Bleschke, Michael (2004): Typen von Lehrkräften beim schulischen Einsatz von Neuen Medien. In: Schumacher, Friedhelm (Hg.): Innovativer Unterricht mit Neuen Medien. Ergebnisse wissenschaftlicher Begleitung von SEMIK-Einzelprojekten. Berlin. S. 35–66.

Engel, Bernhard; Windgasse, Thomas (2005): Mediennutzung und Lebenswelten 2005. Ergebnisse der 9. Welle der ARD/ZDF-Langzeitstudie „Massenkommunikation". In: Media Perspektiven, Nr. 9. S. 449–464.

Eschenauer, Barbara (1989): Medienpädagogik in den Lehrplänen. Eine Inhaltsanalyse zu den Curricula der allgemeinbildenden Schulen. Gütersloh: Bertelsmann Stiftung.

Eschenauer, Barbara (1992): Medienpädagogik in den Lehrplänen: eine wichtige Nebensache. In: Schill, Wolfgang; Tulodziecki, Gerhard; Wagner, Wulf-Rüdiger (Hg.): Medienpädagogisches Handeln in der Schule. Opladen: Leske und Budrich.

EU-Kommission (2006): Benchmarking Acccss and Use of ICT in European Schools 2006. Final Report from Head Teacher and Classroom Teacher Surveys in 27 European Countries. Online verfügbar unter http://ec.europa.eu/information_society/eeurope/i2010/benchmarking/index_en.htm, zuletzt geprüft am 07.12.2006.

Faulstich, Werner (2004): Grundwissen Medien. 5. Aufl. Paderborn: Fink (UTB, 8169).

Faulstich, Werner (2006): Mediengeschichte von 1700 bis ins 3. Jahrtausend: UTB.

Frey, Andreas (2004): Die Kompetenzstruktur von Studierenden des Lehrberufs. In: Zeitschrift für Pädagogik. Heft 6/2004. S. 903–925.

Friedrichs, Jürgen (1980): Methoden empirischer Sozialforschung. Opladen: Westdeutscher Verlag.

Fritz, Jürgen; Fehr, Wolfgang (2003): Virtuelle Gewalt: Modell oder Spiegel? Computerspiele aus Sicht der Medienwirkungsforschung. In: Bundeszentrale für politische Bildung (Hg.): Computerspiele. Virtuelle Spiel- und Lernwelten. Bonn. S. 49–60.

Fromme, Johannes; Kommer, Sven; Mansel, Jürgen u.a. (Hg.): Selbstsozialisation, Kinderkultur und Mediennutzung. Opladen. Leske und Budrich.

Fromme, Johannes; Schäffer, Burkhard (Hg.) (2007): Medien – Macht – Gesellschaft. Wiesbaden: VS Verlag für Sozialwissenschaften.

Fuchs-Heinritz, Werner; König, Alexandra (2005): Pierre Bourdieu. Eine Einführung. Konstanz: UVK-Verl.-Ges. (UTB Soziologie, 2649).

Gapski, Harald (2001): Medienkompetenz. Eine Bestandsaufnahme und Vorüberlegungen zu einem systemtheoretischen Rahmenkonzept. 1. Aufl. Wiesbaden: Westdeutscher Verlag.

Gapski, Harald; Gräßer, Lars (2007): Medienkompetenz im Web 2.0 – Lebensqualität als Zielperspektive. In: Gräßer, Lars; Pohlschmidt, Monika (Hg.): Praxis Web 2.0. Potenziale für die Entwicklung von Medienkompetenz. München: kopaed (Schriftenreihe Medienkompetenz des Landes Nordrhein-Westfalen, 7). S. 11–34.

Gebel, Christa; Gurt, Michael; Wagner, Ulrike (2005): Kompetenzförderliche Potenziale populärer Computerspiele. In: Arbeitsgemeinschaft BeTRIEBliche Weiterbildungsforschung e.V. (Hg.): E-Lernen: Hybride Lernformen, Online-Communities, Spiele. QUEM-report, Heft 92. Berlin. S. 241–376.

Giesen, Heinz; Gold, Andreas (1994): Die Wahl von Lehramtsstudiengängen. Analysen zur Differenzierung von Studierenden der verschiedenen Lehrämter. In: Mayr, Johannes (Hg.): Lehrer/in werden. Innsbruck. Österreichischer StudienVerlag. S. 64–78.

Goldbeck, Kerstin (2004): Gute Unterhaltung, schlechte Unterhaltung. Die Fernsehkritik und das Populäre. Bielefeld: transcript Verlag.

Gräßer, Lars; Pohlschmidt, Monika (Hg.) (2007): Praxis Web 2.0. Potenziale für die Entwicklung von Medienkompetenz. München: kopaed.

Groeben, Norbert; Hurrelmann, Bettina (Hg.) (2002): Medienkompetenz. Voraussetzungen, Dimensionen, Funktionen. Weinheim: Juventa-Verlag.

Groeben, Norbert (2002): Dimensionen der Medienkompetenz: Deskriptive und normative Aspekte. In: Groeben, Norbert; Hurrelmann, Bettina (Hg.): Medienkompetenz. Voraussetzungen, Dimensionen, Funktionen. Weinheim: Juventa-Verlag. S. 160–197.

Groebel, Jo; Winterhoff-Spurk, Peter (Hg.) (1998): Empirische Medienpsychologie. München: Psychologie-Verl.-Union.

Hafner, Klaus (1990): Neue Technologien und ihre Auswirkungen auf das Bildungs- und Beschäftigungssystem. In: Bundeszentrale für politische Bildung (Hg.): Medien, Sozialisation und Unterricht. Bonn: Bundeszentrale für politische Bildung (Schriftenreihe der Bundeszentrale für Politische Bildung).

Hagemann, Wilhelm (2001): Von den Lehrmitteln zu den Neuen Medien – 40 Jahre schulbezogener Medienentwicklung und Mediendiskussion. In: Herzig, Bardo (Hg.): Medien machen Schule. Grundlagen, Konzepte und Erfahrungen zur Medienbildung. Bad Heilbrunn: Klinkhardt. S. 19–56.

Hasebrink, Uwe (2002): Konvergenz aus medienpolitischer Perspektive. In: Theunert, Helga; Wagner, Ulrike (Hg.): Medienkonvergenz: Angebot und Nutzung. München: Fischer (BLM-Schriftenreihe, 70). S. 91–102.

Hickethier, Knut; Hoff, Peter (1998): Geschichte des deutschen Fernsehens. Stuttgart: Metzler.

Hickethier, Knut (2003): Einführung in die Medienwissenschaft. Stuttgart: Metzler.

Hill, Burkhard; Josties, Elke (2007): Jugend, Musik und Soziale Arbeit. Anregungen für die sozialpädagogische Praxis. Weinheim: Juventa-Verlag

Hoffmann, Dagmar; Merkens, Hans (Hg.) (2004): Jugendsoziologische Sozialisationstheorie. Impulse für die Jugendforschung. Weinheim: Juventa.

Hofsümmer, Karl-Heinz (2007): Fernsehreichweitenmessung: Valide Daten für Werbung und Programm. In: Media Perspektiven 1/2007. S. 37–45.

Hradil, Stefan (1995): Die Sozialstruktur Deutschlands im europäischen und internationalen Vergleich. In: Schäfers, Bernhard: Die Gesellschaftlicher Wandel in Deutschland. Stuttgart: Enke Verlag. S. 286–321.

Hüther, Jürgen; Podehl, Bernd (1997): Geschichte der Medienpädagogik. In: Hüther, Jürgen; Schorb, Bernd; Brehm-Klotz, Christiane (1997): Grundbegriffe Medienpädagogik. München kopaed. S. 116–125.

Hunneshagen, Heike (2005): Innovationen in Schulen. Identifizierung implementationsfördernder und -hemmender Bedingungen des Einsatzes neuer Medien. Münster: Waxmann (Internationale Hochschulschriften, 438).

Initiative 21/tns-infratest (2006): „Lehre oder Leere?" Computerausstattung und -nutzung an deutschen Schulen. Online verfügbar unter http://www.nonliner-atlas.de/pdf/Lehre_oder_Leere_Presse-Praesentation.pdf, zuletzt geprüft am 21.11.2006.

Issing, Ludwig J.; Klimsa, Paul (Hg.) (2002): Information und Lernen mit Multimedia und Internet. Lehrbuch für Studium und Praxis. 3., vollst. überarb. Aufl. Weinheim: Beltz.

Koch, Hartmut; Neckel, Hartmut (2001): Unterrichten mit Internet & Co. Methodenhandbuch für die Sekundarstufe I und II. Berlin: Cornelsen Scriptor.

Kerres, Michael (2003): Medien in der Erziehungswissenschaft: Status und Probleme. Online verfügbar unter http://www.medienpaed.com/03-1/kerres03-1.pdf, zuletzt geprüft am 21.3.2006.

Köhler, Lotte (2001): Zur Entstehung des autobiographischen Gedächtnis. In: Behnken, Imbke; Zinnecker, Jürgen (Hg.): Kinder, Kindheit, Lebensgeschichte. Ein Handbuch. 1. Aufl. Seelze-Velber: Kallmeyer. S. 65–83.

Kommer, Sven (2006): Zum medialen Habitus von Lehramtsstudierenden. Oder: Warum der Medieneinsatz in er Schule eine so ‚schwere Geburt' ist. In: Treibel, Annette; Maier, Maja S.; Kommer, Sven; Welzel, Manuela (Hg.): Gender medienkompetent. Wiesbaden: VS Verl. für Sozialwiss.. S. 165–178.

Kommer, Sven; Biermann, Ralf (2007): Zwischen Erinnerung und Inszenierung – Medienbiografien medial. In: Freiburger FrauenStudien „Erinnern und Geschlecht, Band II", Band 20/07. S. 195–220.

Kommer, Sven: Bisher unveröffentlichtes Manuskript zum Forschungsprojekt „Medienbiografien mit Kompetenzgewinn".

Kooperationspartner „Mediendaten Südwest" (2003) (Hrsg.): Basisdaten Medien Baden-Württemberg 2003. Baden-Baden. Onlineangebot unter www.mediendaten.de.

Kordes, Hagen (1996): Entwicklungsaufgabe und Bildungsgang. Münster: LIT Verlag.

Kraam, Nadia (2004): Kompetenzfördernde Aspekte von Computerspielen. In: MERZ medien + erziehung. kopaed, Heft 3/2004. S. 12–17.

Krais, Beate (1983): Bildung als Kapital – Neue Perspektiven für die Analyse der Sozialstruktur. In: Kreckel, Reinhard (Hg.): Soziale Ungleichheiten. Göttingen: Schwartz. S. 199–220.

Krais, Beate; Gebauer, Gunter (2002): Habitus. Bielefeld: transcript Verlag.

Kreckel, Reinhard (Hg.) (1983): Soziale Ungleichheiten. Göttingen: Schwartz (Soziale Welt Sonderband, 2).

Krieger, Rainer (2000): Erziehungsvorstellungen und Berufswahlmotive im Wandel: Generationsvergleiche bei Lehramt-Studierenden. In: Krampen, Günter und Zayer Hermann (Hg.): Psychologiedidaktik und Evaluation II. Neue Medien, Psychologiedidaktik und Evaluation in der psychologischen Haupt- und Nebenfachausbildung. Bonn. Deutscher Psychologen Verlag. S. 239–255.

Kubicek, Herbert (2004): Wer nutzt das Netz? In: Kübler, Hans-Dieter; Elling, Elmar (Hg.) (2004): Wissensgesellschaft. Neue Medien und ihre Konsequenzen. Bonn: Bundeszentrale für politische Bildung (Medienpädagogik). Ausgabe mit CD-Rom.

Kübler, Hans-Dieter (2001): Medienanalyse. In: Schanze, Helmut (Hg.): Handbuch der Mediengeschichte. Stuttgart: Kröner (Kröners Taschenausgabe, 360). S. 41–71.

Kübler, Hans-Dieter (2002): Medien für Kinder. Von der Literatur zum Internet-Portal ; ein Überblick. 1. Aufl. Wiesbaden: Westdeutscher Verlag.

Kübler, Hans-Dieter; Elling, Elmar (Hg.) (2004): Wissensgesellschaft. Neue Medien und ihre Konsequenzen. Bonn: Bundeszentrale für politische Bildung (Medienpädagogik). Ausgabe mit CD-Rom. Kübler, Hans-Dieter (2005): Computer installiert – (Medien-)Pädagogik passé? Eine Zwischenbilanz zu Medien und Schule. MERZ medien + erziehung, Nr. 2. S. 9–16.

Kultusministerkonferenz; Beschluss der Kultusministerkonferenz vom 5.10.2000: Aufgaben von Lehrerinnen und Lehrern heute – Fachleute für das Lernen. Online verfügbar unter http://www.kmk.org/doc/beschl/Aufgaben_Lehrer.pdf, zuletzt geprüft am 5.10.2006.

Kutscher, Nadia; Otto, Hans Uwe (2004): Soziale Differenzen und informelle Bildung im virtuellen Raum. In: Otto, Hans Uwe; Kutscher, Nadia (Hg.): Informelle Bildung online. Perspektiven für Bildung, Jugendarbeit und Medienpädagogik. Weinheim: Juventa. S. 7–22.

Ledermann, Katrin; Skambraks, Ulrich (1988): Der Griff nach unseren Kindern. Einblicke in ein (un)heimliches Erziehungsprogramm. 2., durchges. Aufl. Asslar: Schulte & Gerth.

Lewin, Karl; Heublein, Ulrich (1998): Berufliche Orientierung, Zurechtfinden im Studium und Computerkenntnisse von Studienanfängern. HIS Kurzinformation A 2/98.

Luca, Renate (Hrsg.) (2003): Medien.Sozialisation.Geschlecht. Fallstudien aus der sozialwissenschaflichen Forschungspraxis. München kopaed.

Luca, Renate (2003): Mediensozialisation. Weiblichkeits- und Männlichkeitsentwürfe in der Adoleszenz. In: Luca, Renate (Hrsg.): Medien.Sozialisation.Geschlecht. Fallstudien aus der sozialwissenschaflichen Forschungspraxis. München kopaed. S. 39–54.

Mayr, Johannes (Hg.) (1994): Lehrer/in werden. Innsbruck: Österreichischer StudienVerlag.

Mayr, Johannes (1994): LehrerstudentInnen – gestern, heute, morgen. Persönlichkeits-merkmale im Institutionen- und Kohortenvergleich. In: Mayr, Johannes (Hg.): Lehrer/in werden. Innsbruck. Österreichischer StudienVerlag. S. 79–97.

Medienpädagogischer Forschungsverbund Südwest (1996a): Fernsehen – wie Schüler es sehen. Baden-Baden (Teil 4).

Medienpädagogischer Forschungsverbund Südwest (1996b): Fernsehen – wie Lehrer es sehen. Baden-Baden (Teil 5).

Medienpädagogischer Forschungsverbund Südwest (2003): Lehrer/-innen und Medien 2003. Nutzung, Einstellungen, Perspektiven. Baden-Baden.

Medienpädagogischer Forschungsverbund Südwest (2006): JIM-Studie 2006.

Meister, Dorothee M.; Sander, Uwe (1999): Schulen ans Netz – Visionen, Anspruch und Realitäten. In: Fromme, Johannes; Kommer, Sven; Mansel, Jürgen u.a. (Hg.): Selbstsozialistaion, Kinderkultur und Mediennutzung. Opladen. Leske und Budrich. S. 264–279.

Middendorf, Elke (2002): Computernutzung und Neue Medien im Studium. Ergebnisse der 16. Sozialerhebung des Deutschen Studentenwerks (DSW). Bonn.

Mikos, Lothar (2007): Distinktionsgewinne – Diskurse mit und über Medien. In: Fromme, Johannes; Schäffer, Burkhard (Hg.): Medien – Macht – Gesellschaft. Wiesbaden: VS Verlag für Sozialwissenschaften. S. 45–60.

Ministerium für Bildung, Kultur und Wissenschaft (2005): Neue Medien im Unterricht. Konzept Saarland. Online verfügbar unter http://www.bildungsserver.saarland.de/ medien/download/AD_NMU.pdf, zuletzt geprüft am 13.3.2006.

Mößle, Thomas; Kleimann, Matthias; Rehbein, Florian; Pfeiffer; Christian (2005): Me-diennutzung, Schulerfolg, Jugendgewalt und die Krise der Jungen. In: Zeitschrift für Jugendkriminalrecht und Jugendhilfe. 3/06. Online verfügbar unter: http://www.kfn.de/zjj.pdf, zuletzt geprüft am 26.1.2007.

MPFS: Siehe Medienpädagogischer Forschungsverbund Südwest.

Mrochen, Siegfried (2001). Kompetenzen – was ist das eigentlich? In: Siegen: Sozial (SI:SO). Heft 1/2001.16–18

Neuß, Norbert: „Alles Werbung oder was?" Zur Förderung der Werbekompetenz bei Vorschulkindern. In: medien praktisch, Jg. 1999, Nr. 4. Online verfügbar unter http://home.arcor.de/nneuss/werbepdf.pdf, zulctzt geprüft am 4. Juni 2007.

Niesyto, Horst (Hg.) (2001): Selbstausdruck mit Medien. Eigenproduktionen mit Medien als Gegenstand der Kindheits- und Jugendforschung. München: kopaed.

Niesyto, Horst (2001a): VideoCulture – Gegenstand, Methoden, Ergebnisse. In: Niesyto, Horst (Hg.) (2001): Selbstausdruck mit Medien. Eigenproduktionen mit Medien als Gegenstand der Kindheits- und Jugendforschung. München: kopaed. S. 157–172.

Niesyto, Horst (Hg.) (2003): VideoCulture. Video und interkulturelle Kommunikation. Grundlagen, Methoden und Ergebnisse eines internationalen Forschungsprojekts. München: kopaed.

Oerter, Rolf; Montada, Leo (2002): Entwicklungspsychologie. 5., vollst. überarb. Aufl. Weinheim: Beltz PVU.

Oesterreich, Detlef (1987): Die Berufswahlentscheidung von jungen Lehrern. Max Planck Institut für Bildungsforschung. Berlin.

Otto, Hans Uwe; Kutscher, Nadia (Hg.) (2004): Informelle Bildung online. Perspektiven für Bildung, Jugendarbeit und Medienpädagogik. Weinheim: Juventa.

Otto, Hans Uwe; Kutscher, Nadia; Klein, Alexandra; Iske, Stefan (2007): Soziale Ungleichheit im virtuellen Raum: Wie nutzen Jugendliche das Internet? Erste Ergebnisse einer empirischen Untersuchung zu Online-Nutzungsdifferenzen und Aneignungsstrukturen von Jugendlichen. Online verfügbar unter: http://www.bmfsfj.de/bmfsfj/generator/RedaktionBMFSFJ/Abteilung5/Pdf-Anlagen/ jugend-internet-langfassung,property=pdf,bereich=,sprache=de,rwb=true.pdf, zuletzt aktualisiert am 17.09.2007.

Paus-Haase, Ingrid; Hasebrink, Uwe; Mattusch, Uwe; Keuneke, Susanne; Krotz, Friedrich (1999): Talkshows im Alltag von Jugendlichen. Der tägliche Balanceakt zwischen Orientierung, Amüsement und Ablehnung. Opladen: Leske und Budrich (Schriftenreihe Medienforschung der Landesanstalt für Rundfunk Nordrhein-Westfalen, 32).

Paus-Haase, Ingrid; Krotz, Friedrich; Göttlich, Udo (2001): Daily Soaps und Daily Talks im Alltag von Jugendlichen. Opladen: Leske und Budrich (Schriftenreihe Medienforschung der Landesanstalt für Rundfunk Nordrhein-Westfalen, 38).

Prenzel, Manfred; Carstensen, Claus H. (2005): Ein Fazit des Ländervergleichs: Ausgangslagen, Stärken und Herausforderungen. In: Deutsches PISA-Konsortium (Hg.) (2005): PISA 2003. Der zweite Vergleich der Länder in Deutschland; was wissen und können Jungendliche? Münster: Waxmann. S. 367–384.

Raithel, Jürgen (2006): Quantitative Forschung. Ein Praxiskurs. 1. Aufl. Wiesbaden: VS Verlag für Sozialwissenschaften.

Ratzke, Dietrich (1982): Handbuch der Neuen Medien. Deutsche Verlags-Anstalt Stuttgart.

Rehbein, Boike (2006): Die Soziologie Pierre Bourdieus. Konstanz: UVK Verl.-Ges.

Reich, Kersten (2006): Konstruktivistische Didaktik. Lehr- und Studienbuch mit Methodenpool. 3., völlig überarb. Aufl. Weinheim: Beltz.

Reitze, Helmut; Ridder, Christa-Maria (2006): Massenkommunikation VII. Eine Langzeitstudie zur Mediennutzung und Medienbewertung 1964–2005. Baden-Baden: Nomos-Verl.-Ges. (Schriftenreihe Media-Perspektiven, 19).

Ridder, Christa-Maria; Engel, Bernhard (2005): Massenkommunikation 2005: Images und Funktionen der Massenmedien im Vergleich. Ergebnisse der 9. Welle der ARD/ZDF-Langzeitstudie zur Mediennutzung und -bewertung. In: Media Perspektiven 9/2005. S. 422–448.

Rosenbaum, Heidi (2001): Kindheitsbiographien und -autobiographien in der Sozialgeschichte von Familie und Kindheit. In: Behnken, Imbke; Zinnecker, Jürgen (Hg.): Kinder, Kindheit, Lebensgeschichte. Ein Handbuch. 1. Aufl. Seelze-Velber: Kallmeyer. S. 774–787.

Sacher, Werner (1994): Audiovisuelle Medien und Medienerziehung in der Grundschule. Strukturelle und typologische Ergebnisse einer Repräsentativuntersuchung. München: kopaed.

Sandbothe, Mike (2003): Medien – Kommunikation – Kultur. Grundlagen einer pragmatischen Kulturwissenschaft. Online verfügbar unter http://www.sandbothe.net/ 258.html, zuletzt geprüft am 27.06.2007.

Sander, Ekkehard (2001): Common Culture und neues Generationenverhältnis. Die Medienerfahrungen jüngerer Jugendlicher und ihrer Eltern im empirischen Vergleich. München: Verl. Dt. Jugendinst. (Medienerfahrungen von Jugendlichen, 3).

Sander, Ekkehard; Lange, Andreas (2005): Der Medienbiographische Ansatz. In: Mikos, Lothar/Wegener, Claudia (Hrsg.): Handbuch Qualitative Medienforschung (UVK/UTB) Konstanz. S. 115–129.

Schäfers, Bernhard (1995): Gesellschaftlicher Wandel in Deutschland. Stuttgart: Enke Verlag. 6. Auflage.

Schäffer, Burkhard (2003): Generationen – Medien – Bildung. Medienpraxiskulturen im Generationenvergleich. Opladen: Leske und Budrich.

Schanze, Helmut (Hg.) (2001): Handbuch der Mediengeschichte. Stuttgart: Kröner (Kröners Taschenausgabe, 360).

Schaumburg, Heike (2002): Besseres Lernen durch Computer in der Schule? Nutzungsbeispiele und Einsatzbedingungen. In: Issing, Ludwig J.; Klimsa, Paul (Hg.): Information und Lernen mit Multimedia und Internet. Lehrbuch für Studium und Praxis. 3., vollst. überarb. Aufl. Weinheim: Beltz.

Schaumburg, Heike (2003): Konstruktivistischer Unterricht mit Laptops? Eine Fallstudie zum Einfluss mobiler Computer auf die Methodik des Unterrichts. Dissertation. Berlin. Online verfügbar unter http://www.diss.fu-berlin.de/2003/63/, zuletzt geprüft am 07.02.2008.

Scherr, Albert (2004): Selbstsozialisation in der polykontexturalen Gesellschaft. Primat des Objektiven oder Autopoiese psychischer Systeme? In: Hoffmann, Dagmar; Merkens, Hans (Hg.): Jugendsoziologische Sozialisationstheorie. Impulse für die Jugendforschung. Weinheim: Juventa (Jugendforschung). S. 221–236.

Schell, Fred (1999): Aktive Medienarbeit mit Jugendlichen. Theorie und Praxis. 3. Aufl. München: kopaed. (Reihe Medienpädagogik, Bd. 5).

Schill, Wolfgang; Tulodziecki, Gerhard; Wagner, Wulf-Rüdiger (Hg.) (1992): Medienpädagogisches Handeln in der Schule. Opladen: Leske und Budrich.

Scholl, Wolfgang; Prasse, Doreen (2001): Was hemmt und was fördert die schulische Internet-Nutzung? Ergebnisse einer Evaluation der Initiative „Schulen ans Netz": Probleme und Lösungsmöglichkeiten. In: Computer und Unterricht, Nr. 41. S. 21–32.

Schorb, Bernd (1997): Medienerziehung. In: Hüther, Jürgen; Schorb, Bernd; Brehm-Klotz, Christiane (Hg.): Grundbegriffe Medienpädagogik. München: kopaed.. S. 215–218.

Schulz-Zander, Renate (1997): Lernen mit Netzen. In: Computer und Unterricht, H. 25. S. 10–13.

Schulz-Zander, Renate (1999): Neue Medien und Schulentwicklung. In: Rösner, Ernst (Hg.): Schulentwicklung und Schulqualität. Kongressdokumentation 1. und 2. Oktober 1998; [25 Jahre IFS]. Dortmund: IFS-Verl. (Beiträge zur Bildungsforschung und Schulentwicklung). S. 35–56.

Schulze, Gerhard (1995): Die Erlebnisgesellschaft. Kultursoziologie der Gegenwart. 6. Auflage. Frankfurt a.M.: Campus.

Schumacher, Friedhelm (Hg.) (2004): Innovativer Unterricht mit Neuen Medien. Ergebnisse wissenschaftlicher Begleitung von SEMIK-Einzelprojekten. Berlin.

Schwingel, Markus (2005): Pierre Bourdieu zur Einführung. 5. verb. Auflage. Hamburg: Junius.

Senkbeil, Martin; Drechsel, Barbara (2004): Vertrautheit mit dem Computer. In: Deutsches PISA-Konsortium (Hg.): PISA 2003. Der Bildungsstand der Jugendlichen in Deutschland – Ergebnisse des zweiten internationalen Vergleichs. Münster: Waxmann. S. 177–190.

Senkbeil, Martin (2005): Die schulische Computernutzung in den Ländern und ihre Wirkungen. In: Deutsches PISA-Konsortium (Hg.): PISA 2003. Der zweite Vergleich der Länder in Deutschland; was wissen und können Jungendliche? Münster: Waxmann. S. 157–167.

Sinus Sociovision GmbH (2006): Informationen zu den Sinus-Milieus 2006. Online verfügbar unter http://www.sinus-sociovision.de/Download/informationen%20012006.pdf, zuletzt geprüft am 26.04.2006.

Spanhel, Dieter (1999): Medienkompetenz muß Lehrerinnen und Lehrern in der universitären Ausbildung vermittelt werden. In: Schell, Fred; Stolzenburg, Elke; Theunert, Helga (Hg.): Medienkompetenz – Grundlagen und pädagogisches Handeln. München: kopaed. S. 305–312.

Spinath, Birgit; van Ophuysen, Stefanie; Heise, Elke (2005): Individuelle Voraussetzungen von Studierenden zu Studienbeginn: Sind Lehramtsstudierende so schlecht wie ihr Ruf? In: Psychologie in Erziehung und Unterricht, Jg. 52, Nr. 3. S. 186–197.

Steltman, K. (1980): Motive für die Wahl des Lehrerberufs. In: Zeitschrift für Pädagogik. Heft 26. S. 581–586.

Stöber, Rudolf (2003): Mediengeschichte. Die Evolution „neuer" Medien von Gutenberg bis Gates. Eine Einführung. Wiesbaden: Westdeutscher Verlag (Studienbücher zur Kommunikations- und Medienwissenschaft).

Süss, Daniel (2004): Mediensozialisation von Heranwachsenden. Dimensionen – Konstanten – Wandel. Wiesbaden: VS-Verlag.

Theunert, Helga; Wagner, Ulrike (Hg.) (2002): Medienkonvergenz: Angebot und Nutzung. München: Fischer (BLM-Schriftenreihe, 70).

Treumann, Klaus Peter; Baacke, Dieter; Redeker, Giselher; Gartemann, Stephanie; Kraft, Joachim (1999): Ausgewählte empirische Befunde der Internetnutzung in Schule und Unterricht. In: Fromme, Johannes; Kommer, Sven; Mansel, Jürgen u.a. (Hg.): Selbstsozialisation, Kinderkultur und Mediennutzung. Opladen. Leske und Budrich. S. 280–296.

Treumann, Klaus Peter; Meister, Dorothee M.; Sander, Uwe (2007): Medienhandeln Jugendlicher. Mediennutzung und Medienkompetenz ; Bielefelder Medienkompetenzmodell. 1. Aufl. Wiesbaden: VS Verlag für Sozialwissenschaften.

Ulich, Klaus (1998): Berufswahlmotive angehender LehrerInnen. In: Die Deutsche Schule, Jg. 90, H. 1. S. 64–78.

Ulich, Klaus (2004): „Ich will Lehrer/in werden". Eine Untersuchung zu den Berufsmotiven von Studierenden. Weinheim: Beltz.

Tully, Claus J. (2004): Lernen in der Informationsgesellschaft. In: Kübler, Hans-Dieter; Elling, Elmar (Hg.) (2004): Wissensgesellschaft. Neue Medien und ihre Konsequenzen. Bonn: Bundeszentrale für politische Bildung (Medienpädagogik). Ausgabe mit CD-Rom.

Tulodziecki, Gerhard; Six, Ulrike (2000): Medienerziehung in der Grundschule. Grundlagen, empirische Befunde und Empfehlungen zur Situation in Schule und Lehrerbildung. Opladen: Leske und Budrich.

Tulodziecki, Gerhard; Herzig, Bardo (2002): Computer & Internet im Unterricht: medienpädagogische Grundlagen und Beispiele. Berlin: Cornelsen.

van Eimeren, Birgit; Frees, Beate (2005): Nach dem Boom: Größter Zuwachs in internetfernen Gruppen. ARD/ZDF-Online-Studie 2005. In: Media Perspektiven 8/2005. S. 362–379.

van Eimeren, Birgit; Frees Beate (2006): Schnelle Zugänge, neue Anwendungen, neue Nutzer? ARD/ZDF Online-Studie 2006. In: Media Perspektiven, H. 8. S. 402–415.

Wagner, Ulrike (2002): Fernseh-Internet-Konvergenz: Was fangen Heranwachsende damit an? Ergebnisse einer Explorationsstudie im Auftrag von BLZ, IZI und ZDF. In: Theunert, Helga; Wagner, Ulrike (Hg.): Medienkonvergenz: Angebot und Nutzung. München: Fischer (BLM-Schriftenreihe, 70). S. 15–72.

Wagner, Ulrike; Eggert, Susanne (2007): Quelle für Information und Wissen oder unterhaltsame Action? Bildungsbenachteiligung und die Auswirkungen auf den Medienumgang Heranwachsender. In: MERZ medien + erziehung, H. 5. S. 15–23.

Wiggenhorn, Gunhild; Vorndran, Oliver (2003): Computer in die Schule. Eine internationale Studie zu regionalen Implementationsstrategien. Gütersloh: Verlag Bertelsmann Stiftung.

Wilke, Jürgen (1999): Mediengeschichte der Bundesrepublik Deutschland. Köln: Böhlau.

Witte, Eberhard (1981): Die Entscheidung zu Neuen Medien. In: Höfer, Werner (Hrsg): Was sind Medien. Verlag R.S. Schulz Percha.

Zinnecker, Jürgen (2000): Selbstsozialisation – Essay über ein aktuelles Konzept. In: ZSE Zeitschrift für Soziologie der Erziehung und Sozialisation, H. 3. S. 272–290.

Onlinequellen:

Arbeitsgemeinschaft Fernsehforschung: Marktanteile der AGF und Lizenzsender im Tagesdurchschnitt 2006. http://www.agf.de/daten/zuschauermarkt/marktanteile/, zuletzt geprüft am 27.6.2007.

Berthold, Erika; Holling, Eggert (14.6.2007): Killerspielalarm in Deutschland. http://www.heise.de/tp/r4/artikel/25/25486/1.html, zuletzt geprüft am 28.6.2007.

Gieselmann, Hartmut (14.12.2006): Verbieten! Verbieten! Alles verbieten! http://www.heise.de/tp/r4/artikel/24/24214/1.html, zuletzt geprüft am 28.6.2007.

Holz, Patrick (o. J.): Was ist Web 2.0? http://twozero.uni-koeln.de/content/ e14/index_ger.html, zuletzt geprüft am 28.6.2007.

ILMES Internet Lexikon der Methoden der empirischen Sozialforschung: http://www.lrz-muenchen.de/~wlm/ein_voll.htm, zuletzt geprüft am 23.8.2007.

Röttgers, Janko (15.5.2002): Napster vor dem Aus. http://www.heise.de/tp/r4/artikel/ 12/12541/1.html, zuletzt geprüft am 28.6.2007.

Schulen ans Netz e.V.: http://www.schulen-ans-netz.de/ueberuns/derverein/geschichtedes vereins/entwicklung.php, zuletzt geprüft am 10.11.2007

Wikipedia. Die freie Enzyklopädie: http://www.wikipedia.de, zuletzt geprüft am 24.9.2007.

Internet Systems Consortium: http://www.isc.org/ops/ds/hosts.png vom 27.06.2007.